◆ 国家社科基金青年项目"期刊分层的理论构建与实证研究"（12CTQ049）

图书情报与档案管理前沿研究丛书

期刊分层：期刊等级差异的社会学研究

刘宇 著

中国社会科学出版社

图书在版编目（CIP）数据

期刊分层：期刊等级差异的社会学研究/刘宇著．—北京：中国社会科学出版社，2019.11

（图书情报与档案管理前沿研究丛书）

ISBN 978-7-5203-5227-7

Ⅰ.①期… Ⅱ.①刘… Ⅲ.①期刊研究—中国 Ⅳ.①G255.2

中国版本图书馆 CIP 数据核字（2019）第 216457 号

出 版 人	赵剑英
责任编辑	孔继萍
责任校对	石春梅
责任印制	郝美娜

出　　版	中国社会科学出版社
社　　址	北京鼓楼西大街甲 158 号
邮　　编	100720
网　　址	http://www.csspw.cn
发 行 部	010-84083685
门 市 部	010-84029450
经　　销	新华书店及其他书店
印刷装订	环球东方（北京）印务有限公司
版　　次	2019 年 11 月第 1 版
印　　次	2019 年 11 月第 1 次印刷
开　　本	710×1000　1/16
印　　张	21.75
插　　页	2
字　　数	344 千字
定　　价	118.00 元

凡购买中国社会科学出版社图书，如有质量问题请与本社营销中心联系调换
电话：010-84083683
版权所有　侵权必究

总　序

　　从 1984 年到 2019 年，云南大学图书情报与档案管理学科已经走过了 35 年的征程。1984 年在张鑫昌老师的带领和努力下，云南大学创办了档案学本科专业，开创了云南省档案管理高等教育的先河，1987 年又创办了图书馆学本科专业，1988 年正式建立档案学系，1993 年增设情报学专业（后又先后更名为信息学专业、信息管理与信息系统专业），实现了图、情、档三足鼎立的基本格局。此后，云南大学图书情报与档案管理学科建设步入良性发展的轨道，1998 年获批档案学二级学科硕士学位授予权，2003 年获得历史文献学二级学科博士点和图书馆学二级学科硕士授予权，2006 年获图书馆、情报与档案管理一级学科硕士学位授予权及档案学二级学科博士授予权，2010 年首批获图书情报硕士专业学位（简称 MLIS），是云南省唯一能够招收和培养档案学专业本科生、少数几个能够招收和培养信息管理与信息系统专业本科生，拥有历史文献学二级学科博士学位授予权、图书情报与档案管理学科硕士学位授予权和图书情报硕士专业学位（MLIS）授予权的教学科研实体，多年来为社会培养了大批档案学、图书馆学、信息管理与信息系统、情报学、历史文献学专业人才，毕业生广泛分布于全国各级各类档案局（馆）、图书馆、科技情报部门、党政机关、高等院校、社会团体、企事业单位，其中很多人已成为所在单位的技术骨干和高级管理人才，为发展云南公共文化、民族文化与地方文化作出了积极的贡献。

　　1984 年创办档案学本科专业时，我刚好本科毕业并继续攻读硕士学位，1987 年硕士毕业后留在系上任教，从普通教师到系主任，这些年来见证着并投身于云南大学图书情报与档案管理学科的建设发展。2004 年时经过多方努力，在学校党政领导的关心与支持下，建立了情报与档案学院，我作为学院主要筹建人于 2004 年 3 月服从组织安排调到图书馆工作。虽然离开了档案系，但是我多年来一直和系上保持着密切的联系，关心、支持档案系的发展，也尽自己所能为云南大学图书情报与档案管理学科的建设出一份力。

图书情报与档案管理学科是应用型学科，与社会环境和现代网络科技发展密切相关，其教学科研必须紧跟时代发展的步伐。云南大学图书情报与档案管理学科在建设发展过程中遵循"立足云南资源，创建特色学科，服务经济文化发展"的方针，在加强学科基础理论、方法研究的同时，时刻关注学科发展前沿问题，形成了一批特色研究成果。

此次组织编辑的丛书涉及图书情报与档案管理学科多个方面的前沿问题，如朱明的《图书馆服务管理内化：概念、过程及整合因素》对现有服务管理内化相关成果的研究角度、思维逻辑、理论缺陷和创新趋势进行系统的剖析，图书馆服务管理内化的研究尚处于初探期，国内外都缺乏对服务管理内化系统的研究，本书填补了这一理论空白点。

朱明的《云南人口较少民族信息贫困的现状、成因及多维减贫对策研究》，通过对云南省人口较少民族日常信息实践的深入调查，有效识别影响其信息贫困的现状及其影响因素，在此基础上探讨消除信息屏障，更好地促进人口较少民族融入信息社会的方法与措施。

刘宇的《期刊分层：期刊等级差异的社会学研究》从社会分层的理论视角解释期刊之间等级差异的产生、维持和强化机制，弥补传统文献计量期刊评价研究的一个缺陷，有利于优化和改进我国期刊评价和学术评价制度。

甘友庆的《信息资源建设》，通过不断追踪迅速发展的信息技术在信息资源建设中应用的现状，积极探讨新的信息环境下信息资源建设理论、技术和方法，构建了较为系统的理论知识体系。

随着科技与网络的迅速发展，信息量不断丰富的同时，信息爆炸也在不断困扰着人们，如何从海量信息中获取需要的信息就成为人们近年来关注的热点问题。侯明昌的《信息采集理论与技术》对信息采集的理论与方法进行了系统梳理和归纳，侧重于利用 JAVA 技术实现从互联网采集信息资源。

刘强的《档案保护环境学》从环境学的角度，以影响档案保护环境的影响因素为对象，详细论述了档案保护环境主要因素的基本概念、监测、调控方法，对档案保护环境的理论与实践进行总结和完善，具有重要的学术研究与现实参考价值。

陈海玉的《我国地方档案专题研究》就我国地方档案整理成果梳理、地方档案整理经验总结分析、地方档案研究现状、地方档案法规建设、地方档案信息资源开发等方面进行专题研究，力求夯实我国地方档案管理研究的理论基础。

上述这些成果，是云南大学图书情报与档案管理学科的老师们取得的阶段性教学科研成果，这些成果来自于他们各自的教学科研工作，同时也是不断吸纳学科发展前沿的结果，这些著作的出版，将有力地支撑云南大学图书情报与档案管理学科的发展，同时，对图书情报与档案管理的各项实际工作也将大有裨益。

经过三十多年的发展，云南大学在民族档案、地方文献、社区信息学、图书馆管理、科学评价以及信息资源建设开发等方面形成了一定的特色和优势，在国内图书情报与档案管理学科领域产生了一定影响，取得了一定的成就，也锻造出了一支较强的中青年教师队伍，我为此由衷地感到高兴，衷心希望云南大学图书情报与档案管理学科的老师们能在新时代中，抓住机遇，无畏风雨，破浪前行，不断取得更加丰硕的教学科研成果，不断开创学科建设发展的新局面，迈上新的台阶，把云南大学图书情报与档案管理学科做大做强。

万永林

2019 年 10 月 16 日

目 录

第一章 绪论 …………………………………………………… (1)
  第一节 期刊评价的产生 ……………………………………… (1)
  第二节 学术评价与资源分配 ………………………………… (4)
  第三节 期刊评价体系的认同困境 …………………………… (9)
  第四节 研究问题与意义 ……………………………………… (18)
  第五节 研究设计 ……………………………………………… (24)

第二章 期刊评价研究的知识图谱 …………………………… (26)
  第一节 国外研究的知识图谱 ………………………………… (27)
    一 文献发表与增长趋势 ………………………………… (28)
    二 谁在做期刊评价研究 ………………………………… (29)
    三 谁引领期刊评价话语 ………………………………… (35)
    四 期刊评价的主流范式 ………………………………… (49)
  第二节 国内研究的知识图谱 ………………………………… (52)
    一 文献发表与增长趋势 ………………………………… (54)
    二 谁在做期刊评价研究 ………………………………… (56)
    三 谁引领期刊评价话语权 ……………………………… (59)
    四 期刊评价的主流范式 ………………………………… (61)

第三章 中国期刊评价的实践 ………………………………… (69)
  第一节 中国期刊评价实践的主要模式 ……………………… (69)
    一 行政级别模式的期刊评价 …………………………… (70)

二　文献计量模式的期刊评价 …………………………………… (75)
　　三　政府评奖模式的期刊评价 …………………………………… (82)
　第二节　中国现行期刊评价的主要特点 ……………………………… (87)
　　一　评价目的和使用目的的悖离 ………………………………… (88)
　　二　二元对立的等级及结构紧张 ………………………………… (91)
　　三　粗放式结构与科研成果评价的复杂性 ……………………… (94)

第四章　期刊评价价值取向的演化 …………………………………… (97)
　第一节　信息密度：客观价值取向 …………………………………… (98)
　第二节　影响力或重要性：客观对主观的让渡 ……………………… (100)
　第三节　质量或学术水平：主观价值取向的回归 …………………… (103)
　第四节　学术地位：主客观结合的新途径 …………………………… (105)

第五章　期刊分层的理论基础 ………………………………………… (110)
　第一节　社会分层理论 ………………………………………………… (110)
　　一　社会分层的理论内涵 ………………………………………… (111)
　　二　社会分层的理论流派 ………………………………………… (115)
　　三　社会分层的研究方法 ………………………………………… (122)
　　四　社会分层的影响因素 ………………………………………… (125)
　第二节　核心期刊理论 ………………………………………………… (129)
　　一　核心期刊的理论源流 ………………………………………… (129)
　　二　核心期刊的原始功能 ………………………………………… (133)
　　三　核心期刊的扩展功能：评价功能 …………………………… (135)
　第三节　期刊分级研究 ………………………………………………… (143)

第六章　期刊分层的理论建构 ………………………………………… (146)
　第一节　期刊分层的前提条件 ………………………………………… (146)
　　一　期刊的概念演变与类型 ……………………………………… (146)
　　二　期刊的社会性与能动性 ……………………………………… (152)

三　期刊研究范式的嬗变 …………………………………… (154)
第二节　期刊分层的理论内涵 ……………………………………… (157)
　　一　期刊分层的内容 ……………………………………………… (157)
　　二　期刊分层的本质 ……………………………………………… (161)
　　三　期刊学术地位的类型 ………………………………………… (164)
第三节　期刊分层的形成机制 ……………………………………… (167)
　　一　期刊分层的自然机制 ………………………………………… (168)
　　二　期刊分层的社会机制 ………………………………………… (175)
第四节　期刊分层的研究方法 ……………………………………… (181)
　　一　期刊分层的客观方法 ………………………………………… (181)
　　二　期刊分层的主观方法 ………………………………………… (183)
第五节　期刊分层的社会影响 ……………………………………… (185)
　　一　期刊分层与期刊评价 ………………………………………… (186)
　　二　期刊分层与论文评价 ………………………………………… (187)
　　三　期刊分层与科研主体评价 …………………………………… (189)

第七章　期刊分层的影响因素 ……………………………… (192)
第一节　现行期刊评价指标研究 …………………………………… (192)
　　一　期刊管理部门的期刊评价指标 ……………………………… (193)
　　二　期刊评价机构的期刊评价指标 ……………………………… (196)
　　三　学术研究人员的期刊评价指标 ……………………………… (201)
第二节　期刊分层影响因素的遴选 ………………………………… (209)
　　一　期刊分层影响因素遴选的原则 ……………………………… (209)
　　二　期刊分层影响因素选取的方法 ……………………………… (212)
第三节　期刊分层影响因素模型的构建 …………………………… (214)
　　一　理论基础 ……………………………………………………… (214)
　　二　模型构建 ……………………………………………………… (217)
　　三　问卷设计与数据的收集 ……………………………………… (220)
　　四　数据分析 ……………………………………………………… (223)

五　讨论与结论 …………………………………………………… (228)

第八章　期刊分层的微观动机 ………………………………………… (233)
　第一节　期刊评价与引文分析 ………………………………………… (233)
　第二节　引用动机理论路线 …………………………………………… (234)
　第三节　引文功能与引用动机 ………………………………………… (237)
　　一　引用性质与引用动机 …………………………………………… (238)
　　二　知识累积与引用动机 …………………………………………… (242)
　第四节　心理调查与引用动机 ………………………………………… (246)
　第五节　引用动机与分层方法 ………………………………………… (250)

第九章　期刊分层的宏观结构 ………………………………………… (253)
　第一节　研究设计 ……………………………………………………… (253)
　　一　问卷设计 ………………………………………………………… (253)
　　二　调查对象的选择 ………………………………………………… (257)
　第二节　数据收集 ……………………………………………………… (258)
　第三节　数据分析 ……………………………………………………… (260)
　　一　基于重要度的数据分析 ………………………………………… (260)
　　二　基于学术地位的数据分析 ……………………………………… (263)
　第四节　图书情报学期刊的分层结构 ………………………………… (267)
　第五节　期刊分层与其他评价系统的比较 …………………………… (268)

第十章　期刊分层的结构变迁与结构弹性 …………………………… (272)
　第一节　期刊分层的结构变迁 ………………………………………… (272)
　　一　基于重要度的流动 ……………………………………………… (274)
　　二　基于学术地位的流动 …………………………………………… (278)
　第二节　期刊分层结构的弹性 ………………………………………… (280)
　　一　图书情报学期刊的结构弹性 …………………………………… (281)
　　二　刚性结构属性的成因和影响 …………………………………… (283)

第十一章 结语 ……………………………………………… (288)
　第一节 研究结论与特点 ………………………………… (288)
　　一 期刊评价的落脚点是期刊的学术地位 …………… (288)
　　二 社会资本是期刊学术地位最重要的影响要素 …… (289)
　　三 我国期刊的整体结构呈现明显的刚性 …………… (290)
　第二节 研究局限与展望 ………………………………… (291)
　　一 实证对象的范围有限 ……………………………… (292)
　　二 问卷调查的抽样技术非随机抽样 ………………… (292)

附录 ………………………………………………………… (295)

参考文献 …………………………………………………… (299)

后记 ………………………………………………………… (333)

第 一 章

绪　　论

第一节　期刊评价的产生

在近代科学体系肇始之初，科学家或研究人员主要通过书籍、信函和小册子等形式进行新知识的发表和传播，在教学讲义中对学术观点进行宣讲和讨论①。在 17 世纪之前，"科学作为一个有闲阶层的业余性研究活动，它依旧还没有超越个人独立研究兴趣的层面，人们相互之间虽然存在一定的社会网络联系，但基本处于一种所谓更多通过书信往来进行沟通的'文人之邦'（Republic of Letters）状态"②，没有正式的沟通机制。从 16 世纪下半叶到 17 世纪中叶，实验原则和数理逻辑密切结合的观念确立，标志着近代科学思维的形成，促使自然研究的各个学科初步建立③。随着科学事业的发展，传统的科学交流形式已经不能满足科学家信息交流的需求，特别是 17 世纪，新的科学学会和学院对社会创办新的科学交流工具提出了强烈的需求④。于是，一些科学先贤们投身于创办一种全新的知识交流工具——"科学杂志"，现代意义的学术期刊由此诞生。科学期刊的诞生改变了科学家学术交流的模式，"把科学成果的单纯印刷转变成了出版"⑤。

---

①　陈立新：《力学期刊群的内外关系与学科结构》，博士学位论文，大连理工大学，2008 年，第 1 页。

②　阎光才：《"所罗门宫殿"与现代学术制度的缘起》，《清华大学教育研究》2008 年第 1 期。

③　张绪山：《西方人文精神传统与近代科学思维》（http://www.gmw.cn/01gmrb/2004-07/06/content_53229.htm）。

④　［美］默顿：《科学社会学》，鲁旭东等译，商务印书馆 2004 年版，第 636 页。

⑤　同上。

期刊很快便以传播周期短、信息容量大等特点开始在书面的科学交流系统中占据了重要的地位，逐渐发展成为现代知识交流的一种主流媒体。如今，全世界期刊文献约占整个科技文献的70%以上[1]；自然科学和社会科学研究工作者获取信息量的70%来自期刊，在计算机、生物工程等新兴学科，比例高达80%以上；美国95%的成年人称杂志和期刊是他们获取见解和思想的主要来源[2]。因此，学者R. N. Broadus称"20世纪是期刊的世纪"[3]。

在科研人员对期刊的依赖性不断增加的同时，期刊业在技术进步和社会需求的共同推动下，获得了飞速的发展。自1665年《学者杂志》（*Journal des Sçavans*，又译为《科学家杂志》，1665—1938）和《哲学汇刊》（*Philosophical Transactions*，又译为《理学汇刊》，1665年至今）的创办开始算起[4]，期刊已经走过了350余年的发展历程，如今的期刊已经发展成为一个数量庞大的家族。据统计，目前全世界现行出版的杂志和期刊共约20万种，其中科技期刊7万种，人文社会科学期刊约3万种[5]。国际著名的期刊检索工具书《乌利希国际期刊指南》（*Ulrich's Periodicals Directory*，其网络版现名Ulrichsweb：Global Serials Directory）现收录33万余种连续出版物的详细书目数据，包括仍在出版和已经停刊的期刊、报纸、丛书（monographic series）、不定期出版物等[6]。我国的连续出版物事业虽然起步较晚，从最早的中文杂志《察世俗每月统纪传》（*Chinese Monthly Magazine*，1815）开始算起，也已经经历了近200年的时间。根据新闻出版总署的最新统计资料显示，2007年全国共出版期刊杂志9468种[7]；根据叶继元的研究，其中哲学社会科学学术期刊2770种左右[8]。

---

[1] 陆伯华：《核心期刊纵横谈》，《出版广角》2002年第12期。
[2] 李建伟：《论期刊的社会功能》，《河南大学学报》（社会科学版）2003年第6期。
[3] R. N. Broadus, "Early Approaches to Bibliometrics", *Journal of the American Society for Information Science*, No. 3, 1987.
[4] 李武：《最早的两份学术期刊》，《科技导报》2012年第10期。
[5] 叶继元：《数据库来源期刊与学术评价关系探寻》，《情报学报》2004年第6期。
[6] Ulrich's Periodicals Directory（http://oldweb.lib.sjtu.edu.cn/view.do? id=692）。
[7] 中华人民共和国新闻出版总署：《2007年全国新闻出版业基本情况》（http://www.gapp.gov.cn/cms/html/21/490/200808/459129.html）。
[8] 叶继元：《中国哲学社会科学学术期刊布局研究》，社会科学文献出版社2008年版，第30页。

2014年，国家新闻出版广电总局公布了第一批认定的学术期刊名单共5756种，其中社科类学术期刊2043种，科技类学术期刊3713种①。2017年，国家新闻出版广电总局又追认了712种学术期刊②。众多的学术期刊不仅给科研人员提供了获取科研信息的平台，同时也为他们发表学术成果提供了众多可供选择的渠道。

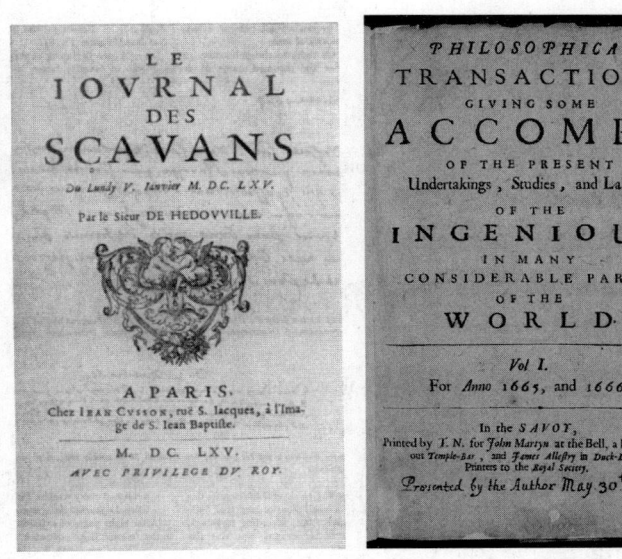

图1—1　《学者杂志》和《哲学汇刊》创刊号③

当今社会，人们一边享受着信息平台的飞速发展所带来的迅捷资讯，为便利的信息交流而欢呼雀跃；一边却无奈地忍受着信息爆炸带来的湮

---

① 《国家新闻出版广电总局第一批认定学术期刊名单公示》（http://www.gapp.gov.cn/news/1663/231784.shtml）。
② 《国家新闻出版广电总局关于第二批认定学术期刊认定情况的公示》（http://www.sapprft.gov.cn/sapprft/contents/6587/314124.shtml）。
③ 图片来自维基百科（http://en.wikipedia.org/wiki/Journal_des_s%C3%A7avans）；《学者杂志》第一期于1665年1月5日正式出版，1792年至1797年间，因法国大革命中止出版。1797年改名为the Journal des savants；1816年之后，该刊由法兰西学会the Institut de France资助，得以定期出版。1908年，该刊由法兰西文学院the Académie des Inscriptions et Belles-Lettres资助，作为法国人文学科的旗舰刊物出版至今（http://en.wikipedia.org/wiki/Philosophical_Transactions_of_the_Royal_Society）。

没式的信息窒息。信息甄别越来越困难，信息选择的难度越来越高，"饥渴已经迅速转化为消化不良"①。这种丰富与匮乏并存的悖论在科研人员选择信息源时也同样存在，过多的选择等于没有选择。科研人员如何在有限的阅读时间内从众多期刊中获取自己最为需要的信息？如何在如此之多的渠道中选择适合自己研究成果发表的学术平台？这成为困扰所有科研人员的一个普遍性问题。期刊评价的出现，似乎使科研人员看到了解决这一难题的曙光。

期刊种数的增加给科研人员提供了更多的选择，而选择在本质上就是一种比较、一种评价、一种决策。"期刊评价是期刊市场发育到一定历史阶段的必然产物，它因社会需要应运而生"②，"源自于社会和期刊自身竞争发展的需要"③。

第二节　学术评价与资源分配

美国实用主义哲学家杜威（John Dewey，1859—1952）说人类的"所有行为举止，只要不是盲目地仅凭情感冲动行事或只是机械地例行公事的话，似乎都包含评价"④。比较和评价在人类生活中是最为普遍的一种认知行为。人们通过比较，对认知对象进行差异区分和分类，进而认识不同的事物；通过将新事物和自己已有的认知经验相联系，将新事物进行归类，认知新事物并使自己根据对新事物的预判产生行动。

在学术界，评价活动更是与学术的日常生活息息相关，"成为学术生活一个内在组成部分"⑤。学生对不同的学校、专业、教师进行比较，决定自己最终的求学之路；教员时刻评估学生的学习状态，进行各种教学效果考评，调整教学策略；行政人员对院校的教员进行评价，考察他们

---

① ［美］布朗、杜奎德：《信息的社会层面》，王铁生等译，商务印书馆2003年版，第13页。
② 李正元：《构建社科期刊评价体系的理论思考》，《合肥工业大学学报》（社会科学版）2004年第2期。
③ 邱均平、李爱群：《期刊评价的价值实现与社会认同》，《重庆大学学报》（社会科学版）2008年第1期。
④ ［美］杜威：《评价理论》，冯平等译，上海译文出版社2007年版，第5页。
⑤ J. Hudson and D. N. Laband, "Using and Interpreting Journal Rankings: Introduction", *The Economic Journal*, Vol. 123, No. 570, 2013.

的科研水平和表现，决定科研人员的晋升；政府和基金会根据科研机构的研究水平和绩效，决定如何分配有限的研发资金。可以说，评价内嵌于现代社会的学术实践之中。通常来说，学术界的学术评价活动存在两种基本类型：学术批评和学术评价。

学术批评是学术界最基本、最基础的一种评价方式。学术作品一经发表或公开发布，所有该作品的读者都拥有对其进行学术批评的自然权利，最为正式的方式是通过发表学术评论（如书评、商榷性论文）来行使读者的评价权利；因此，学术批评实施主体的多样性决定了学术批评只能形成一定程度上的共识，永远不可能取得完全一致的统一认识；而且，被批评者有权利对批评者提出反驳，展开学术上的交锋。换言之，学术批评不会是一次性，也不是"一锤定音的评价"①。通过学术批评，思想的火花得以碰撞、知识得以累积、学者得以在学术界逐步建立起自己的口碑、学术声望得以确立。

学术界比较普遍地认为，"学术评价是指根据一定的目的和标准，采用一定的理论和方法，对学术成果、人员、机构、学术媒体展开的价值判断活动，以衡量学术活动及其相关事项的有无、多少、作用和价值。狭义的学术评价实质根据评价对象的要求，依据一定标准，达到一定目的的有组织的行为；而广义的学术评价还包含个人的评价，诸如学术批评等"②。因此，广义的学术评价包含学术批评，"学术批评是学术评价的重要内容，与有组织的学术评价相辅相成"③。这种认识指出了学术评价的两点独特特征：一是组织性，二是目的性，但是对学术评价的目的是什么却没有言明。评价目的是学术评价的龙头和基点，决定了评价活动中的其他要素④。

学术界也普遍认为学术评价的目的是为学术研究服务，为了提高学术质量和研究水平、推进学术事业的发展。如朱剑所说："不管学术评价

---

① 朱剑：《大数据之于学术评价：机遇抑或陷阱？——兼论学术评价的"分裂"》，《中国青年社会科学》2015年第4期。
② 叶继元：《人文社会科学评价体系探讨》，《南京大学学报》（哲学·人文科学·社会科学）2010年第1期。
③ 叶继元、袁曦临：《中国学术评价的反思与展望》，《中国社会科学评价》2015年第1期。
④ 叶继元：《人文社会科学评价体系探讨》，《南京大学学报》（哲学·人文科学·社会科学）2010年第1期。

的目的和对象如何多元,学术质量都是评价的中心问题。"① 诚然,这种观念虽然在理论上并没有什么问题,但是却不接地气、理想主义色彩太浓,是学术评价的"理想型"目的。研究成果的质量或价值有待事实验证或历史检验,由于人类认识能力的限制,研究成果的质量认定和价值判断具有明显的历史阶段性。在人文社会科学界,不时会出现与当时社会判断相左,后来却被历史证明具有颠覆性价值的研究成果。这些特征导致"理想型"目的的学术评价缺乏现实的可操作性。

我们认为,学术评价是以分配稀缺性资源为目的的有组织的学术活动,学术资源分配是学术评价的直接目的。也就是说,一项学术活动属于学术评价必须同时满足三个条件:一是有组织,因此个人针对不同学术成果展开的比较、评论不属于学术评价;二是以资源分配为活动目的;三是分配的是稀缺资源,比如职称、科研经费、各种奖项、官方认可的学术声誉等。学术批评的是为了学术交流、论道,它基本只涉及学术声誉的分配,而且这种声誉分配不具有排他性,不像官方认可的学术声誉具有极强的排他性,因此本书认为学术批评不属于学术评价的范畴。对学术评价进行清晰明确的范畴界定是理解这一活动的前提条件,不能将学术批评和学术评价混为一谈。

对于学术评价主体(即实施评价者)来说,评价的根本目的是为了帮助自己做出选择或决策,进行资源配置;对于评价客体(即被评价者或称为"评价对象")来说,评价在一定程度上产生了激励、导向、规范等作用,促使被评价对象以评价主体的价值取向为基础不断地自我行为的调整,从而满足评价主体的价值需求。因此,学术评价对科研事业和研究活动具有决策、激励、导向和规范四大功能②。

在整个学术评价体系中,对于评价的实施者来说,学术评价的决策价值表现在两个方面:一是指对于科研成果的学术水平或学术价值的评价,即知识的创新程度、科学价值,是"质"的评价;二是指对科研人

---

① 朱剑:《大数据之于学术评价:机遇抑或陷阱?——兼论学术评价的"分裂"》,《中国青年社会科学》2015 年第 4 期。

② 朱少强:《人文社会科学研究的特征及其对学术评价的影响》,《重庆大学学报》(社会科学版)2007 年第 5 期。

员科研业绩的评价,即达到一定学术水平的科研成果数量的评价。通过学术评价活动,评价实施者希望遴选出那些能够生产出高质量学术成果的高产学术主体,这些学术主体可以是个体学者也可以是由学者组成的学术机构;把有限的学术资源向这些高水平的高产者倾斜,实现"好钢用在刀刃上"的政策效果。因此,准确地评估科研成果的学术水平、科研人员或机构的学术水平是科研评价的理想目的和基本取向,也是学术资源分配活动的逻辑起点。

研究成果的学术质量和水平需要经过历史的检验才能显现,"睡美人"文献的存在就是最佳力证[1]。李江等人的研究显示即便是诺贝尔奖得主的研究成果,也有相当一部分是"睡美人"文献,需要经过若干年后才引起学界的关注和重视[2];有专人统计,诺贝尔物理奖得主做出他们获奖的代表性成果时平均年龄是 37 岁,他们获奖的平均年龄是 55 岁[3]。这就意味着,这些研究成果需要近 20 年的历史检验,才能获得学界和社会的认可。从这一意义上讲,当下所有的学术评价都有点操之过急。然而,学术资源配置的现实需要却容不得时间上的等待,因此评价主体只能根据评价客体以往的学术表现来预判评价客体的学术成果达到预期质量的可性能。因此,学术评价从本质上是一种信用评价(Credence Good)[4],根据科研主体已有的信用记录进行科研资源的配置。

在现代知识生产体系中,评价客体的学术水平主要是通过出版学术专著和发表期刊论文等研究成果表现出来的。绝大多数科研人员都是通过不断地发表期刊论文、出版专著证明自己的学术水平和知识贡献度,累积自己的学术声望。"唯有经过学术发表系统,个体的学术产出才得以进入学术社群的共同空间,且这一步,正是评量专业表现、施加社会控

---

[1] 梁立明等:《迟滞承认:科学中的睡美人现象——以一篇被迟滞承认的超弦理论论文为例》,《自然辩证法通讯》2009 年第 1 期。

[2] 李江、姜明利、李玥婷:《引文曲线的分析框架研究——以诺贝尔奖得主的引文曲线为例》,《中国图书馆学报》2014 年第 2 期。

[3] 高玉:《诺奖得主缘何年龄偏大,从出成果到获奖平均要等 18 年》(http://edu.china.com.cn/2013-10/14/content_30281667.htm)。

[4] J. Hudson and D. N. Laband, "Using and Interpreting Journal Rankings: Introduction", *The Economic Journal*, Vol. 123, No. 570, 2013.

制，或授予学术荣誉等诸多社群生活层面的开端。"① 因此，在欧美学界才有"Publish or Perish"一说。研究主体学术水平的评价，在实际操作层面便演变成了对研究主体的历史发表出版记录的评价。

出版或发表在当代学术制度中占据着核心位置，它不仅关系到学者个人的学术命运，更在学术共同体内部承担着两个重要的核心功能②：一是作为质量控制机制，确保符合学术标准的知识产品进入公共领域流通；二是作为交流渠道，经由评审互动、引用、评论等形式，使得虚拟的"无形学院"建立了有形的交流形式和有机连带关系。在欧美学术界，学术出版和发表的质量控制是通过同行评议制度实现的。

同行评审的制度化，最早可追溯至17世纪中叶皇家学会（Royal Society）创办的《哲学汇刊》（*Philosophical Transactions*），它所开创的由学会成员评议其他成员学术工作的做法③，在往后的几个世纪中逐渐演变成期刊的同行评议制度，并且拓展到学术生产的其他层面，诸如研究经费的审批、学术成绩的评鉴、学术职位的晋升、学术失范行为的判定等，最终成为整个科学事业的根基所在。由于同行评议制度的存在，使得出版和发表"首先评价知识，其次传播知识"④。正是基于这样的社会事实，在评价研究主体的学术水平时，计算该主体出版和发表记录的多少就成为了一种非常简便、高效的方式。

根据A. J. Nederhof对已有研究文献的总结，自然科学和人文社会科学领域学者在文献的出版和使用上存在显著差异：人文社会科学对期刊和图书都非常重视，而在自然科学中期刊占有不容置疑的主导地位⑤。由于科学话语在当代知识话语体系中的霸权地位和影响力⑥，使得图书出版

---

① 李红涛：《量化评鉴下的学业/学术实践》，《中华传播学刊》2008年总第13期。
② 李红涛：《中国传播期刊知识生产的依附性：意识形态、机构利益与社会关系的制约》，《传播与社会学刊》2013年总第23期。
③ ［美］默顿：《科学社会学：理论与经验研究》，鲁旭东等译，商务印书馆2003年版，第636—646页。
④ ［美］克兰：《无形学院——知识在科学共同体内的扩散》，刘珺珺等译，华夏出版社1988年版，第108页。
⑤ A. J. Nederhof, "Bibliometric Monitoring of Research Performance in the Social Sciences and the Humanities: A Review", *Scientometrics*, Vol. 66, No. 1, 2006.
⑥ 刘郦：《知识与权力——科学知识的政治学》，《哲学研究》2002年第2期。

在当代知识生产体系中日渐式微,期刊出版日益强势。因此,通过计算一个研究主体在一定级别期刊上发表论文的数量来衡量一个研究主体的学术水平,成为学界的一种普遍的通行做法。因此,期刊评价成为学术评价一种基本形式和组成部分。

学术评价的"这一结构性转变过程,将学术期刊推到了科学场域的核心位置"[①],期刊评价继而成为学术评价的核心和基础。现今,所有的学术评价活动和学术资源配置都以期刊等级划分和认定为评价活动起点。从某种程度上说,"期刊承认"代替了"共同体承认","各级学位委员会、学术委员会日益虚无化,各类评审日趋形式化、外在化"[②]。据 John Hudson 教授所观察,在英国的很多学科,即使从长久来看,对于科研人员来说,论文发表在什么级别的期刊上比论文被引次数更为重要[③]。可见,期刊的等级已经成为评价研究成果的标杆,对期刊等级的划分毋庸置疑地成为学术评价活动的基石和出发点,可以说期刊评价是"学术评价机制的逻辑起点"[④]。

第三节 期刊评价体系的认同困境

如前所述,由于期刊文献量的爆炸式剧增,评价主体不可能完全熟悉所有的信息源,深度阅读每一篇出版的文献;同时也由于同行评议的高额成本和种种缺陷[⑤],使得评价主体亟须一种有效的辅助工具帮助他们遴选出哪些研究机构或学者个体具有较高的学术水平和知识贡献度,以

---

① 李红涛:《中国传播期刊知识生产的依附性:意识形态、机构利益与社会关系的制约》,《传播与社会学刊》2013 年总第 23 期。

② 袁同成:《"期刊承认"与"共同体承认":我国学术知识生产动力机制的"悖论"》,《清华大学教育研究》2010 年第 1 期。

③ J. Hudson, "Ranking Journals", *Economic Journal*, Vol. 123, No. 570, 2013.

④ 朱剑:《重建学术评价机制的逻辑起点——从"核心期刊"、"来源期刊"排行榜谈起》,《清华大学学报》(哲学社会科学版)2012 年第 1 期。

⑤ J. M. Campanario, "Peer Review for Journals as it Stands Today-Part 1", *Science Communication*, Vol. 19, No. 3, 1998.; J. M. Campanario, "Peer Review for Journals as it Stands Today—Part 2", *Science Communication*, Vol. 19, No. 4, 1998.; C. J. Lee, et al. "Bias in Peer Review", *Journal of the American Society for Information Science and Technology*, Vol. 64, No. 1, 2013.

便配置有限的学术资源和晋升机会。在这样的背景下，各种期刊评价体系和期刊排行榜应运而生。

期刊评价作为科研评价体系重要一环，"对期刊的建设和发展起着十分重要的导向和激励作用"[1]，"期刊评价是加强期刊管理、促进期刊建设和发展的重要手段和措施"[2]。从20世纪70年代我国开始译介国外核心期刊理论与科技核心期刊表开始算起[3]，我国的期刊评价活动业已历时近50年。1992年，北京大学图书馆出版了《中文核心期刊要目总览》，这一事件是我国期刊评价实践的分水岭。在此之前，期刊评价的主流方式是依据刊物主办单位的行政级别划分等级，是一种典型的单位制学术发表和评价体系[4]，期刊评价活动也处于一种自发的非制度化阶段。这里所说的非制度化，指期刊评价活动本身没有制度化，期刊评价完全被政治化的制度权力等级所左右。在此之后，期刊评价的主流是依据文献计量学的各种指标，判定一份期刊是否属于核心期刊或来源期刊，期刊评价活动从此步入自觉的制度化阶段。从基于行政级别的评价模式转换到基于文献计量指标的评价模式，期刊评价完成了从静态评价到动态评价、从期刊行政级别评价向期刊学术影响力评价的转变。这如同人类社会中打破以血统和出身、以个体能力和成就决定个人的社会地位一样，无疑是我国期刊评价体制的一次巨大进步。

然而，奇怪的是期刊评价方式的嬗变，在学术界却引起了巨大的分歧和争议。虽然有很多科研人员和学者支持以文献计量为基础的期刊评价制度，但是对这一新生评价制度的批评和诟病也同步而生，且有愈演愈烈之势。

在学术界，科研人员一直存在着弱化行政对学术进行干预的要求，对基于行政级别的期刊评价方式缺乏有效的社会认同。陈燕和陈静批评这种评价方式"阻碍科研成果的传播速度，影响众多期刊提高质量的积

---

[1] 李正元：《构建社科期刊评价体系的理论思考》，《合肥工业大学学报》（社会科学版）2004年第1期。
[2] 邱均平：《新环境下期刊的变革与评价》，《图书情报工作》2005年第1期。
[3] 钱荣贵：《核心期刊与期刊评价》，中国传媒大学出版社2006年版，第20页。
[4] 李红涛：《量化评鉴下的学业/学术实践》，《中华传播学刊》2008年总第13期。

极性，影响评奖、评职的公正性"①。核心期刊或来源期刊作为期刊评价和研究成果评价的工具，虽然在一定程度上实现了对研究成果从行政评价到学术评价的转变；但是，这种评价方式的学术性转变也未能获得学术界有效的社会认同，反而激起了学术界、期刊界更为广泛的质疑和深刻的批判。有学者更是直接历数"核心期刊"的种种罪状，如张维城撰文批评现行的核心期刊评价有3点弊病、7点负面影响②，钱荣贵也历数核心期刊有七大负面效应③。根据刘贵富对万方数据库的统计，仅2000年到2005年间发表在各种学术刊物上的有关核心期刊的研究文章就达270篇之多，论争的焦点是"核心期刊"是否具有学术评价功能，其中持否定意见的170篇，占60%之强④。

总体考察，学术界对期刊评价研究的批评主要集中于以下三个视角：

（1）评价主体的多元化及对评价主体合法性的质疑

作为一个政治学概念，合法性即指正当性，"政治合法性就是社会成员基于某种价值信仰而对政治统治的正当性所表示的认可"⑤。在社会科学语境下，学理意义上的"合法"包括两个重要内容："一是整个社会赞同的程度，二是制度化的程度。取得合法化程度最高的是既能得到社会的认同，又能在权力结构中得到权威的认同，并用法律或其他制度形式得到确定。"⑥ 从本质上说，合法性是一个社会心理认同问题，在此基础上需要社会制度将这种认同实体化。那么，当下的期刊评价制度的合法性如何呢？

现行的期刊评价主体的来源非常复杂，如果从评价主体的性质来分，大致可以分为三类：一是具有行政管理性质的政府主持的期刊评价；二是具有同行评议性质的专业协会、学会或某一学科的研究教学机构制定的期刊排行榜；三是从文献生产、收集、整理等信息机构所生产的各种

---

① 陈燕、陈静：《按行政级别划分科技期刊等级问题的探讨》，《编辑学报》1995年第1期。
② 张维城：《期刊等级评定反思》，《编辑学报》2001年第4期。
③ 钱荣贵：《"核心期刊"的七大负面效应》，《社会科学报》2006年8月10日。
④ 刘贵富：《关于核心期刊的多维审视——兼论当前核心期刊的学术评价问题》，《情报科学》2006年第11期。
⑤ 王海洲：《合法性的争夺——政治记忆的多重刻写》，江苏人民出版社2008年版，第4页。
⑥ 杨晓、李路路：《对中国社会分层的理论研究——关于分层指标的理论背景和制度背景的阐述》，《社会学研究》1989年第5期。

期刊榜。

政府主持的行政性质的期刊评价在国内外都比较常见。在我国，既有代表中央政府的中共中央宣传部、新闻出版总署等管理部门所主持的"全国优秀科技期刊""全国优秀社科期刊""全国百种重点社科期刊""国家期刊奖""国家社科基金资助期刊"等评奖活动，也有地方政府所举办的期刊评奖，比如湖北省优秀期刊奖、江苏省期刊"明珠奖"。虽然中国政府主持的期刊评奖同时也评审面向大众群体的杂志，但是为学术群体服务的期刊在政府期刊评奖中占据半壁江山。国外政府主导的著名期刊评价活动也有很多，比如澳大利亚研究理事会（Australian Research Council）主持的 Excellence in Research for Australia 中的期刊评价①，英国高等教育基金会（Higher Education Funding Council）每 7 年进行一次的高校科研评估项目（Research Assessment Exercise）也涉及各个学科的期刊评价②。

在国外的期刊评价活动中，各种专业协会、学会充当了非常重要的角色，是期刊评价的重要主体之一。非常著名的由协会学会制定的期刊排行榜有：英国商学院协会（Chartered Association of Business School）的学术期刊指南（Academic Journal Guide）③，信息系统协会（Association for Information Systems）对管理信息系统领域内期刊榜等④。除了专业协会学会之外，国外一些高校也自行制定一些期刊排行榜，而且对其持续更新，有些期刊榜被其他院校广泛采用。例如，美国得克萨斯大学达拉斯分校管理学院拟定的经济与管理学科 Top24 期刊榜⑤，英国布拉德福大学管理学院的 Journal Quality List⑥，英国 Cranfield 大学管理学院制定的期刊投稿

---

① Ranked Journal List（http：//www.arc.gov.au/era/era_2010/archive/era_journal_list.htm）.

② 英国高校科研评估项目（Research Assessment Exercise）现已改名为卓越研究框架（Research Excellence Framework）；参见 J. Hudson, D. N. Laband, "Using and Interpreting Journal Rankings: Introduction", *Economic Journal*, Vol. 123, No. 570, 2013。

③ Academic Journal Guide（http：//charteredabs.org/academic-journal-guide-2015/）.

④ MIS Journal Rankings（http：//aisnet.org/?Journal Rankings）.

⑤ List of Journals（http：//jindal.utdallas.edu/the-utd-top-100-business-school-research-rankings/）.

⑥ Journal Quality List（http：//www.harzing.com/jql.htm）.

指南①，英国 Keele 大学经济学系针对经济学期刊评价的 Keele List②，德国经济研究所的 Kiel Institute Journal Ranking 等③。此外，一些专业性媒体也会制定期刊榜单，最为著名的就是英国《金融时报》（*Financial Times*）界定的 45 种管理类一流学术期刊（简称 FT/45）④。

  第三类期刊评价是文献生产、收集或管理机构所制定的期刊榜单。在国外，主要是从事二次文献生产的数据库生产商所制定的期刊榜，最为著名的就是科睿唯安公司旗下期刊引用报告（Journal Citation Report）数据库所包括含两大引文索引来源期刊：科学引文索引 SCI、社会科学引文索引 SSCI。另一家可以与其抗衡的就是爱思唯尔公司（Elsevier）旗下的引文数据库 Scopus 所产生的 SCImago Journal & County Rank，简称 SJR⑤。国内一开始从事期刊评价的文献机构主要是学术期刊的消费主体——图书馆；后来在图书馆文献计量部门人员的基础上，整合图书情报学教学院系的师资人员共同组成的各种评价研究中心，制定各种期刊榜单并连续更新。比如北京大学的《中文核心期刊要目总览》、南京大学的 CSSCI 来源期刊、中国科学院的中国科学引文数据库（CSCD）来源期刊遴选报告，中国社会科学院图书馆的《中国人文社会科学核心期刊要览》⑥、中国社会科学院中国社会科学评价中心的《中国人文社会科学期刊评价报告（2014）》。国内的一些数据库生产商也逐步加入到期刊评价的实践队伍中，如万方数据股份有限公司正在建设中"中国核心期刊遴选数据库"⑦，清华同方公司依托国家知识基础设施（National Knowledge

---

  ① Journal Recommendation for Academic Publication （http：//www.som.cranfield.ac.uk/som/dinamic-content/media/SOM%20Journal%20Rankings%202012%20-%20alphabetical.pdf）.

  ② J. Hudson, "Ranking Journals", *Economic Journal*, Vol. 123, No. 570, 2013.

  ③ Further Important Rankings （http：//www.vwl.uni-freiburg.de/iwipol/journal_rankings/journal_rankings3.html）.

  ④ 45 Journals used in FT Research Rank （http：//www.ft.com/cms/s/2/3405a512-5cbb-11e1-8f1f-00144feabdc0.html#axzz3cjVI3Jc8）.

  ⑤ SCImago Journal & County Rank （http：//www.scimagojr.com/journalrank.php）.

  ⑥ 2013 年 12 月 26 日，中国社会科学院成立中国社会科学评价中心，该中心于 2014 年 11 月发布"中国人文社会科学期刊评价报告（2014）"，该中心是在原隶属于图书馆的文献计量与科学评价研究中心的基础上成立的，参见（http：//www.lib.cass.org.cn/academic/non_entity_detail5.htm, http：//www.cssn.cn/zx/bwyc/201411/t20141124_1412829.shtml）.

  ⑦ 《中国核心期刊（遴选）数据库》（http：//baike.baidu.com/subview/5570927/5610430.htm）.

Infrastructure，CNKI）建立"中国引文数据库 Chinese Citation Database"也为展开期刊评价奠定了基础。

  如此之多的期刊评价榜单，究竟哪些期刊榜的制定者具有期刊评价的资格①？哪些机构具有期刊评价的条件？哪些机构具有期刊评价的能力？不同人员有不同的看法，而这些问题涉及评价合法性这一根本问题。如张维城认为期刊出版管理机构（宣传部、新闻出版局）、刊协、科协等专业协会在管理机构的委托下进行期刊的评定是"名正言顺"的；而行业协会、研究会的期刊评定"只能是无效的重复劳动，并且也不名正言顺"；图书情报部门在内部使用自己期刊评价的结果"别人无权干涉"，但是把未经期刊社同意的期刊等级评定结果"公之于众"，"这种做法似有侵权的嫌疑"②。因此，在一定程度上国内的学术界比较认可前两类评价主体，对第三类主体所制定的期刊榜单持否定态度。吊诡的是，目前期刊评价的实际情况恰恰与张维成的观点相反，一直被学术界视为"小儿科"的图书情报部门所进行的期刊评价虽然屡受学界人员的质疑，但是它的实际社会影响最大，评价机制也最为规范。

  为什么在国内的学术界会出现这样的一种诡谲？主要原因在于图书情报界的期刊评价研究受到政治权力的影响最小、相对最为客观。自古以来，"学而优则仕"，中国的学术有服务于政治的悠久传统。1949 年之后，我国的"学术制度改造和建构基本借鉴苏联模式……各种学术社团和专业组织也开始为行政机构接管，甚至成为行政或准行政组织，而所有的学术期刊开始有了其所归属的主管行政部门，其权威性等级与行政级别挂钩，学术活动的内在逻辑几乎丧失殆尽"③。政府主持的期刊评奖显然要执行国家意志、遵循行政逻辑；学会、协会等学术性组织在我国实际上是国家行政机构的延伸，必然也受到国家意志的制约。而且，我国的协会、学会等学术组织长期处于一种行政活动积极、学术服务活动不作为的状态。与国外不同，我国的各个协会、学会鲜有积极组织大规

---

① 仲伟民：《缘于体制：社科期刊十个被颠倒的关系》，《南京大学学报》（哲学·人文科学·社会科学）2013 年第 2 期。
② 张维城：《期刊等级评定反思》，《编辑学报》2001 年第 4 期。
③ 阎光才：《中国学术制度建构的历史与现实境遇》，《中国教育学前沿》2009 年第 3 期。

模的同行调查，了解学术共同体对专业期刊的认知和评价。"国家政治权力的全面介入，学术制度建构的外部逻辑逐渐压倒乃至替代了内部逻辑。"① 因此，前两种评价主体所主持的期刊评价无法体现学术界的内部逻辑。图书情报界长期处于为学术服务的边缘位置，行政权力的逻辑在这一领域的控制较为薄弱。因此图书情报界才会产生遵循学术共同体的内部逻辑，根据学者集体行为的特征进行量化的、相对客观的期刊评价体系。图书情报界在学术评价领域的活跃，在一定程度上是学术界内在逻辑对行政权力的一种自然抗拒，"反映了学术活动要求回归本位的一种诉求"②。

（2）评价指标的多样化及对期刊评价科学性的质疑

评价研究被认为是研究的一种类型，它使用标准化的社会研究方法来满足评价性目的③。因此，评价研究的逻辑起点是明确研究目的，"对于任何一项评价，都应形成根据评价目的来确定评价标准、指标、方法的运作模式"④。在期刊评价研究的实践中，期刊评价研究人员通常根据自身的评价目的，设定各种能够反映期刊不同属性的指标，然后使用定量方法对这些指标进行求值，再对每个指标赋予不同的权重，形成一个评价的指标体系，最终通过加权综合求值并结合定性评价的结果来实现对期刊的级别判断。这是国内期刊评价的一个典型的研究过程。不难发现，在这一期刊评价的具体操作过程中，可以导致最终期刊排名发生变化的因素很多。

首先，不同的评价主体会有不同的评价目的。比如"中国出版政府奖·期刊奖"作为政府评奖是为了奖励优秀期刊或杂志，为了党政机构进行出版物的管理服务，选刊的核心标准是政治正确、科学价值高、"社会效益和经济效益俱佳"⑤；而"中文社会科学引文索引（Chinese Social Sciences Citation Index，CSSCI）是由南京大学中国社会科学研究评价中心

---

① 阎光才：《中国学术制度建构的历史与现实境遇》，《中国教育学前沿》2009 年第 3 期。
② 阎光才：《学术制度建构的合法性与合理的制度安排》，《探索与争鸣》2005 年第 9 期。
③ R. R. Powell, "Evaluation Research: An Overview", *Library Trends*, Vol. 55, No. 1, 2006.
④ 叶继元：《人文社会科学评价体系探讨》，《南京大学学报》（哲学·人文科学·社会科学）2010 年第 1 期。
⑤ 第三届中国出版政府奖·期刊奖评奖办法（http://www.gapp.gov.cn/upload/files/2013/8/517113851.doc）。

开发研制的引文数据库，用来检索中文人文社会科学领域的论文收录和被引用情况。CSSCI 遵循文献计量学规律，采取定量与定性相结合的方法从全国 2700 余种中文人文社会科学学术性期刊中精选出学术性强、编辑规范的期刊作为来源期刊"[1]。因此，CSSCI 来源期刊的评选是为了建立 CSSCI 引文数据库服务的，选刊的标准是"学术性强、编辑规范"。虽然这些遴选指标都涉及科学价值和学术水平，但是却不仅限于此。

其次，不同的评价主体会根据自身的评价目的而选取不同的指标，进而构建出不同的评价体系。比如，2011 年版的《中文核心期刊要目总览》以下简称《总览》的"研制方法是采用定量和定性相结合的评价模式。定量评价指标有被索量、被摘量、被引量、他引量、被摘率、影响因子、被重要检索工具收录、基金论文比、Web 下载量等 9 项。定性评价方法分三个步骤：第一，选聘评审专家。收集具有正高职称的专家信息，通过电子邮件征聘学科评审专家，评审专家自选评审学科，每人所选学科不超过 3 个。第二，通过网络进行期刊评审。《总览》向每位评审专家发送相关的资料，资料包括项目研究的概况、学科送审期刊表，学科送审期刊表中有各期刊的定量指标数据、书目记录信息（如刊名、主办单位、出版年、出版地、周期等）等。评审专家凭自己对期刊的了解，审查学科定量核心期刊表的期刊和排序是否符合客观实际情况，若不符合，评审专家可以调整表中的期刊和期刊排序，也可以修改核心期刊数量或增补优秀学术期刊。第三，采用平均值的方法，汇总专家评价数据，得到最终学科核心期刊排序表"[2]，而中国社会科学院的《中国人文社会科学期刊评价报告（2014）》采用了 5 级指标体系，从吸引力、管理力、影响力三个角度评价人文社会科学期刊[3]。

最后，即使是相同评价机构制作的期刊评价目录，其采用的指标体系也会变化；甚至相同的指标体系，权重分配的差异也会导致一份期刊最终是否会入选某一个期刊目录。如我国最早的期刊评价体系《中文核

---

[1] 中文社会科学引文索引（CSSCI）简介（http://cssrac.nju.edu.cn/news_show.asp?Articleid=119）。

[2] 林丽芳：《中文核心期刊评价指标体系之反思与重构》，《东南传播》2015 年第 1 期。

[3] 中国人文社会科学期刊评价报告（http://www.cssn.cn/zx/bwyc/201411/t20141125_1415295.shtml）。

心期刊要目总览》1992年的第一版只使用了载文量、文摘量、被引量单个指标，到2011年出版第六版时，指标就扩展到9个①。

期刊评价主体的多元化必然形成评价目的的多元化，进而导致了评价指标的多样化。这使得人们对各期刊评价的客观性、科学性产生质疑。评价指标选取的依据是什么？为什么有些评价指标被有些期刊评价机构采用，有些则弃之不用？这些被选取的指标是否能够客观、全面、科学地反映期刊的属性？学术界对这些基本的问题尚未形成统一的认识。

（3）评价结果的多样化及对期刊排名可信度的质疑

期刊评价指标和指标体系的多样化，必然导致评价结果的多样化。例如，影响因子（Impact Factor，简称IF）和H指数同为现今影响巨大且被普遍接受的文献计量指标，虽然有研究显示两者之间具有一定的线性关系，符合幂律分布特征②；但是采用这两个指标对同一批期刊进行评价排序的结果却有显著的不同。刘红将ISI数据中收录的影响因子排名前40位的期刊和有代表性的物理学期刊建立了两组研究样本，分别对这两组期刊根据h指数和影响因子进行排序；研究发现按照h指数的排序和影响因子排序有显著差异，尤其是对载文量少、影响因子偏高的综述型期刊的排序有修正作用；如按照影响因子排序，*Nature*和*Science*位列第9、10位，而按照h指数排序分别提高到第2位和第3位③。即便是采用学术界公认的同行评议方法，通过大范围调查某一学科专家对期刊进行评价，评价的结果也会因为调查对象的知识传统（Intellectual Tradition）、国籍身份（National Provenance）等原因产生显著差异；这主要是由不同地域的学者对文献源的熟悉程度、理论话语体系和研究议程设置的差异所导致的④。

期刊评价结果的多样化，表明期刊评价主体无法对期刊产生统一的价值判断，同时也导致了学术界乃至社会公众对评价结果可信度的怀疑，

---

① 许新军：《〈中文核心期刊要目总览〉评价指标的缺失与建议》，《情报杂志》2013年第10期。

② L. Egghe, L. M. Liang, R. Rousseau, "A Relation Between H-index and Impact Factor in the Power-law Model", *Journal of the American Society for Information Science & Technology*, Vol. 60, No. 11, 2009.

③ 刘红：《科技期刊的h-指数与影响因子比较》，《中国科技期刊研究》2006年第6期。

④ I. Crewe, P. Norris, "British and American journal evaluation: Divergence or convergence?" *PS: Political Science & Politics*, Vol. 24, No. 3, 1991.

甚至进一步强化了对评价主体合法性的质疑。

如前所述，评价的目的是为了指导人们的行为选择，这是人类评价活动的普世原则。哪一种评价结果是对期刊做出的最为客观、公正、科学的价值判断，从而可以成为指导科研人员选择信息源和发表平台的行动依据？大量悬而未决的争议和广泛存在的质疑，逐渐削减了评价研究的现实意义。评价研究的根本目的就是通过对评价对象做出价值判断，从而为人们的行动寻找指导依据，而现有的多样化的评价结果却不能为我们提供这样的行动依据。面对多种选择，我们感到无从选择。

批判和争议表明基于文献计量方法的期刊评价制度有很多差强人意的地方，有待进一步完善。从另一个角度来说，对期刊评价的种种诟病也具有正能量的一面：学者对期刊评价的批评在一定程度上展示了自主意识在学术界的觉醒。期刊评价作为科研管理的工具，它产生的社会根源是为了科研管理部门分配学术资源服务。期刊评价的兴起和随之而来的广泛争议，表明学术评价从以前的政治权力独霸评价话语权，转向现在学术界通过自身的争鸣向政治权力争夺独立的学术评价话语权。当然，更有一些洞察深刻的犀利学者指出，我国学术乱象源于科研体制，"将评价视为学术乱象的根源，实际上遮蔽了科研体制对学术乱象之所以产生而应承担的责任"[1]。也就是说，期刊评价在一定程度上充当了我国学者批判现行科研体制的替罪羊。期刊评价机制的完善，需要科研体制的完善作为生态条件。

第四节 研究问题与意义

针对学术界对期刊评价的种种诟病和批评，以图书情报界为主的期刊评价研究主体也做出了一些积极的回应。首先，图书情报学界的评价研究人员肯定期刊质量评价的多元性与复杂性[2]，认可质量评价是期刊评

---

[1] 朱剑：《科研体制与学术评价之关系——从"学术乱象"根源问题说起》，《清华大学学报》（哲学社会科学版）2015年第1期；仲伟民：《缘于体制：社科期刊十个被颠倒的关系》，《南京大学学报》（哲学·人文科学·社会科学）2013年第2期。

[2] 叶继元：《学术期刊质量评价具有多元性与复杂性》，《清华大学学报》（哲学社会科学版）2015年第2期。

价和科研管理的关键①。同时，学术评价研究者也强调"引文法既是定量评价法，又包含定性评价（同行评议）"②。正是基于这样的逻辑预设，国内学术评价研究的主要应对措施是对评价指标进行修正或完善③，试图构建更为精细合理的指标体系以便准确地反映期刊的各种特征④。在国外的学术评价研究中，"基于文献计量学视角的学术评价研究并未因为存在争议而消减，而是从不同角度去探索新的评价方法、评价指标、评价数据及评价理念"⑤。

但是，期刊评价的指标"并非越细越好"，"现在的问题是学术期刊评价指标过多"⑥；期刊评价认同困境问题的解决关键在于了解学术界对期刊评价质疑的根源，需要抓住核心要素。这一点恰恰是现行的期刊评价研究主体所忽视之处，对诟病期刊评价的根源关注程度不够。

评价指标体系越来越庞大复杂，也越来越完备；但是学术界的诟病却接连不断、一浪高过一浪。通常来说，当科研越发精细的时候，学术共同体理应容易达成共识，争议会越来越少。期刊评价领域的研究恰恰有悖于这一学术常识，这种反常的学术现象正是激发本书的根本动因。

本书试图采用一种不同于图书情报学界进行期刊评价研究的新视角——社会学视角，更为具体地说，是社会分层理论的视角对期刊评价研究进行新的解读。本书提出一个大胆的理论假设，传统基于文献计量学的期刊评价研究忽视了社会性因素在期刊评价中的重要影响，而这些社会性因素的运作是期刊计量特征形成的深层机理。

期刊分层是一种客观现象。朱克曼在《科学社会学五十年》一文中

---

① 叶继元：《学术期刊质量评价与核心期刊评价之异同》，《图书情报工作》2009 年第 18 期。
② 叶继元：《引文法既是定量又是定性的评价法》，《图书馆》2005 年第 1 期。
③ 袁曦临、刘宇：《人文社会科学评价的复杂性与引文评价指标的修正》，《图书情报工作》2010 年第 14 期；黄慕萱：《人文社会科学研究评鉴特性及指标探讨》，《清华大学学报》（哲学社会科学版）2010 年第 5 期。
④ 苏新宁：《构建人文社会科学学术期刊评价体系》，《东岳论丛》2008 年第 1 期；任全娥：《人文社会科学研究成果评价指标体系研究》，《大学图书馆学报》2009 年第 5 期；李正元：《构建社科期刊评价体系的理论思考》，《合肥工业大学学报》（社会科学版）2004 年第 1 期。
⑤ 任全娥：《2016 年国外学术评价研究——基于文献计量学视角》，《国外社会科学》2017 年第 2 期。
⑥ 叶继元：《学术期刊的评价与学术研究质量的提高》，《浙江社会科学》2007 年第 4 期。

总结道:"在科学界,分层现象是普遍存在的。个人、团体、实验室、科研机构、大学、期刊杂志、研究领域和专业、理论、方法等等都依照威望高低划分了连续且界限明确的等级。"① 期刊分层研究就是揭示期刊之间的不平等及其形成的社会机理。

社会学家卡泽纳弗认为,社会分层主要解决人类社会遇到的两大问题:(1) 考察等级是如何呈现的,进而根据其现实框架解释等级;(2) 流动性问题,涉及等级的后果,并进而考察个人的社会境况在何种程度上受这种等级的规定②。鉴于此,期刊分层研究的目标主要集中在两个方面:(1) 考察期刊等级的形成机制和影响要素;(2) 考察期刊如何在既定的结构中实现自身地位流动,以及这种流动对期刊个体来说意味着什么。

为了达到上述目的,本书需要厘清以下几个问题。

1. 期刊分层的立足点或价值取向是什么?现行的期刊评价的主流方式——核心期刊,是从文献密度和引文规律两大维度揭示了期刊的等级现象,这是以信息密度和影响力为价值取向解释期刊之间的不平等与等级结构。从目前学术界对期刊评价研究的反应来看,这种理论解释并未获得广泛的认同。那么,更为合理地界定期刊之间的等级结构的立足点是什么,这是本书所要解决的基本问题。

2. 期刊之间的等级结构的发生学原理是什么?这种等级结构是在什么样的运作机制下得以维持并保持一定的稳定性?用什么的研究方法去揭示期刊之间的等级结构更为合适?

3. 有哪些因素会影响期刊个体在等级结构中的位置呢?期刊个体通过哪些要素获取并巩固自己在等级结构中的位置,进一步实现自身在等级结构中的位置变动?

4. 作为期刊分层的研究结果,期刊之间的等级结构是否具有可变性?这种可变性对期刊个体来说意味着什么?

传统的期刊评价研究集中在本体层面,即对期刊外部形态特征与期刊

---

① [美] 朱克曼:《科学社会学五十年》,李传实译,《山东科技大学学报》2004 年第 3 期。

② [法] 卡泽纳弗:《社会学十大概念》,杨捷译,上海人民出版社 2003 年版,第 120 页。

数理现象的研究①。目前，我国学者对期刊之间等级差异的认识基本上停留在经验描述阶段，最为常见的方式是根据文献计量学的统计定律，使用各种计量指标的综合数值揭示期刊的等级次序。作为期刊评价具体实例之一的核心期刊的界定，离不开它的两大理论基础：布拉德福离散定律和加菲尔德引文分析理论。布拉德福的文献离散定律首先揭示出文献在期刊中的集中与分散分布规律，为人们从文献数量的角度来寻求特定主题的核心期刊提供了理论支持；E. Garfield 所创造的引文索引系统和引文分析理论又为人们从文献质量的角度遴选核心期刊提供了一个重要的量化测度指标②。

然而，这种基于文献计量指标的期刊评价方式，在本质上是对期刊外部属性的一种经验性的客观数理统计描述，完全是"用数据说话"③；但是，"数据可以支持、限制或推翻理论，但是数据本身不会说明科学理论的内容"④。虽然一些学者认识到导致期刊产生等级差异的因素的复杂性，但是研究人员尚未找到强有力的理论支撑来解释期刊等级差异现象背后的社会机理。因此，现有文献所归纳的导致期刊等级差异的因素也处于一种凌乱的、不断变化的、缺乏系统性的经验总结状态，未曾出现清晰的理论脉络来整合这些要素。总体来说，现有的研究是经验性的，缺乏学理性的深入探讨。

期刊是人们制造出来以实现某种特定文化职能的社会工具，不把它放在特定社会文化背景之中来考察难以正确认识各种期刊现象的本质⑤。"社会学的理论和概念为我们提供了观察和认识社会世界的特定视角"⑥。社会分层理论，作为揭示和阐释人类社会不平等现象的最强大工具，恰恰为我们从学理上对期刊之间的等级差异现象进行考察和解释提供了强有力的理论框架。因此，将社会分层理论引入到期刊评价研究解释期刊之间的等级差异，是一种普适理论到具体领域的微观应用。期刊分层的理论构建

---

① 陈立新：《力学期刊群的内外关系与学科结构》，博士学位论文，大连理工大学，2008年，第4页。
② 钱荣贵：《核心期刊与期刊评价》，中国传媒大学出版社2006年版，第153页。
③ 徐建华：《用数据说话，让空谈走开》，《图书情报工作》2008年第4期。
④ 黄慕萱：《图书资讯学在台湾——台湾大学黄慕萱教授访谈录》，《图书情报知识》2006年第1期。
⑤ 周汝英：《论期刊学及其研究方法》，《社会科学战线》2001年第1期。
⑥ 风笑天：《社会学研究方法》，人民大学出版社2005年版，第2页。

将为基于文献计量指标的期刊评价研究在学理上奠定理论解释的基石；同时，也将期刊置于一定社会情境之下，有助于实现期刊评价研究范式的转换，从而把期刊评价研究从数理统计层面深化到文化社会学的层面。

台湾大学黄慕萱教授说："不同的评价应基于相同的目的，即通过评价来发现评价对象存在的问题，以推动评价对象的不断发展。"① 原有的期刊评价是为了满足图书馆采购期刊而研制的，因此当服务期刊采购的期刊评价应用到学术评价时，就会产生水土不服的种种现象。但是，现今服务于学术评价的期刊评价工具，都只是在服务于期刊采购的期刊评价工具基础上进行不断修补，并未能解决方向性和目的性的根本问题。

期刊分层理论是在核心期刊理论和现有的期刊评价的实践基础之上，结合社会分层理论，从学理上对学术期刊的等级结构进行更为准确精微的揭示和阐释，以待完善人们对期刊的认识、实现期刊更为准确的自我定位，从而使服务于期刊采购的期刊评价能够适用于服务学术评价的期刊评价。从本质上说，期刊分层是对核心期刊理论的坚守与拓展，对期刊本身、科研管理部门、学术界都具有重要的实践意义。

（1）有利于完善期刊的竞争机制和激励机制

期刊分层理论秉承核心期刊理论的基本逻辑前提——期刊界存在着等级差异的结构性特征。对差异的承认与揭示，使核心期刊在期刊界引入竞争机制成为可能，"使得众多的学术期刊从过去那种缺乏外在评价、自我感觉良好，转向了以提高学术质量、吸引优质论文、优化学科选题、增强编辑责任为目标的追求"②。期刊分层将继承和发扬核心期刊的期刊评价功能，推动期刊界的有序竞争。

根据弗鲁姆（Victor Vroom）的期望理论（Expectancy Theory），激励的效果受三个变量影响：努力—绩效的联系，绩效—奖赏的联系和吸引力③。而现行的核心期刊理论，对于处于上层和底层的期刊均无法发挥期

---

① 黄慕萱：《图书资讯学在台湾——台湾大学黄慕萱教授访谈录》，《图书情报知识》2006年第1期。

② 田卫平：《"核心期刊"评选与学术期刊的影响力》，《福建论坛》（人文社会科学版）2009年第1期。

③ ［美］罗宾斯：《管理学》（第4版），黄卫伟等译，人民大学出版社1996年版，第397—398页。

刊评价的激励功能，只能对处于结构中层的期刊产生激励效果，促使他们为进入核心期刊集团而做出努力。期刊分层研究在核心期刊理论的基础上，更为精细地揭示期刊结构，有助于期刊个体进行更为准确的自身定位，全面发挥期刊评价对期刊个体的激励功能。

（2）有利于完善科研管理部门利用期刊评价的工具开展学术评价

期刊分层继承核心期刊的学术评价功能。陆伯华认为："核心期刊的功能归结起来有两点：一是管理功能，另一是评价功能。"① 在人类进入信息爆炸的时代，作为学术界正式交流系统之一的期刊，其不可推卸的功能体现在"首先评价知识，其次传播知识"②。一份经过审定后在学术期刊上发表的论文，"它的首要功能是作为一种知识声明，宣布它已经得到科学家的同行的评价和承认；其次要功能是传递信息"，因此期刊"最最重要的考虑因素是'质量控制'，而不是速度"③。期刊对研究成果的评价功能是社会发展的必然产物。期刊分层通过细化核心期刊理论对期刊结构的揭示，对比较论文之间的学术水平提供参考，完善期刊评价工具的学术评价功能。

（3）有利于增强学术共同体的自主性和独立性

布尔迪厄（Pierre Bourdieu）认为："众所周知，科学仍朝着取得完全自主化的目标迈进。在这个过程中，人们可能把社会审判乔装成科学审判，为特有的社会越权现象披上了科学的理性外衣。"④ 对于期刊——这个科学交流的特殊"场域"来说，核心期刊理论最为突出的贡献在于，它将学术期刊的评价权从基于行政级别的"社会审判"手中夺回，初步建立了学术期刊基于载文指标和引文指标的"科学审判"机制，增强了"科学场"的自主性和独立性。期刊分层坚持从学术共同体的利益出发，坚守期刊评价权回归学术界这一基本立场。

---

① 陆伯华：《核心期刊纵横谈》，《出版广角》2002年第12期。
② ［美］克兰：《无形学院——知识在科学共同体内的扩散》，刘珺珺等译，华夏出版社1988年版，第108页。
③ 同上书，第113页。
④ ［法］布尔迪厄：《科学的社会用途：写给科学场的临床社会》，刘成富等译，南京大学出版社2005年版，第37页。

第五节 研究设计

从方法论的角度来看，所有的社会科学研究存在着两种基本的、同时也具有相互对立性的方法论倾向：一种是实证主义方法论，一种是人文主义方法论[①]。劳伦斯·纽曼认为社会研究有三个基本的研究取向：实证主义、诠释的社会科学和批判的社会科学[②]。从本质上说，诠释的社会科学和批判的社会科学都属于人文主义方法论范畴。

从总体上看，本书在方法论上坚持人文主义为研究的基本取向，为现象提供一种有效的理论解释。坚持人文主义的研究取向是建立在对现有社会生活的理解和描述之上的，并在此基础之上赋予研究内容一定的意义[③]。因此，本书首先采用的研究方法是在期刊评价研究的实践和相关文献的基础之上进行历史研究和比较研究。文献是了解社会现实的一种重要手段，通过调研期刊评价和社会分层的相关文献，为研究寻找理论支持和方法依据。对研究对象的历史回顾和追溯是了解研究对象何以如此的必要手段。本书对期刊评价的实践和理论研究做了较为全面的历史回溯，以此了解期刊评价发展的脉络及潜藏于期刊评价中的社会意义。

比较和类比是人类了解事物的基本思维方式，比较研究是根据一定条件把彼此有某种联系的事物加以对照，从而确定研究对象之间的异同，发现某种潜在的社会规律及其普适性。本书通过将社会成员和期刊个体加以比较和类比，发现两者在社会等级排列中的共性，以此确立将社会分层理论引入到期刊评价的可行性和合理性。

在坚持人文主义作为基本的研究取向的同时，本书在某些子问题的研究中也采用了实证主义的研究取向。在研究数据的收集时主要使用结构化问卷；在数据处理时，主要使用了Excel、SPSS、Lisrel三种统计分析软件，并采用了其中的路径分析、聚类分析、相关分析和回归分析等分

[①] 风笑天：《社会研究方法》，中国人民大学出版社2005年版，第7页。
[②] ［美］劳伦斯·纽曼：《社会研究方法：定性和定量的取向》，郝大海等译，中国人民大学出版社2007年版，第88页。
[③] 同上书，第115页。

析方法，对数据进行分析处理。

在社会科学以及经济、市场、管理等研究领域，有时需要处理多个原因、多个结果的关系，或者会碰到不可直接观测的变量，这些都是传统统计方法不好解决的问题①。期刊的学术地位的产生和影响要素之间是一个彼此互为影响的网络关系，因此，使用路径分析考察期刊学术地位的影响因素之间的相互影响是一种有效的数据统计方法。

聚类方法作为一种非常重要的数据挖掘技术，其主要是依据样本间相似性的度量标准将数据集自动分成几个群组，且使同一个群组内的样本之间相似度尽量高，而属于不同群组的样本之间相似度尽量低的一种方法②。期刊的等级结构现象正是期刊依据不同属性的相似度产生聚类的结果，因此，使用聚类分析可以弥补传统期刊评价仅仅是排序而缺乏必要的层次性的不足。

相关分析主要使用一个指标去表明两个变量间相互依存关系的性质和密切程度；回归分析是在相关分析的基础之上，研究自变量对因变量的具体影响，进而作出相应的预测的一种统计技术③。在明确了期刊分层的影响要素的基础上，我们可以通过回归分析计算出关键因素对期刊学术地位的影响，进而可以使用相同的变量估计或预测不同时间段期刊的学术地位。这为我们考察期刊分层的结构和学术地位的流动情况提供了可能。

---

① 侯杰泰、温忠麟、成子娟：《结构方程模型及其应用·序》，教育科学出版社 2004 年版，第 1 页。
② 郭崇慧：《聚类分析》（http://www.sciencenet.cn/m/user_content.aspx?id=218389）。
③ 袁卫等：《统计学》，高等教育出版社 2005 年版，第 257 页。

第 二 章

期刊评价研究的知识图谱

牛顿说:"如果说我比别人看得更远些,那是因为我站在了巨人的肩膀上。"在展开研究之前,必须对期刊评价的已有文献进行系统回顾。在现今的各大数据库中,期刊评价的相关文献都数以千计。文献量如此浩繁,不仅说明了期刊评价是一个重要的热门主题,同时也隐含着一条重要的隐性信息:学术界对期刊评价存在着巨大的争议、山头林立、缺乏共识。

虽然有大量文献讨论期刊评价、核心期刊、引文分析等相关研究议题,但是国内对期刊评价这一研究主题的知识基础和基本脉络进行系统梳理的文献尚不多见。李云霞于2008年利用CNKI数据库对1979—2008年之间的261篇期刊评价研究文献进行计量分析[①]。同年,刘新燕和武夷山利用CNKI数据库对1983—2007年之间的671篇期刊评价研究文献进行计量分析[②]。姜春林于2011年利用CSSCI数据库对1998—2009年间的303篇国内期刊评价研究行了梳理[③],侯素芳和汤建民于2014年也是基于CSSCI数据对1998—2011年间的458篇国内期刊评价研究进行综述[④]。除了这些计量研究成果外,曾建勋和宋培元于2007年对我国科技期刊评价工作进行了定性的历史回顾[⑤],别立谦和何峻于2012年对我国近30年核

[①] 李云霞:《我国期刊评价研究现状的文献计量学分析》,《中国科技期刊研究》2008年第6期。

[②] 刘新燕、武夷山:《我国期刊评价研究文献的计量分析》,《中国科技期刊研究》2008年第4期。

[③] 姜春林:《基于知识图谱的我国期刊评价研究评述》,《情报科学》2011年第7期。

[④] 侯素芳、汤建民:《国内期刊评价研究综述和评估:1998—2011》,《情报科学》2014年第1期。

[⑤] 曾建勋、宋培元:《我国科技期刊评价工作的现状与走向》,《编辑学报》2007年第4期。

心期刊研究实践进行定性的历史综述①。这些文献都是针对国内期刊评价研究展开梳理。2010 年，陈燕和李锐使用 1998—2009 年间的 SSCI 和 CSSCI 分别获取 421 篇外文文献和 385 篇中文文献，使用计量方法对国内外科技期刊评价研究的文献进行比较研究②。

目前这些计量研究的检索策略主要是以"期刊评价"作为检索词，在"主题"或者"关键词"字段进行检索。这种检索策略会发生大量的漏检，最为严重的后果就是遗漏大部分研究"核心期刊"的相关文献。本章试图对国内外期刊评价研究的相关文献进行一次更为系统的梳理，发掘期刊评价研究的知识脉络；在检索策略上进行优化，以尽可能避免已有综述文献中出现的漏检情况，数据来源主要是 Web of Science 和 CSSCI 这两大引文数据库。

第一节　国外研究的知识图谱

由于国内外期刊评价的相关文献过多，为了重要的文献不至于湮没于海量文献之中，本书最终决定主要使用"Web of Science ™核心合集"作为文献检索工具。在南京大学图书馆购买的 WOS 数据库中，用检索式"标题＝((journal or journals) and (rank* or assess* or evaluat* or stratif* or select* or citation or citing or cited or quality))"进行检索，时间范围为 1900—2015 年，返回检索结果 3303 条记录，检索时间为 2015 年 7 月 16 日。通过对检索结果进行精炼、清洗，选择文献类型为"article, editorial material, letter, proceeding paper, review"五种类型，最终得到 2826 条文献记录。检索结果中发表时间最早的一篇来源文献是 Austin M. Patterson 发表于 1940 年的一篇文献③。

主要使用的数据分析工具是 Citespace3.9.R9。Citespace 是美国德雷塞尔大学（Drexel University）、大连理工大学长江学者讲座教授陈超美博

---

① 别立谦、何峻：《近三十年我国核心期刊研究综述》，《大学图书馆学报》2012 年第 3 期。
② 陈燕、李锐：《国内外科技期刊评价研究文献的计量分析及思考》，《中国科技期刊研究》2010 年第 6 期。
③ A. M. Patterson, "Journal Citations in the 'Recueil', 1937 – 1939", *Recueil des Travaux Chimiques des Pays-Bas*, Vol. 59, No. 6, 1940.

士采用 Java 语言开发的一款信息可视化软件,该工具的设计集成了文献计量学、社会网络分析、科学社会学等多学科思想,用于挖掘某一知识领域的研究前沿和知识基础的演进轨迹[①]。在 Citespace 生成的知识谱图中,每一个节点用一个年轮表示,年轮以时间切片划分为依据,年轮的厚度与相应时间切片中节点出现频次成正比;节点之间的连线表示节点之间共现,连线的粗细与共现的频次成正比,连线的颜色与首次共现的切片颜色一致;中介中心度高的节点的年轮外圈用紫色标示。在社会网络分析中,中介中心度衡量的是社会行动者"控制"他人行动的能力[②]。在引文网络中,中介中心度高的节点是那些对本领域产生重要影响的经典文献。

一 文献发表与增长趋势

期刊评价研究的相关文献量总体上呈现出明显的增长趋势,如图2—1所示,1940年以来国外期刊评价研究的文献增长趋势符合普赖斯提出的科学文献量指数增长的普遍规律,拟合优度 R^2 为 0.9213。从20世纪60年代末70年代初开始直至2005年前后,文献的增长量保持较为平稳的水平,一直是学术界比较关注的研究议题。期刊评价研究的文献增长趋势与期刊发展的时代背景紧密相连。第二次世界大战之后,经过近20年的战后恢复,科技文献数量的激增、期刊种类也同时激增,促使以期刊为主的知识传播成为学术界关注的焦点,因此期刊评价研究的产生和发展是科技发展提出的必然需求。从20世纪70年代中期到90年代中期,实际发文量都超过了理论值,表明该时期是期刊评价研究的黄金时期;1998年之后,实际发文量和理论值之间的差距越来越大,期刊评价研究进入成熟期。2005年之后,期刊评价研究的相关文献量有一个迅速的再增长期,这主要是由于 J. E. Hirsch 于 2005 年提出一个新的文献计量指标——h 指数,成为继影响因子(Impact Factor)之后学界最为普遍认同的计量指标,在文献计量学、科学计量学和信息计量学等相关领域掀

---

① 陈超美等:《CiteSpace Ⅱ:科学文献中新趋势与新动态的识别与可视化》,《情报学报》2009年第3期。

② 林聚仁:《社会网络分析:理论、方法与应用》,北京师范大学出版社2009年版,第41页。

起一股研究 h 指数及对其进行改进完善的研究热潮,推动了期刊评价研究的进一步发展。虽然累积文献的实际值与理论值之间的差距越来越大,但是该领域每年发文的绝对值仍然在持续增长,2007 年发文量开始突破百篇,在 2011 年达到历史最高的 193 篇文献。

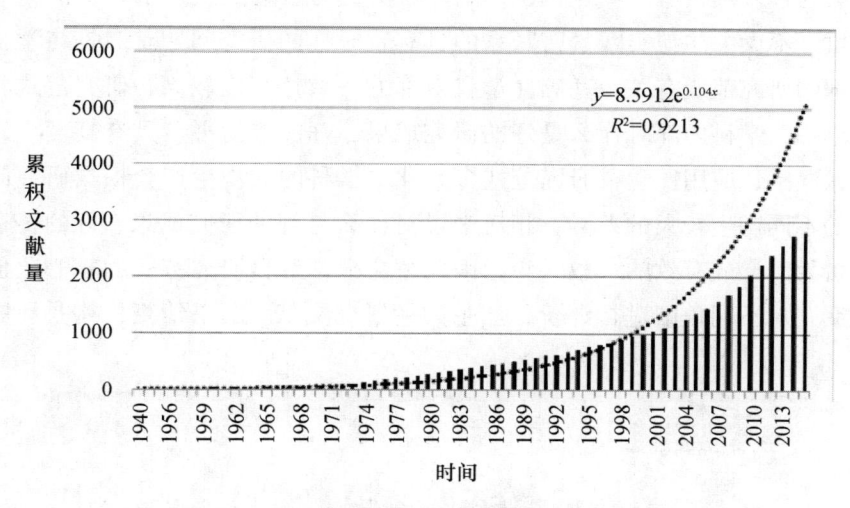

图 2—1　WOS 数据库期刊评价研究相关文献量

二　谁在做期刊评价研究

(一) 学科分布分析

图 2—2 显示了 WOS 中期刊评价研究相关文献的学科分布。在 Citespace 中选择节点为 Category,每个时间切片选择 Top50 的点,节点标签的参数设置分别选择频次 40、标签字号为 3、节点大小为 12。如图 2—2 所示,图书情报学是所有学科中关注期刊评价问题最多、持续时间最长的学科。计算机科学、商学和经济学、普通和内科医学、医学、工程、心理学、管理学、教育、护理等学科也非常关注期刊评价研究。

从这些学科分布来看,存在一个较为显著的特征:基础性学科并没有在期刊评价上投入很多精力,如数学、化学、物理学、哲学、文学、历史学等,而具有较强应用性质的学科均比较关注期刊评价问题。产生这种现象的原因主要有两个方面:一是与各个学科主要依赖的交流平台有关，基础性学科更加偏向于著书立说，强调知识的累积性和确定性；而应用性学科偏向于社会实践，社会实践的不断改变使得应用性学科的研究成果具有很强的时效性。罗素说："科学正像哲学一样，也要在变化的现象之中寻找某种永恒性的基础。"① 人类对永恒的追求是知识产生的社会心理基础，从这一点上说，基础科学更为接近人类追求知识的原始动机，不大关注与实践紧密联系的具有暂时性的研究问题。二是与学科内部的研究范式有关，基础性学科内部的一致性程度较高，研究范式相对单一，学科内部对什么是好的研究成果、好的传播平台具有高度一致的认同感；应用性学科研究范式多元化，学科的知识生产会根据研究问题的不同产生较大的差异，相对来说对什么是好的研究成果、好的传播平台无法形成有效的一致共识，因此才会根据各自研究范式的核心价值对期刊从不同角度进行评价，产生大量研究文献。图书情报机构是科技

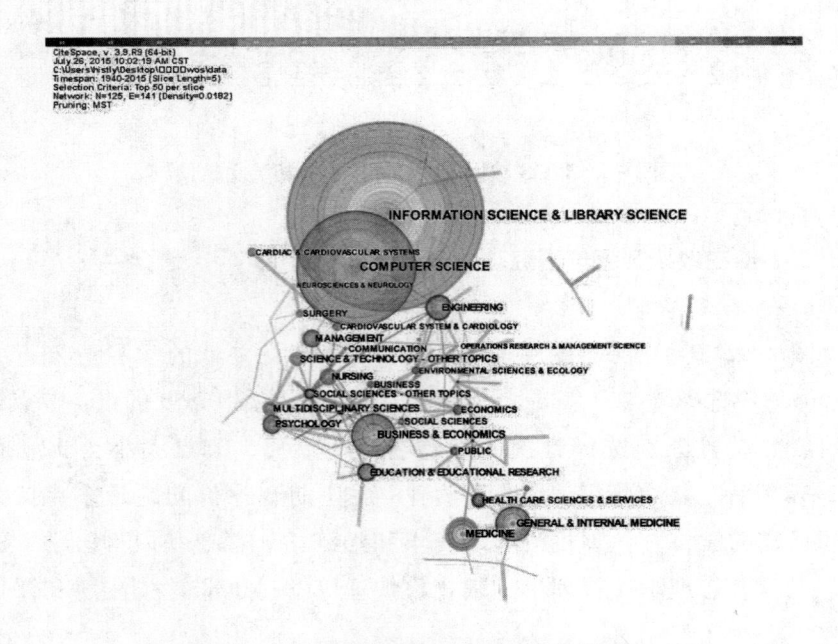

图 2—2 WOS 期刊评价文献的学科分布

---

① ［英］罗素：《西方哲学史》（上卷），何兆武等译，商务印书馆 2002 年版，第 76 页。

文献的主要消费机构，因此图书情报学也是给予期刊评价最多关注的学科。这主要是因为图书情报学不仅要关注本学科的期刊，同样也要关注其他各个学科的期刊，期刊评价的成果会对图书情报机构的期刊采购和文献收藏工作带来巨大的影响。

表2—1　期刊评价研究重要相关学科按中介中心度排序

排序	发文量	中心度	学科	时间
1	89	0.27	SOCIAL SCIENCES-OTHER TOPICS	1953
2	149	0.25	ENGINEERING	1968
3	104	0.22	EDUCATION & EDUCATIONAL RESEARCH	1972
4	16	0.22	ENVIRONMENTAL STUDIES	1975
5	85	0.21	HEALTH CARE SCIENCES & SERVICES	1982
6	32	0.2	EDUCATION	1980
7	147	0.19	PSYCHOLOGY	1943
8	73	0.18	SOCIAL SCIENCES	1953
9	79	0.17	ECONOMICS	1972
10	183	0.16	GENERAL & INTERNAL MEDICINE	1961
11	103	0.16	MANAGEMENT	1973
12	482	0.16	COMPUTER SCIENCE	1959
13	223	0.16	BUSINESS & ECONOMICS	1972
14	71	0.15	PUBLIC	1973
15	31	0.14	PHARMACOLOGY & PHARMACY	1972
16	64	0.13	ENVIRONMENTAL SCIENCES & ECOLOGY	1975
17	27	0.12	MATERIALS SCIENCE	1976
18	18	0.12	HOSPITALITY	2005
19	16	0.11	AGRICULTURE	1969
20	764	0.1	INFORMATION SCIENCE & LIBRARY SCIENCE	1959
21	26	0.1	PSYCHIATRY	1979
22	22	0.1	MATHEMATICS	1988
23	21	0.1	LIFE SCIENCES & BIOMEDICINE-OTHER TOPICS	1980

在图2—2中，计算机科学、商业与经济学等节点拥有紫色年轮，表明这些节点的中介中心度较高，在整个网络中处于重要的中心位置。表

2—1 对期刊研究的相关学科按照中介中心度进行排序。若以 1961 年美国科学信息研究所（Institute for Scientific Information）创办出版的科学引文数据库（Science Citation Index）作为分界点，图书情报学、计算机科学、心理学、社会科学、社会科学—其他主题是最早关注期刊评价这一研究主题的 5 个学科。图书情报学总计发表文献 764 篇，和其他四个学科的发文总量（791 篇）旗鼓相当。但是，图书情报学在网络中的中介中心度仅有 0.1，远落后于其他 4 个学科。这表明图书情报学在期刊评价研究中虽然体量巨大，但是学术影响力相对较弱，其研究成果需要借助其他学科传播才能被普遍接受。环境研究（Environmental Studies）等学科体量虽小，但是影响力较大，中介中心度高达 0.22。

（二）研究机构分析

在 Citespace 中选择节点为 Institution，每个时间切片选择 Top50 的点，节点标签的参数设置分别选择频次 8、标签字号为 7、节点大小为 90，得到期刊评价研究的机构图谱（见图 2—3）。由于整个图谱的网络密度只有 0.0011，尚未形成规模性的网络结构。图中的节点 INST SCI INFORMAT 和 INST SCI INFORMATION 均为美国科学信息研究所，通过图谱我们可以了解，西班牙格拉纳达大学、荷兰阿姆斯特丹大学、美国科学信息研究所、美国伊利诺伊大学等机构在期刊评价领域非常活跃。表 2—2 详细列出了图谱中的高产机构及其发文量，其中美国有 14 所，加拿大和西班牙各有 4 所，英国和中国（包括台湾）各 3 所，荷兰 2 所，澳大利亚、克罗地亚、马来西亚和伊朗各 1 所。结合图 2—3 和表 2—2 可知，这些高产机构基本上都在 2000 年前后开始涉足期刊评价；很早就开始进行期刊评价研究的机构，如美国科学信息研究所、纽约西奈山医学院、尼古拉斯州立大学这三所机构在 2000 年之后基本淡出期刊评价研究领域。在图谱中这 3 个节点的年轮基本上都是绿色，意味着进入 2000 年之后这三所机构在期刊评价领域产出极少。

中国有两家机构进入了高产机构：中国科学技术信息研究所（简称中信所）和哈尔滨工业大学。中国进行期刊评价研究的主体是图书情报学界，中信所在国内期刊评价领域广为人知，而哈尔滨工业大学在国内期刊评价领域并未取得相仿的学术声望。这主要是因为哈工大的管理科学与工程系有不少教员发表期刊评价相关的英文研究论文，却鲜有同主题的中文论文发表，因此未能融入国内期刊评价研究的主流学术圈。

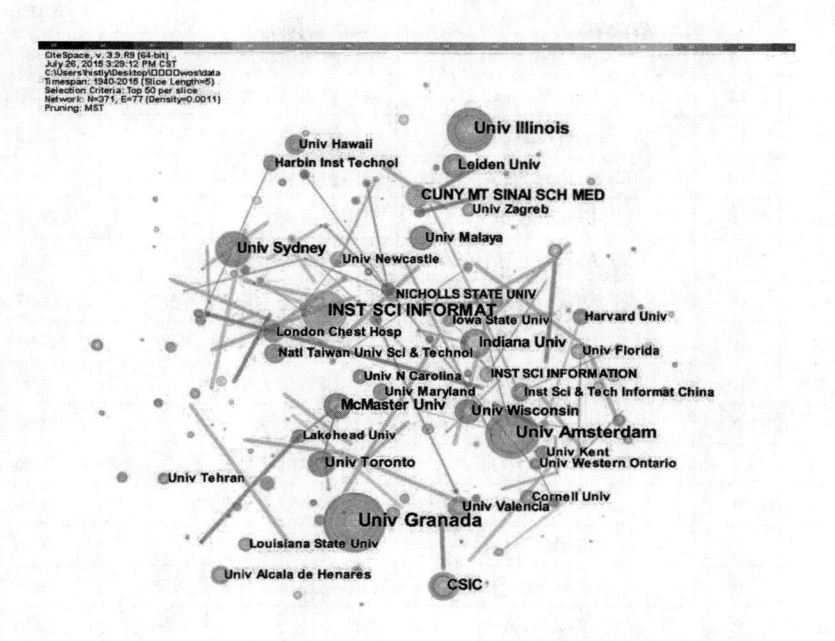

图2—3　期刊评价的研究机构图谱

表2—2　　　　　期刊评价的高产机构一览表

序号	发文量	机构	中文名称	时间
1	29	Univ Granada	西班牙格拉纳达大学	2002
2	25	Univ Amsterdam	荷兰阿姆斯特丹大学	2004
3	23	INST SCI INFORMAT	美国科学信息研究所	1977
4	23	Univ Illinois	美国伊利诺伊大学	2000
5	18	Univ Sydney	澳大利亚悉尼大学	2005
6	17	CSIC	西班牙国立研究院	1998
7	16	McMaster Univ	加拿大麦克马斯特大学	2002
8	16	Indiana Univ	美国印第安纳大学	1998
9	15	CUNY MT SINAI SCH MED	美国纽约西奈山医学院	1979
10	14	Univ Toronto	加拿大多伦多大学	2005
11	14	Leiden Univ	荷兰莱顿大学	2001

续表

序号	发文量	机构	中文名称	时间
12	14	Univ Wisconsin	美国威斯康星大学	2003
13	12	Univ Malaya	马来西亚马来亚大学	2010
14	11	Univ Valencia	西班牙巴伦西亚大学	2005
15	10	Natl Taiwan Univ Sci & Technol	中国台湾科技大学	2008
16	10	Univ Hawaii	美国夏威夷大学	2010
17	10	Univ Alcala de Henares	西班牙阿拉卡拉大学	2006
18	10	Inst Sci & Tech Informat China	中国科学技术信息研究所	2007
19	10	Univ Florida	美国佛罗里达大学	2001
20	10	Cornell Univ	美国康奈尔大学	2000
21	9	Harvard Univ	美国哈佛大学	1999
22	9	Harbin Inst Technol	中国哈尔滨工业大学	2006
23	9	Univ N Carolina	美国北卡罗来纳大学	2010
24	9	Univ Maryland	美国马里兰大学	2010
25	9	Louisiana State Univ	美国路易斯安那州立大学	2007
26	9	Univ Kent	英国肯特大学	2010
27	9	London Chest Hosp	英国伦敦胸腔医院	2011
28	8	Univ Western Ontario	加拿大西安大略大学	2010
29	8	Lakehead Univ	加拿大湖首大学	2010
30	8	NICHOLLS STATE UNIV	美国尼古拉斯州立大学	1975
31	8	INST SCI INFORMATION	美国科学信息研究所	1973
32	8	Univ Zagreb	克罗地亚萨格勒布大学	2001
33	8	Univ Tehran	伊朗德黑兰大学	2007
34	8	Iowa State Univ	美国爱荷华州立大学	2001
35	8	Univ Newcastle	英国纽卡斯尔大学	2008

（三）作者分析

在 Citespace 中选择节点为 Author，每个时间切片选择 Top 40 的点，节点标签的参数设置分别选择频次 4、标签字号为 14、节点大小为 200，得到期刊评价研究的机构图谱（见图 2—4）。整个图谱的网络密度只有 0.0024，尚未形成规模性的网络结构。

如图 2—4 所示，节点年轮的冷暖色调变化反映了期刊评价研究的核

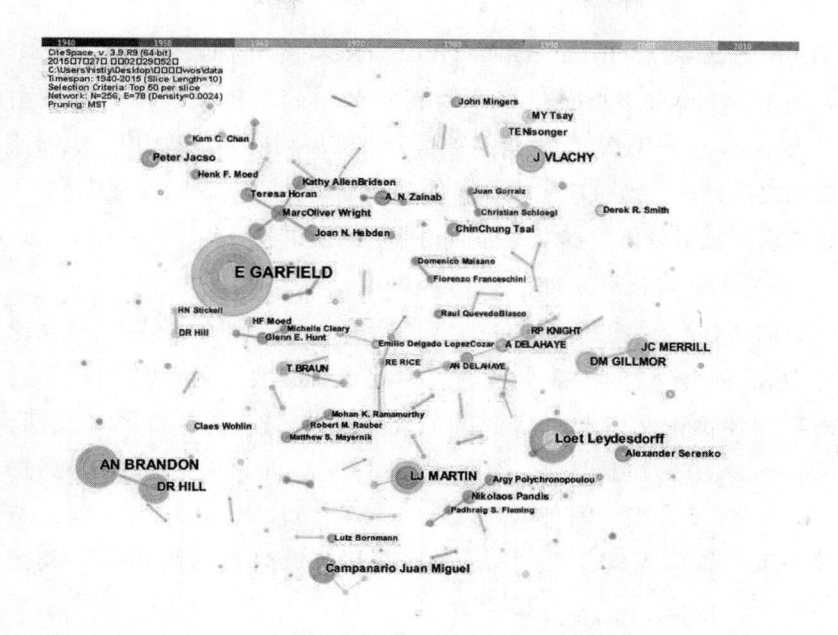

图 2—4 国外期刊评价研究作者图谱

心作者活跃时段的不同,依据颜色的变化我们可以将期刊评价研究领域的主要作者分为三代学人,以 1970 年和 2000 年作为色调冷暖的分界线。第一代研究者的节点以蓝色为主,主要以 L. J. Martin 和 J. B. Adams、J. C. Merrill 和 D. M. Gillmor、R. P. Kinght 和 A. Delahaye 为代表。第二代研究者的节点以绿色为主,最具代表性的就是 SCI 的创始人 E. Garfield,此外还有 J. Vlachy、A. N. Brandon 和 D. R. Hill、T. Braun 团队。第三代研究者的节点以黄色或红色为主,突出的代表有 L. Leydesdorff、C. J. Miguel、P. Jacso、A. Serenko 等人,此外形成了 5 个重要的研究团队:M. Wright 团队、R. M. Rauber 团队、A. N. Zainab 团队、N. Pandis 团队、G. E. Hunt 团队。此外还有一些非常活跃的两两合作者和突出的个人研究者,比如台湾淡江大学的蔡明月(M. Y. Tsay)。

三 谁引领期刊评价话语

"同被引"(Co-Citation,有学者也将其译为"共被引")是 1973 年由 Henry Small[①] 和 Irena Marshakova-Shaikevich[②] 同时提出的。1981 年 Howard D. White 和 Belver C. Griffith 将共被引分析扩展到作者共被引[③]，1991 年 Katherine W. McCain 将共被引分析扩展到期刊共被引[④]。共被引方法提出之后，广泛地被应用到学科结构和学科知识基础的发现中[⑤]。本节主要使用同被引分析发掘谁掌握期刊评价的话语权。

（一）期刊共被引分析

如前所述，关注期刊评价的学科众多，期刊评价相关的研究论文也分散在各个学科的传播平台上。因此，有必要了解哪些传播平台发表的期刊评价论文引起了广泛的关注，引导了期刊评价的主流话语。在 Citespace 中，筛选阈值（C、CC、CCV）前、中、后三段都选择（5、2、25；5、2、20；8、2、20），时间切片以 10 年为一段，节点标签参数设置为（50、2、1），得到期刊评价研究的高被引期刊图谱（见图2—5）。

如图2—5所示，引领期刊评价话语的主要传播平台有四类：一是图书情报学类的期刊，如 J AM SOC INFORM SCI、SCIENTOMETRICS、J IN-FORMETR、J DOC、Coll RES LIBR 等；二是医学类期刊，如 Brit MED J、Jama-J AM MED ASSOC、LANCET、New ENGL J MED 等；三是自然科学类的综合期刊，如 SCIENCE、NATURE、P NATL ACAD SCI 等；四是管理学相关期刊，如 Inform PROCESS MANAG、Omega-Int J MANAGE S、J MANAGE、Acad MANAGE J 等。此外，作为传播学和计算机交叉学科的

---

① H. Small, "Co-citation in the Scientific Literature: A New Measure of the Relationship Between Two Documents", *Journal of the American Society for Information Science*, Vol. 24, No. 4, 1973.

② I. Marshakova-Shaikevich, "System of Document Connectionism Based on References", *Nauchn-TchnInform*, Vol. 2, No. 6, 1973.

③ H. D. White, B. C. Griffith, "Author Cocitation: A Literature Measure of Intellectual Structure", *Journal of the American Society for Information Science*, Vol. 32, No. 3, 1981; H. D. White, B. C. Griffith, "Authors as Markers of Intellectual Space: Co-citation in Studies of Science, Technology and Society", *Journal of Documentation*, Vol. 38, No. 4, 1982.

④ K. W. McCain, "Mapping Economics Through the Journal Literature: An Experiment in Journal Cocitation Analysis", *Journal of the American Society for Information Science*, Vol. 42, No. 4, 1991.

⑤ H. D. White, K. W. McCain, "Visualizing a Discipline: An Author Co-citation Analysis of Information Science, 1972–1995", *Journal of the American Society for Information Science*, Vol. 49, No. 4, 1998.

期刊 Commun ACM，在整个被引网络中处于连接经济管理类期刊和网络主体部分的中介节点。

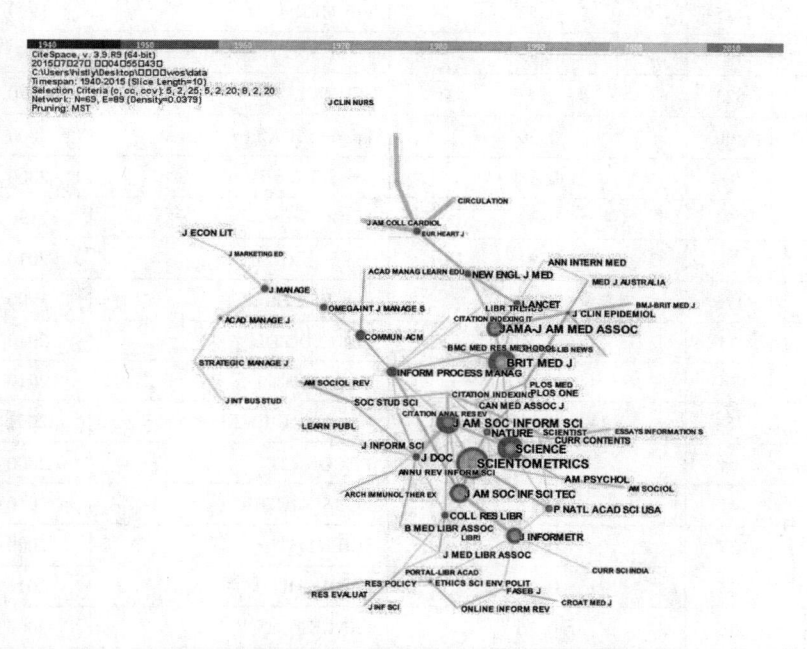

图2—5　期刊评价研究领域高被引期刊图谱

表2—3列出了期刊评价领域中介中心度超过0.2的被引期刊。由此可知，一些发文量不大的期刊在期刊评价研究的引文网络中却非常重要，比如 Soc STUD SCI、Am SOCIOL REV、Am J SOCIOL、J ECON LIT、ECONOMETRICA、Organ SCI、SCIENTIST、Eur HEART J。尽管 SCIENTOMETRICS 是发表期刊评价论文的最大平台，但是其中介中心度却未能进入前列。此外，J INFORMETR 的中心度也未能进入各刊物的前列。这进一步验证了期刊评价研究学科分布特征，即图书情报学虽然是从事期刊评价研究最主要的学科，但是研究的学术影响力较低，研究成果未能引起其他学科的有效关注。

表2—3　　　　　期刊评价研究重要期刊按中心性排序

排序	发文量	中心度	期刊	时间
1	425	0.52	Brit MED J	1990
2	443	0.49	J AM SOC INFORM SCI	1980
3	523	0.47	SCIENCE	1970
4	190	0.39	Inform PROCESS MANAG	2000
5	92	0.38	Soc STUD SCI	2000
6	274	0.33	J DOC	1990
7	74	0.31	Am SOCIOL REV	2010
8	176	0.3	Coll RES LIBR	1990
9	35	0.3	Am J SOCIOL	2010
10	24	0.3	Organ SCI	2010
11	184	0.29	New ENGL J MED	2001
12	94	0.29	J ECON LIT	2000
13	41	0.28	ECONOMETRICA	2010
14	57	0.27	SCIENTIST	2000
15	33	0.27	Eur HEART J	2011
16	203	0.26	LANCET	2000
17	168	0.22	P NATL ACAD SCI USA	2002
18	427	0.21	Jama-j AM MED ASSOC	1990

（二）文献共被引分析

在Citespace中，筛选阈值（C、CC、CCV）前、中、后三段都选择（2、1、15；4、2、20；6、2、20），时间切片以10年为一段，节点标签参数设置为（50、3、30），选择图谱的显示方式是Timeline，得到期刊评价研究的高被引文献图谱（见图2—6）。图谱包括85个节点，78条连线，聚类稳定性的模块化参数Modularity Q为0.8185，表明文献共被引网络具有较好的类内一致性、类间差异性，聚类结构较高。

由图2—6可知，文献共被引网络聚成7类。下面以每一类中的高中介中心度文献为主对各类的研究内容和核心观点进行人工解读。

表2—4列出聚类0#Scholars的主要文献节点，这些文献主要是对经济学与管理学领域内的期刊进行评价。1984年，S. J. Liebowitz等将引文

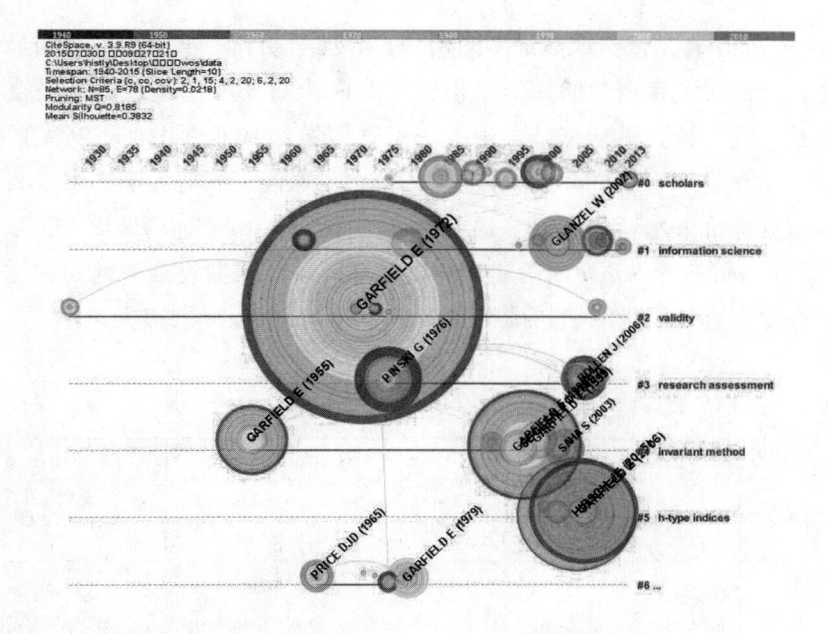

图 2—6　期刊评价研究文献共被引时间线程图

分为来自经济学期刊的引用和非经济学期刊的引用，并使用来自经济学期刊的引用次数来评价经济学期刊的影响力，从而排除了其他学科的引用造成的噪声干扰；同时发现期刊历史、期刊发文量和期刊印张多少对期刊总被引次数有显著影响[1]。1988 年，M. J. Stahl 等发现管理学期刊可以分为学术导向和实践导向两大类，由此生成两个管理学核心期刊清单，依据在这两个期刊上的发文量对美国商学院的管理学系的科研实力进行评价[2]。1999 年，A. Tahai 等统计了 17 种管理学重要期刊在 1993—1994 年间参考文献中的期刊论文，发现参考文献中出版年限较久的期刊论文主要来自相关的社会科学（如心理学、社会学等），而较新的期刊论文来自管理期刊自身；作者以参考文献出版年限分布的众数（4 年）为节点，以 4 年内的被引次数作为评价管理学期刊的依据，研究发现 *Strategic Man-*

---

[1]　S. J. Liebowitz, J. P. Palmer, "Assessing the Relative Impacts of Economics Journals", *Journal of Economic Literature*, Vol. 22, No. 1, 1984.

[2]　M. J. Stahl, T. L. Leap, Z. Z. Wei, "Publication in Leading Management Journals as a Measure of Institutional Research Productivity", *Academy of Management Journal*, Vol. 31, No. 3, 1988.

agement Journal 是被引次数最多的期刊，心理学期刊的被引次数有明显的下降；这证实了管理学的知识结构主要有两个重要部门组成：一是支撑管理学研究的社会科学基础理论，一是管理学自身最近正在不断发展的知识模块[①]。1999 年，M. J. Polonsky 用有多少家澳大利亚大学图书馆收藏作为依据评价市场营销期刊，研究发现 *Sloan Management Review* 和 *Journal of Marketing Research* 两份期刊的收藏率最高，依据收藏率的期刊排序和依据专家感知质量的期刊排序（Perceptual Ranking）有很大差异[②]。

表 2—4   0#Scholar 类核心文献列举

被引	中心度	作者	时间	文章标题	来源期刊
57	0.08	S. J. Liebowitz	1984	Assessing the Relative Impacts of Economics Journals	J ECON LIT
13	0.16	M. J. Stahl	1988	Publication in Leading Management Journals as a Measure of Institutional Research Productivity	ACAD MANAGE J
34	0.44	A. Tahai	1999	A Revealed Preference Study of Management Journals' Direct Influences	STRATEGIC MANAGE J
11	0.12	M. J. Polonsky	1999	Accessibility, an Alternative Method of Ranking Marketing Journals	J MARKETING ED

表 2—5 列出聚类 1#Information Science 类的主要文献节点，这些文献主要出自情报学学者之手，主要内容是针对影响因子的评价功能展开讨论。1963 年，E. Garfield 等首次提出利用影响因子遴选引文索引的来源期刊，从而避免来源期刊大量集中于历史悠久或发文量大的期刊[③]。此后，情报学界对影响因子的评价功能和内在缺陷展开了大量的研究。2002 年，R. Rousseau 指出影响因子无法测量期刊质量（Quality），因为"质量"是

---

① A. Tahai, M. J. Meyer, "A Revealed Preference Study of Management Journals' Direct Influences", *Strategic Management Journal*, Vol. 20, No. 3, 1999.

② M. J. Polonsky, G. Jones, M. J. Kearsley, "Accessibility: An Alternative Method of Ranking Marketing Journals?" *Journal of Marketing Education*, Vol. 21, No. 3, 1999.

③ E. Garfield, I. H. Sher, "New Factors in the Evaluation of Scientific Literature through Citation Indexing", *American Documentation*, Vol. 14, No. 3, 1963.

表 2—5　　　　　　1#Information Science 类核心文献列举

被引	中心度	作者	时间	文章标题	来源期刊
25	0.41	E. Garfield	1963	New Factors in the Evaluation of Scientific Literature through Citation-indexing	AM DOC
30	0.12	R. Rousseau	2002	Journal Evaluation: Technical and Practical Issues	LIBR TRENDS
64	0.08	W. Glänzel	2002	Journal Impact Measures in Bibliometric Research	SCIENTOMETRICS
30	0.24	L. Leydesdorff	2008	Caveats for the Use of Citation Indicators in Research and Journal Evaluations	J AM SOC INF SCI TEC
18	0.12	D. A. Pendlebury	2009	The Use and Misuse of Journal Metrics and Other Citation Indicators	ARCH IMMUNOL THER EX
11	0.04	H. F. Moed	2012	Citation-based Metrics Are Appropriate Tools in Journal Assessment Provided that They Are Accurate and Used in an Informed Way	SCIENTOMETRICS

一个多维度的概念；相对来说，观察期刊影响因子在一个时间段内的变化趋势在评价期刊质量时更有价值[①]。2002 年，W. Glänzel 指出尽管影响因子存在一定的缺陷，但是没有其他的期刊评价指标可以代替影响因子，主要原因是其他指标都无法像影响因子一样持续稳定地更新，这是其他计量指标未能得到学术界接受的最大障碍[②]。2008 年，L. Leydesdorff 指出不同学科之间的期刊影响因子不具有可比性，数学期刊的影响因子均值是 0.559，遗传学期刊的影响因子均值是 3.633；不同类型期刊的影响因子也差异巨大，如评论类期刊（刊名中有 Review）的影响因子均值是 4.0081，而通讯类期刊（刊名中有 Letter）影响因子均值为 1.7981；由于

---

① R. Rousseau, "Journal Evaluation: Technical and Practical Issues", *Library Trends*, Vol. 50, No. 3, 2002.

② W. Glänzel, H. F. Moed, "*Journal Impact Measures in Bibliometric Research*", *Scientometrics*, Vol. 53, No. 2, 2002.

作者和研究机构的研究领域具有多样性,因此不能使用影响因子来评价一个学者或机构的科研水平①。2009 年,D. A. Pendlebury 系统回顾了文献计量学的发展历程和影响因子的优缺点后指出,"期刊质量"是科研政策的制定者和基金会关心的核心概念,尽管被引用可以表示某一文献的内容被使用、接受、重要或有影响力,但是被引用不能直接反映文献的质量;影响因子虽然可以用来评价期刊,但是引文数据只是同行评议的补充手段②。2012 年,H. Moed 等详细比较了两个新的期刊评价指标 SJR、SNIP 和影响因子之间的差异,最终指出以引文数据为基础的计量指标是期刊评价的适当有效的工具③。

表 2—6 列出聚类 2#Validity 类的主要文献节点,这些文献主要出自 ISI 的创始人 E. Garfield 之手,主要围绕如何有效选择来源期刊建立引文索引展开。1927 年,P. L. K. Gross 等对 *Journal of the American Chemical Society* 1926 年卷的所有参考文献进行统计,发现 3633 篇参考文献源自 247 种期刊,被引 5 次以上的期刊仅有 49 种;并以 1916—1925 年 10 年间被引次数对期刊进行排序,得出了高校图书馆为了保障化学专业教育和科研最值得收藏的 22 种期刊④。正是在这些早期的引文分析研究成果和谢泼德索引(Shepard's Citation)的共同启发下,Garfield 于 1955 年提出了创建科学引文索引的构想⑤。建立引文索引的第一步,就是如何选择来源期刊。1963 年,Garfield 发现如果按照 Gross 的方法仅仅以被引次数选择来源期刊,发文量大的期刊会具有很大的优势,因为发文量大的期刊容易获得更多的被引次数;为了避免这一情况,Garfield 等正式提出用期刊影响因子(Journal Impact Factor)这一个概念,用被引次数除以发文量以消

---

① L. Leydesdorff, "Caveats for the Use of Citation Indicators in Research and Journal Evaluations", *Journal of the American Society for Information Science and Technology*, Vol. 59, No. 2, 2008.

② D. A. Pendlebury, "The Use and Misuse of Journal Metrics and Other Citation Indicators", *Archivum Immunologiae Et Therapiae Experimentalis*, Vol. 57, No. 1, 2009.

③ H. F. Moed, et al. "Citation-based Metrics Are Appropriate Tools in Journal Assessment Provided That They Are Accurate and Used in an Informed Way", *Scientometrics*, Vol. 92, No. 2, 2012.

④ P. L. K. Gross, E. M. Gross, "College Libraries and Chemical Education", *Science*, Vol. 66, No. 1713, 1927.

⑤ E. Garfield, "Citation Indexes for Science: A New Dimension in Documentation Through Association of Ideas", *Science*, Vol. 122, No. 3159, 1955.

表 2—6　　　　　　　　　　2#Validity 类核心文献列举

被引	中心度	作者	时间	文章标题	来源期刊
41	0	P. L. Gross	1927	College Libraries and Chemical Education	SCIENCE
14	0.16	E. Garfield	1971	Publication Counting vs Citation Counting in Evaluating Research	CURR CONTENTS
242	0.9	E. Garfield	1972	Citation Analysis as A Tool in Journal Evaluation	SCIENCE
17	0.04	E. Garfield	1976	On the Literature of the Social Sciences and the Usage and Effectiveness of the Social Science Citation Index	CURR CONTENTS

除大载文量期刊的先天优势①。1971，Garfield 著文指出被引次数比发文量更适宜于科研评价②，进一步强调引文索引来源期刊的选择更强调刊物的被引次数，而不是发文量。基于强调期刊被引次数的理念，ISI 在选择 SCI 来源期刊时不断调整选刊的标准和方法，至 1972 年 SCI 来源期刊已经扩展到 2400 种③。1972 年，Garfield 对被引论文被引次数的时间分布进行研究后发现，一篇论文发表 2 年后受到最多的被引，于是在算法上对影响因子进行了修正④，将总被引次数除以总发文量的时间窗口修正为 2 年⑤，现在学术界广为人知的影响因子得以正式确立。这一改进使得来源期刊的选择不仅不再偏向于那些发文量大的期刊，同时也不再偏向于那些历史悠久的期刊。因为，历史悠久的期刊容易累积更多地被引次数，而影响因子强调的是期刊最近 2 年的载文的平均被引用次数。1976 年，

---

　① E. Garfield, I. H. Sher, "New Factors in the Evaluation of Scientific Literature through Citation Indexing", *American Documentation*, Vol. 14, No. 3, 1963.
　② E. Garfield, "Publication Counting vs Citation Counting in Evaluating Research"（http：//www.garfield.library.upenn.edu/essays/V1p179y1962-73.pdf）.
　③ E. Garfield, "Citation Analysis as a Tool in Journal Evaluation", *Science*, Vol. 178, No. 4060, 1972.
　④ E. Garfield, I. H. Sher, "New Factors in the Evaluation of Scientific Literature through Citation Indexing", *American Documentation*, Vol. 14, No. 3, 1963.
　⑤ E. Garfield, "Citation Analysis as a Tool in Journal Evaluation", *Science*, Vol. 178, No. 4060, 1972.

Garfield 对英国和美国的 SSCI 用户进行调查，检验 SSCI 在社会科学文献检索的效用。调查中有用户指出 SSCI 的来源期刊偏向英文期刊，Garfield 辩解认为考虑到英语的通用性和国际性，一个国际化的学者会努力在国际期刊上发表论文，而这些国际期刊通常都是英文期刊，因此这种偏向是合理的[①]。

表 2—7 列出聚类 3#Research Assessment 类的主要文献节点。传统引文分析将每一次引用都等同视之，这一直被很多学者认为是引文评价的缺陷之一[②]。这一类簇文献研究的主要内容就是弥补这一重要缺陷，赋予不同引用以不同的权重，在此基础上对引文分析法进行修正。该领域的奠基性成果是 G. Pinski 和 F. Narin 于 1976 年提出的，该算法首先建立期刊互引矩阵，以每个期刊被引频次除以期刊的施引频次确定不同期刊在引文网络中的重要度，以期刊的重要度为施引权重；同时，利用加权后的被引次数、期刊文章的篇均被引率、期刊的总被引率，将这三个指标综合测量被引期刊的影响力[③]。J. Bollen 等将 PageRank 算法应用到期刊评价领域，其中以期刊之间的引用代替网页之间的链接，并进行标准化处理，即两个期刊之间的被引频次除以该期刊和所有期刊之间的被引频次得到期刊的引用权重，并将其与 ISI 的影响因子（Impact Factor）排名进行对比，综合两种算法提出了 Y 指数（IF 乘以 PangeRank 指数），实验表明 Y 指数能更好地进行期刊排名[④]。C. Bergstrom 提出用特征因子来进行期刊评价，利用每一期刊引用另一期刊的引用矩阵，在引文网络中迭代计算每个期刊的重要性，若期刊被高影响的期刊引用越多，则其影响力也越大[⑤]。这类期刊评价研究，都是从计算施引期刊的重要度对引用赋权

---

① E. Garfield, "On the Literature of the Social Sciences and the Usage and Effectiveness of the Social Science Citation Index", *Current Contents*, August, 1976.

② L. C. Smith, "*Citation Analysis*", Library Trends, Vol. 30, No. 1, 1981.

③ G. Pinski, F. Narin, "Citation Influence for Journal Aggregates of Scientific Publications: Theory, with Application to the Literature of Physics", *Information Processing & Management*, Vol. 12, No. 5, 1976.

④ J. Bollen, M. A. Rodriguez, H. Van de Sompel, "Journal Status", *Scientometrics*, Vol. 69, No. 3, 2006.

⑤ C. Bergstrom, "Eigenfactor: Measuring the Value and Pretige of Scholarly Journals", *College & Research Library News*, No. 5, 2007.

出发,以此为基础进行期刊评价。然而,也有学者质疑这一逻辑的合理性。John Hudson 等认为,引用行为就像消费者为一件商品付款一样,一件商品的价格不应该因为购买它的人不同而产生差异;同理,任何一次引用也应该被等同视之①。

表 2—7　　　　　3#Research Assessment 类核心文献列举

被引	中心度	作者	时间	文章标题	来源期刊
63	1.09	G. Pinski	1976	Citation Influence for Journal Aggregates of Scientific Publications: Theory, with Application to the Literature of Physics	INFORM PROCESS MANAG
38	0.64	J. Bollen	2006	Journal Status	SCIENTOMETRICS
27	0.04	C. Bergstrom	2007	Eigenfactor Measuring the Value and Prestige of Scholarly Journals	COLL RES LIB NEWS

表 2—8 列出聚类 4#Invariant Method 类的主要文献节点,该类文献的主要内容是围绕引文索引和引文分析是否具有学术评价的合法性展开。尽管 Garfield 强调设计引文索引的主要目的是为了弥补主题索引的不足、完善文献检索;他同时也明确指出在评价一份科研工作的重要性及其对其他文献或科学思想在一定时段内的影响时,引文索引明显是一种有用的工具;因此,用被引次数评价一位科学家的历史作用比仅仅数数该科学家发表了多少文献更具有意义②。在 1972 年那篇广为人知的论文中,Garfield 明确指出引文分析最重要的应用领域可能会是科技政策和科研评价③。实际上,引用行为本身就意涵施引者的评价和判断,因此评价功能对于引文索引和引文分析来说具有内生性。"引文索引的特殊检索功能使

---

　①　J. Hudson, D. N. Laband, "Using and Interpreting Journal Rankings: Introduction", *Economic Journal*, Vol. 123, No. 570, 2013.

　②　E. Garfield, "Citation Indexes for Science: A New Dimension in Documentation Through Association of Ideas", *Science*, Vol. 122, No. 3159, 1955.

　③　E. Garfield, "Citation Analysis as a Tool in Journal Evaluation", *Science*, Vol. 178, No. 4060, 1972.

它不可避免地兼具评价和推荐功能。"① Garfield 之所以在 SCI 的创始阶段对其评价功能采取一种欲盖弥彰的表达，是出于一种营销策略。Garfield 担心引文评价挑战了公认的同行评议制度，而 SCI 的生产者不可能具备众多学科的同行评议资格。因此，在 SCI 创立之初只能强调其检索功能，否则会影响学术界对 SCI 的接受程度。在学术界日益接受 SCI 之后，引文索引的评价功能逐渐突出，成为科研管理的利器②，20 世纪 70 年代美国政府开始采用引文评价进行科学基金的分配③。这时 Garfield 明确表示被引率或影响因子的变化很可能反映的是期刊质量的变化，引文索引为客观评价期刊的绩效开了一个好头④。然而，伴随着引文索引评价功能的凸显，不同领域的学者对引文索引的态度逐渐出现分化：一派认为引文索引只能用来检索文献，不具有任何评价功能；另一派认为引文索引具有科研评价的功能。反对派中旗帜性的人物就是 P. O. Seglen。早在 1989 年，Seglen 就旗帜鲜明地反对引文评价⑤。1997 年，Seglen 除了逐条列出引文评价的种种弊端，还发现如果将某一时段的期刊论文按照被引次数排序，把所有论文平均分为高被引和低被引两组，高被引组的总被引次数是低被引组的 10 倍之多⑥。因此，期刊的影响因子无法代表论文的质量或水平，进而以一位学者在高影响因子期刊上的发文数量评价其科研水平和实力是不合理的。与其针锋相对，S. Saha 通过 113 名内科医生和 151 名临床医学研究人员调查发现，专家对 9 种普通医学期刊的感知质量和影响因子评价的结果高度相关⑦。面对这种巨大的分歧，情报学界的计量专

---

① 沈固朝：《好文章，好刊物，好评价——兼谈期刊评价与 CSSCI》，《评价与管理》2013 年第 2 期。
② N. Wade, "Citation Analysis: A New Tool for Science Administrators", *Science*, Vol. 188, No. 4187, 1975.
③ D. A. Pendlebury, "The Use and Misuse of Journal Metrics and Other Citation Indicators", *Archivum Immunologiae Et Therapiae Experimentalis*, Vol. 57, No. 1, 2009.
④ E. Garfield, "Significant Journals of Science", *Nature*, Vol. 264, No. 5587, 1976.
⑤ P. O. Seglen, "From Bad to Worse: Evaluation by Journal Impact Factor", *Trends in Biochemistry Science*, No. 14, 1989.
⑥ P. O. Seglen, "Why the Impact Factor of Journals Should Not Be Used for Evaluating Research", *British medical journal*, Vol. 314, No. 7079, 1997.
⑦ S. Saha, "Impact Factor: A Valid Measure of Journal Quality?" *Journal of the Medical Library Association*, Vol. 91, No. 1, 2003.

家应对措施如聚类 1#Information Scinece 中所示，一面在呼吁谨慎使用计量指标进行学术评价的同时，一面不断地对计量指标进行修正，完善它的评价功能。

表 2—8　　　　　　　　4#Invariant Method 类核心文献列举

被引	中心性	作者	时间	文章标题	来源期刊
85	0.27	E. Garfield	1955	Citation Indexes for Science: A New Dimension in Documentation through Association of Ideas	SCIENCE
118	0.24	P. O. Seglen	1997	Why the Impact Factor of Journals Should Not Be Used for Evaluating Research	BRIT MED J
46	0.04	S. Saha	2002	Impact factor: A Valid Measure of Journal Quality?	J MED LIBR ASSOC

表 2—9 列出聚类 5#H-Type Indices 类的主要文献节点。从科研管理者的角度出发，有限的研究资源最好分配给那些既有较高的研究水平同时也能保持高量产出的研究者，也就是说以资源配置为根本目的的科研评价具有两个基本的维度：产能评价（Productivity）和效能评价（Quality）。如果科研管理者认同引文索引的评价功能，那么长期以来以被引次数或影响因子为代表的计量指标，仅仅能对效能进行评价，而无法有效涵盖产能。2005 年，J. E. Hirsch 提出 h 指数，当且仅当一个科学家有 h 篇被引次数至少为 h 的论文，同时剩余论文的被引次数都小于 h 时，该科学家的成就分值为 h[①]。2006 年，T. Braun 将这一思想应用到对期刊的评价之中[②]。h 指数的一个重要缺陷就是区分度问题，即一个科学家可能有若干篇被引次数相同的论文恰恰处于分界点时，h 指数就不宜取值。2006 年 L. Egghe 提出将论文按照被引次数高低进行排序，并且将排序的

---

① J. E. Hirsch, "An Index to Quantify an Individual's Scientific Research Output", *PNAS*, Vol. 102, No. 46, 2005.

② T. Braun, W. Glanzel, A. Schubert, "A Hirsch-type Index for Journals", *Scientometrics*, Vol. 69, No. 1, 2006.

序号进行平方,当序号的平方等于序号之前所有论文的累积被引次数时,这个序号就定义为 g 指数①。g 指数在一定程度上增强了 h 指数的区分度。由于 h 指数的计算思路同时覆盖了效能和产能两个维度,而且计算简单,使其成为继影响因子之后接受度最高、最为成功的计量指标。在学界掀起了一股研究 h 指数的热潮,大量对 h 指数进行改进的研究成果不断涌现。在 h 指数研究大热之时,Garfield 也对期刊影响因子发展历史进行回顾,同时回应了 2 项对影响因子评价功能的指责:一是从业人员多的学科,期刊的影响因子高;Garfield 认为在从业人员多的学科,容易产生超高被引论文,但是对期刊的影响因子没有显著影响,因为可供被引的论文数目也同样很多。二是影响因子不能直接评价学者个人的研究水平;Garfield 认为新进发表的论文暂时还无法累积被引次数,只能用影响因子来预估论文的被引次数,而且期刊影响因子能够反映刊物质量,因此期刊影响因子可以用来对学者研究论文的水平进行评价②。

表 2—9　　　　　　　　5#H-type Indices 类核心文献列举

被引	中心性	作者	时间	文章标题	来源期刊
115	0.16	J. E. Hirsch	2005	An Index to Quantify an Individual's Scientific Research Output.	P NATL ACAD SCI USA
100	0.54	E. Garfield	2006	The History and Meaning of the Journal Impact Factor	JAMA-J AM MED ASSOC
38	0.04	T. Braun	2006	A Hirsch-type Index for Journals	SCIENTOMETRICS
36	0.04	L. Egghe	2006	Theory and Practise of the G-index	SCIENTOMETRICS

表 2—10 列出聚类 6#类的主要文献节点,这一类文献的主要内容是从宏观视角考察引文索引和期刊评价在科学交流系统的功用。1965 年,普赖斯利用 1961 年的 SCI 数据分析了参考文献的频次分布和时间分布特征,发现高被引的论文一般都是新近发表的论文,通过引用关系这些新

---

① L. Egghe, "Theory and Practise of the G-index", *Scientometrics*, Vol. 69, No. 1, 2006.
② E. Garfield, "The History and Meaning of the Journal Impact Factor", *JAMA*: *The Journal of the American Medical Association*, Vol. 295, No. 1, 2006.

近发表的论文之间紧密联系，形成了研究前沿（Research Front）[①]。该文开启了科研人员以引文索引为工具从宏观上探索科学文献之间引用规律的先河，为文献老化规律研究、研究前沿发现等问题奠定了理论基础。1976 年，Garfield 在对 1974 年 SCI 的数据进行统计分析，进一步验证之前发现的三个引文分布特征：一是历史悠久的期刊总被引次数一般较高，但是其影响因子不一定就高；二是评论类期刊的影响因子普遍高于普通期刊；三是不同学科的期刊影响因子不具有可比性[②]。1979 年，Garfield 出版 Citation Indexing: Its Theory and Application in Science, Technology, and Humanities 一书，对自己引文索引的设计思想和发展历史进行详细的陈述，并明确指出引文索引在文献检索、科学管理、科学史研究、期刊评价、科学家个人的评价方面的应用价值。

表 2—10　　　　　　　　　6#类核心文献列举

被引	中心性	作者	时间	文章标题	来源期刊
55	0.12	D. J. D. Price	1965	Networks of Scientific Papers	SCIENCE
24	0.24	E. Garfield	1976	Significant Journals of Science	NATURE
58	0.04	E. Garfield	1979	Citation Indexing: Its Theory and Application in Science, Technology, and Humanities	

四　期刊评价的主流范式

评价本质上是一种比较，这就意味着我们首先必须明确评价的是被评对象哪一方面的属性，即期刊评价的立足点或价值取向是什么？例如：当我们在比较仪表外貌的时候，杨康无疑是远远胜过郭靖的；当我们在比较人品的时候，毫无疑问很多人认为郭靖是远远胜于杨康的。基于同样的逻辑，澳大利亚经济学家 M. J. Polonsky 提出了一个可能被很多期刊评价的研究人员所忽视的重要问题："当我们评价期刊时，我们在测量什么？"（What Are We Measuring When We Evaluate Journals?）[③] 在明确了期刊评价

[①] D. J. D. Price, "Networks of Scientific Papers", *Science*, Vol. 149, No. 3683, 1965.

[②] E. Garfield, "Significant Journals of Science", *Nature*, Vol. 264, No. 5587, 1976.

[③] M. J. Polonsky, P. Whitelaw, "What We Are Measuring When We Evaluation Journals?" *Journal of Marketing Education*, Vol. 27, No. 2, 2005.

立足点和价值取向之后，评价所使用的方法和工具才变得重要而具体。

在任何一个学科领域，期刊评价研究人员都无法回避 M. J. Polonsky 所提出的问题，无论他们是否自觉地注意到这一问题的存在，或者仍然处于一种无意识的自发状态。由于期刊评价是一个应用性极强的研究领域，所以国外很少有研究文献专注于期刊评价的价值取向这一理论问题。在文献中经常出现并可以反映期刊评价的立足点或价值取向的词汇有：Impact、Quality、Influence、Significance、Popularity、Prestige、Status、Performance 等等。严格地从语义上说，这些词语的语义有明显的差别。但是，在期刊评价的相关文本中，研究者大都根据自己的语言习惯选择相应的表达，并未对这些词语之间的细微语义差别作出严格区分。比如，Garfield 在其早期文献中喜欢使用 Impact 一词，称影响因子主要是评价期刊的 Impact，而不是 Influence 或 Significance[1]；而在最近的文献中，他又明确表示虽然影响因子不是完美的，但是在没有更好的评价指标之前，影响因子广泛地用作评价期刊 Quality 的工具[2]。J. Bollen 等认为影响因子只能测量期刊的 Popularity，不能反映期刊的 Prestige，因此他们采用 PageRank 算法对每一次引用进行加权后测量期刊的 Prestige，以此来确定一份期刊的 Journal Status[3]。

从评价方法上看，期刊评价的主要研究方法可以分为两类：一类是采用文献计量方法的量化评价，主要使用各种引文分析法产生的评价指标。通常来说，这类研究在评价期刊时多喜欢 Influence[4]、Impact[5]、Performance[6] 这些表达术语。另一类是调查某一学科领域的专家学者，通

---

[1] E. Garfield, "Citation Indexes in Sociological and Historical Research", *American Documentation*, Vol. 14, No. 4, 1963.

[2] E. Garfield, "The History and Meaning of the Journal Impact Factor", *JAMA: The Journal of the American Medical Association*, Vol. 295, No. 1, 2006.

[3] J. Bollen, M. A. Rodriguez, H. Van de Sompel, "Journal Status", *Scientometrics*, Vol. 69, No. 3, 2006.

[4] J. A. Cote, S. M. Leong, J. Cote, "Assessing the Influence of Journal of Consumer Research: A Citation Analysis", *Journal of Consumer Research*, Vol. 18, No. 3, 1991.

[5] C. Schloegl, W. G. Stock, "Impact and Relevance of LIS Journals: A Scientometric Analysis of International and German-language LIS Journals—Citation Analysis Versus Reader Survey", *Journal of the American Society for Information Science and Technology*, Vol. 55, No. 13, 2004.

[6] A. D. Sharplin, R. H. Mabry, "The Relative Importance of Journals Used in Management Research: An Alternative Ranking", *Human Relations*, Vol. 38, No. 2, 1985.

过专家对期刊的感知质量进行期刊评价。这类研究通常使用 Quality 这一表达术语①。当然,也有很多学者认为无论哪种方法,都是评价期刊 Quality 的一种手段②。总体来说,国外期刊评价的主流是使用文献计量的量化评价,其中尤其是以采用各种文献计量指标对期刊进行评价为主导。

在使用计量指标对期刊评价时,国外研究主要倾向于使用单一指标去评价期刊,除了影响力较大的影响因子和 h 指数、g 指数之外,先后出现的重要评价指标有:Matthew Index③、Normalized Impact Factor(rnIF)④、Specific Impact Contribution(SIC)⑤、Cited Half-Life Impact Factor(CHAL)⑥、Impact Factor Point Average(IFPA)⑦、Median Impact Factor(MIF)⑧、y-index⑨、Eigenfactor⑩、SCImago Journal Rank Indicator(SJR)⑪、Article-Count

---

① J. Benjamin, V. Brenner, "Perceptions of Journal Quality", *Accounting Review*, Vol. 49, No. 2, 1974; K. Peters, et al. "Experts' Judgments of Management Journal Quality: An Identity Concerns Model", *Journal of Management*, Vol. 40, No. 7, 2014.

② J. C. Catling, V. L. Mason, D. Upton, "Quality Is in the Eye of the Beholder? An Evaluation of Impact Factors and Perception of Journal Prestige in the UK", *Scientometrics*, Vol. 81, No. 1, 2009.

③ M. Bonitz, E. Bruckner, A. Scharnhorst, "The Matthew Index-Concentration Patterns and Matthew Core Journals", *Scientometrics*, Vol. 44, No. 3, 1999.

④ A. I. Pudovkin, E. Garfield, "Rank-Normalized Impact Factor: A Way to Compare Journal Performance Across Subject Categories", *Proceedings of the American Society for Information Science & Technology*, Vol. 41, No. 1, 2004.

⑤ P. Vinkler, "Characterization of the Impact of Sets of Scientific Papers: The Garfield (impact) Factor", *Journal of the American Society for Information Science & Technology*, Vol. 55, No. 5, 2004.

⑥ N. Sombatsompop, T. Markpin, N. Premkamolnetr, "A Modified Method for Calculating the Impact Factors of Journals in ISI Journal Citation Reports: Polymer Science Category in 1997–2001", *Scientometrics*, Vol. 60, No. 2, 2004.

⑦ N. Sombatsompop et al. "An Evaluation of Research Performance for Different Subject Categories Using Impact Factor Point Average (IFPA) index: Thailand Case Study", *Scientometrics*, Vol. 65, No. 3, 2005.

⑧ R. Rousseau, "Median and Percentile Impact Factors: A Set of New Indicators", *Scientometrics*, Vol. 63, No. 3, 2005.

⑨ J. Bollen, M. A. Rodriguez, H. Van de Sompel, "Journal Status", *Scientometrics*, Vol. 69, No. 3, 2006.

⑩ C. Bergstrom, "Eigenfactor: Measuring the Value and Pretige of Scholarly Journals", *College & Research Library News*, No. 5, 2007.

⑪ M. E. Falagas, et al, "Comparison of SCImago Journal Rank Indicator With Journal Impact Factor", *The FASEB Journal*, Vol. 22, No. 8, 2008.

Impact Factor（ACIF）①、Audience Factor②、πv-index③、Journal Download Immediacy Index④、Source Normalized Impact Per Paper（SNIP）⑤ 等。这些评价指标基本可以分类两类：一是影响因子改进型指标：主要方法是赋予不同引用以不同的权重，认为一种期刊越多地被高声望（或影响力）期刊所引用，则此期刊的声望（影响力）越高。因此，它们弥补了影响因子的先天性缺陷，即影响因子对所有施引期刊都赋予同等的重要性。二是 h 指数改进型指标，能够同时糅合效能评价（被引）和产能评价（发文量）两个维度。

虽然使用单一指标可以很快地抓住期刊的主要特点，一直是期刊评价的主要方法和工具。但是，T. Hult 指出基于单一指标的期刊评价限制了我们观察期刊的视角，因此他呼吁构建指标体系从多维视角去评价期刊⑥。这一观点得到很多学者的支持，然而使用指标体系对期刊进行评价的实证研究非常鲜见。使用指标体系评价期刊，最终也是以期刊的指标体系综合分值进行排序。这个分值在一定程度上也可以被视为一种特殊的期刊评价指标。

第二节　国内研究的知识图谱

我国的期刊评价研究起始于 20 世纪 70 年代对核心期刊的引荐。1992 年北京大学图书馆研制出版《中文核心期刊要目总览》，在我国掀起了期刊评价研究制度化的新篇章，是"国内'核心期刊'研究史上由'个人学

---

① T. Markpin, et al. "Article-count Impact Factor of Materials Science Journals in SCI Database", *Scientometrics*, Vol. 75, No. 2, 2008.

② M. Zitt, H. Small, "Modifying the Journal Impact Factor by Fractional Citation Weighting: The Audience Factor", *Journal of the American Society for Information Science & Technology*, Vol. 59, No. 11, 2008.

③ P. Vinkler, "The πv-index: A New Indicator to Characterize the Impact of Journals", *Scientometrics*, Vol. 82, No. 3, 2010.

④ J. K. Wan et al. "The Journal Download Immediacy Index (DII): Experiences Using a Chinese Full-text Database", *Scientometrics*, Vol. 82, No. 3, 2010.

⑤ H. F. Moed, "Measuring Contextual Citation Impact of Scientific Journals", *Journal of Informetrics*, Vol. 4, No. 3, 2010.

⑥ T. Hult, W. T. Neese, R. E. Bashaw, "Faculty Perceptions of Marketing Journals", *Journal of Marketing Education*, Vol. 19, Spring, 1997.

术研究'转向'集体联合攻关'的标志"①。

尽管自然科学也有不少领域关心期刊评价问题，但是由于其学科规范程度高、学术标准统一，所以国内自然科学界并未对期刊评价产生较大的争议。与之相反，在国内人文社会科学界期刊评价一直是热门话题。国内发表期刊评价研究的学术媒体，也大多属于人文社会科学期刊，少量文献分散在如《科学通报》之类综合报道型的自然科学期刊上。因此，本书选择 CSSCI 作为数据源。

2000 年 2 月南京大学成立"中国社会科学研究评价中心"，专门从事研制中国社会科学引文索引（CSSCI）以及人文社会科学评价研究②。CSSCI 数据库建成之后，成为我国人文社会科学界进行引文分析和评价研究的主要数据源。

秉持与国外研究综述的一致思路，首先以 CSSCI 数据为基础对国内期刊评价的知识图谱进行分析，之后再对研究发展的内在脉络进行人工解读。由于 CSSCI 最多只能支持 3 个检索词同时组配，所以为了尽量全面地收集期刊评价研究的相关文献，本书进行了两次检索：首先选择"来源文献检索"为检索入口，第一次检索的逻辑检索式是"（篇名 = 期刊 AND 篇名 = 评价）OR 关键词 = 期刊评价"，反馈 918 条文献记录；第二次检索的逻辑检索式是"关键词 = 核心期刊 OR 关键词 = 来源期刊 OR 关键词 = 期刊质量"，反馈 1005 条检索记录。经过数据清理、去重等步骤，最终得到有效书目记录 1769 条题录。检索时间为 2015 年 8 月 17 日。诚然，本书所使用的检索策略仍然会遗漏一些文献。检全率只能是一个在实践中无限趋近的指标。从目前检索的反馈结果来看，本书所使用的检索策略在检全方面已经有了较大的改进。

由于 Citespace 是针对英文数据源开发的一款信息可视化软件，因此本节使用的软件工具是 Excel、Sati 和 NodeXL。Sati 是浙江大学信息资源管理系研究生刘启元开发的一款书目计量分析软件③，NodeXL 是一款用

---

① 别立谦、何峻：《近三十年我国核心期刊研究综述》，《大学图书馆学报》2012 年第 3 期。
② 叶继元：《正确看待 CSSCI 来源期刊》，《重庆大学学报》（社会科学版）2007 年第 4 期。
③ 刘启元、叶鹰：《文献题录信息挖掘技术方法及其软件 SATI 的实现——以中外图书情报学为例》，《信息资源管理学报》2012 年第 1 期。

于显示社会网络的可视化软件。

一 文献发表与增长趋势

图 2—7 显示了 1998 年以来国内期刊评价研究的文献增长趋势，由于 CSSCI 的数据起始于 1998 年，之前的文献增长情况无法覆盖。在 2009 年之前，文献量呈现出比较明显的攀升趋势，从 1998 年的 52 篇文献上升到 2009 年的 174 篇文献。之后，每年发表的期刊文献量有明显的下降趋势，但是绝对值基本上保持在每年发表相关论文 100 篇左右。如图 2—7 所示，我国期刊评价研究论文的累积增长趋势，符合普赖斯提出的科学文献量指数增长的普遍规律，拟合优度 R^2 为 0.8773。在 2010 年之后，每年的累积文献量和理论值的差距越来越大，这表明国内的期刊评价研究在 2010 年之后已经趋于成熟。国外出现这一现象的时间点是 1998 年，这从侧面说明国内的期刊评价研究可能落后国外十年时间。

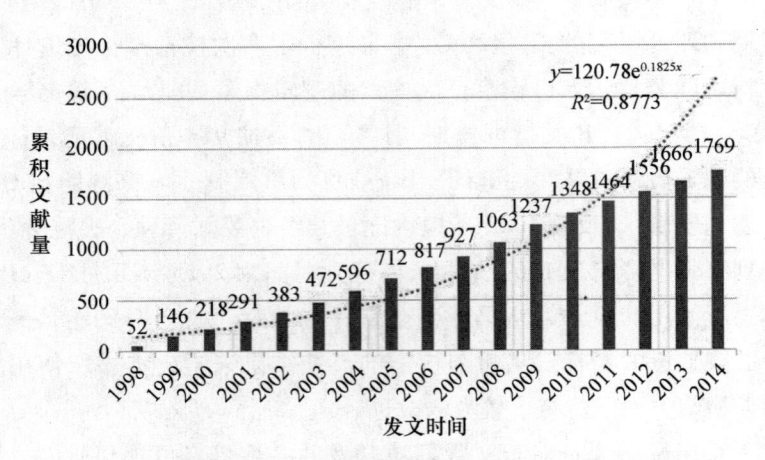

$y = 120.78e^{0.1825x}$
$R^2 = 0.8773$

图 2—7 国内期刊评价相关研究文献量（1998—2014）

1769 篇期刊评价研究文献发表在 199 家期刊上。姜春林对我国期刊评价研究的计量研究发现，期刊评价研究论文主要的发表平台有三类：编辑出版类期刊、图书情报类期刊和综合性期刊[①]；侯素芳和汤建民的计

---

① 姜春林：《基于知识图谱的我国期刊评价研究评述》，《情报科学》2011 年第 7 期。

量研究发现，发表期刊评价论文的媒体也主要有三类：图书情报类期刊、科研管理类期刊和编辑出版类期刊[①]。本书结果与姜春林的结论更为吻合，虽然很多学科的期刊都会发表期刊评价的研究论文，但是从数据量上来看主要集中在：编辑出版类期刊、图书情报类期刊和综合类期刊（包括高校文科学报）。除此之外，科研管理、体育学、教育学、新闻传播学、法学等学科的期刊也刊登了不少期刊评价的研究论文。发文量最多的两份期刊是《中国科技期刊研究》（434篇）和《编辑学报》（154篇）；这两份刊物的发文量占总文献量的33.24%。表2—11列出了发文量排名前六名的编辑出版类期刊和图书情报类期刊，以及发表4篇以上论文的综合类期刊。

表2—11 中文期刊评价研究的主要发表平台

序号	专业期刊	发文量	序号	综合期刊	发文量
1	中国科技期刊研究	434	1	西南民族大学学报（人文社科版）	65
2	编辑学报	154	2	重庆大学学报（社会科学版）	15
3	科技与出版	56	3	东岳论丛	10
4	中国出版	47	4	清华大学学报（哲学社会科学版）	8
5	出版发行研究	25	5	云南师范大学学报（哲学社会科学版）	7
6	编辑学刊	21	6	理论探讨	5
	总计	737	7	南京大学学报（哲学·人文科学·社会科学）	5
1	情报杂志	101	8	学海	5
2	图书情报工作	93	9	学术界	5
3	情报科学	90	10	甘肃社会科学	4
4	大学图书馆学报	34	11	陕西师范大学学报（哲学社会科学版）	4
5	情报理论与实践	34	12	学习与探索	4
6	情报学刊	24	13	浙江学刊	4
	总计	376		总计	141

---

① 侯素芳、汤建民：《国内期刊评价研究综述和评估：1998—2011》，《情报科学》2014年第1期。

之所以要特别列出较多的综合类期刊,主要是为了展示期刊评价是图书情报学界和其他学科共同关注的研究议题,这有别于图书情报学的其他研究议题。综合类期刊对期刊评价议题的关注,特别是清华大学、南京大学等著名高校的文科学报发表期刊评价的研究论文,在一定程度上弥补了图书情报学长期以来在跨学科的综合型学术媒体上的失语状态,成为图书情报学和其他学科学进行对话的重要渠道。《西南民族大学学报(人文社会科学版)》发文65篇,位列综合期刊榜首,主要因为南京大学信息管理学院苏新宁教授于2008年至2011年期间在该刊开设期刊评价研究的相关主题的专栏。类似还有武汉大学信息管理学院的邱均平教授在《重庆大学学报(社会科学版)》开设期刊评价相关研究的专栏。综合类期刊向图书情报学的研究人员敞开大门,这在一个方面表明图书情报学学科地位的提升。

二 谁在做期刊评价研究

1769篇论文共有2266位作者,平均每篇论文为1.28位作者,和姜春林的研究结果基本一致[①]。有1806位作者仅发表过1篇期刊评价研究论文,占总数的79.70%,这表明我国的期刊评价研究队伍具有高度的离散分布特征。高产作者主要来自图书情报学,如俞立平(31篇)、潘云涛(30篇)、武夷山(25篇)、叶继元(23篇)、邱均平(18篇)、刘雪立(17篇)、邓三鸿(16篇)、何荣利(12篇)、姜春林(12篇)、马爱芳(12篇)、游苏宁(10篇)等。如图2—8所示,国内期刊评价研究的作者发文量分布满足幂律分布特征,拟合函数 $y = 19.907x^{-0.407}$,拟合优度 $R^2 = 0.906$。

幂律分布是社会科学研究中的一种普遍现象,科学学中称之为马太效应,经济学中称之为二八定律,文献计量学中称之为集中和分散定律;研究者在处理呈现幂律分布特征的研究对象时,通常的处理方法是根据人工经验设定阈值来划分出核心和边缘区,并对相应的核心项展开宏观的数理统计特征描述和微观细节剖析,置于分布在尾端的边缘项则忽略不予考虑[②]。根据图2—8显示,国内期刊评价研究作者发文量分布曲线

[①] 姜春林:《基于知识图谱的我国期刊评价研究评述》,《情报科学》2011年第7期。
[②] 万昊等:《2001—2014年引文分析领域发展演化综述》,《图书情报工作》2015年第6期。

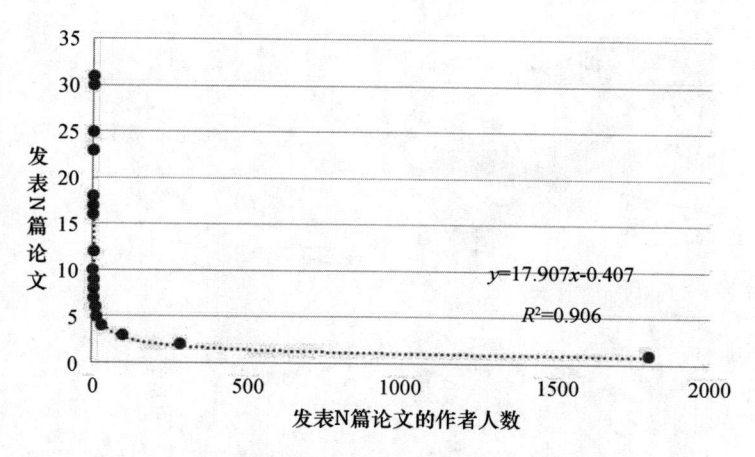

图 2—8　国内期刊评价作者发文量的频次分布

的拐点在 4，因此本书设定发表 4 篇以上论文的作者为期刊评价领域的高产作者，共计 76 位。在高产作者中，使用 Sati 生成 76 乘以 76 的作者共现矩阵①，并将共现矩阵导入社会网络分析软件 NodeXL 中，选择 Clauset-Newman-Moore 对节点进行聚类，最终得到期刊评价研究的作者合作网络图谱（见图 2—9）。

图中节点的大小由作者的中介中心度（Betweenness Centrality）决定，节点之间的连线粗细由作者之间的合作次数决定，网络模块化程度（Modularity）的值为 0.4539。如前所述，作者发文频次符合幂律分布，而且图 2—9 显示出高频作者之间的网络结构特征明显。这表明虽然期刊评价研究作者群体在整体上呈现出显著的分散特征，但是一些高产的研究团队已经形成。最为突出的有四个团队：一是以中国科学技术信息研究所的潘云涛为核心的研究团队，该团队呈现出比较明显的网状结构特征，同时存在若干个三角形的合作组，其中以潘云涛、俞立平、武夷山三角形合作组最为突出；二是以河南新乡医学院的刘雪立为中心形成的研究团队，这个在合作网络中也呈现出明显网状结构特征，包含数个稳定的三角形合作组；三是以武汉大学信息管理学院的邱均平为中心的研究团队，该团队包含三个比较稳定的三角合作组；四是以南京大学信息管理学院叶继元为中心的研

---

① 刘启元、叶鹰：《文献题录信息挖掘技术方法及其软件 SATI 的实现——以中外图书情报学为例》，《信息资源管理学报》2012 年第 1 期。

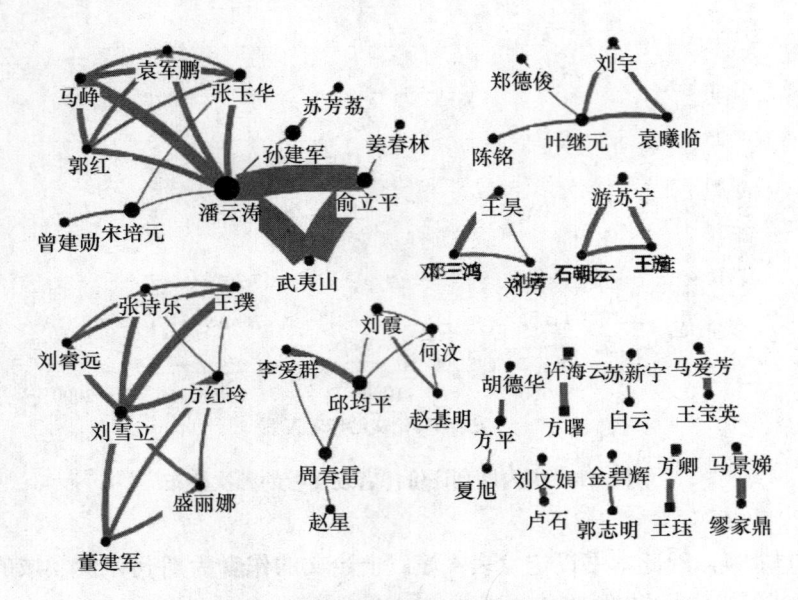

图 2—9　国内期刊评价研究作者合作网络图

究团队,该团队中仅包含一个稳定的三角形合作组。这四个团队,前两个主要是以同事关系建立起来的合作网络,后两个主要是师承关系建立起来的合作网络。除了这些规模较大的研究团队之外,还有一些稳定的三角形合作和结对合作也表现突出,如中华医学会杂志社的游苏宁等、南京大学的苏新宁等、南京大学的邓三鸿等、武汉大学的方卿等、湖南医科大学的方平等、中国科学院国家科学图书馆的方曙和金碧辉等、北京体育大学图书馆的刘文娟等、浙江大学图书馆的缪家鼎等。有一些单兵作战的研究人员在期刊评价领域也非常突出,比如沈阳农业大学何荣利等。

期刊评价的作者主要来自 699 家不同的机构。从发文量来看,南京大学共计 142 篇位列首位,武汉大学发文 42 篇位居第二,中国科学技术信息研究所发文 39 篇位列第三。南京大学之所以能在期刊评价研究中处于遥遥领先的地位,主要有两个原因:一是 CSSCI 为南京大学研发,数据获取便利为其进行期刊评价研究提供了强大的支撑,依托 CSSCI 数据库进行期刊评价研究是南京大学的重要特征[①];二是南京大学从事期刊评价

---

① 侯素芳、汤建民:《国内期刊评价研究综述和评估:1998—2011》,《情报科学》2014 年第 1 期。

的研究团队较多，如图2—9所示，高产作者的合作网络中叶继元、苏新宁、邓三鸿这三个团队全部来自南京大学。发文量在10篇以上的机构还有浙江大学（30篇）、北京大学（26篇）、新乡医学院河南省高科技期刊研究中心（22篇）、大连理工大学（20篇）、宁波大学（20篇）、河南师范大学（19篇）、中山大学（18篇）、南京农业大学（17篇）、中南大学（14篇）、沈阳农业大学（13篇）、中国科学院科学文献情报中心（13篇）、吉林大学（12篇）等。

综合来看，国内从事期刊评价研究的作者主要集中在三类机构：一是图书情报学院系的教学科研人员，如叶继元、邱均平、苏新宁等；二是期刊杂志社的编辑，如刘雪立、张积玉、朱剑等；三是图书情报机构的工作人员，如潘云涛、金碧辉等。

三 谁引领期刊评价话语权

在上一小节，本书已经揭示了谁是中国期刊评价研究领域的高产作者、高产机构，这一节主要揭示谁在中国期刊评价领域具有较强的话语权和影响力，使用的研究方法是作者总被引次数。在一个学科领域中，通常是高被引的作者引领该学科研究发展，具有较高的话语权。

1769条来源文献中，共包含11103条参考文献，平均每篇论文包含6.28条参考文献。被引个人和团体作者总计5616位（含非第一作者），平均每位作者被引1.96次。表2—12列出了被引20次以上在国内从事期刊评价的学者名单。和高产作者进行对比可以发现，邱均平、苏新宁、叶继元、金碧辉、俞立平、刘雪立、潘云涛、游苏宁等既是高产作者也是高被引作者；而戴龙基、万锦堃、任胜利、钱荣贵、朱强、王立民、邹志仁、张其苏等虽然都不属于期刊评价领域的高产作者，但是却在期刊评价领域拥有较高的学术影响力。这些非高产作者却能高被引的重要原因主要有二：一是重要期刊评价体系的参与人，比如戴龙基、庄守经、朱强、林被甸、张其苏、蔡荣华等都是编纂《中文核心期刊要目总览》的主持人或重要参与者，邹志仁是CSSCI的重要参与人，孟连生是CSCD的重要参与人；二是有期刊评价相关的重要专著，比如王崇德、罗式胜都出版过文献计量学的专著或教材。

表 2—12　　　　　　　　国内期刊评价研究的高被引作者

作者	被引次数	作者	被引次数	作者	被引次数	作者	被引次数
邱均平	244	俞立平	61	潘云涛	35	张其苏	28
戴龙基	183	钱荣贵	59	赵基明	34	朱剑	28
苏新宁	157	朱强	51	姜春林	33	王惠翔	27
叶继元	121	庄守经	48	曾建勋	32	党亚茹	26
金碧辉	105	刘雪立	43	王立名	32	蔡蓉华	25
万锦堃	102	游苏宁	41	徐兴余	32	姜联合	24
任胜利	89	王崇德	40	陈浩元	30	孟连生	24
林被甸	71	张玉华	40	邹志仁	30	陆伯华	22
何荣利	65	罗式胜	38	邓三鸿	29	宋培元	22
庞景安	65	赵星	36	何学锋	28	朱献有	20

通常来说，在某一研究领域具有较高话语权的研究者既是这一领域的高产作者，同时也是这一领域的高被引作者。前者是充分条件，后者是必要条件。如前所述，期刊评价领域的高产作者和高被引作者虽然有一定的重合，但是仅从发文和被引的频次分布上来看无法直接确定二者之间的关系。为了检验作者产能和效能之间的关系，本书统计了排名前 76 位高产作者的发文量及其总被引次数，两者之间的 Pearson 相关系数为 0.464，双尾检验的显著性 $p<0.01$。统计结果显示，期刊评价领域作者的产能和效能弱相关。因此，研究人员想在期刊评价领域树立学术影响力可以有两条途径：一是通过高产提高自身的曝光率，增加自己被同行认可和引用的概率；二是做出高质量的期刊评价研究成果，从而成为有影响力的学者。

基于同样的思路，本书对该领域的高被引期刊进行了相同的研究。11103 条参考文献中，共有 7140 条参考文献是期刊论文，来自于 1001 种不同的期刊。按照被引期刊的学科类别来看，高被引也主要来自三类：编辑出版类期刊、图书情报类期刊和综合类期刊，表 2—13 列出了这三类中被引频次排前五名的期刊。除了这三类之外，法学类期刊和科研管理类期刊的被引次数也较高。为了检验期刊发文量和被引频次之间的关系，本书统计了发表 2 篇及以上论文的 90 种期刊的发文量和被引频次，两者之间的 Pearson 相关系数为 0.941，双尾检验的显著性 $p<0.01$。这表明期刊的产能和效能之间高度正相关。因此，如果一份期刊想提升自身在期刊评价领域的影响力，最为有效的办法就是持续地发表期刊评价领域的研究论文；否则，偶尔发表的高质量论文就有可能被湮没在海量文献之中。

表 2—13　　　　　　　期刊评价领域高被引期刊列表

期刊名称	被引频次	期刊名称	被引频次	期刊名称	被引频次
中国科技期刊研究	956	图书情报工作	260	西南民族大学学报（人文社会科学版）	50
编辑学报	677	情报科学	184	学术界	41
编辑之友	80	情报学报	155	重庆大学学报（社会科学版）	37
中国出版	64	情报杂志	149	南京大学学报（哲学·人文科学·社会科学）	35
科技与出版	62	中国图书馆学报	129	中国科学基金	31

四　期刊评价的主流范式

（一）研究热点分析

共词分析是概述研究热点的一种常用方法，它的基本原理是"对一组词两两统计它们在同一篇文献中出现的次数，以此为基础对这些词进行聚类分析，从而反映出这些词之间的亲疏关系，进而分析这些词所代表的学科和主题的结构变化"[①]。

1769 条来源文献中总计出现 2677 个关键词，累积出现频次为 7068 次，平均每篇来源文献有关键词 4 个，关键词词频分布见图 2—10。

提取出现频次为 7 以上的高频关键词 100 个，利用 Sati 生成关键词共现矩阵。然后对高频关键词进行数据整理：一是删除在期刊评价领域没

[①] 冯璐、冷伏海：《共词分析方法理论进展》，《中国图书馆学报》2006 年第 2 期。

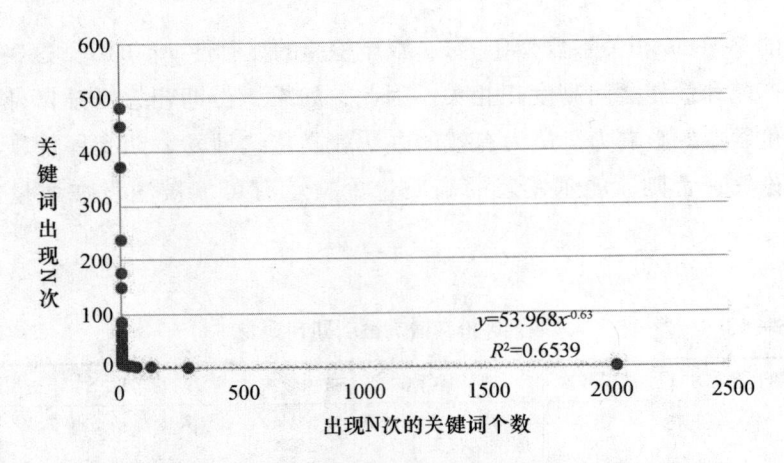

图 2—10　期刊评价研究关键词词频分布图

有检索意义的高频关键词,如"期刊评价""评价""期刊""期刊研究"等;二是合并同义和近义关键词,如"中国社会科学引文索引"与"CSSCI","影响因子"与"期刊影响因子","评价指标"与"期刊评价指标","文献计量""计量分析"与"文献计量学"等。最终得到 73 × 73 的关键词矩阵。将共现矩阵导入社会网络分析软件 NodeXL 中,选择 Clauset-Newman-Moore 对节点进行聚类,最终得到高频关键词共现网络,见图 2—11。

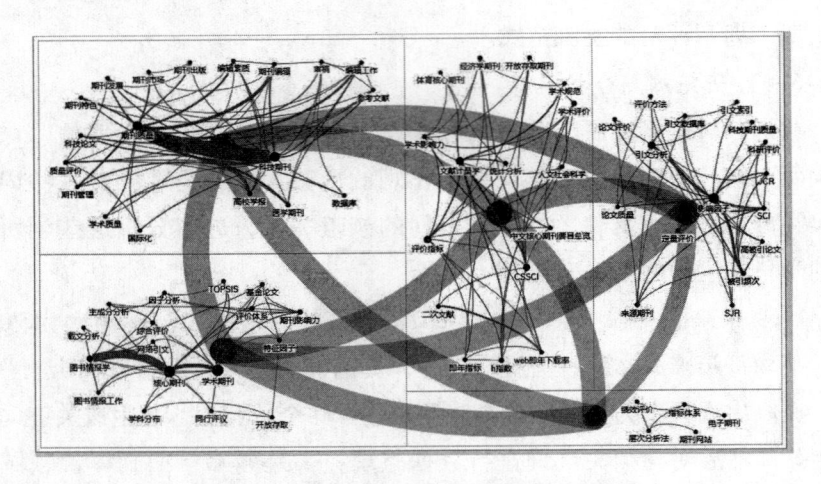

图 2—11　期刊评价研究高频关键词网络

由图 2—11 可知，期刊评价研究领域的主要研究热点可以分为五大类：一是以期刊质量和科技期刊为中心的词簇，主要从期刊从业编辑人员的视角出发，立足点是促进期刊质量水平的提升，主要研究热点包括期刊编辑业务、期刊人力资源建设、期刊发展的外部环境、期刊国际化等研究议题。二是以核心期刊和学术期刊为中心的词簇，主要是从图书情报学人员的视角出发，立足点是修正各种评价指标和方法以完善核心期刊的评价体系。三是以文献计量学、评价指标和 CSSCI 为中心的词簇，主要是以 CSSCI 作为重要的数据源，研究文献计量学方法和各种评价指标在人文社会科学期刊中的应用问题，研究立足点在于解决人文社会科学期刊评价的特殊性。四是以影响因子和引文分析为中心的词簇，研究议题集中在使用引文分析和引文指标进行科研评价、论文评价等，研究立足点在科研管理。五是关键词处于相对边缘位置，主要研究如何评价电子期刊和期刊网站，这块属于传统研究议题在网络形态中的拓展。

（二）知识基础分析

文献同被引是发掘研究知识基础的一种常用方法[①]。首先使用 Sati 对参考文献进行字段抽取，提出被引频次最高的 100 篇文献生成高被引文献共现矩阵。研究人员发现，由于 CSSCI 数据著录本身的不规范，比如参考文献中符号的中英文符号不同，会使同一篇文献在统计被引频次时被当作不同文献，因此需要手工对被引文献共现矩阵进行合并调整；此外，剔除同被引矩阵中的英文文献，最终得到 57×57 的高被引文献共现矩阵。将共现矩阵导入社会网络分析软件 NodeXL 中，选择 Clauset-Newman-Moore 对节点进行聚类，最终得到高被引文献共现网络（见图 2—12）。我国期刊评价研究的高被引文献可以归为三个主要的文献簇：核心期刊研究文献簇，评价方法与评价指标研究文献簇，人文社会科学期刊评价研究文献簇。每一个簇的文献题名与出版出处见表 2—14 至表 2—16。

在"核心期刊研究"文献簇中，主要文献节点可以分为三种类型：

[①] H. Small, "Co-citation in the Scientific Literature: A New Measure of the Relationship Between Two Documents", *Journal of the American Society for Information Science*, Vol. 24, No. 4, 1973; I. Marshakova-Shaikevich, "System of Document Connectionism Based on References", *Nauchn-Tchn Inform*, Vol. 2, No. 6, 1973.

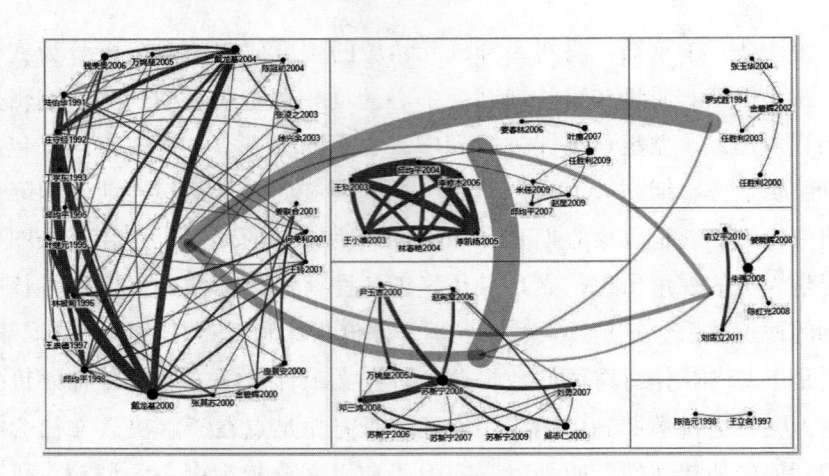

图 2—12　期刊评价领域高被引文献共现网络

一是核心期刊目录或核心期刊手册，包括 2 种科技期刊目录和 1—4 版的北大版核心期刊总览；二是核心期刊的理论基础，包括 3 本文献计量学教材和 2 本核心期刊专著；三是针对核心期刊本身的指标体系、缺陷和在科研评价中的作用展开的论述。需要特别指出的是，这一类簇的文献都在 2005 年之前出版，而且研究的核心落脚点是科技期刊，兼及人文社会学科期刊。这与侯素芳等人的研究结果相吻合①。

表 2—14　"核心期刊"研究文献簇

ID	文献篇名	出版
陆伯华 1991	国外科技核心期刊手册	世界图书出版公司
庄守经 1992	中文核心期刊要目总览	北京大学出版社
林被甸 1996	中文核心期刊要目总览	北京大学出版社
戴龙基 2000	中文核心期刊要目总览	北京大学出版社
戴龙基 2004	中文核心期刊要目总览	北京大学出版社
万锦堃 2005	中国学术期刊综合引证报告（2005 年版）	科学出版社
丁学东 1993	文献计量学基础	北京大学出版社

---

①　侯素芳、汤建民：《国内期刊评价研究综述和评估：1998—2011》，《情报科学》2014 年第 1 期。

续表

ID	文献篇名	出版
邱均平 1998	文献计量学	科学技术文献出版社
王崇德 1997	文献计量学引论	广西师范大学出版社
叶继元 1995	核心期刊概论	南京大学出版社
钱荣贵 2006	核心期刊与期刊评价	中国传媒大学出版社
邱均平 1995	关于核心期刊几个问题的思考	图书情报知识
庞景安 2000	中国科技期刊综合评价指标体系的研究	中国科技期刊研究
何荣利 2001	核心期刊滞后性分析	图书与情报
姜联合 2001	科技期刊动态评价指标——趋势指数	编辑学报
王玲 2001	中文核心期刊研究的现状及其走向	中国图书馆学报
徐兴余 2003	核心期刊在科研成果评价中的局限性	中国科技期刊研究
张凌之 2003	影响因子在我国科技期刊评价中的作用分析	编辑学报
张其苏 2000	在探索和实践中不断完善——《中文核心期刊要目总览》2000年版的研制方法与思考	中国科技期刊研究
陈冠初 2004	我国科技期刊的评价问题	编辑学报

"评价方法与评价指标"文献簇主要分为两类：一是采用指标体系对期刊进行综合评价时，如何分配指标之间权重以及如何计算期刊的最终综合分值，比如"秩和比法""判别分析法""层次分析法"等；二是采用新的单一指标对期刊进行评价，研究这些单一指标的算法，比如特征因子、h指数、g指数等。这一类的特点是以数理分析为基础，是期刊评价研究数理统计的基础。

表2—15　　　　　"评价方法与评价指标"文献簇

ID	文献篇名	出版
王玖 2003	秩和比法在医学学术期刊学术质量综合评价中的应用	数理医药学杂志
王小唯 2003	学术期刊质量评估的二次相对评价方法	编辑学报
林春艳 2004	自然科学学术期刊质量指标体系的属性数学综合评价模型	数学的实践与认识
邱均平 2004	期刊评价指标体系及定量方法研究	现代图书情报技术

续表

ID	文献篇名	出版
李凯扬 2005	基于 AHP 的期刊全文数据库的模糊综合评价	情报科学
李修杰 2006	运用判别分析法建立的期刊评估指标体系	江西图书馆学刊
姜春林 2006	H 指数和 G 指数——期刊学术影响力评价的新指标	图书情报工作
邱均平 2007	信息计量学	武汉大学出版社
叶鹰 2007	h 指数和类 h 指数的机理分析与实证研究导引	大学图书馆学报
米佳 2009	特征因子原理及实证研究	大学图书馆学报
任胜利 2009	特征因子（Eigenfactor）：基于引证网络分析期刊和论文的重要性	中国科技期刊研究
赵星 2009	期刊引文评价新指标 Eigenfactor 的特性研究	情报理论与实践

"人文社会科学期刊评价"文献簇的研究主要以南京大学的研究人员为主。早在 2000 年，南京大学信息管理系邹志仁教授就对 CSSCI 研究和功能进行了详细的介绍。此后，赵宪章和邓三鸿使用 CSSCI （2000—2004）年间的数据对文学期刊进行评价研究。同年，苏新宁指出人文社会科学期刊评价应该从两方面进行考虑，从期刊本身的客观状况和期刊的被引情况，在这两个维度上采用 13 个指标对期刊的整体水平进行综合评价①；这一评价指标体系的建立为 2007 年出版《中国人文社会科学学术影响力报告》奠定了基础。2008 年，苏新宁对已有的体系进行了修正，选取了 20 个指标构建人文社会科学期刊评价的指标体系②；2009 年出版《中国人文社科学期刊学术影响力报告》。2008 年，邓三鸿等以 CSSCI 数据为基础，对比了人文社会科学各学科期刊论文在篇均引文、基金论文比、合作情况、外文引文情况等方面的差异，指出我国人文社会科学期刊需要加强出版规范，为繁荣我国人文社会科学研究奠定了基础。

---

① 苏新宁：《人文社会科学期刊评价指标体系研究》，《图书馆论坛》2006 年第 6 期。
② 苏新宁：《构建人文社会科学学术期刊评价体系》，《东岳论丛》2008 年第 1 期。

表2—16　　　"人文社会科学期刊评价研究"文献簇

ID	文献篇名	出版
邹志仁 2000	中文社会科学引文索引（CSSCI）之研制、意义与功能	南京大学学报（文科版）
尹玉吉 2000	关于提高学术期刊二次文献转载率	编辑之友
万锦堃 2005	期刊论文被引用及其 Web 全文下载的文献计量分析	现代图书情报技术
赵宪章 2006	2000—2004 年中国文学期刊影响力报告	东南大学学报（文科版）
苏新宁 2006	人文社会科学期刊评价指标体系研究	图书馆论坛
苏新宁 2007	中国人文社会科学学术影响力报告（2000—2004）	中国社会科学出版社
苏新宁 2008	构建人文社会科学学术期刊评价体系	东岳论丛
邓三鸿 2008	我国人文社会科学学术期刊的学科对比——基于 CSSCI 的分析	东岳论丛
苏新宁 2009	中国人文社会科学期刊学术影响力报告（2009 年版）	中国社会科学出版社

从内容上来看，国内期刊评价研究的热点和知识基础重合度较高：核心期刊研究、人文社会科学期刊评价研究、基于文献计量学的期刊评价方法和评价指标研究这三个领域既是研究热点，又组成了期刊评价研究的知识基础。以期刊事业发展为价值驱动的期刊质量评价却鲜有硬性知识能沉淀下来；电子期刊和期刊网站评价本身作为期刊评价研究向网络世界的拓展，还处于垂髫期，其知识生产的成果还有待时间的检验。

本章小结

综上所述，国内和国外的期刊评价研究人员所做的各种努力和探索具有较大的一致性：（1）以文献计量学为代表的数理统计方法形成了期刊评价的知识内核，依据文献计量指标值的大小对期刊进行排序是中外进行期刊评价的主流方式。然而，对评价指标分值的理论解释不够深入，缺乏从社会、文化的角度在学理上分析期刊分值差异产生的根源，对学者为何对期刊产生不同的认知和定位这一理论问题也没能提出合理且具有信服力的理论解释。（2）以引文分析为主体的评价方法占据主导话语权。国外的期刊评价的主流是使用单一指标对期刊进行排序，而国内的期刊评价主流是构建不同的期刊评价指标体系对期刊进行排序。同行评议在国外的期刊评价中未能占据主导话语权；在国内，同行评议在期刊评价研究中也基本上处于附庸地位，完全依据同行评议展开的期刊评价研究极为鲜见。

期刊评价属于学术评价研究的中观层面的研究课题。从目前评价研究的发展方向来看，期刊评价研究在评价对象、评价方法、评价理论构建方面都具有一定的拓展空间。在评价对象上，一是从中观的期刊评价转向微观的论文评价，比如最近几年兴起的对"睡美人"论文的研究[1]；二是从中观评价拓展到宏观评价，即通过期刊评价研究的成果为机构评价奠定基础，最为典型的是大学评价研究的兴盛。在评价方法上，替代计量学（Altermetrics）的出现使得评价数据源更为丰富。在评价理论的构建上，研究学术评价活动的社会机制、评价行为的心理机制是将来的重要热点，比如在宏观上研究评价制度的构建运作，在微观上研究引用心理和引用动机。

---

[1] J. Li, D. Shi, "Sleeping Beauties in Genius Work: When Were They Awakened?" *Journal of the Association for Information Science & Technology*, Vol. 67, No. 2, 2015.

第 三 章

中国期刊评价的实践

著名社会学家巴里·巴恩斯（Barry Barnes）说："思想或实践中彻底的断裂是不可以理解的。"① 因此，在对期刊评价研究进行系统梳理的基础上，再对期刊评价的实践进行历史性的梳理，是理解我国期刊评价现状的基础，也是在做出进一步深入研究的必要条件。

第一节 中国期刊评价实践的主要模式

张林祥总结了目前我国期刊评价活动常见的7种形式②：（1）根据主管单位的行政级别把全国的刊物分为中央级（国家级）、省级、地级等；（2）国家有关部门评选的优秀期刊、重点期刊；（3）各省新闻出版局对本省刊物的评级；（4）各省职改办参考一定标准，加上有关专家和评委的推荐，确定刊物的级别，往往是按学科分类、按级别排列的期刊目录；（5）学校和科研单位根据自己的实际情况，参考一定标准自定的重点期刊，作为内部考核、评奖、晋职、分配奖金等的依据；（6）图书情报部门根据业务范围、服务对象、馆藏情况，同时参考一定的标准自定的"馆藏核心期刊"或"馆藏重点期刊"；（7）核心期刊评选。这7种期刊评价活动彼此之间存在一定的交叉，有些类别之间有共同之处。综合来看，现行的期刊评价模式主要有三种：基于期刊主办单位行政级别的评

---

① ［加］西斯蒙多：《科学技术学导论》，许为民等译，上海科技教育出版社2007年版，第22页。
② 张林祥：《学术期刊的评价与"核心期刊"——与王振铎先生商榷》，《出版广角》2001年第9期。

价模式、基于文献计量学的评价模式、基于政府期刊评奖的评价模式。其他对期刊进行定位和评价的方式,只不过是在这三种评价模式的基础上,结合各个部分自身的特点做出相应的变动和调整;因此,从根本上说它们都是这三种基本模式的演化或结合形态。

一 行政级别模式的期刊评价

中国社会有着浓厚的"官本位"传统,政治一直居于社会生活的中心,其他社会生活的要素一直围绕着政治稳定的目的而进行不断的优化重组,行政级别一向受到人们的重视和认同。"从民国学术体制的确立到新中国成立后学术体制的巩固和发展,中国学术制度建构过程中始终带有国家介入特征。"[①] 1949 年以后,单位制是我国社会的基本组织形式。"单位是我国各种社会组织所普遍采取的一种特殊的组织形式,是我国政治、经济和社会体制的基础"[②],"一切微观的社会组织都是'单位组织'"。[③] 国家通过单位展开社会控制、资源分配、社会整合和生活保障等社会管理活动。单位制的突出特征是"以国家行政为基础的普遍行政等级制度,每一个单位组织都被组织到国家的行政等级制度中,获得一个相应的行政等级位置,承担相应的责任,享受相应的权利和义务……国家根据单位组织的行政级别(权力)、所有制性质,自上而下分配资源,造成了单位组织之间的巨大差异"[④]。在这样的社会组织环境下,社会个体的单位身份成为标志个人地位和资源获取能力的重要特征。

"中国学术期刊在本质上是计划经济时代单位所有制的产物……每份学术刊物都有一个幕后的单位实体在支撑,主要是各级高校、社科院和社科联三大网络。"[⑤] 期刊体制的核心内涵之一就是主管主办单位制度,

---

① 阎光才:《中国学术制度建构的历史与现实境遇》,《北京师范大学学报》(社会科学版)2008 年第 6 期。
② 路风:《单位:一种特殊的社会组织形式》,《中国社会科学》1989 年第 1 期。
③ 李路路:《"单位制"的变迁与研究》,《吉林大学社会科学学报》2013 年第 1 期。
④ 同上。
⑤ 许纪霖:《学术期刊的单位化、行政化和非专业化》(http://www.aisixiang.com/data/10282.html)。

这一制度虽然形成于计划经济时代,却延续至今①。即便是在网络媒体日益发达、大有取代传统媒体之势的情况下,我国期刊的基本体制未发生大的变化,"期刊运作于单位体制之内"②。根据新闻出版总署颁布的《期刊出版管理规定》:"期刊由依法设立的期刊出版单位出版。期刊出版单位出版期刊,必须经新闻出版总署批准,持有国内统一连续出版号,领取《期刊出版许可证》。"在这样的体制下,期刊主办单位的行政级别,就意味着期刊获取资源能力的大小。主办单位的行政级别就成为学术期刊继承而来的"先赋地位",期刊界权威性、公信力和学术认同的分配机制也取决于行政级别。"主办单位的行政级别越高,刊物的等级地位也就越高。"③ 因此,在核心期刊理论盛行之前,学术期刊的等级分层高度行政化,以单位行政级别为轴心建立起学术期刊的分级制度。基于期刊主办单位行政级别的期刊评价方式也有着非常广泛的社会认同和学术认同,期刊评价的行政化倾向明显④。

总体上看,我国学术期刊分为国家级和地方级两种基本层次,依据行政级别分级管理。中直单位、全国性学会(或协会)和国家级科研梯队单位主办的期刊直接向国家科技部和新闻出版总署申报,接受"两部委"的直接管理;地方单位主办的期刊则向省级科研、新闻出版厅局申报,再报国家科技部和新闻出版总署批准,接受地方科研出版主管厅局的直接管理⑤。人文社会科学学术期刊的管理模式与科技期刊类似。具体来说,国家级期刊有13种基本形式⑥:"中央机关主办的期刊,中国科学院主办的期刊,中国社会科学院主办的期刊,中科院某某研究所主办的

---

① 朱剑:《学术新媒体:缘何难以脱颖而出——兼及学术传播领域媒体融合发展》,《北京交通大学学报》(社会科学版)2015年第4期。

② 李红涛:《中国传播期刊知识生产的依附性:意识形态、机构利益与社会关系的制约》,《传播与社会学刊》2013年总第23期。

③ 许纪霖:《学术期刊的单位化、行政化和非专业化》(http://www.aisixiang.com/data/10282.html)。

④ 姚申:《对中国核心期刊评价研究的新探索——评〈中文核心期刊评价研究〉》,《河北学刊》2012年第2期。

⑤ 宿伯杰:《期刊"核心"身份的出现引发我国科技期刊的不正当竞争》,《中国出版》2005年第6期。

⑥ 杨一琼:《期刊等级划分的情况介绍及理性思考——对核心期刊、方阵奇卡、国家级期刊的探讨》,《现代情报》2005年第1期。

期刊,社科院某某所主办的期刊,一级学科的国家级学会主办的期刊,以'中国''中央'冠名的研究院(所)主办的期刊,国务院各部委等机构主办的期刊,某些国家级研究会、协会、联合会、促进会、公司主办的期刊,各民主党派的中央委员会和各全国性的人民团体主办的期刊,某些部属机构主办而确属某学科(专业)领域的国内最高级别的期刊,某些权威国家级出版机构主办的期刊,国内著名高等院校主办的期刊。"地方级期刊就是地方各个系统依据中央行政系统的划分逻辑,相应主办的学术期刊。

1991年6月,国家科委、新闻出版总署颁布了《科学技术期刊管理办法》,其中第六条明确指出:"科学技术期刊,按其主管部门分为全国性期刊和地方性期刊。全国性期刊是指国务院所属各部门、中国科学院、各民主党派和全国性人民团体主管的期刊;地方性期刊是指省、自治区、直辖市各委、厅、局主管的期刊。"① 这一文件的颁布,无疑成为以行政级别对期刊进行评价的法理依据,也标志着以行政级别为标准的期刊评价方式发展到顶峰。

虽然在理论上说,"这种分级不是以期刊质量、学术、技术水平为划分依据,而是从期刊登记的行政管理机构来确定的。因此,不能说地方性期刊的质量、学术、技术水平低于全国性期刊……所有正式出版刊物都是平等的,不存在级别高低的问题"②。但是,现实的一些实际做法却和理论背道而驰,在学术评价的实践中往往将期刊的行政级别与期刊的学术水平和质量直接挂钩,甚至直接以期刊级别代替期刊的学术水平或质量。比如,在各个学科的职称晋升制度中,以期刊行政级别作为考核晋升人员研究水平的标准这一做法非常普遍。

"全国各地许多分管职称、人事、评奖晋级的领导机关,以主办单位的级别和位置,将我国现有期刊分别划分为国家级、省部(军)级、地市(师)级、县处(团)级、科级等。许多领导机关和国家各级职能部门在进行职称评定、职工晋级、评奖评优等工作中,不是以论文质量来

---

① 国家科委新闻出版署:《科学技术期刊管理办法》(http://www.moh.gov.cn/publicfiles/business/htmlfiles/mohbgt/s3580/200806/35984.htm)。

② 宋培元:《我国科技期刊是怎样分级的》,《中国科技期刊研究》1991年第1期。

衡量作者的业绩和学识水平，而是以在哪一级别刊物上发表作为主要标准。例如，有的省在评奖中规定，获奖作品必须是发表在省级以上刊物上；许多地方在进行职称评定时，分别规定了晋升中级职称、高级职称要在国家级和省级报刊发表文章的篇数等。而且这种做法在其他许多部门都已经成了约定俗成的章法。"①

在官本位文化的影响下，"国家""地方"的行政分级管理方式具有很强的可操作性和认同感，直接为科研管理部门根据期刊的行政级别对期刊学术水平进行判定提供了合法性依据，进而导致基于期刊行政级别对期刊论文的学术水平进行评价。"长期以来，在申报、评定科研成果及晋升职称工作中，虽然国家并无规定，但是一些单位却按主办单位的行政级别划分刊物等级，并据此判断科技论文的学术质量，而且颇具普遍性。"②

国家新闻出版署期刊管理司针对这一现象，曾经发表了一份官方声明："新闻出版行政机关未以期刊行政级别的高低来划分过期刊的级别。仅为便于期刊管理工作，将期刊划分为中央单位办的和地方单位办的。""有关划分期刊级别问题，是一个相当复杂的问题，较难以期刊行政'级别'的高低来划定期刊级别的高低。"③ 但是，由于学术评价、人事制度涉及党政的多个管理系统，新闻出版署的这个声明对学术评价和人事工作现状的改变根本无济于事，新闻出版署的这个声明本质上是一个免责声明。

虽然这种"以出身论英雄"的期刊评价方式不是最合理的，并非所有行政级别高的期刊，其刊登的论文质量都较高；也并非所有行政级别低的期刊，刊登的所有文章质量都低。但是，在没有更好的期刊质量评价方法出现之前，却有其存在的合理性。国家级期刊的主办单位大多拥有较为雄厚的物质资源，这为主办一份优秀的学术期刊提供了良好的物质基础。国家级的期刊主办单位通常也拥有强大的智力资源储备，汇集

---

① 《中国城市经济期刊研究会关于"国家对期刊是否有按行政级别来划分等级规定"的请示》，《经济工作导刊》1996 年第 9 期。

② 陈燕、陈静：《按行政级别划分科技期刊等级问题的探讨》，《编辑学报》1995 年第 1 期。

③ 《国家新闻出版署关于期刊是否有级别的回复》，《经济工作导刊》1996 年第 9 期。

了大量的学术精英。这些国家级梯队的科研人员以较高的学术鉴赏力为期刊的稿源把关，为期刊学术质量提供一定的保证；而且，在缺乏优秀稿源的情况下，国家级机构的内部人员就可以成为文稿的重要来源。这些独特的物质优势和人力资源优势都是地方性期刊所不能比拟的。

依据行政级别对期刊进行评价，毕竟具有强烈的"血统论"色彩。期刊主办单位一定，期刊的发展空间和命运也既定，这是一种典型的静态期刊评价方式。"在这样的体制下，竞争的法则几乎不起作用"[1]，"它没有被推向知识的学术市场，不必受学术市场的自然筛选"[2]。这使得本来就具有强烈依附性的我国期刊界缺乏有效的外部激励机制，成为一潭死水。一些学者认为，这种评价方法导致了严重的不良影响：（1）阻碍科研成果的传播速度，（2）影响众多期刊提高质量的积极性，（3）影响评奖、评职的公正性[3]。因此，"学术期刊的单位化、行政化和非专业化，使得其本来在知识生产和再生产机制中的流通、筛选和评价功能受到了根本性的限制"[4]，而行政级别模式的期刊评价又无法为各种期刊提供外部竞争压力，不合理的学术期刊体制和评价机制成为中国学术期刊发展的重要障碍。

鉴于此，我国的期刊必须引进竞争机制，实现期刊之间的公平竞争和优胜劣汰。广大学人呼吁要"用科学方法评议论文，让论文公正'升值'"，采用数值的方式来评价论文的水平，"一篇科学论文的学术水平和价值是一种客观存在，如果用数字表示，它只能具有一个数值"[5]。在"数值化"评价论文水平的基础上，进一步"数值化"地评价期刊。这样就可以打破原本静态的评价机制，使得原本由行政等级控制的静态学术

---

[1] 朱剑：《学术新媒体：缘何难以脱颖而出——兼及学术传播领域媒体融合发展》，《北京交通大学学报》（社会科学版）2015年第4期。

[2] 许纪霖：《学术期刊的单位化、行政化和非专业化》（http://www.aisixiang.com/data/10282.html）。

[3] 陈燕、陈静：《按行政级别划分科技期刊等级问题的探讨》，《编辑学报》1995年第1期。

[4] 许纪霖：《学术期刊的单位化、行政化和非专业化》（http://www.aisixiang.com/data/10282.html）。

[5] 陈燕、陈静：《按行政级别划分科技期刊等级问题的探讨》，《编辑学报》1995年第1期。

权威格局转变成为依赖客观的计量数据的动态评价格局,实现所谓的"数目字管理"①。这种变化符合市场经济条件下期刊事业乃至整个文化事业的发展要求②,这一逻辑的直接后果就是导致了以核心期刊为主的量化期刊评价方式迅速崛起并盛行。

二 文献计量模式的期刊评价

文献计量模式的期刊评价主要包括两种形式:核心期刊的遴选和来源期刊的遴选。这两种形式都是以文献计量学为理论基础,通过各种计量指标对期刊进行评价。相对来说,来源期刊的遴选主要依据引文数据库产生;而在遴选核心期刊的指标体系中,引文指标只是其中的一部分。特别是在 20 世纪 80 年代早期的核心期刊研究中,多使用文摘法、索引法等,主要依据期刊被二次文献收录的情况进行评价③。但是,随着文献计量学研究的发展,两者之间的交叉融合度越来越高,遴选核心期刊所采用的引文相关指标越来越多,所占权重也越来越高。所以,本书将来源期刊(引文索引的统计源期刊)视为核心期刊的一种。在之后的行文中,核心期刊在语义上包含来源期刊。

20 世纪 70 年代初期,核心期刊理论从国外引入我国。1973 年,《国外书讯》杂志率先译介西方的"核心期刊"理论及国外科技核心期刊表。1973 年第 7 期发表《环境科学研究常用期刊》一文;第 9 期摘译了英国一篇题为《世界重点科技期刊》的文章,文中援引了联合国教科文组织的一篇报道:"化学和物理类的几家主要文摘杂志社发现一条规律是:他们所摘用的论文中有 75% 是来自 10% 的期刊……这说明其余 90% 的期刊价值不大。因此,我们认为……确立一批核心期刊的设想不是不可思议的。"④ 这可能是国内传播媒体首次使用"核心期刊"概念的开篇之作,也可以看作是国内译介和研究"核心期刊"的肇端。同年,该刊第 11、

---

① 黄仁宇:《中国大历史》,生活·读书·新知三联书店 1997 年版,第 3 页。
② 张林祥:《学术期刊的评价与"核心期刊"——与王振铎先生商榷》,《出版广角》2001 年第 9 期。
③ 靖钦恕、钱家秀:《关于高等院校社会科学学报的核心期刊》,《大学图书馆通讯》1983 年第 Z1 期。
④ 钱荣贵:《核心期刊与期刊评价》,中国传媒大学出版社 2006 年版,第 20—21 页。

12期合刊发表《世界化学类核心期刊》一文，在文章标题中首次出现"核心期刊"字样①。当时由于对核心期刊的认识还比较模糊，因此对这一概念的表述比较混乱，最常见的有"常用期刊""重点期刊"和"基本期刊"等，随着研究和应用的不断深入，最终将表达术语定格在"核心期刊"上②。

20世纪80年代，国内图书馆界面临的最大问题是信息的选择和收集问题。一方面期刊的数量和价格均在快速增长，另一方面经济建设刚刚起步的国家无法为图书馆提供更多的经费来应对期刊数量和价格的增长。如何以有限的经费实现所收集的信息密度和使用价值最大化？这成为整个图书馆界最为关心的问题。核心期刊理论使图书馆界看到了解决这一问题的曙光。图书馆人本着"学以致用"的目的纷纷投入到核心期刊的研究当中，使其成为图书情报学界的研究焦点。伴随着时间的推移，对核心期刊遴选指标和遴选方法的不断深入研究，80年代末，"核心期刊"由一个"舶来品"顺利实现了"本土化"着陆③。

20世纪90年代之后，一批核心期刊目录相继出版。1991年，陆伯华主编的《国外科技核心期刊手册》由世界图书出版公司出版。1992年9月，北京大学图书馆编辑出版了《中文核心期刊要目总览》，成为我国期刊评价走向规范化发展的一个标志性里程碑④，"《总览》的问世，结束了长期以来人为的、主观的期刊评价和科学评价的历史"⑤。1997年，戴龙基主编的《国外人文社会科学核心期刊总览》由北京大学出版社出版，并于2000年和2004年相继出版第二版和第三版。2003年，由叶继元主编的《国外科学技术核心期刊总览》由世界图书出版公司出版；2004年，戴龙基主编的《国外科学技术核心期刊总览》由北京大学出版社推出第二版。各种核心期刊目录的研制出版，不仅为解决图书馆期刊采购工作

---

① 钱荣贵：《核心期刊与期刊评价》，中国传媒大学出版社2006年版，第20—21页。
② 陆伯华：《对核心期刊的再认识》，《数字图书馆论坛》2007年第3期。
③ 钱荣贵：《核心期刊与期刊评价》，中国传媒大学出版社2006年版，第26页。
④ 黄国彬、孟连生：《1989—2005年中国期刊评价发展述评》，《数字图书馆论坛》2007年第3期。
⑤ 刘雪立：《中文核心期刊评价指标体系：演进·问题·建议》，《编辑学报》2014年第1期。

提供了指导，同时向学术界普及宣传了国内外重要的学术媒体。

相比核心期刊研究来说，国内对引文分析法的关注略晚于对核心期刊的介绍。据 E. Garfield 自己的回忆，他在 1980 年访华时，"在中国当时有很少的迹象表明，引文索引法已为人知晓"①。据可考的文献记载，20 世纪 80 年代初期，张国华②、缪其浩③等少数图书情报学者才开始对 E. Garfield 和科学引文索引（SCI）进行介绍。之后，王崇德④、方平⑤、毋德身⑥、林平青⑦、刘吉卿⑧、孟连生⑨等开始以中文期刊为样本进行小规模的引文分析研究。直到 80 年代末，引文分析和引文索引在国内才成为图书情报学界的研究热点。"1987 年，中国科学技术信息研究所开始利用国际重要检索刊物对我国科技论文的发表数量和被引情况进行统计和分析。1989 年，受当时的国家科委委托，进行'中国科技论文统计与分析'课题的研究，开始筛选国内的科技期刊……最终从全国 3025 种科技期刊中选出'1988 年中国科技论文统计源期刊'1189 种。"⑩ 1988 年，兰州大学图书馆仿照 SCI，选用了 10 种自然科学期刊作为来源期刊，编制 1980—1986 年间各刊的引文索引卡片，名为《中国自然科学引文索引》；并利用被引次数筛选出中国自然科学核心期刊 104 种⑪。1989 年，中国科学院图书馆也开始建立引文数据库。这些大型院校和研究机构开始建立引文索引，大大推动了国内引文分析研究的发展。

至 2014 年中国社会科学院中国社会科学评价中心推出《中国学术期刊评价研究报告》为止，经过 20 多年的发展，目前国内已经形成了北京

---

① ［美］加菲尔德：《引文索引法的理论及应用·序》，侯汉清等译，北京图书馆出版社 2004 年版，第 1 页。
② 张国华：《美国〈科学引文索引〉介绍》，《图书情报工作》1980 年第 6 期。
③ 缪其浩：《加菲尔德和引文索引》，《情报科学》1981 年第 1 期。
④ 王崇德：《我国科技期刊文献的引文分析》，《情报科学》1981 年第 5 期。
⑤ 方平、柳晓春：《对五种社会科学期刊的引文分析》，《图书馆杂志》1983 年第 1 期。
⑥ 毋德身：《对九篇论文的引文分析》，《图书馆学研究》1983 年第 2 期。
⑦ 林平青：《我国中医药期刊引文的初步分析》，《医学情报工作》1983 年第 2 期。
⑧ 刘吉卿：《我校学报论文的引文初步分析》，《福州大学学报》1983 年第 2 期。
⑨ 孟连生：《中文科学引文分析》，《情报科学》1983 年第 1 期。
⑩ 别立谦、何峻：《近三十年我国核心期刊研究综述》，《大学图书馆学报》2012 年第 3 期。
⑪ 靖钦恕、钱家秀：《中国自然科学核心期刊》，《世界图书》1988 年第 2 期。

大学、南京大学、武汉大学、中国科学院、中国社会科学院和中国科学技术信息研究所等六大期刊评价系统（见表3—1和表3—2），其中南京大学、中国科学院、中信所、社科院都建立有自己的引文数据库。此外，清华同方、万方数据和重庆维普三大中文数据商也都涉及期刊评价与引文数据库的建设。其他零散的相关成果还有：中国人文社会科学学报学会主编的《中国人文社会科学核心期刊概览》于2003年由高等教育出版社出版，苏新宁主编的《中国人文社会科学期刊学术影响力报告》于2009年由中国社会科学出版社出版。一些官方机构也发布适用特定范围的核心期刊目录，如国务院学位委员会办公室和国家教委研究生工作办公室编制的《学位与研究生教育中文重要期刊目录》，国家自然科学基金委管理科学部编制的《中国管理科学重要学术期刊》。

表3—1　　我国公开出版定期更新的期刊评价报告

名称	遴选机构	学科范围	起始时间	出版	时间
中文核心期刊要目总览	北京大学图书馆	综合	1992	北京大学出版社	1992、1996、2000、2004、2008、2011、2014、2017
中国科技期刊引证报告CJCR	中国科学技术信息研究所	科技	1997	科学技术文献出版社	每年出版
中国人文社会科学核心期刊要览	中国社会科学院	人文社科	2000	社会科学文献出版社	2000年未公开出版、2004、2008、2013
中国学术期刊综合引证报告CAJ-IJCR	清华大学图书馆·中国知网CNKI	综合	2004	科学出版社	每年出版
中国科学计量指标：期刊引证报告	中国科学院国家科学图书馆	科技	2009	知识产权出版社	每年出版
中国学术期刊评价研究报告	武汉大学中国科学评价研究中心	综合	2009	科学出版社，龙门书局	每两年出版

续表

名称	遴选机构	学科范围	起始时间	出版	时间
中国人文社会科学期刊评价报告	中国社会科学院中国社会科学评价中心	人文社科	2014	http://www.cssn.cn/xspj/201411/t20141125_1415277.shtml	2014

表 3—2   我国重要引文数据库及其期刊评价报告

引文库名称	遴选机构	学科范围	起始时间	期刊评价报告
中国科学引文数据库 Chinese Science Citation Database，CSCD	中国科学院国家科学图书馆	科技	1989	中国科学引文数据库（CSCD）来源期刊遴选报告
中国科技论文与引文数据库 Chinese Science and Technology Paper Citation Database，CSTPCD	中国科学技术信息研究所（万方数据）	科技	1989	
中文社会科学引文索引 Chinese Social Sciences Citation Index，CSSCI	南京大学中国社会科学研究评价中心	人文社科	1998	CSSCI 来源期刊目录
中国人文社会科学引文数据库 CHSSCD（无网络版）	中国社会科学院图书馆	人文社科	1996	中国人文社会科学核心期刊要览
中国引文数据库 Chinese Citation Database，CCD	清华大学图书馆·中国知网 CNKI			
中国科学指标数据库 China Science Indicators Database，CSI	重庆维普		2000	

20 世纪 90 年代以前，对核心期刊的关注与研究主要集中在图书情报界；到 90 年代初，特别是在北京大学图书馆出版了庄守经主编的《中文核

心期刊要目总览》之后,核心期刊和来源期刊的影响逐渐扩展到整个学术界,并成为学术评价的主要工具。为什么过去几十年间期刊评价研究并未引起图书情报界以外的注意,而只是在20世纪90年代以后逐渐成为学术界共同关注的热点议题呢?核心期刊和来源期刊的影响力之所以能成功地从图书情报领域拓展到整个学术界,是自身特质与时代要求共同作用的结果。

  核心期刊的理论基础是经典文献计量学定律,主要根据载文指标和引文指标测量的数据而得到的。根据马克思的名言:一种科学只有在成功地运用数学时,才算达到了真正完善的地步。核心期刊建立在利用数学工具进行科学分析的基础上,基于统计数据的核心期刊披上了"科学"的神圣外衣。和西方社会一样,科学在中国已经成为一种主导政治和社会生活的"意识形态"①,"唯科学主义"已成为20世纪中国的根本性思潮②。任何东西只有与科学攀亲,才能获得它的合法性和权威性。核心期刊的量化分析,使它比传统的基于行政级别的期刊评价方式的科学性大大增强,迎合了现实社会中科学研究的数字化管理的需要③,在一定程度上实现了"数目字管理"。因此,陈国剑将核心期刊之所以能够在期刊评价领域独树一帜的根本原因归于核心期刊"理论基础的经典性,指标体系的客观性,评价方法的科学性,以及由此得出的评价结果的可靠性"④。随着核心期刊遴选体系的制度化,在概念"本土化"的进程中,核心期刊和来源期刊逐渐渗透到图书情报界以外的学科领域,特别是科研管理界。

  自1987年以来,中国科学界开始采用国际通用的科学计量指标评估高校和科研机构的研究绩效;80年代末,南京大学率先将核心期刊的发文量引入科研人员的绩效评价⑤。核心期刊、来源期刊这个来自英美学术界的"舶来品",本身便体现了与国际科学界接轨的时代要求。在学术界,研究人员一直存在着弱化行政对学术进行干预的呼吁,对基于行政

---

  ① [德]哈贝马斯:《作为"意识形态"的技术与科学》,李黎等译,学林出版社1999年版,第97页。
  ② 郑永年:《技术赋权》,邱道隆译,东方出版社2013年版,第24—25页。
  ③ 任东来:《核心期刊:无可奈何的功能无用》,《科学中国人》2002年第11期。
  ④ 陈国剑:《"核心期刊"与期刊评价刍议》,《中国出版》2006年第1期。
  ⑤ 龚放:《南京大学个案创建一流大学的方略与路径》(http://xjtuhhq.blogchina.com/xj-tuhhq/3210529.html)。

级别的期刊评价方式诟病已久。很多学者认为基于行政级别的期刊评价方式"阻碍科研成果的传播速度,影响众多期刊提高质量的积极性,影响评奖、评职的公正性"①。因此,学术界强烈要求建立基于学术水平的期刊评价机制。在学术界的强烈呼吁之下,新闻出版总署等官方机构也对传统的基于刊物行政级别的期刊评价方式予以否定②。核心期刊、来源期刊的遴选主要依据文献计量指标,满足了学术界长期以来弱化行政评价与国际学术界接轨的时代要求,而且其中的引文指标在一定程度上也满足了研究人员对学术水平进行评价的需要。

  长期以来,学术管理机构在学术评价时存在信息不完全、能力不足的现象,主要表现为学术管理机构自身缺乏相应的知识和能力,无法对不同领域的学术论文的水平作出比较准确的认定;因此,学术管理机构必须借助更多的信息源才能比较合理地评价学术论文的水平③。然而,学术管理机构进行学术评价时没有多少工具可供选择。由于"权力部门的过度介入"和人情面子因素影响,"自律的学术共同体"在我国尚未形成,这导致同行评议制度在中国社会情境中的运作极不可靠④⑤。科研管理部门在进行学术评价时面临着严重的"工具困境",无法依赖同行评议进行学术评价。核心期刊、来源期刊建立在科学计量学基础之上,简单易操作而且相对科学,这解决了科研管理机构在学术评价时的"工具困境",同时也满足了科研管理部门追求学术评价效率的工作需求,原有的依据期刊行政级别这一简便易行的静态学术评价方式方法逐渐被抛弃。与此同时,在期刊编辑界,核心期刊、来源期刊的动态更新打破了基于行政级别的静态期刊评价方式,为期刊界引入了竞争机制。学术竞争机制的引入优化了期刊的生存和发展环境⑥,使得期刊编辑人员看到了通过自身努力提高刊物质量、获取学术界认可的可能性,因此,核心期刊评

---

  ① 陈燕、陈静:《按行政级别划分科技期刊等级问题的探讨》,《编辑学报》1995年第1期。
  ② 孙景峰:《论核心期刊作用的异化》,《出版广角》2002年第12期。
  ③ 傅旭东:《学术评价与学术期刊分级》,《科技与出版》2005年第6期。
  ④ 翟学伟:《人情、面子与权力的再生产——情理社会中的社会交换方式》,《社会学研究》2004年第5期。
  ⑤ 李剑鸣:《自律的学术共同体与合理的学术评价》,《清华大学学报》(哲学社会科学版)2014年第4期。
  ⑥ 叶继元:《文科"学术榜"与核心期刊刍议》,《大学图书馆学报》1994年第3期。

价活动得到广大处于行政弱势地位的期刊编辑人员的支持。

虽然自核心期刊、来源期刊制度引入科研评价领域之后，引起了期刊编辑界、学术界的不少非议，不少学者将核心期刊用于学术评价称为"核心期刊作用的异化"①；但是基于文献计量学的核心期刊、来源期刊已经成为当前期刊评价和科研成果评价的主流却是不争的事实。

三 政府评奖模式的期刊评价

无论是人们依据期刊主办单位的行政级别评价期刊，还是依据文献计量学的理论对期刊进行等级层次的划分，在某种程度上说它们都是一种非官方的期刊评价行为，不能直接体现政府意志。2002 年，新闻出版总署报刊司就学术期刊评价的问题做出答复，文中指出新闻出版总署从未就学术水平的高低为期刊划分过级别，核心期刊的遴选是某些高校图书馆的民间行为，新闻出版管理部门也未参加过此类的评选活动②。

期刊的发展需要期刊评价，期刊评价所牵涉的问题错综复杂。有人说："不反对就是支持，投弃权票就是反对。"③ 由于期刊评价牵涉到巨大的潜在利益，官方机构的这种默认行为，使得非官方的期刊评价活动非常活跃；也正因为官方没有直接介入，所以期刊评价的研究和实践才变得多元化，有"百花齐放"之势。一些学者指出"我国学术期刊的评价从来没有像今天这样庞杂无序"④。

实际上，我国政府对期刊的官方评价活动早在 20 世纪 80 年代初就已经开展。科技期刊评价开始于 1982 年，由中国科学技术情报编译出版委员会组织了"全国首届科技情报期刊评比"工作⑤。1989 年，在国家教委科技司和新闻出版署期刊司的支持下，中国高等学校自然科学学报研究会开展了全国高校自然科学学报优秀编辑质量评比活动⑥。

---

① 孙景峰：《论核心期刊作用的异化》，《出版广角》2002 年第 12 期。
② 国家新闻出版总署报刊司：《关于学术期刊有关问题的答复》（http://www.gmw.cn/01ds/2002 – 11/13/22 – A813E319749BB62848256C7000069254.htm）。
③ 钱荣贵：《核心期刊与期刊评价》，中国传媒大学出版社 2006 年版，第 208 页。
④ 同上书，第 194 页。
⑤ 曾建勋、宋培元：《我国科技期刊评价工作的现状与走向》，《编辑学报》2007 年第 4 期。
⑥ 陈浩元：《全国高校自然科学学报优秀编辑质量奖评比总结》，《中国高等学校自然科学学报研究会会讯》1990 年总第 4 期。

1992年，国家科委、中共中央宣传部、新闻出版总署联合举办"全国优秀科技期刊"评奖活动，这是我国第一次由国家期刊出版管理部门主办的官方期刊评奖活动。之后，新闻出版总署等行政管理机构也举办过一系列的期刊评价、评奖活动（见表3—3）。

表3—3　　　　　国家级行政管理机构的期刊评价活动

评奖名称	举办单位	举办时间	期刊类型	参评期刊	获奖期刊	评奖标准及备注
全国优秀科技期刊	中共中央宣传部、新闻出版总署、国家科委	1992	指导类、学术类、技术类、检索类、科普类	3500余	351	政治质量、学术技术水平、编辑质量、出版印刷质量
		1996			417	
全国优秀社科期刊	新闻出版总署	1995	学术理论类、时事政治类、综合文化类、教学辅导类	216	69	《社会科学期刊质量管理办法》
全国百种重点社科期刊	新闻出版总署	1997	学术理论、业务指导、时事政治、文学艺术、文化生活、教育教学、文摘、少年儿童和解放军期刊	209	102	政治方向正确、遵守政策法规、文化含量高、印装精美、发行量
		1999	社科期刊	272	108	与首届"国家期刊奖"一起举办
国家期刊奖	新闻出版总署	1999	科技期刊、社科期刊	550	112	社科期刊48种、科技期刊64种
		2002	科技期刊、社科期刊	713	347	设立三个等级的奖项：国家期刊奖、国家期刊奖提名奖、国家期刊奖百种重点期刊奖

续表

评奖名称	举办单位	举办时间	期刊类型	参评期刊	获奖期刊	评奖标准及备注
国家期刊奖	新闻出版总署	2004	科技期刊、社科期刊	908	357	《第三届国家期刊奖评选办法》
中国期刊方针	新闻出版总署	2001	科技期刊、社科期刊	8000	1500	双高期刊：高科技含量和高学术水平，双奖期刊：获国家期刊奖或国家期刊奖提名奖，双百期刊：百种重点社科期刊和百种重点科技期刊，双效期刊：社会效益和经济效益
中国出版政府奖·期刊奖	新闻出版总署	2010	科技期刊、社科期刊、杂志		2011年《求是》等20种期刊获期刊奖、2014年《纳米研究》等20种期刊获期刊奖	该奖项是2005年出台《全国性文艺新闻出版评奖管理办法》后始施行。组织申报并揭晓第一届2007年、第二届2010年、第三届2013年分别于2008年、2011、2014年正式颁奖。第二届并且首次设立期刊奖①

资料来源：钱荣贵：《核心期刊与期刊评价》，中国传媒大学出版社2006年版，第195—201页；魏瑞斌：《学术期刊核心竞争力评价模型及应用》，南京大学信息管理系2007年版，第140页。

除此之外，1999年，教育部开始举办"全国优秀高校自然科学学报

---
① 《中国出版政府奖》（http://baike.baidu.com/link？url=ok8boJzGNSRttRg3nnQ2vgpHHpD7-Waq4S7bathMTngo4nDNN4Pj7k8feWY5Dn1NcQuGosSSn_ApSl8xfvk95Da）。

及教育部优秀科技期刊评比活动"。

　　在中央机关和政府对期刊进行评奖的同时,各级地方政府的相关管理机构也开展了一系列的期刊评奖活动。各省新闻出版部门把本地所属期刊分为省一级、省二级、省三级。这种做法来源于山西、吉林、河南、江苏等省进行期刊评审的实践①。1993 年,山西省在期刊管理、审读优秀评比期刊、调查研究和酝酿论证的基础上,试行了期刊等级评审和分级管理。1994 年,吉林省首次试行了等级评审工作。具体方法按照政治、业务、编辑、出版、效益、管理六个方面将期刊的等级分为一级、二级、三级。一级期刊要求必须为各类期刊中办得好、可以起到表率作用的期刊;二级期刊则为中间部分,期刊的各方面质量尚可,但还存在某些方面的不足和差距;三级期刊则在某一方面存在较为突出的、明显需要改进的问题。吉林省 2005 年举办了第七次全省期刊等级评审活动,并在省一级期刊中评出了 2003—2004 年度吉林省十佳社科期刊、2003—2004 年度吉林省十佳科技期刊。1997 年开始,湖南省科技厅、新闻出版局开始组织对科技期刊等级评定工作,每两年一届②。

　　除了政府直接主持的期刊评价之外,在政府部门支持下进行了一些针对期刊展开的全国性专项基金择优资助活动,也具有非常明显的政府期刊评奖的性质。"为提高国内学术期刊的整体水平,积极支持国内部分学术期刊提高质量,促进期刊的国际化进程,国家自然科学基金委员会于 1999 年设立重点学术期刊专项基金。"③ 该专项基金每逢偶数年受理申请,资助期 2 年,针对优秀的科技期刊进行办刊资助。与之相对的是,政府对人文社会科学学术期刊的基金资助十多年之后才开始展开。2012 年,全国哲学社会科学规划办公室为了"促进我国学术期刊改善办刊条件,提高办刊质量,扩大学术传播力和社会影响力"④,于 6 月和 12 月分

---

　　① 刘贵富:《高校科研管理部门对中文期刊的分级研究》,《中国高教研究》2007 年第 5 期。
　　② 龚维忠:《科技期刊等级评定的审视》,《编辑学报》2004 年第 5 期。
　　③ 王岩、刘容光、董尔丹:《国家自然科学基金重点学术期刊专项基金资助效果浅析》,《中国科学基金》2007 年第 4 期。
　　④ 《国家社科基金学术期刊资助管理办法(暂行)》(http://www.npopss-cn.gov.cn/GB/219469/18158561.html)。

两批共资助了200家哲学社会科学学术期刊,"每种期刊每年资助40万元"①。

教育部于2003年启动高校哲学社会科学学报"名刊建设工程",2004年推出"教育部高校哲学社会科学学报名栏建设实施方案"。2003年北京大学、南京大学等11家知名高校文科学报首批入选"名刊建设工程";2006年武汉大学、浙江大学、华东师范大学等8家高校文科学报入选;2011年4月清华大学、四川大学等7家高校文科学报入选,同年5月中山大学、中国青年政治学院等5家主办的文科期刊入选②。至今已有31家期刊入选教育部"名刊建设工程"。"与此同时,科技部开展了精品科技期刊发展战略项目研究,明确精品科技期刊项目的主要目标,2006年设立了精品科技期刊服务与保障系统,从精品科技期刊数据库平台中,拟培育一批国际化精品科技期刊,培养一支高水平的科技期刊人才队伍,建立适合我国国情的科技期刊评价体系,实施精品科技期刊战略。2006年,中国科协在原有专项基金支持的基础上,实施了精品科技期刊资助工程。"③

尽管中央政府和地方政府以期刊评奖的方式做了很多期刊评价工作,但是却没有收到应有的社会效应。特别是在学术界,政府的期刊评奖基本上没有引起科研人员的重视,学术期刊的评价完全被各种"核心期刊"和"来源期刊"的遴选左右,形成一种"西风压倒东风"、民间评价盖过官方评价的特殊现象④。为什么在政治认同极高的我国,在期刊评价领域会产生这种罕见的特殊现象呢?很多学者都做出了自己的解释。

尹玉吉总结了我国政府的期刊评价方式存在的缺陷:(1)能够参加期刊分级、评比的期刊太少;(2)不宜将学术类期刊与消费类大众期刊相混淆,而国家的几次评比将二者混为一谈;(3)"消费类大众期刊"的

---

① 《国家社科基金学术期刊资助管理办法(暂行)》(http://www.npopss-cn.gov.cn/GB/219469/18158561.html)。
② 《教育部高校哲学社会科学名刊工程入选期刊信息》(http://cssrac.nju.edu.cn/news_show.asp?Articleid=437)。
③ 曾建勋、宋培元:《我国科技期刊评价工作的现状与走向》,《编辑学报》2007年第4期。
④ 钱荣贵:《核心期刊与期刊评价》,中国传媒大学出版社2006年版,第194页。的

比重远远超过了真正的学术类期刊；（4）自然科学类比重远远大于社会科学类期刊①。

政府部门举办的期刊评奖之所以没有在学术界产生广泛的影响，本书认为主要原因集中在三个方面：（1）政府的期刊评奖主体是面向所有期刊，目的是促进我国期刊业的整体发展。学术期刊只是期刊总体中的一部分，政府的期刊评奖无法准确体现学术期刊评价的特殊性；加之学术界一直存在着弱化行政对学术干预的强烈要求，因此，政府的期刊评奖未能在学术界产生有效的影响。（2）政府期刊评奖制度缺乏连续性和稳定性。纵观我国政府的期刊评价活动，虽然评价的主体一直是新闻出版总署，但是奖项的名称一直在变动，大多只能延续一两届，延续时间最长的"国家期刊奖"也只持续了3届，奖项的名称含义也较为模糊，不能有效地体现奖项的等级性。此外，评奖的周期缺乏严格的规范。因此，评奖制度缺乏连续性和稳定性，导致政府的期刊评价活动无法有效地树立期刊评价的权威性，缺乏权威性的评价自然无法产生广泛的影响力。（3）期刊参评权分配得不平等。目前，在新闻出版总署所举办的各种期刊评奖活动中，除了中国期刊方阵的评选，所有参评期刊都是先由各省级新闻出版管理机构推荐，然后由新闻出版总署组织评委对被推荐的期刊进行评比。这种非自行申报的参评权分配方式显然无法公平覆盖到所有期刊，只能是各省少数精英期刊的内部评选，难免落入小众的俗套，因而也无法产生广泛的社会影响力。

第二节　中国现行期刊评价的主要特点

从基于行政级别的评价模式转换到基于文献计量学的评价模式，我国的期刊评价完成了静态评价到动态评价的转变。如同人类社会打破以血统和出身决定个人的社会地位一样，这无疑是我国期刊评价体制的一次巨大的进步。从更深层次上看，期刊评价方式的这一转变在一定程度上实现了对研究成果从行政评价到学术评价的转变，是学术界争取学术

---

① 尹玉吉、王倩：《关于学术期刊分级问题的研究》，《西北农林科技大学学报》（社会科学版）2009年第3期。

自由和自治权的一次有效尝试。然而，以文献计量学为主的期刊评价模式和以是否发表于核心期刊、来源期刊作为研究成果评价的标杆（即"以刊评文"），也受到学术界、期刊界的质疑和批判。为何期刊评价的方式在做出如此重大进步之时，仍然无法使学术共同体感到满意呢？主要原因可以从以下 3 个方面考察。

一　评价目的和使用目的的悖离

我国的期刊大都集中在首都和省会城市，为了便于对期刊进行审批和管理，根据期刊的主管单位的行政级别向不同级别的出版管理机构进行申报批准，产生了"国家"与"地方"的期刊等级差异。这种做法的根本原因完全是基于行政的可操作性，它本身不具有任何学术水平评价的成分，因此就更不能将这样期刊评价结果作为判定论文水平的依据。虽然我们并不否认国家级期刊在整体上质量可能优于地方级期刊，但是这仅仅是一种可能，并不是可以实现完全对等的转换；而且，这种做法完全抹杀了某些优秀的地方级期刊的个体努力。毋庸置疑，当这种期刊评价方式扩展到由期刊的学术水平进而判定其所刊载的研究成果的学术水平、甚至研究人员的学术水平时，必然引起广泛的非议和争论。因此，建立在行政级别基础上的期刊等级划分，对研究成果进行评价在逻辑上就是行不通的。

从功能演变来看，基于文献计量学的期刊评价"由最初单一地揭示学科文献分布规律的数量统计，逐步发展到兼有揭示学科文献质量和学术影响力的分布规律，以及期刊学术地位和论文学术水平的质量判定"[①]。早期核心期刊研究的根本目的是为了解决如何以有限的经费实现期刊文献收集的信息密度和使用价值的最大化，它的原始功能在于"获取高密度的情报源"，从而有利于专业图书馆建立基本馆藏，指导读者浏览专业期刊[②]。当引文的离散分布规律被引入到核心期刊评价之后，引文指标的确可以在某一方面反映期刊的学术水平，因此核心期刊可以在一定程度

[①] 李爱群：《中、美学术期刊评价比较研究》，博士学位论文，武汉大学，2009 年，第 3 页。

[②] 陈光祚：《布拉德福定律在测定核心期刊中的局限性》，《情报科学》1981 年第 1 期。

上衡量期刊的使用价值和学术影响力。正是在期刊评价指标体系的这一变化过程中，有学者呼吁"何不换一种思维方式，将已有相当基础的核心期刊广义概念进一步'合法化'，即按照'好期刊'的概念重新定义，并按好期刊的评价标准、指标、方法来评选"①，使分布意义上的"核心"转变为质量和学术品质意义上的"核心"。

引文评价的逻辑前提是引用行为表示施引者对被引文献的认可、引用关系体现了知识的累积性②。然而，这一逻辑前提并不能完全经得起实践的检验，引用行为和引证关系的复杂性使得这一前提不能得到充分的经验证据的支持③。很多研究发现，引证关系不仅具有很多个体化的心理倾向，而且还具有很强的工具性动机——研究人员往往会引用那些能够增加自己研究成果的权威性和可信度的文献④⑤⑥。因此，有些学者认为文献计量学范式的期刊评价不是纯粹的期刊质量评价，也并非纯粹地对期刊学术水平的评价⑦。

相对于欧美发达国家来说，我国的期刊产业处于较为落后的地位。20世纪90年代，我国期刊业完成了规模化发展，进入结构调整的集约化发展阶段。然而长期以来，我国的期刊主要是依托某个具体组织实体——主办单位，大多数期刊社都不是一个拥有独立法人地位面向市场的行动组织⑧，期刊社的生存与发展完全依赖于主办单位的发展和管理水

---

① 叶继元：《学术期刊质量评价与核心期刊评价之异同》，《图书情报工作》2009年第18期。

② L. C. Smith, "Citation Analysis", Library Trends, Vol. 30, No. 1, 1981.

③ 刘宇、李武：《引文评价合法性研究——基于引文功能和引用动机研究的综合考察》，《南京大学学报》（哲学·人文科学·社会科学）2013年第6期。

④ T. Q. Peng, J. J. H. Zhu, "Where You Publish Matters Most: A Multilevel Analysis of Factors Affecting Citations of Internet Studies", Journal of the American Society for Information Science & Technology, Vol. 63, No. 9, 2014.

⑤ D. O. Case, G. M. Higgins, "How Can We Investigate Citation Behavior? A Study of Reasons for Citing Literature in Communication", Journal of the American Society for Information Science, Vol. 51, No. 7, 2000.

⑥ X. Zhu et al. "Measuring Academic Influence: Not All Citations Are Equal", Journal of the Association for Information Science & Technology, Vol. 66, No. 2, 2015.

⑦ 钱荣贵：《核心期刊与期刊评价》，中国传媒大学出版社2006年版，第173页。

⑧ 赵文义、杨琦：《学术期刊及其组织实体的属性分析》，《中国科技期刊研究》2007年第6期。

平。据喻国明统计，按照经济来源分，目前大部分期刊仍然属于非商业化运作的党政部门指导类期刊和教育学术类期刊，而进入市场、实现商业化运作的期刊不足 1/4，约为 2000 种左右①。对主办单位强烈的经济依赖性，使得我国期刊界在整体上缺乏必要的活力，满足于故步自封的现状。相对于欧美发达国家的媒体产业化、集团化来说，我国的期刊产业仍然停留在"手工作坊"的时代，鲜有可以走向国际舞台进入国际市场的品牌期刊。因此，为了改变我国期刊业的现状，促进我国期刊业整体水平的提升，国家新闻出版总署本着"集中精力办好一批名牌期刊，争取有几种能进入国际市场"这样的初衷②，开展了数次覆盖范围有限的政府期刊评奖活动。可见，政府的期刊评奖不是为了服务学术研究，而是为了树立文化大国、科技大国的国际政治形象。

"学术评价与学术研究是不可分割的，学术评价从来都不是外在于学术研究的"③。"不同的评价目的决定着不同的评价标准和指标、不同的评价方法和评价专家的选择以及评价程序的确定，它是评价的龙头"④。无论是行政级别模式的、文献计量学模式的还是政府评奖模式的期刊评价，它们的原始目的都不是为了评价学术期刊和研究成果的学术水平而设立的，也就是说这三种范式的期刊评价都违背了学术评价和学术研究不可分割的基本前提。在我国的学术发展实践中，前两种期刊评价方式都曾经被科研管理部门借用，以解决自己在科研评价中的"工具困境"，作为评价科研成果的手段和工具。评价目的和使用目的的背离，是导致我国学术界对现有期刊评价方式展开广泛批判的根本原因。

更甚者，自从期刊评价蜕变为行政权力部门分配学术资源和进行科研管理的工具之后，为了便于管理和操作，"学术评价的发展一直有一种追求或趋向，即忽略评价目的的不同，而刻意寻求通适性的评价指标体系，让一个评价指标体系能够适应所有目的的评价，以使资源分配和科

---

① 喻国明、刘滢：《中国期刊业的现实发展与未来趋势》，《中国出版》2005 年第 2 期。
② 钱荣贵：《核心期刊与期刊评价》，中国传媒大学出版社 2006 年版，第 200 页。
③ 朱剑：《研体制与学术评价之关系——从"学术乱象"根源问题说起》，《清华大学学报》（哲学社会科学版）2015 年第 1 期。
④ 叶继元：《人文社会科学评价体系探讨》，《南京大学学报》（哲学·人文科学·社会科学）2010 年第 1 期。

研管理更为直观和简单"①。这进一步加剧了评价目的和使用目的不相符的矛盾,必然会引起学术界更为广泛激烈的抨击。

二 二元对立的等级及结构紧张

基于行政级别的期刊评价、基于文献计量学的期刊评价方式,都产生了一个共同的后果——二元对立的期刊等级结构:国家级与地方级、核心期刊与非核心期刊、来源期刊与非来源期刊。

尽管有些学者将基于行政级别的期刊等级结构引申为"中央(国家)级、省(部)级、地(市)级"的三级层次结构②,但是中国政治惯有的中央与地方的权力博弈格局③,自然使得按行政级别划分期刊无法摆脱"中央"与"地方"的基本结构格调。文献计量范式的期刊评价所导致的二元对立的等级局面更为明显,通过各种核心期刊、来源期刊目录的发布,全国的学术期刊"以是否'核心'被区分为两大壁垒,或者两大等级,或者说两大品类"④。在现行学术评价系统和研究人员投稿动机的共同作用下,这种二元对立的期刊等级结构直接导致了整个期刊界的结构紧张。

在社会学中,最早提出"结构紧张"概念的是社会学家默顿。所谓结构紧张(Structural Strain)是指这样一种社会状态,即社会文化所塑造的人们渴望成功的期望值,与社会结构所能够提供的获得成功的手段之间产生了一种严重失衡的状态⑤。因此,为了达到成功,社会成员就可能使用不符合社会规范的手段;或者颠覆社会的价值标准,产生社会革命。

在现行条件下,一家期刊是否被评为核心期刊、来源期刊,直接关系到期刊自身的生存和发展。如果你编的期刊不是名列"核心期刊",你要得到名家的支持就很难,你要得到作者的上佳之作也很难;没有名家

---

① 朱剑:《大数据之于学术评价:机遇抑或陷阱?——兼论学术评价的"分裂"》,《中国青年社会科学》2015年第4期。
② 江继南、张丽霞:《论期刊等级划分》,《情报资料工作》2001年第4期。
③ 参见郑永年《中国的"行为联邦制":中央—地方关系的变革与动力》,邱道隆译,东方出版社2013年版。
④ 王振铎:《质疑"核心期刊"》,《出版广角》2000年第12期。
⑤ 李强:《社会分层十讲》,社会科学文献出版社2008年版,第257页。

撑台,没有好稿子可选,要在学界得到关注也很难,加上转载率老是上不去,你的杂志就进入了"恶性循环";所以,主编都不得不关注"核心期刊"①。如果一份学术期刊未被评为核心期刊、来源期刊,就意味着其刊载的研究成果无法得到现行科研评价系统的认可。研究人员基于自身利益的考量在投稿时会将非核心期刊作为自己投稿的第二选择。优秀稿源是期刊发展的生命线。非核心期刊在现行的社会评价机制和研究人员的个人选择机制的共同作用下,无法竞争到一流的优秀稿源,甚至处于丧失稿源的困境,其选稿过程也成为一种吃核心期刊"剩饭"的过程。

非核心期刊、非来源期刊在面临稿源困境的同时,还面临着巨大的经济压力——订购量的不断下滑。我国多数期刊以发行收入为主,广告收入大幅增长但所占份额很小②。这一点在学术期刊中尤为突出。学术期刊的经费来源除了主办单位的行政拨款之外,主要依靠各种类型图书馆的订购。核心期刊的原始功能之一就是为图书馆订购期刊提供依据,一份学术期刊如果不是核心期刊,也就意味着丧失了众多的图书馆买家,结果必然是发行收入的锐减。虽然我国学术期刊的办刊经费主要来自于主办单位的拨款,但是核心期刊评定导致非核心期刊发行量的下降,无疑剥夺了大量非核心期刊争取更好的办刊物质条件的可能性。

《国土与自然资源研究》的常务副主编宿伯杰说:"1993 年,笔者所办的期刊的收稿量和订数分别比 1991 年陡降 30% 和 31%,至 1996 年,定数比 1991 年下降了 52%。这与 1992 年《总览》的出版有立竿见影的因果关系。"③ 一些学者也指出:"这种将学术期刊腰斩为二(核心期刊与非核心期刊)、并将之与学人的利益挂钩的做法,实际上使得学术期刊界原本有序的自由竞争变得非常不公平,学术资源的分配和流向完全为所谓的核心期刊所左右。"④ 最终在学术期刊界产生了核心期刊的"马太效应"和非核心期刊的"贫困恶性循环"⑤,导致整个学术期刊被划分为

---

① 刘斯翰:《"核心期刊"问题之我见》,《出版广角》2002 年第 12 期。
② 喻国明、刘滢:《中国期刊业的现实发展与未来趋势》,《中国出版》2005 年第 2 期。
③ 宿伯杰:《期刊"核心"身份的出现引发我国科技期刊的不正当竞争》,《中国出版》2005 年第 6 期。
④ 钱荣贵:《核心期刊与期刊评价》,中国传媒大学出版社 2006 年版,第 134 页。
⑤ 李强:《社会分层十讲》,社会科学文献出版社 2008 年版,第 72 页。

二元对立的"核心"与"非核心"两大阵营。核心期刊、来源期刊的选稿标准在某种程度上似乎成了学术研究内容的导向①，对期刊编辑录用稿件的主题有着明显的影响，那些不容易被引的研究议题被编辑拒斥，这进一步导致了学科内部的不平衡发展。能否进入核心期刊、来源期刊的榜单，直接关系到一个刊物的经济效益和社会效益，直接关系到一个刊物今后能否再进一步提高稿件质量。把期刊特别是学术期刊这样简单地划分为"核心期刊"与"非核心期刊"，对于我国期刊的繁荣发展是非常不利的②。

这种二元对立的等级结构，助长乃至直接导致了某些学术不端现象的产生。"学术期刊不再关心学者的需求，而一味迎合评价机构的偏好，甚至不惜造假。"③ 由于核心期刊、来源期刊的遴选事关切身利益，编辑们对文献计量指标均非常熟稔④。为了使自己主办的刊物能进入核心期刊、来源期刊目录，一些刊物的编辑会使用人为手段来提高文献计量指标的分值。苏新宁发现，CSSCI 在 2005 年选择来源期刊时，"其中一些期刊为获得较高的影响因子，出现了大量人为制造的自引"；在 2009 年选刊时，某些办刊的不端行为更为严重，为了保持或者进入 CSSCI 来源期刊，"有的期刊除了有较高的自引率外，还和其他期刊建立'互惠'关系相互引用，有些期刊做得更加隐蔽，建立'联盟'进行循环引用……有些高校为了自己的学报能够提升自己在 CSSCI 中的排位，不惜成本发动学校师生在发文中引用自己的学报"⑤。

一旦某一期刊进入核心期刊或来源期刊目录，相对稀缺的出版空间赋予了编辑人员巨大的学术权力。"随着我国近些年来从事学术研究人数的不断增加，研究生队伍的不断扩大，以及人才评价体系、论文评价体系的不完善，大多数高校和科研院所把发表论文的数量当作晋升职称、

---

① 刘炼：《核心期刊对学术研究影响不利》，《出版广角》2002 年第 12 期。
② 刘曙光：《关于"核心期刊"及学术评价机制的几点思考》，《云梦学刊》2004 年第 4 期。
③ 仲伟民：《缘于体制：社科期刊十个被颠倒的关系》，《南京大学学报》（哲学·人文科学·社会科学）2013 年第 2 期。
④ 朱剑：《大数据之于学术评价：机遇抑或陷阱？——兼论学术评价的"分裂"》，《中国青年社会科学》2015 年第 4 期。
⑤ 苏新宁：《期刊评价的困境与思考》，《重庆大学学报》（社会科学版）2010 年第 6 期。

提高待遇的重要标准，因此，发表论文仍然是处于供需紧张的买方市场，特别是一些重点期刊、核心期刊，身价倍增。"① 这使得期刊编辑从为学术研究成果传播提供服务的被动地位转向引导学术发展的主动地位②，经常可见著名期刊的大牌编辑游走于各大高校进行讲学③④。"由于受我国学术期刊的办刊体制等因素的制约，目前学术期刊缺乏一套完善的监督管理机制，因此容易造成编辑权力的异化，导致学术风气的恶化。"⑤ 当然不能否认某些期刊的编辑本身就是知名学者，进行讲学活动是一种正常的学术交流活动；但是，由于担任大牌期刊的编辑这样一个极具学术权力寻租可能性的敏感职位，大众当然有理由对这一行为背后的内幕做出各种戏剧化的揣测。

三 粗放式结构与科研成果评价的复杂性

期刊编辑界、学术界从学理上质疑基于行政级别和文献计量学的期刊评价，对核心期刊的学术评价功能展开批判⑥。例如，有些学者认为核心期刊作为期刊评价和科研成果评价的工具是"无可奈何的功能误用"⑦，"评价系统由人的工具变成了人的主宰"⑧。为何这两种期刊评价方式遭到如此之多的诟病？除了上述学理上的原因之外，从形式上看二元化的期刊等级结构缺乏有效的层次性和区分度，不能有效地展现出期刊之间的差别。这也是现今期刊评价和学术评价引起巨大争议的一个原因。

根据《出版管理条例》第 11 条规定可知，省级及其以上的新闻出版

---

① 韩长友：《学术期刊编辑权力异化及其对策》，《中国科技期刊研究》2008 年第 2 期。
② 叶继元：《学术研究导引是一流学术期刊的重要使命——纪念〈中国图书馆学报〉创刊 50 周年》，《中国图书馆学报》2007 年第 5 期。
③ 《我社高翔总编辑受邀到中央党校研究生院讲座》（http://www.csstoday.net/xueshuzixun/guoneixinwen/14778.html）。
④ 《中国社会科学院博导、〈外国文学评论〉常务副主编程巍教授来我校讲学》（http://www.csustmedia.com/media/three/news/id/3973/）。
⑤ 韩长友：《学术期刊编辑权力异化及其对策》，《中国科技期刊研究》2008 年第 2 期。
⑥ 钱荣贵：《质疑"核心期刊"的评价功能》，《中国出版》2002 年第 11 期。
⑦ 任东来：《核心期刊：无可奈何的功能无用》，《科学中国人》2002 年第 11 期。
⑧ 刘斯翰：《"核心期刊"问题之我见》，《出版广角》2002 年第 12 期。

管理机构拥有接受出版机构设立的申请、审批权①。因此，人们习惯上将基于行政级别的期刊划分为"中央级、地方级"期刊。虽然布拉德福根据文献离散程度将关于某一学科的期刊划分为核心区和随后几个文献量相等的区域；但是长期以来，人们关注的只是核心区和非核心区的差别，基于核心期刊理论的期刊评价实际上将期刊级别只划分为核心期刊和非核心期刊。在"中国期刊方阵"确定之前，政府的期刊评奖也是将期刊划分为获奖期刊和非获奖期刊两种。虽然国家期刊奖具有一定的层次性，但是这种层次是相当模糊不清的。

如前所述，在一定程度上可以说，我国现行的主要期刊评价方式导致了期刊之间的二元分化，这种二元分化的期刊等级结构是非常粗放式的，不仅导致了我国期刊发展生态的结构性紧张，而且在形式上也存在着最大缺陷——未能做到有效地"拉开档次"②。期刊之间等级差异的影响因素众多，不同的学术群体关注的期刊也有所差异，这使得期刊质量评价具有多元性和复杂性③。然而，当下盛行的期刊评价造成的二元等级结构在评价期刊时不具有有效的区分度。正如钱荣贵所述："现行的'核心期刊表'没有对入选期刊进行分级处理，是不是发表在同一类'核心期刊'……上的文章，其学术质量都一样呢？显然也不是如此。"④ 所以，有学者认为目前的期刊评价方式"不适宜在大范围内笼统采用，不然就会出现《中国社会科学》和《中国音乐教育》平级的滑稽现象"⑤。

综上所述，现行二元对立的期刊等级结构作为期刊评价和研究成果评价时缺乏有效的区分度，评价结果的准确性较低，被评价者从评价结论中能获得的助益不多⑥。这种粗放式的期刊等级结构，不能很有效地胜任期刊评价与科研评价的职责，进而也无法完成科研评价对学术研究进行有效导引的社会使命。

---

① 新闻出版总署：《出版管理条例》（http://www.people.com.cn/electric/flfg/d1/970102.html）。
② 陈图文等：《论期刊等级的划分标准与论文质量的考核》，《情报杂志》2001 年第 11 期。
③ 叶继元：《学术期刊质量评价具有多元性与复杂性》，《清华大学学报》（哲学社会科学版）2015 年第 2 期。
④ 钱荣贵：《核心期刊与期刊评价》，中国传媒大学出版社 2006 年版，第 130 页。
⑤ 江继南、张丽霞：《论期刊等级划分》，《情报资料工作》2001 年第 4 期。
⑥ 朱剑：《大数据之于学术评价：机遇抑或陷阱？——兼论学术评价的"分裂"》，《中国青年社会科学》2015 年第 4 期。

本章小结

通过本章对我国期刊评价实践的历史回顾发现，我国现行的期刊评价方式产生的根本目的都不是为学术评价服务的，这是导致现行期刊评价方式在学术界得不到有效认同、甚至屡遭诟病的根本原因。而且，现行的期刊评价是建立在二元分层观念的基础之上，这种二元分层观念产生的期刊二元等级结构在学术评价时也缺乏有效的区分度。不可否认的事实是，核心期刊理论是期刊评价研究的一次巨大进步，但是它先天性的缺陷也是显而易见的。核心期刊的理论基础——文献计量定律，仅仅是一种经验性定律；虽然它具有一定的合理成分，但是缺乏学理上的逻辑性和系统性，限制了它的发展和学术界对它的认同。那么，期刊评价研究和实践有没有其内在的发展逻辑呢？下一章的研究来回答这一问题。

第 四 章

期刊评价价值取向的演化

"人类所有的行为举止，只要不是盲目的仅凭情感冲动行事或只是机械地例行公事的话，似乎都包含评价。"① 评价本质上是一种比较，它决定了人们的选择和行动。因此，评价主体从什么角度比较评价客体（即被评价的对象）是所有评价行为必须首先面对的问题。为什么评价主体会从这一角度而不是从其他角度对评价客体进行比较？评价主体在角度选择中隐含了自身的价值取向。同样，当评价主体从多角度综合地比较评价客体时，为什么评价主体更着重强调某些角度，而忽视评价客体在其他角度上的巨大差异？评价主体在权重赋予中也隐含了自身的价值取向。

价值作为哲学范畴，是指客体满足主体需要的重要性，它是从人们对待满足他们需要的外界物的关系中产生的②。在评价学术期刊时，评价主体必须直接面对的一个问题是，学术期刊究竟满足了学术共同体成员的何种需要？这一问题就是期刊评价的价值取向问题，它是期刊评价研究的逻辑起点。无论评价主体是否自觉地意识到这一问题的存在，期刊评价的概念框架和方法都隐喻了他们既定的价值取向。只有明确了评价的价值取向，我们才能真正回答 M. J. Polonsky 提出的长久以来被期刊评价主体所忽视的问题："当我们评价期刊时，我们究竟要测量期刊的什么属性或特征？"③

---

① ［美］杜威：《评价理论》，冯平等译，上海译文出版社2007年版，第7页。
② 赵守运、邵希梅：《论哲学"价值"的本质属性——对"价值是客体满足主体需要的关系"的反思》，《社会科学战线》1994年第1期。
③ M. J. Polonsky, P. Whitelaw, "What We Are Measuring When We Evaluate Journals?" *Journal of Marketing Education*, Vol. 27, No. 2, 2005.

期刊评价的价值取向,决定了评价的切入角度,左右着评价者对各种期刊评价指标的取舍和构建,同样也左右着对数据的取舍和数据特征的阐释。从人类演化角度审视,越是在演化的初期,人类越可能受到客观环境的制约,价值的客观尺度就越占有主导位置。当人类逐渐摆脱初期的物质约束,走向有意识的精神演化阶段时,价值的主观尺度就将日益占据主导位置。换句话说,"长期而言,人类活动所遵行的价值原则,是从客观价值论逐渐转变为主观价值论的演化过程"[①]。在期刊评价的历程中,是否也存在同样的价值取向演化的过程,正是本章所要讨论的问题。

第一节 信息密度:客观价值取向

1934 年,布拉德福在《工程》期刊上发表了他的经典论文《关于特定主题的文献源》,该论文以"地球物理学"和"润滑"两个领域的期刊为例,把期刊按登载论文的多少依次排列,这些期刊就可能被分成对该领域有显著贡献的核心区,以及与该区论文数量相等的几个区;此时,核心区与相继各区的期刊种数呈 $1:n:n^2\cdots\cdots$ 的关系[②]。这就是图书情报学领域最早的经典经验定律——布拉德福离散定律。这篇文献是期刊评价的奠基之作,从它所使用的期刊分区方法可见,依据布拉德福离散定律进行期刊评价主要是从"信息密度"(即期刊论文的集中与分散程度)来评价期刊的。这一指标具有明显的客观主义色彩,期刊载文量的大小及其在本学科所有期刊中所占的比例不会受到评价主体主观感知的影响。

布拉德福提出这个结论后,并未引起学术界的关注。直到 1948 年,布拉德福的专著《文献工作》出版,《关于特定主题的文献源》一文被略作修改作为此书的第四章,名为"文献紊乱"(Documentary Chaos),这才引起图书情报学界的广泛关注。同年,文献学家维克利撰文高度评价布拉德福的研究成果,并将此结论定名为"布拉德福文献离散定律"[③]。

[①] 汪丁丁:《经济学思想史讲义》,上海人民出版社 2007 年版,第 229 页。
[②] S. C. Bradford, "Source of Information on Specific Subjects", *Engineering*, No. 26, 1934.
[③] 转引自钱荣贵《核心期刊与期刊评价》,中国传媒大学出版社 2006 年版,第 9 页。

我国研究人员对期刊评价的最早立足点也是"信息密度",即以载文量的大小作为衡量期刊的标准。1980 年,王津生撰文对布拉德福离散定律及核心期刊的测定做了详细全面的介绍[1]。1981 年,陈光祚撰文指出了布拉德福离散定律偏袒载文量大的期刊,忽视载文量小的期刊;并建议将布拉德福离散定律和百分比分布的计算方法结合起来,以改进对核心期刊的测定方法[2]。在 1992 年北京大学图书馆出版的《中文核心期刊要目总览》中,载文量是三个评价指标之一[3]。

由此可见,无论在国内还是在国外,"信息密度"都是期刊评价最早的价值取向。它以载文量大小作为测量手段,是不受评价主体主观影响的客观指标。为什么"信息密度"是期刊评价主体最早关注的价值取向呢?这与特定历史时期学术期刊的发展水平是密不可分的,20 世纪初期刊的种数相对有限,这决定了人们以"信息密度"为期刊评价的价值取向,为满足自身对信息交流的需要。1977 年美国各学科的期刊共为 8915 种,在 1960 年至 1975 年间,期刊平均年增长率约为 2.7%;根据国际科联理事会(ICSU)的统计,1910 年至 1960 年间自然科学期刊的平均年增长率为 12%[4]。虽然这些数据不能直接证明布拉德福时代英国的期刊种数,但是也足以佐证那一时期的研究人员的期刊选择范围十分有限,对信息传播平台的强烈需求导致期刊评价的价值取向自然地落到了"信息密度"身上。而这一特点在我国的期刊发展中也可以得到印证。根据叶继元的研究,1977 年到 1987 年为我国期刊事业的"再恢复阶段"[5],1978 年时,我国期刊仅有 930 种左右[6],到 1995 年,我国期刊总数就突破了 8000 种[7]。在这种传播平台紧缺和信息饥渴的状态下,就不难理解"信息密度"何以成为期刊评价最早的价值取向,"载文量"为何会成为

---

[1] 王津生:《浅谈布拉德福分散定律及其应用》,《情报科学》1980 年第 2 期。
[2] 陈光祚:《布拉德福定律在测定核心期刊中的局限性》,《情报科学》1981 年第 1 期。
[3] 朱强、戴龙基、蔡蓉华:《中文核心期刊要目总览·研究报告》,北京大学出版社 2008 年版,第 20 页。
[4] 黄忠晶、胡启文:《国外期刊发展大趋势》(http://pds.sslibrary.com/fenlei.jsp?sm=simple&username=ssgpshdxx)。
[5] 叶继元:《从学术期刊的发展看当代学术的发展》,《云梦学刊》2006 年第 4 期。
[6] 周凤琴:《从期刊发展的历史看期刊的社会功能》,《河南社会科学》2001 年第 2 期。
[7] 宋培元:《我国科技期刊现状分析》,《编辑学报》1996 年第 2 期。

北大版核心期刊评价的三大指标之一。

第二节　影响力或重要性：客观对主观的让渡

第二次世界大战以后，科技文献量激增、学科交叉研究日益频繁。科技文献和法律判案一样需要吸收借鉴以前的成果，因此文献之间具有一定的内在连续性，而传统的索引工具却无法显示这种连续性。此外，由于专业术语的多样化表达和快速演化，使得传统的主题索引无法有效地进行主题分析以显示学科的交叉与渗透，无法帮助人们追踪同一研究主题的延续性，特别是发现对某一主题的发展历史具有关键性拓展的文献[1]。为了帮助人们检索某一主题文献的历史发展轨迹，1955年，E. Garfield 在谢泼德索引（Shepard's Citations）的启发下开始设计科学引文索引（SCI），接着在美国国家卫生研究院的资助下，进行遗传学引文索引的实验，继而于1961年出版了科学引文索引（SCI）[2]。

在 SCI 的孕育和实施之初，布拉德福离散定律、齐普夫定律、"二八"规律等反映事物集中与分散现象的经验定律已经产生了广泛的社会影响。因此，E. Garfield 设计 SCI 时认为，来源期刊的范围可以在某些传统著名索引的收录范围（如《化学文摘》）之内进行再选择，这样既能保证比较全面的信息覆盖率，同时也较为经济[3]。因此，从"信息密度"和专家评议两方面考虑，1961年的 SCI 选择了本年出版的613种期刊作为来源期刊。然而，在 SCI 出版不久之后，E. Garfield 就发现过度依赖于"信息密度"选取的来源期刊，无法有效地覆盖那些载文量很小、但是却被广泛引用和认可的期刊，这势必会影响到 SCI 的检索效果和权威性。因此，E. Garfield 在1964年撰文指出 SCI 的当务之急是增加期刊的覆盖范围[4]。

---

[1] E. Garfield, I. H. Sher, Genetics Citation Index (www.garfield.library.upenn.edu/essays/v7p515y1984.pdf).

[2] E. Garfield, "The History and Meaning of the Journal Impact Factor", *JAMA*: *The Journal of the American Medical Association*, Vol. 295, No. 1, 2006.

[3] E. Garfield, "Citation Indexes for Science: A New Dimension in Documentation Through Association of Ideas", *Science*, Vol. 122, No. 3159, 1955.

[4] E. Garfield, "Science Citation Index: A New Dimension in Indexing", *Science*, Vol. 144, No. 3619, 1964.

在此背景下，为了能够覆盖那些载文量较小却被学者普遍认可的期刊、补充 SCI 的覆盖范围，决定使用影响因子作为遴选来源期刊的一个重要指标①。

首次提出影响因子的概念是在 1955 年，然而，那时的"影响因子"是指一篇文献的总被引次数②，并非今天被普遍理解的影响因子的定义。而且，E. Garfield 在该文中明确指出，在评估某篇文献的重要性或它在特定时期对其他文献或思想的影响时，"影响因子"比累计一个科学家的发文数量更为有效。这为以后 SCI 作为科研评价工具埋下了伏笔。

对于 SCI 来说，1972 年是其发生根本性转折的一年。是年，E. Garfield 发表经典论文从引文的角度证明被引文献也存在集中与分散的现象，那些刊登大量被引文献的期刊自然成为"好期刊"，因此得出引文分析和引文索引是期刊评价的重要工具③。在知识界，期刊"首先评价知识，其次传播知识"的社会功能定位在 20 世纪 50 年代后已经得到广泛的认可；一篇经过严格评审的期刊论文，"它的首要功能是作为一种知识声明，宣布它已经得到了科学家同行的评议和承认"④。因此，以引文分析为基础的 SCI 是对评价者（即期刊）的再评价，当然是评价期刊的工具，自然也具有了学术评价的合法性。

正是基于这种逻辑，20 世纪 70 年代，美国的科研管理部门将 SCI 作为科研绩效评价（Research Performance）的主要工具，并与终生教职的任职、晋升和科研奖励等挂钩⑤。科研管理部门的这种做法在知识界产生了广泛的争议和批评。长期以来，知识界的评价方式主要依赖于同行评议，以引文工具为基础的评价方式在一定程度上意味着褫夺了学术共同体长

---

① E. Garfield, "The History and Meaning of the Journal Impact Factor", *JAMA*: *The Journal of the American Medical Association*, Vol. 295, No. 1, 2006.

② E. Garfield, "Citation Indexes for Science: A New Dimension in Documentation Through Association of Ideas", *Science*, Vol. 122, No. 3159, 1955.

③ E. Garfield, "Citation Analysis as a Tool in Journal Evaluation", *Science*, Vol. 178, No. 4060, 1972.

④ ［美］克兰：《无形学院：知识在科学共同体内的扩散》，刘珺珺等译，华夏出版社 1988 年版，第 108—113 页。

⑤ N. Wade, "Citation Analysis: A New Tool for Science Administrators", *Science*, Vol. 188, No. 4187, 1975.

期拥有的自我评价权。学术评价权的旁落,可能会进一步导致其他社会机构和集团对学术共同体的操作和控制,威胁到学术自由这一长期以来备受推崇的精神本质。因此,Gustafson 认为基于引文分析的期刊评价是对同行评议的反动①。

尽管有些实证研究的结果显示,引文评价的结果和同行评议的结果具有相关性②,"文献计量方法是监测科学发展和科研表现的一种普遍有效的方法"③;但是更多的研究显示这种相关性在不同学科之间存在较大的差异。如 S. Cole 对生物化学、化学、物理学、心理学和社会学 5 个学科的实证研究显示④,这种相关性在不同的学科之间有显著的差异,生物化学高达 0.70,而物理学仅为 0.53。M. Frank 的研究显示⑤,在自然科学中一些学科(如生理学等),影响因子在评价期刊或者作者的水平时并不是一项有效的指标;A. Van Raan 承认文献计量方法不适用于社会科学、应用科学,特别是人文学科。因而,P. O. Seglen 等学者认为引文评价建立在错误的前提假设之上,应该被立即叫停⑥。为了回应学术界对引文索引和引文分析的批评,E. Garfield 也曾经发文明确表示:尽管很多研究结果表明引文评价和同行评议的结果高度相关,但是引文分析只能比较客观地测量科研成果的有用性或影响力(an objective measure of the utility or impact of scientific work)⑦。V. Yanovosky 支持 E. Garfield 的观点,认为引文分析是评价期刊影响力和重要性的有效工具⑧。

---

① T. Gustafson, "The Controversy over Peer Review", *Science*, Vol. 190, No. 4219, 1975.

② S. Saha, "Impact Factor: A Valid Measure of Journal Quality?" *Journal of the Medical Library Association*, Vol. 91, No. 1, 2003; W. Yue, C. S. Wilson, F. Boller, "Peer Assessment of Journal Quality in Clinical Neurology", *JAMA: Journal of the Medical Library Association*, Vol. 95, No. 1, 2007.

③ A. F. J. V. Raan, "Advanced Bibliometric Methods as Quantitative Core of Peer Review Based Evaluation and Foresight Exercises", *Scientometrics*, Vol. 36, No. 3, 1996.

④ S. Cole, "Citations and the Evaluation of Individual Scientists", *Trends in Biochemical Sciences*, Vol. 14, No. 1, 1989.

⑤ M. Frank, "Impact Factors: Arbiter of Excellence?" *Journal of the Medical Library Association*, Vol. 91, No. 1, 2003.

⑥ P. O. Seglen, "From Bad to Worse: Evaluation by Journal Impact Factor", *Trends in Biochemistry Science*, No. 14, 1989.

⑦ E. Garfield, "Is Citation Analysis a Legitimate Evaluation Tool?" *Scientometrics*, Vol. 1, No. 4, 1979.

⑧ V. Yanovsky, "Citation Analysis Significance of Scientific Journals", *Scientometrics*, Vol. 3, No. 3, 1981.

时至今日，大部分的文献计量学家仍然在引文评价和同行评价的一致性问题上，做着琐碎的细枝末节的实证和完善，并未能取得实质性的突破和进展。但是，使用引文分析方法评价期刊的影响力或重要性（常用的概念工具如 impact，usefulness，importance，utility 等）却隐喻了一种理论的进步。"信息密度"仅仅是测量期刊本身"量"的特征，在本质上这种评价方法停留在对客体的物理描述层面；相对来说，"影响力"或"有用性"突破了对客体孤立的物理性特征的描述，体现了通过客体之间的关系进行评价，它具有社会互动的属性。因此，以"影响力"或"有用性"代替"信息密度"作为期刊评价的旨归，体现了期刊评价价值取向从物理视角向社会视角的转变，同时也表明信息饥渴时代的终结。

第三节　质量或学术水平：主观价值取向的回归

至 20 世纪 90 年代，随着对引文分析研究的深入，知识界对基于引文分析的期刊评价和学术评价展开激烈的反思和批判。这不仅源于知识分子对真理的不懈追求，同时也由于引文分析在用于学术评价时自身固有的一些缺陷。比如很多著名学者都承认这样一种现象，即自己被引用次数最多的研究成果往往不是自己最得意的作品[①]。"难有同行的科学"又告诉我们，真正能够准确评价研究成果水平的，就是作者本人[②]。这验证了一个广为认可的结论，引文分析仅仅是评价"影响力"或"有用性"的工具——SCI 创始人 E. Garfield 等早已承认这一点，引文分析并不是评价"质量"（研究成果对知识积累的贡献程度）的工具。

在大科学时代，学术资源分配的迫切需求使得学术评价不可或缺。学术共同体的悠久传统是，每一个知识分子凭借自身的学术水平获取同行的承认和科研奖励系统的奖励[③]，而知识分子的学术水平恰恰是通过他

[①] 武夷山（http://www.sciencenet.cn/m/user_book.aspx?bookid=30240&userid=1557），以及笔者对刘志彪教授的访谈。

[②] ［美］楚宾：《难有同行的科学》，谭文华等译，北京大学出版社2011年版，第2—11页。

[③] ［美］默顿：《科学社会学：理论与经验研究》，鲁旭东等译，商务印书馆2003年版，第578—604页。

们发表的研究成果的学术水平来衡量。在传统的科技哲学观中,"质量"是表示学术水平的概念工具,它表现为研究成果在多大程度上接近"真理"、正确地反映和解释客观现象。可是,"论文的重要性不一定由它的正确性来决定"①。因此在逻辑上,对"影响力"和"重要性"的评价当然无法代替对表现为"质量"的"学术水平"的评价,因而 SCI 作为期刊评价和学术评价的工具不能满足学术共同体根据对知识的贡献分配承认和奖励的普遍性社会要求。

20 世纪 90 年代开始,知识界对期刊"质量"进行评价的呼声越来越高,这一点可以从 SSCI 中收录的研究"期刊质量"的论文数量的变化得到验证。在 1995 年以前,每年收录的关于"期刊质量"的研究论文一直没有突破 5 篇;2000 年,同主题的研究论文增长到每年 10 篇左右;2005 年以来,同主题的研究论文一直保持在每年 15 篇以上②。然而,纵观这些文献,测量期刊质量的方法仍未逃离引文分析和同行评议的窠臼。虽然有少数学者使用引文分析作为测量期刊"质量"的工具③,但更多的期刊质量评价研究采用了传统的同行评议方法,如 R. H. Lineback 对哲学期刊的评价④,J. Benjamin 等对会计学期刊质量的评价⑤,A. J. Nederhof 等⑥、J. C. Catling 等⑦、A. Parameswaran 等⑧的期刊评价研究。

---

① [美] J. 科尔、S. 科尔:《科学界的社会分层》,赵佳苓等译,华夏出版社 1989 年版,第 27 页。
② 检索时间 2010 年 11 月 5 日,检索式:标题 = (journal quality)。
③ S. Saha, "Impact Factor: A Valid Measure of Journal Quality?" *Journal of the Medical Library Association*, Vol. 91, No. 1, 2003; G. Abramo, C. D. Angelo and F. Di Costa, "Citations Versus Journal Impact Factor as Proxy of Quality: Could the Latter Ever Be Preferable?" *Scientometrics*, Vol. 84, No. 3, 2010.
④ R. H. Lineback, "Journal Quality in the Humanities", *IEEE Transactions on Professional Communications*, No. 2, 1977.
⑤ J. Benjamin, V. Brenner, "Perceptions of Journal Quality", *Accounting Review*, Vol. 49, No. 2, 1974.
⑥ A. J. Nederhof, R. A. Zwaan, "Quality Jugements of Journals as Indicators of Research Performance in the Humanities and the Social and Behavioral Science", *Journal of the American Society for information Science*, Vol. 42, No. 5, 1991; A. J. Nederhof, M. Luwel, H. F. Moed, "Assessing the Quality of Scholarly Journals in Linguistics: An Alternative to Citation-based Journal Impact Factors", *Scientometrics*, Vol. 51, No. 1, 2001.
⑦ J. C. Catling, V. L. Mason, D. Upton, "Quality Is in the Eye of the Beholder? An Evaluation of Impact Factors and Perception of Journal Prestige in the UK", *Scientometrics*, Vol. 81, No. 1, 2009.
⑧ A. Parameswaran, R. Sebastian, "The Value of South and Southeast Asian Studies Journal Rankings", *Serials Review*, Vol. 32, No. 3, 2006.

期刊"质量"评价的兴起和同行评议的复兴,不仅弥补了引文分析的内在缺陷,同时也是知识分子为了争取学术评价权和自主权的一次集体努力。通过对同行评议方法的广泛使用,学术共同体在展开期刊评价和学术评价时,对引文分析工具的"物质依赖"大大降低,这势必削弱了引文索引生产机构(如 ISI 等)的学术评价权;使得科研行政管理者在进行学术评价和分配学术资源时,由"工具依赖"回归到对学术共同体的"人的依赖",这无疑捍卫了学术自由和学术的独立精神。因此,"质量"作为期刊评价的价值取向,体现了一种人本主义的回归。此外,"质量"作为期刊评价的价值取向,也表明了期刊数量的增加扩大了科研人员交流平台的选择范围。"饥饿已经迅速转化为消化不良。对获取信息的关心,已让位于对如何妥善处理我们已获取的大量信息的关心。"① 面对众多的选择,我们可能感到无从选择。因此,以"质量"作为期刊评价的价值取向,是科研人员解决信息焦虑的必然诉求。

第四节 学术地位:主客观结合的新途径

然而,"质量"是否真正能够成为期刊评价的价值取向和旨归呢?统计质量控制之父沃特·休哈特(Walter A. Shewhart)认为"质量"存在客观和主观两个侧面,客观一面是指产品可测量的物理特性,是独立存在于人们感觉之外的,所以从控制观点看必须建立量化的标准;主观一面是指人们对产品的感觉、体验之类的判断,困难在于它既与产品的物理特性紧密相连,又与个人需求的人性因素相关,所以要尽可能把消费者这种需求转化成产品的特性②。质量的这种复杂性和感知模糊性使得对期刊质量的评价充满了不确定性。

首先,基于引文分析的"期刊质量"评价虽然把握了期刊的物理特征,但是却忽视了"质量"主观内涵的一面。同样,基于同行评议的"期刊质量"评价强调了人们对期刊的感知和判断;但是这种判断却会因

---

① [美]布朗、杜奎德:《信息的社会层面》,王铁生等译,商务印书馆2003年版,第13页。
② 转引自高风华《基于质量导向的人文社会科学研究成果评价体系研究》,博士学位论文,南京大学信息管理系,2010年,第23页。

为评价主体的需求不同,而强调期刊的某些特性,忽视与评价主体需求不一致的其他特性。这使得评价客体的"质量"在不同评价主体之间产生了不可通约性。Diaz III 等人研究发现[1],房地产业的实践人员和教学科研人员对本领域期刊质量的评价存在显著的差异,这种职业取向和学术取向的质量感知不一致在其他学科的期刊中同样存在,比如在会计学[2]、新闻传播学[3]、管理学[4]、图书情报学[5]等学科。

传统的科学史观认为,"那些把科学真理具体表现出来,并使我们能更加了解经验现象的论文是高质量的论文"[6]。因此,同一知识产品的质量应该是确定而唯一的。同行评议产生的不一致性与科技史观中"质量"唯一性的背离,使得我们不得不怀疑使用"质量"作为期刊评价价值取向的合理性和可信度。那么,期刊评价合理而可信的价值取向究竟是什么?

当人们热衷于评价期刊的影响力和质量时,一些敏锐的研究人员开始将"学术地位"作为期刊评价的价值旨归[7]。"地位"是一个重要的社会学概念,它为何能够胜任期刊评价的价值取向呢?

默顿说:"荣誉性承认不但会为获得者带来荣誉,也会为提供者带来荣誉。从这个意义上说,授予荣誉比获得它更为神圣。"[8] 因此,期刊作

---

[1] J. Diaz III, R. T. Black, J. Rabianski, "A Note on Ranking Real Estate Research Journals", *Real Estate Economics*, Vol. 24, No. 4, 2010.

[2] J. Benjamin, V. Brenner, "Perceptions of Journal Quality", *Accounting Review*, Vol. 49, No. 2, 1974.

[3] 李良荣:《期待创新——审视新闻传播学学术期刊》,《新闻记者》2003 年第 3 期。

[4] S. L. Rynes, T. L. Giluk, K. G. Brown, "The Very Separate Worlds of Academic and Practitioner Periodicals in Human Resource Management: Implications for Evidence-Based Management", *Academy of Management Journal*, Vol. 50, No. 5, 2007.

[5] T. E. Nisonger, "JASIS and Library and Information Science Journal Rankings: A Review and Analysis of the Last Half-century", *Journal of the American Society for Information Science*, Vol. 50, No. 11, 1999.

[6] [美] J. 科尔、S. 科尔:《科学界的社会分层》,赵佳苓等译,华夏出版社 1989 年版,第 25 页。

[7] P. Ball, "Prestige Is Factored into Journal Ratings", *Nature*, Vol. 439, No. 7078, 2006; J. Bollen, M. A. Rodriguez, H. Van. de Sompel, "Journal Status", *Scientometrics*, Vol. 69, No. 3, 2006; P. Doreian, "A Measure of Standing of Journals in Stratified Network", *Scientometrics*, Vol. 8, No. 5/6, 1985; P. Doreian, "A Revised Measure of Standing of Journals in Stratified Networks", *Scientometrics*, Vol. 11, No. 1/2, 1987.

[8] [美] 默顿:《科学社会学:理论与经验研究》,鲁旭东等译,商务印书馆 2003 年版,第 582 页。

为一种社会建制，它的产生和发展过程中充满了投稿人和期刊编辑之间的互相博弈。在长期的博弈过程中，学术共同体的成员形成了对期刊的基本认知和定位。研究人员希望自己的论文发表在被学术界高度认可的期刊上，以提高自身的知名度；期刊编辑们也千方百计地吸引著名学者或学术新星的论文，提升学术共同体对刊物的认可和承认①。因此，期刊本身就成为一种社会互动的产物和媒介，用社会学的概念工具解释期刊之间的等级现象具有天然的合理性。

如前所述，从期刊评价的方法模式来看，引文分析是针对期刊"影响力"的评价，同行评议并非是针对"质量"的评价。在学术共同体中广受推崇的同行评议实质是强调知识分子对评价客体的感知。这种感知和认同既有根据期刊以往的学术表现做出的理性判断，同时也隐含了由于时代局限性和个体的盲从所造成的非理性判断。质量的最终判定权只能留给历史。试想，16世纪之前有谁会怀疑托勒密理论体系的"质量"呢？因此，通过同行评议产生的学术共同体的感知和认同虽然融合了期刊客观属性和评价主体的主观判断，但是它并非是一种"质量"判定；而以往期刊评价的概念工具又无法涵盖和融合客体属性和主体感知，能够做到这一点的只剩下"学术地位"这一概念。

最后，从社会发展的需求来看，当前学术评价最基本、最直接的社会动因是高效地分配学术资源。传统意义上的学术评价包含了学术批评、学术争鸣等内容，它起源于知识分子对人类认知（或知识）本身的反思和辩论。而现今意义上的学术评价主要是指以学术资源分配为直接目的、为学术行政管理部门服务的学术评比活动，是狭义的学术评价。但是，这种狭义且庸俗化的学术评价却广为盛行，左右着学术资源的分配、吸引着每一个知识分子的眼球。在整个社会系统中，资源分配的基本规则是根据成员的社会地位而定②。"基于荣誉和声望的地位体系和基于不同生活机会的等级体系之间存在着不断的相互作用，这决定了科学家在科学的机会结构中的不同地位。"③ 在"科学场"中，知识分子通过发表对

---

① P. Ball,"Prestige Is Factored into Journal Ratings",*Nature*, Vol. 439, No. 7078, 2006.
② 李路路：《论社会分层研究》，《社会学研究》1991年第1期。
③ [美] 默顿：《科学社会学：理论与经验研究》，鲁旭东等译，商务印书馆2003年版，第610页。

知识体系有所贡献的专著和论文来获取同行的承认,从而建立自己的荣誉和声望,并以此确定自己在"科学场"中的地位,进而进行社会交换获得相应的生活机会和资源。随着大科学时代的到来,期刊已经成为知识交流的主要平台,是知识分子累积个人学术地位的重要途径之一。通过在高学术地位的期刊上发表论文,科研人员获得同行承认的可能性就更大,这也意味着研究人员可能获得较高的学术地位。学术地位的高低又是社会系统对知识分子分配生活资源和学术资源的重要依据。

综上所述,只有"学术地位"能够合理地解释期刊之间等级结构的起因和维持;同时以"学术地位"作为期刊评价的价值取向,符合社会分配资源的普遍规律,能够实现"学术场域"和整个社会系统的有效对接。

本章小结

期刊评价本质上是学术共同体基于自身的现实需求对期刊各种属性的一种比较活动。随着社会的不断发展,评价主体和评价客体自身也产生了诸多的变化;因此从微观上看,评价活动是一个在不断变化的主体需求和客体属性之间动态匹配的过程。这一动态的匹配过程体现了评价主体价值取向的演变。在"二战"之前,期刊种数有限制约了学术交流的空间和平台,对发表平台的渴求促使学术共同体将"信息密度"作为评价期刊的旨归。战后,随着科技文献量和期刊种数的激增,发表平台的稀缺性问题得到了巨大的改善和解决,因此对发表平台的渴求逐渐淡出了学术共同体的主要需求,取而代之的是对话语权的争夺——"影响力"逐渐成为期刊评价的主要焦点。随着信息的爆炸式增长,由于人类自身信息处理能力固有限制,学术共同体需要的是可靠信息源,而不是海量的信息。为了解决集体性的信息焦虑问题,"质量"逐渐成为学术共同体最为关心的期刊属性。然后,由于"质量"概念本身的复杂性和模糊性,以及社会政治权力和经济权力对学术界的不断渗透[①],"质量"在解释学术界的社会分层、学术资源配置以及期刊之间的等级结构时,效

---

① [法]布尔迪厄:《科学的社会用途——写给科学场的临床社会》,刘成富等译,南京大学出版社2005年版,第38页。

力非常有限。因此,"学术地位"开始逐渐浮出水面,成为最为有力的解释工具。

由于我国的历史特殊性,虽然学术界和期刊的发展历史在时间点上有别于西方国家,以及源于后发优势导致的在某些阶段呈现出了跳跃式的发展,但是其发展进程基本上遵循了相似的历史过程。在整个发展历程中,由于作为评价客体的期刊的种数增加,学术共同体对期刊属性的关注也发生了演变,即期刊评价的价值取向由初期的严格依赖于期刊物理特征——信息密度,逐步转变到依赖于学术共同体的感知和认同——学术地位。在这一过程中,人的价值和人的需求得到不断的凸显,物的约束逐渐退居到次要位置。学术共同体的期刊评价活动逐渐摆脱了初始期对期刊物质属性的依赖,进而演化到对通过期刊之间的关系得到间接展示的人的社会关系的依赖,遵循了人类活动中价值原则演化过程的基本原理。因此,期刊评价价值取向的演化过程体现了人类意志性活动演化过程的基本趋势,是一条"通往自由之路"。

第 五 章

期刊分层的理论基础

"在科学界，分层现象是普遍存在的。个人、团体、实验室、科研机构、大学、期刊杂志、研究领域和专业、理论、方法等等都依照威望高低划分了连续而又界限分明的等级。"① 期刊是人类交流科学知识的社会化系统，期刊之间的等级差异也是一种客观的普遍现象，"期刊的级别是期刊的一种属性"②。这种级别差异即使没有公认的划分标准，学术共同体中的成员对本专业不同期刊也会有一个模糊的共识③，长期以来期刊质量的高低一直停留在读者"心知肚明"的认识层面④。"社会学的理论和概念为我们提供了观察和认识社会的特定视角"⑤，然而从目前期刊评价的相关文献来看，鲜有学者从社会分层的角度去阐释期刊之间的等级结构。使用社会分层理论解释期刊之间的等级差异，是期刊分层研究的基本路线。

第一节 社会分层理论

分层（Stratification）最初是一个地质学概念，指地质构造的不同层面；社会学借用了这一名词，创造了社会分层的概念，用来分析社会的

---

① ［美］朱可曼：《科学社会学五十年》，《山东科技大学学报》（社会科学版）2004 年第 3 期。
② 吴校连、饶敏、吕鲜凤：《再谈科技期刊的级别划分》，《医学信息学杂志》1999 年第 6 期。
③ 严建新、王续琨：《中国科学技术期刊的学术分层机制》，《科学学研究》2008 年第 1 期。
④ 钱荣贵：《核心期刊与期刊评价》，中国传媒大学出版社 2006 年版，第 112 页。
⑤ 风笑天：《社会研究方法》，中国人民大学出版社 2005 年版，第 2 页。

纵向结构，也像地质构造一样分成高低有序的若干等级层次。"社会分层"一词的起源不甚明了，大约是在20世纪20年代末到30年代由索罗金（Sorokin）、金斯伯格（Ginsberg）、盖格（Geiger）等开始使用①。1946年，德国社会学学会提出并采纳了"社会分层"（Soziale umschichtung）一词，1952年国际社会学协会（ISA）把"社会分层和社会流动"定为共同的研究课题②。当代社会学所说的社会分层主要是指依据一定具有社会意义的属性，社会成员被区分为高低有序的不同层级的过程与现象③。

与其他事物一样，社会分层也是一把"双刃剑"：一方面它促使社会要素在各个层面协同完成既定的社会功能，保持社会的稳定和持续（功能主义）；另一方面它也导致了社会内在结构的紧张和社会变革（冲突理论）。从社会动力学的角度来说，"分层能使人们把握社会系统的主要力线"④。

一　社会分层的理论内涵

目前，社会学已经有107个分支，对于所有的这些分支来说，社会分层都是很重要的基础，"社会分层是社会学这门学科的根基所在，是社会学研究赓续不绝的主题之一"⑤。从孔德、斯宾塞、马克思、韦伯、涂尔干到帕森斯、默顿、米尔斯、吉登斯、布尔迪厄等等，几乎每位重要的社会学家都要从各个方面阐释社会分层现象。

美国著名社会学家塔尔科特·帕森斯（Talcott Parsons）认为："社会分层是某一社会系统中对构成该系统个人的一种差别性的等级分类，个人相比较而言的等级高下的确定所依据的是社会主要价值标准。"⑥我国社会学学者郑杭生认为："当代社会学所说的社会分层主要是指，依据一定具有社会意义的属性，社会成员被区分为高低有序的不同等级、层次

---

① 潘允康：《社会分层漫说》，《百科知识》1994年第7期。
② 张启新：《社会分层》，《国外社会科学文摘》1983年第3期。
③ 郑杭生：《社会学概论新修》，中国人民大学出版社2003年版，第127页。
④ ［法］卡泽纳弗：《社会学十大概念》，杨捷译，上海人民出版社2003年版，第122页。
⑤ 李强：《社会分层十讲》，社会科学文献出版社2008年版，第5页。
⑥ T. Parsons, *Essays in Social Logical Theory*, Glencoe: Free Press, 1949, p. 166.

的过程与现象,社会分层体现着社会不平等。"① 李强认为:"社会分层是指社会成员、社会群体因社会资源占有不同而产生的层化或差异现象,尤其是建立在法律、法规基础上的制度化社会差异体系。"② 虽然各个学者对社会分层的定义不同,但是从他们所给出的定义不难得出社会分层具有 3 个基本的内涵:(1) 社会分层的本质是社会不平等,(2) 社会成员个体属性的差异是导致社会分层的直接原因,(3) 个体差异的社会化使得社会分层具有制度性稳定的特征,即社会价值对不同个体差异的认同使得在一定时期内社会分层具有连续性和稳定性。

无论学者们从何种角度对社会分层现象进行解读,"社会分层的实质反映的是社会资源在社会中的不平等分配"③。不平等是产生社会分层的根源,"分层是社会不平等的结构性表现"④。在人类社会产生之前,自然界和动物世界就有着分层现象。人类社会的不平等和分层形式更为复杂,它既是有形的,又是无形的;既包括物质层面,也包括精神层面。自文艺复兴以来,西方社会一直以"天赋人权、人人平等"为口号来整合社会,然而"追溯历史或探寻宇宙,人们还未曾发现完全无等级的社会"⑤,"迄今为止,人类的生存环境从根本上依旧是不平等的"⑥。理想和现实的背离告诉我们:不平等是绝对的,平等是相对的;"不平等是不可消弭的,它是人性之所在"⑦。只要有人类、人类社会存在,由不平等导致的社会分层就无法根绝。因此,社会分层作为人类社会的一个属性具有客观实在性。

"社会分层现象的实质是社会不平等"⑧,而且,这种社会不平等导致了社会个体在资源占有、机会获取和需求满足的程度上存在着稳定的差

---

① 郑杭生:《社会学概论新修》,中国人民大学出版社 2003 年版,第 217 页。
② 李强:《社会分层十讲》,社会科学文献出版社 2008 年版,第 1 页。
③ 李宝梁:《社会分层研究中的基本理论范式与最新进展述评》,《贵州师范大学学报》2007 年第 4 期。
④ 刘琳:《多维分层与政治冲突:试析韦伯的社会分层与政治冲突理论》,《湖北社会科学》2008 年第 1 期。
⑤ [法] 卡泽纳弗:《社会学十大概念》,杨捷译,上海人民出版社 2003 年版,第 119 页。
⑥ [美] 格伦斯基:《社会分层》(第 2 版),王俊等译,华夏出版社 2005 年版,第 2 页。
⑦ [法] 卡泽纳弗:《社会学十大概念》,杨捷译,上海人民出版社 2003 年版,第 119 页。
⑧ 郑杭生:《社会学概论新修》,中国人民大学出版社 2003 年版,第 223 页。

异性。因此，格伦斯基认为："当代社会分层研究的任务是描述不平等的轮廓和分布，解释在现代平等主义和反分层化价值观存在的条件下，为什么社会不平等依然存在。"① 为了完成这一历史使命，我们首先必须厘清的问题是——为什么会产生不平等？即不平等的起源问题。

德国哲学家莱布尼茨说过："世界上没有两片完全相同的树叶。"② 作为社会的个体组成，人与人之间也存在着种种差别。根据来源划分，这些差别主要体现在两个方面：自然差别和社会差别。自然差别是人与人之间因生理原因或先天性原因而形成的差别，如性别、种族、肤色、容貌等；社会差别则是人们因政治、经济、文化以及交往关系等社会因素而形成的差别，如职业、收入、财产等。无论是自然差别还是社会差别，均具有导致社会不平等的可能性。

强调自然差别和社会差别的不同，并不表示两者界限分明、互不相关。卡泽纳弗说："自然的等级和社会等级之间存在某种关系，但是这种关系既不是必然的，也不是恒常不变的。"③ 在特定的社会环境下，自然差别被赋予了社会意义，从而导致基于自然差别的社会分层的产生。古代印度种姓制度和近代美国社会的种族歧视，就是自然差别的社会化所导致的社会不平等的有力例证。当然，随着社会环境的发展，人类会在不同时期赋予不同的自然差别和社会差别以不同的价值判断，完成个体属性的社会化过程。因此，在不同的社会、同一社会的不同历史阶段，会依据不同的价值判断而产生不同的社会分层结构。在古代社会，由于"重农主义"的盛行，农民的社会地位高于商人和手工业者，比如在中国就形成了士、农、工、商的社会等级结构。然而，随着"重商主义"压倒"重农主义"开始盛行，近现代社会中农民的社会地位下降，远远低于工、商两大阶层。因此，帕森斯认为：在既定的社会分层体系中，人类个体位置差异的排列是由社会共同的道德价值判断决定的④。社会的共同价值体系，是完成个体差异社会化的必要工具。

---

① ［美］格伦斯基：《社会分层》（第2版），王俊等译，华夏出版社2005年版，第2页。
② 赵军：《世界上没有两片完全相同的树叶——浅谈世界的统一性与多样性》，《解放军日报》2004年5月18日第7版。
③ ［法］卡泽纳弗：《社会学十大概念》，杨捷译，上海人民出版社2003年版，第120页。
④ 李强：《社会分层十讲》，社会科学文献出版社2008年版，第165页。

在明确了社会分层产生的根源是个体差异和社会价值体系的合力结果之后,紧接着的另一个问题就是——怎样进行社会分层,即进行社会分层的标准是什么?这是社会分层研究必须直接面对的基础问题。"对于社会分层研究来说,理论分析框架中最核心的内容是分层的标准问题"①。那么,社会分层的标准是什么呢?郑杭生认为:"社会地位构成了社会分层的标准。"②李强认为:"社会分层的本质是说人们的社会地位高低不同,是不平等的。"③"客观、普遍的社会地位,构成了社会分层结构的基本要素,这些社会地位外在于个人,决定了个人对社会资源的占有。"④根据社会地位的差异,可以把握社会基本结构以及由它制约的社会运行状态。因此,社会地位是理解社会分层的一个关键概念。

人类学家拉尔夫·林顿(Ralph Linton)认为,地位是社会结构中的位置,围绕这一位置所形成的一套权利和义务以及对行为的相互期望就是社会地位⑤。郑杭生认为,社会地位指的是社会关系空间中的相对位置以及围绕这一位置所形成的权利义务关系;社会地位可以分为正式的社会地位与非正式的社会地位⑥。正式的社会地位指的是在社会结构中发挥着重要的社会功能,并与其他社会地位发生稳定的制度性联系的社会位置。例如,职业地位、政治地位等都属于正式地位。非正式的社会地位是人们在某些临时性的活动中或次级群体中与其他社会成员所形成的、不稳定的、非制度性关系的社会位置。可见,正式的社会地位具有社会制度性和稳定性的特征,非正式的社会地位具有随机性和临时性的特征。"社会分层研究把正式社会地位当作宏观社会的结构要素,把分析正式地位之间的制度化关系作为一个重要研究角度。"⑦

综上所述,社会分层的本质是社会不平等,社会个体自然属性或社会属性的差异直接导致了社会不平等的产生,而社会分层的标准是社会

---

① 罗教讲:《社会分层研究理论与方法的本土化问题》,《学习与实践》2002 年第 4 期。
② 郑杭生:《社会学概论新修》,中国人民大学出版社 2003 年版,第 217 页。
③ 李强:《社会分层十讲》,社会科学文献出版社 2008 年版,第 2 页。
④ 李路路:《论社会分层研究》,《社会学研究》1991 年第 1 期。
⑤ 李元书、李宏宇:《社会分层的含义和原因分析》,《黑龙江社会科学》2004 年第 6 期。
⑥ 郑杭生:《社会学概论新修》,中国人民大学出版社 2003 年版,第 218 页。
⑦ 同上书,第 218—219 页。

地位。自然属性导致的社会地位差异称之为"先赋地位",社会属性导致的地位差异称之为"自致地位"。因此,个体属性的不同就成为社会地位差异的表征。社会个体是一个复杂综合体,它的属性也具有多面性和复合性,所以在社会分层研究领域,社会地位体现的是"社会上的绝大多数人对某个人或某个群体的综合性价值评价"①,它反映了社会对社会成员个体差异的认同。因此,在社会分层的实践领域,研究人员往往通过对社会成员多方面的个体差异进行测量,得出一个综合性的反映社会个体差异的指数,以此来揭示社会成员的社会地位。

二 社会分层的理论流派

"社会分层是社会结构中最主要的现象,因而成为社会学研究中最重要的理论传统领域之一"②,因此,几乎每一个重要的社会学家、社会学流派都会关注社会分层问题,这是他们了解社会结构和形态不可逾越的基础。不同的理论家和研究人员从不同的角度对社会分层现象进行揭示和解释,形成了种类繁多的社会分层理论,正如格伦斯基所指出的,"该领域内这些种类繁多的争论已经超出了一般学术争论的范围"③。社会分层理论"非常复杂,范围也很广"④,对各种社会分层理论进行类型学的划分和梳理是厘清社会分层理论发展脉络的必要方法和手段。

格伦斯基认为,社会分层理论主要有5个重要的学派,见表5—1⑤:①马克思主义及后马克思主义,②韦伯主义及后韦伯主义,③涂尔干主义及后涂尔干主义,④统治阶级和精英理论,⑤社会地位的渐进测量。伦斯基将社会分层的基本立场划归为两类:"保守的论点"和"激进的反论点"⑥;他认为:"大多数现代不平等理论都落入了两大范畴之一。那些源自保守传统的理论被称作'功能主义'理论,那些根植于激进传统的

---

① 李春玲:《当代中国社会的声望分层——职业声望与社会经济地位指数测量》,《社会学研究》2005年第2期。
② 李路路:《论社会分层研究》,《社会学研究》1991年第1期。
③ [美]格伦斯基:《社会分层》(第2版),王俊等译,华夏出版社2005年版,第13页。
④ 同上。
⑤ 同上书,第13—19页。
⑥ [美]伦斯基:《权力与特权:社会分层的理论》,关信平等译,浙江人民出版社1988年版,第10页。

理论则通常被标志为'冲突'理论。"①

表5—1　　格伦斯基对社会分层理论的类型学划分

理论流派	分层依据	分层形态	代表人物	经典著作
马克思主义及新马克思主义	生产资料的所有制或"剥削"关系	阶级	卡尔·马克思（Karl Max）	《资本论》
			拉尔夫·达伦多夫（Ralf Dahrendorf）	《工业社会的阶级和阶级冲突》
			伊曼纽尔·沃勒斯坦（Immanuel Wallerstein）	《现代世界体系》
			哈利·布雷弗曼（Harry Braverman）	《劳动与垄断资本》
			赫伯特·马尔库塞（Herbert Marcuse）	《单向度的人》
			尼克斯·普兰查斯（Nicos Poulantzas）	《政治权力与社会阶级》
韦伯主义及新韦伯主义	财富（经济地位）	阶级	安东尼·吉登斯（Anthony Giddens）	《发达社会的阶级结构》
	权力（政治地位）	政党	弗兰克·帕金（Frank Parkin）	《马克思与阶级理论：一个资产阶级的批判》
	声望（社会地位）	地位群体	大卫·洛克伍德（David Lookwood）	《阶级结构中的富裕工人》
涂尔干主义及新涂尔干主义	分工	职业共同体	埃米尔·涂尔干（Emile Durkheim）	《社会分工论》
			戴维·格伦斯基（David B. Grusky）	《大分类社会阶级存在吗?》
			谢斯柏·索伦森（Jesper B. SØRENSEN）	

---

① ［美］伦斯基：《权力与特权：社会分层的理论》，关信平等译，浙江人民出版社1988年版，第22页。

续表

理论流派	分层依据	分层形态	代表人物	经典著作
统治阶级和精英理论	统治与被统治的政治关系	精英（统治者）	维尔弗里多·帕累托（Vilfredo Pareto）	《普通社会学纲要》
			加埃塔诺·莫斯卡（Gaetano Mosca）	《统治阶级》
		被统治者	索尔斯坦·凡勃伦（Thorstein Veblen）	《有闲阶级论》
			C. 赖特·米尔斯（C. Wright Mills）	《权力精英》
社会地位的渐进测量	收入	声望量表或社会经济量表	埃里克·欧林·赖特（Erik Olin Wright）	《阶级总计》
	地位		约翰·戈德索普（John H. Goldthorpe）	《社会阶级的经济基础》
	声望		彼得·布劳（Peter M. Blau）	《美国的职业结构》

图表来源：根据［美］格伦斯基：《社会分层（第 2 版）》，王俊等译，华夏出版社 2005 年版；李强：《社会分层十讲》，社会科学文献出版社 2008 年版整理而得。

李强对西方社会分层理论的梳理基本上延续了格伦斯基的类型学范式，但他对功能主义分层理论给予了高度的理论关注，将它从涂尔干的理论传统中独立出来；认为传统的社会分层理论有四大流派，即马克思分层理论、韦伯分层理论、涂尔干分层理论和功能主义分层理论①；随着社会的发展，社会分层又出现了一些新的理论模式，如以桑德斯（Peter Saunders）为代表的新自由主义社会分层理论、布尔迪厄的后现代文化分层理论等②。香港学者张欢华提出了应该用"分层研究的三维空间"模型，多角度地把握西方社会分层理论的结构；他从研究的基本问题、理解社会结构的着眼点和既定的理论角度勾画了社会分层的理论空间③，见图 5—1。

---

① 李强：《社会分层十讲》，社会科学文献出版社 2008 年版，第 264 页。
② 同上书，第 264—297 页。
③ 张欢华：《管中豹、巴别塔或其他：格伦斯基〈社会分层〉及其中译本述评》，《社会学研究》2008 年第 3 期。

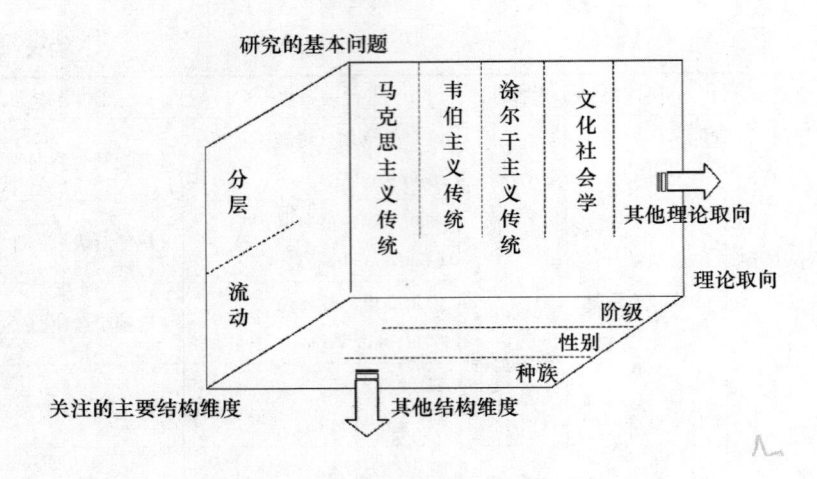

图 5—1　社会分层研究的三维空间

图表来源：张欢华：《管中豹、巴别塔或其他：格伦斯基〈社会分层〉及其中译本述评》，《社会学研究》2008 年第 3 期。

社会分层的理论流派众多、观点繁杂，这给理解社会分层理论的发展脉络带来巨大挑战。戴洁认为西方社会分层理论有 4 个特点[①]：①阶级概念充满歧义，②分层维度由一元化向多元化演变，③职业分层备受青睐，④分层理论从分裂走向综合。

无论社会分层理论的流派如何繁芜，对其进行脉络梳理时不难发现，它们最终的理论源头均来自于两位伟大的思想家——卡尔·马克思和马克斯·韦伯。正如李路路所说："在社会分层理论中，卡尔·马克思和马克斯·韦伯提供了不同的、但是最基本的理论模式和分析框架，分别对社会分层的本质、决定要素、形式等做出了不同的理论解释，代表了两种在本质上不同的理论取向，今天的理论及相关研究基本上还是在这两个理论框架内发展。"[②]

无论是马克思主义传统，还是韦伯主义传统，"阶级"都是他们展开社会分层研究的最为重要的概念工具。然而，阶级却是社会分层领域争议最多的概念之一。马克思在《资本论》中有关阶级的论述是零散的，

[①] 戴洁：《生活资源与社会分层》，博士学位论文，武汉大学，2004 年，第 5—8 页。
[②] 李路路：《论社会分层研究》，《社会学研究》1991 年第 1 期。

在《资本论》第3卷末尾有一段很著名的关于阶级的论述中，马克思在似乎正准备对这一概念进行定义时转换了话题①，这成为阶级概念充满歧义的根源。马克思以后的研究社会分层的各个学派也沿用了阶级这一概念，并根据各自的理论需要对阶级的概念进行重新的解释。如帕森斯将阶级定义为：阶级是只在有着相互关系的联合体中享有同等价值评价的一群人②。伦斯基将阶级定义为："一个社会中一些人们的一种聚合体，这些人按他们的权力、特权或声望的某些形式的关系而处在相似的地位上。"③

列宁认为："所谓阶级，就是这样一些大的集团，这些集团在历史上一定社会生产体系中所处的位置不同，对生产资料的关系（这种关系大部分是在法律上明文规定了的）不同，在社会劳动组织中所起的作用不同，因而取得归自己支配的那份社会财富的方式和多寡不同。所谓阶级，就是这样的一些集团，由于他们在一定社会经济结构中所处的地位不同，其中一个集团能够占有另一个集团的劳动。"④"列宁的阶级定义概括了马克思阶级理论中最精华、最主要的部分"⑤，即阶级认定的根本标准是个人或集团在社会生产关系中是否占有生产资料，也就是通常所说的根据生产资料的所有制来划分阶级。因此，马克思的社会分层思想是通过经济地位来区分、描述社会分层的基本结构。虽然马克思以后的社会关系发生了巨大的变化，如资本的所有权和控制权分离、劳动分化导致的中产阶级的大量产生等⑥；但是马克思主义者始终没有放弃阶级这一核心的分层概念。新马克思主义者因为社会发展的理论需求对阶级的概念做出了重新解释，阶级的划分标准从马克思确定的在生产关系中"是否占有

---

① ［美］格伦斯基：《社会分层》（第2版），王俊等译，华夏出版社2005年版，第13页。
② 李春玲：《当代中国社会的声望分层——职业声望与社会经济地位指数测量》，《社会学研究》2005年第2期。
③ ［美］伦斯基：《权力与特权：社会分层的理论》，关信平等译，浙江人民出版社1988年版，第94页。
④ 《列宁选集》（第4卷），人民出版社1995年版，第11页。
⑤ 仇立平：《社会阶层理论：马克思和韦伯》，《上海大学学报》（社会科学版）1997年第5期。
⑥ ［美］格伦斯基：《社会分层》（第2版），王俊等译，华夏出版社2005年版，第81—83页。

生产资料"演变为"是否居于剥削地位"。如约翰·罗默（John E. Roemer）认为阶级是起源于剥削关系的社会生产关系内的各种位置①。

马克斯·韦伯也使用了"阶级"这一术语作为分析社会结构的概念工具。韦伯认为只有在符合下述情况时才能使用"阶级"这一术语："①许多人在他们的生活机会方面共享一个特定的因果组成要素，②而这个组成要素仅指表现为人们在占有产品和收入机会方面的经济利益，以及③这个组成要素是在商品市场和劳动力市场的条件下才表现为上述经济利益的。"②可见，"韦伯的阶级定义的基本概念是：生活机遇、经济利益和市场。阶级就是在市场表现出来的具有相同生活机遇和经济利益的人。"③和马克思一样，韦伯也是在经济范畴内界定阶级的内涵。但是与马克思不同的是，韦伯强调的是市场关系，市场处境决定了阶级处境。社会个体的财产情况并不是构成阶级的充分条件，它只是阶级形成的物质基础。社会个体只有在市场上发生了互动，进而意识到由于他们的"生活机会"的相似而产生了经济利益之时，阶级才得以产生。因此，在韦伯看来，在市场中的互动是产生阶级不可或缺的一环。

马克思本人也注意到了个体之间的互动对阶级形成的重要性，将阶级的形成划分为"自在阶级"和"自为阶级"两个阶段。在《路易·波拿巴的雾月十八日》中，他指出法国小农的"生产方式不是使他们互相交往，而是使他们互相隔离"，因而他们就像一个袋中的一个个马铃薯，利益的同一性并没有使他们彼此间形成共同的关系，形成一个阶级④。但是在"列宁之后，人们曾经就阶级划分的基础做过激烈争论"，后来，米丁等人"主张阶级关系只能是以对生产资料的不同分配为基础。由于斯大林的支持，这种将生产资料的所有制关系当作是'阶级'关系之基础的观点也就逐渐成为'正统'马克思主义者当中居主流地位的观点"⑤。

---

① ［美］格伦斯基：《社会分层》（第 2 版），王俊等译，华夏出版社 2005 年版，第 96 页。
② 同上书，第 109 页。
③ 仇立平：《社会阶层理论：马克思和韦伯》，《上海大学学报》（社会科学版）1997 年第 5 期。
④ 王小章：《社会分层与社会秩序——一个理论的综述》，《浙江社会科学》2001 年第 1 期。
⑤ 谢立中：《多元话语分析：以社会分层研究为例》，《社会学研究》2008 年第 1 期。

因此,"正统"的马克思主义者强调的是从生产过程中生产资料的占有情况来分析社会个体的阶级地位,并不能因为社会个体缺乏互动而否认阶级的存在。正如苏联的马克思主义者所述:"不管估计到属于不同阶级的人们的心理、观点和世界观是多么重要,但是这些并不决定阶级的存在。阶级是客观存在的,不管人们是否意识到这一点;人们的阶级意识只是人们的社会存在条件、人们的经济地位在不同程度上的反映。"[①] 鉴于此,可以认为马克思主义者对阶级的定义是静态的,而韦伯主义者对阶级的定义是动态的。

"社会的阶级分化是植根于劳动分工的,劳动分工的问题和马克思有关生产性和非生产性劳动的理论密切相关。"[②] 然而,阶级作为马克思主义范式社会分层的核心概念,是从生产过程来进行定义的,也就是说,阶级实质上的所指范围更多的是生产性劳动中形成的等级差异。虽然物质生产是人类社会的最主要的活动,但是远远不是人类社会活动的全部。而且,在马克思主义者看来,社会分工或劳动分工是一个历史的范畴,也就是说"当劳动成为人类生活的需要"的时候,"生产性和非生产性劳动的区别就不再成为社会分层的主要的或根本的基础"。[③] 因此,相对马克思主义者从生产过程来分析工人和资本家的关系来说,韦伯主义者的范式从多角度强调在市场关系中阐释社会分层的结构,即市场处境决定了阶级地位。韦伯主义者对阶级的分化的解释更加接近于社会生活的实际,更具有普适性。

除此之外,马克思主义者围绕"阶级"这一核心概念将社会分为由统治阶级和被统治阶级所构成的二元分化的基本结构。现在看来,这种阶级分析的方法在研究视野方面存在某些不足之处。首先,二分法的社会结构远远不能充分揭示社会现实的多样性;其次,由于种种历史条件的限制,原有的阶级分析遗漏了某些当属社会分层研究领域的问题,最为明显的遗漏之处是对社会流动问题的忽视[④]。

---

① 谢立中:《多元话语分析:以社会分层研究为例》,《社会学研究》2008年第1期。
② [保]丘拉诺夫:《社会阶级和社会分层》,《国际社会学杂志》1982年第3期。
③ 仇立平:《社会阶层理论:马克思和韦伯》,《上海大学学报》(社会科学版)1997年第5期。
④ 吴忠民:《从阶级分析到当代社会分层研究》,《学术界》2004年第1期。

三 社会分层的研究方法

社会学中现有的研究和揭示社会分层的方法种类繁多,郑杭生认为社会分层研究一般采用三种方法,即主观法、声誉法和客观法[①],李强将社会分层实证研究中使用的具体方法总结为8类:不平等指数的测量、库兹涅茨比率、五等分法、基尼系数法、恩格尔系数法、社会经济地位量表、国际社会经济地位指数、自我评价与他人评价[②]。无论采用何种方法研究社会分层,我们都无法回避社会分层研究的方法论这一基本问题,即我们看待社会分层的逻辑前提是唯实论的社会分层观还是唯名论的社会分层观。

唯实论的社会分层观,也称客观主义社会分层观。它主张社会现象与自然现象一样,本质上都是一种既不依人的意志存在也不依人的意志为转移、完全由客观规律所支配的现象,因而完全可以采用与自然科学相同的研究方法来加以研究。因此,社会分层就被普遍看成是这样一种先于或外在于社会成员个人主观意识而存在的、纯粹给定的"客观事实"。正统马克思主义和实证主义社会学(包括结构功能主义、社会冲突论、社会交换论和理性选择理论等不同的取向)均是唯实论的典型代表。基于此,社会分层研究的直接目标就是要遵循科学的基本原则、通过一系列科学的程序和方法来准确地把握和再现这种客观事实。唯实论的社会分层研究主要采取的方式是,通过定性分析或定量测量社会资源在社会群体中的分布和占有情况来揭示社会分层的结构。

马克思主义者采用的阶级分析即一种定性的方法。马克思用所有权关系分析阶级现象,根据生产资料的占有状况,把社会成员分成资本家和雇佣工人两大阶级。今天,西方发达国家的阶级结构已经发生变化,"两极分化现象就总体而言已经消失"[③]。资本的所有权和控制权分离,资本功能的分化导致企业家阶级分化为资本家、财产继承者和专业管理官僚;劳动分化,无产阶级分化为高技术工人、半技术工人和无技

---

① 郑杭生:《社会学概论新修》,中国人民大学出版社2003年版,第229—230页。
② 李强:《应用社会学》,中国人民大学出版社2004年版,第385—393页。
③ 吴忠民:《从阶级分析到当代社会分层研究》,《学术界》2004年第1期。

术工人;阶级冲突制度化,即资本主义国家建立了完善的处理阶级冲突的社会制度①。"庞大中产阶级的存在这一经验证据为马克思主义的批评者们提供了一个反对马克思主义阶级理论的首要证据。"② 为了克服这个缺陷,新马克思主义者赖特试图发展马克思的观点,他增加了两个新的分类变量,一个是组织资产,另一个是技术资产,于是从三个向度将西方社会分成 12 个阶级③。赖特自称他的分类是马克思主义的,实际上他已经接受了韦伯的多元分层标准。这种定性分析的优点是能够解释总体的阶级关系,缺点是只解释了大的结构,而忽略了众多小的社会阶层④。

　　实证主义者大多采用定量测量的研究方法,试图通过定量的描述展现人们在社会地位上的细微差异。按照测量指标的多寡,可以分为单因素测量和综合测量两大类。单因素测量大多关注社会个体的经济资源占有情况,最为常用的是收入测量,如以收入测量为基础产生的不平等指数的测量、库兹涅茨比率、五等分法、基尼系数法、恩格尔系数法等等均属于这一类型的研究方法。但是,这种依据经济资源占有的分层方式建立在数理统计的数据之上,仅仅是描述性统计,各个被归为同一阶层的人并不是具有真实社会互动,形成具有社会关系意义的群体⑤。为了弥补单因素测量的种种缺陷,研究人员引入了综合测量,试图更为全面地反映社会分层的真实结构。具有代表性的综合测量有"社会经济地位指数","国际标准职业社会经济地位指数"。该方法的提出可以追溯到加拿大学者布利深(Blishen)和美国学者邓肯(Otis Dudley Duncan)对职业地位的测量⑥,它根据各个职业群体的客观平均受教育水平和平均收入水平加权打分,有时还考虑到了就业者的年龄因素甚至就业者父辈的财富、社会经济特征等。"社会经济地位指数"是综合人们多种社会经济因素的指标,尽管该指数与职业主观声望测量的指数具有很强的相关关系,但

---

① [美]格伦斯基:《社会分层》(第 2 版),王俊等译,华夏出版社 2005 年版,第 81—83 页。
② 同上书,第 91 页。
③ 同上书,第 99—101 页。
④ 李强:《"丁字型"社会结构与"结构紧张"》,《社会学研究》2005 年第 2 期。
⑤ 同上。
⑥ [美]格伦斯基:《社会分层》(第 2 版),王俊等译,华夏出版社 2005 年版,第 246—250 页。

是它反映的是一种客观地位而不是主观地位。在将该指标国际化的过程中，特莱曼（D. J. Treiman）做了很多努力，他将遍布世界各大洲的包括从发达社会直到传统不发达社会在内的60个国家的85套职业声望数据进行整合，提出了"国际标准职业声望量表"（International Standard Classification of Occupations, ISCO）；此后，特莱曼又与甘泽布姆（Ganzeboom）和格拉夫（Graaf）一起提出了"国际标准职业社会经济地位指数"（International Socio-Economic Index of Occupational Status, ISEI）①。在建立该指数时，特莱曼等使用了16个国家的31套数据。这些国家包括了从最不发达到最发达的国家，采用的是国际标准化职业分类体系，同时将教育和收入的指标也做到了国际标准化，不仅具有国际代表性，并且解决了国别差异问题②。

唯名论的社会分层观，也称为主观主义社会分层观，它把社会分层现象看作一种由某些相关的社会成员个人主观建构的产物，而非一种完全外在于社会成员个人主观意识的、纯粹给定的"客观事实"。唯名论者认为各种社会现实都不过是个人行动的组织模式及其结果，主张要把这些现实都还原为、转变为参与形成它们的那些个体的行动，通过对这些个体行动过程及其机制的了解达到对它们的理解。人类个体的行动与自然物体或动物的运动有着本质区别——人类个体的行动是一种在特定主观意义指引下展开的行动，要理解人类个体的行动，就必须运用"理解"的方法去把握指引行动者之行动的那些主观意义。"一句话，将各种社会现实还原或转变为相关社会成员的个人行动及其主观意识过程。"③ 鉴于此，现代社会学中逐步形成和发展起"主观法"和"声望测量"，而这种社会分层研究方法的逻辑前提正是基于韦伯开创的诠释社会学的基本主张。因此，"现代社会学中逐步形成和发展起来的'主观分层法'或'声望分层法'，如果孤立地看，原本正是以一种与韦伯等人的诠释学（与现象学）社会学精神最为接近的社会分层模式"④。

---

① ［美］格伦斯基：《社会分层》（第2版），王俊等译，华夏出版社2005年版，第229—231页。
② 李强：《"丁字型"社会结构与"结构紧张"》，《社会学研究》2005年第2期。
③ 谢立中：《多元话语分析：以社会分层研究为例》，《社会学研究》2008年第1期。
④ 同上。

主观法，又称自我评分法，调查人员或被访者将整个社会体系分为若干层次，再请被访者根据某项标准，自己对自己进行归类，指出自己属于社会分层体系中哪一层次①。这是唯名论者定性研究社会分层问题的方法。声望测量，又称声誉法，是一种根据人们对社区成员的评分而确定其地位高低的测量方法，它本质上是一种人们对社会地位的主观评价，只不过用量化的形式来表征这种主观评价。

综上所述，可以将社会分层的研究方法从两个维度进行类型学划分，即对社会事实和社会分层是采用自然主义的客观取向还是人本主义的主观取向，以及揭示社会分层的表达工具是定量的还是定性的，可以将社会分层的研究方法做出一个基本的类型学梳理（如图5—2所示）。

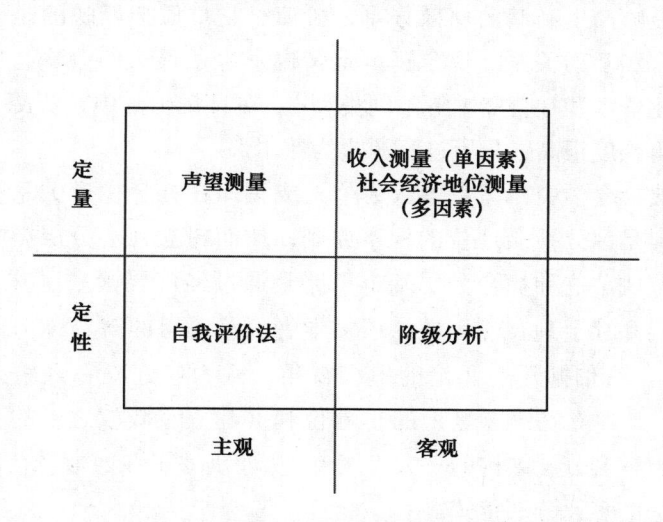

	主观	客观
定量	声望测量	收入测量（单因素）社会经济地位测量（多因素）
定性	自我评价法	阶级分析

图 5—2　社会分层研究方法的类型学划分

四　社会分层的影响因素

客观、普遍的社会地位，构成了社会分层结构的基本要素；社会地位外在于个人，决定了个人对社会资源的占有②。因此，社会资源的占有情况就成为社会地位的有效表征，分析个体占有社会资源的情况，是揭示社会地位结构、定位个体社会地位的有效手段。

---

① 郑杭生：《社会学概论新修》，中国人民大学出版社2003年版，第229页。
② 李路路：《论社会分层研究》，《社会学研究》1991年第1期。

资源原本是一个经济学概念，它本来用以强调物的有用性和稀缺性①。随着社会的发展，资源这个概念在经济学、社会学等学科中广泛地被使用。现在的资源概念也突破了传统的物的范畴。在社会学中，社会理论更为强调社会的互动，仅仅停留在静态的"物的占有"层面无法完整地描述、解释社会形成的过程。因此，资源这一概念的所指范围已经扩展到包含所有具有稀缺性的事物和关系。

通过资源的占有，人们能够获取各种利益。这一获利过程能够动态地反映人们之间的互动过程，因此资源也就转化为资本——能够再生资源。在新资本理论的语境下，资本就是指能够给人带来回报的各种资源。资本的古典定义追溯至马克思，他认为资本是通过商品的生产和交换过程产生的能够产生利润的那部分剩余价值，它本质上反映的是一种经济资源的占有和互动关系。现今资本定义也发生了很大的改变，包括人力资本、文化资本和社会资本等不同类型②。在日常生活中，资源与资本的所指范围重合度很高，只不过资源更为通用。

在古典社会学中，马克思认为个人或集团在社会生产关系中是否占有生产资料是区分社会地位的根本原则，从而树立社会分层影响要素的一元分层范式。这种社会分层基本思路是通过经济要素来区分、描述社会分层阶层和社会地位。因此，很多学者将马克思的解释称为"经济资本决定论"。韦伯抛开一元论的单维视角，认为（建立在经济差别之上的）阶级、（建立在声望之上的）地位和（建立在政权之上的）党派是并列地决定社会分层结构的三大尺度③，从而确立了在西方社会学界影响广泛而深远的多元分层范式。

随着西方社会的发展，多元分层范式已经成为解释社会分层现象的主流，学者大多综合多种要素共同界定社会地位和社会阶层。新马克思主义者赖特从经济资产、组织资产和技能资产三个维度将西方社会分为

---

① ［美］曼昆：《经济学原理：微观经济学分册》（第4版），梁小民译，北京大学出版社2006年版，第3页。

② ［美］林南：《社会资本——关于社会结构与行动的理论》，张磊译，上海人民出版社2004年版，第3—18页。

③ ［法］卡泽纳弗：《社会学十大概念》，杨捷译，上海人民出版社2003年版，第141页。

12 种不同的社会阶层①；米尔斯从职业、阶级、声望地位和权力四种维度对社会阶层进行划分；图闵（Melvin M. Turmin）也提出来要根据四种因素来界定社会阶层：权力（即维持其自身生活目的的可能性）、财产（即对于财富和服务的权利）、评估（或社会声望程度）以及精神秩序满意度②；布尔迪厄认为，区分各个社会阶层的首要差异，在于各个阶级占有的资本总量不同，什么是资本总量呢？他理解为人们实际可以使用的资源与权力，即由经济资本、文化资本、社会资本，以及后来又细化区分的符号资本构成③。

不同理论分析维度提供了理解和研究分层问题的不同视角，然而在社会实践层面，社会分层的要素之间彼此交错、相互影响，这增加了描述社会阶层和结构的复杂性。在古代印度，种姓是社会阶层划分的主要因素；在古代中国，文化地位扮演着举足轻重的地位；而在现代社会中，通常是职业最富有决定性④，它不仅能够反映社会个体的经济地位（财富），同样也能够反映出社会个体的权力、声望、教育水平等要素。因此，当代社会学家大都认为职业作为社会成员的主要社会角色，它包含了众多影响社会分层的影响要素，是社会地位最直接的测量指标。

豪泽（Robert M. Hauser）从职业的社会角色、经济境况的决定性影响、测量的可操作性等 5 个方面回答了职业对社会地位的决定性意义⑤。在实证研究中，研究职业等级的方法主要有两种⑥：一种是社会经济地位指数（SEI），后来经过特莱曼（D. Treiman）等人的国际化推广，形成了"国际标准职业社会经济地位指数"（ISEI）；另一种就是从具有代表性的样本中获得关于职业的"一般地位"和"声望"的等级划分，即职业声望的测量。

我国学者对中国社会分层的影响因素展开了广泛的探讨。杨晓、

---

① ［美］格伦斯基：《社会分层》（第 2 版），王俊等译，华夏出版社 2005 年版，第 91—104 页。
② ［法］卡泽纳弗：《社会学十大概念》，杨捷译，上海人民出版社 2003 年版，第 144 页。
③ 李强：《社会分层十讲》，社会科学文献出版社 2008 年版，第 280 页。
④ ［法］卡泽纳弗：《社会学十大概念》，杨捷译，上海人民出版社 2003 年版，第 110 页。
⑤ ［美］格伦斯基：《社会分层》（第 2 版），王俊等译，华夏出版社 2005 年版，第 246—247 页。
⑥ 同上书，第 225—229 页。

李路路在研究中国的社会分层时,选择了5个指标作为测量社会地位的标准:权力、声望、身份、收入和教育①。2002年,陆学艺在《当代中国社会阶层研究报告》中以职业分化和对组织资源、经济资源、文化资源的占有状况,作为划分社会阶层的标准,把当今中国社会群体划分为十个阶层,并对现有社会阶层的结构作了初步分析②;两年后,陆学艺又推出了《当代中国社会流动》作为该研究的后续之作,以完成对当代中国社会分层的总体研究。2004年,郑杭生在《当代中国城市社会结构:现状与趋势》中依据社会中资源分配与占有的关系,也是以职业标准为阶层结构划分的主要依据,将我国城市社会划分为七个界限相对清晰的职业阶层③。李强认为社会分层有10种标准:根据生产资料的占有或剥削与被剥削情况、收入、市场地位、职业、政治权利、文化资源、社会资本、社会声望、民权资源、人力资本④;他采用"国际标准职业社会经济地位指数"(ISEI)对2000年我国人口普查的数据进行分析,发现我国的总体社会结构呈现为一个倒过来的"丁字型"的社会结构,分析认为导致这种社会结构的最为直接的原因是我国的户籍制度⑤。

刘欣指出,中国社会分层的基础主要是再分配权力和市场能力;再分配权力来源于公共政治权力,通过对公有资产的直接控制实现生活机遇的不平等分配;市场能力的来源是个体的人力资本和经济资本的占有量,从而决定了社会个体在市场上交换生活机遇的可能性程度;在具体实现过程中,权力精英由于控制了国家公共权力从而衍生出寻租能力,在生活机遇的分配过程中偏向于自己及其政治忠诚者,"享有再分配权的人更可能在生活机遇上处于优势地位"⑥。权力、财富和个人能力是决定社会地位的基本要素。依据这一思路,刘欣将我国的职业类型划分为无

---

① 杨晓、李路路:《对中国社会分层的理论研究——关于分层指标的理论背景和制度背景的阐述》,《社会学研究》1989年第5期。
② 陆学艺:《当代中国社会阶层研究报告》,社会科学文献出版社2002年版,第8—9页。
③ 郑杭生:《当代中国城市社会结构:现状与趋势》,中国人民大学出版社2004年版,第28—30页。
④ 李强:《社会分层十讲》,社会科学文献出版社2008年版,第12—22页。
⑤ 李强:《"丁字型"社会结构与"结构紧张"》,《社会学研究》2005年第2期。
⑥ 刘欣:《当前中国社会阶层分化的制度基础》,《社会学研究》2005年第5期。

技术的权力精英、有权力的技术精英等十个层级①。

总体看来，虽然权力、财富、声望、教育等各种因素对社会分层都会产生重要的影响，但是这些要素最终都会归结于社会个体的一个通用属性之中，即职业。因此，在中西方社会学界，展示社会分层结构、测量社会地位的主要方法就是依据职业类型作为社会分层的基本标准。中西方的主要差别在于，西方的社会分层依据偏重于职业中包含的经济要素，中国的社会分层更偏重于职业中所蕴涵的政治权力②。

第二节　核心期刊理论

核心期刊的定义有很多，如叶继元在《核心期刊概论》中认为核心期刊是刊载某学科文献密度大、文摘率、引文率及利用率相对较高，代表该学科现有水平和发展方向的期刊③；邱均平等认为核心期刊是指某一学科或专业领域内刊登大量专业论文和利用率较高的少数重要期刊④。作为一件"舶来品"⑤，虽然学界对核心期刊的界定暂时尚未统一，但是它却成功地完成了本土化，而且逐渐演变为我国学术界影响最大的期刊评价方式。核心期刊具有何种魔力使得这一切成为可能？有必要对核心期刊的来龙去脉做一个清晰的梳理。

一　核心期刊的理论源流

"核心期刊"这一概念起源于英国文献学家布拉德福（S. C. Bradford）的文献离散定律（Bradford's Law of Scattering）。1934 年 1 月 26 日，期刊《工程》（Engineering）刊登了布拉德福的《关于特定主题的文献源》（Source of Information on Specific Subjects）一文，文章统计"应用地球物理

---

① 刘欣：《当前中国社会阶层分化的多元动力基础：一种权力衍生论的解释》，《中国社会科学》2005 年第 4 期。
② 李强：《政治分层与经济分层》，《社会学研究》1997 年第 4 期；刘欣：《当前中国社会阶层分化的多元动力基础：一种权力衍生论的解释》，《中国社会科学》2005 年第 4 期。
③ 叶继元：《核心期刊概论》，南京大学出版社 1995 年版，第 54 页。
④ 邱均平、李爱群：《我国期刊评价的理论、实践与发展趋势》，《数字图书馆论坛》2007 年第 3 期。
⑤ 钱荣贵：《核心期刊与期刊评价》，中国传媒大学出版社 2006 年版，第 4 页。

学"和"润滑"这两个主题的期刊数和论文数,发现了期刊累积数和论文累积数之间的线性关系,从而得出结论:如果把科技期刊按登载某一领域论文的多少依次排列,这些期刊就可能被分成对该领域有显著贡献的核心区,以及与该区论文数量相等的几个区;此时,核心区与相继各区的期刊数量呈 $1:n:n^2\cdots\cdots$ 的关系①。文中明确使用了"a nucleus of periodicals"这一表达方式。1948 年,英国文献学家维克利(B. C. Vickery)撰文高度评价布拉德福的研究成果,并将布氏的这一结论命名为"布拉德福离散定律"②。之后,此定律成为文献计量学的经典定律之一,并由此成为遴选核心期刊最为原始的理论基础。

布拉德福离散定律是从期刊论文的集中与分散分布的角度对期刊等级现象进行界定。在这一语境下,所谓"核心期刊"就是处于核心区的期刊,即指:"在某一学科中,少数期刊覆盖了该学科的大部分文献,而多数期刊中仅包含该学科的少量文献,这少数期刊就属该学科的核心期刊。"③

集中与分散的规律是一种客观普遍的社会现象,在统计学中称之为幂律分布,科学学中称之为马太效应,经济学中称之为二八定律,社会科学领域广为流传的巴列陶法则(又译为"帕累托法则")等就是对这一现象的不同表述形式④。研究者在处理呈现幂律分布特征的研究对象时,通常的处理方法是根据人工经验设定阈值来划分出核心和边缘区,并对相应的核心项展开宏观的数理统计特征描述和微观细节剖析,分布在尾端的边缘项则忽略不予考虑⑤。

我国学术界早已对这一现象有过类似的深刻总结,《战国策·秦策五》就有"行百里者,半于九十"的经典论断。在文献计量学领域,不同的文献学家也从不同的角度对文献各种属性的类似分布特征展开了深入的研究和揭示。1926 年,美国统计学家洛特卡(Alfred J. Lotka)针对科研人员在科学论文发表数量上的集中与分散现象提出了科学生产率的

---

① 钱荣贵:《核心期刊与期刊评价》,中国传媒大学出版社 2006 年版,第 7—8 页。
② B. C. Vickery, "Bradford's Law of Scattering", *Journal of Documentation*, Vol. 4, No. 3, 1948.
③ 陆伯华:《对核心期刊的再认识》,《数字图书馆论坛》2007 年第 3 期。
④ 叶继元:《核心期刊概论》,南京大学出版社 1995 年版,第 63—64 页。
⑤ 万昊等:《2001—2014 年引文分析领域发展演化综述》,《图书情报工作》2015 年第 6 期。

平方反比律，即写 n 篇论文的作者数量约为写一篇论文作者数量的 $1/n^2$，后被人誉为洛特卡定律①。1935 年，美国语言学家齐普夫（George Kingsley Zipf）利用大量统计数据验证了前人有关词频分布的研究成果，并进行了系统总结，使这一分布定律得以正式确立②。

不难发现，在布拉德福离散定律的文献计量学语境下，核心期刊仅仅是从文献密度的角度对期刊的层次等级做出了划分。然而，这种语义的核心期刊与我们今天所理解的"核心期刊"的意义并非完全一致，布氏的核心期刊只反映了现今"核心期刊"意义的一个部分。今天所谓的"核心期刊"究竟是如何形成的？这就不得不提及一个人及他所创立的一种独特的研究方法。

Eugene Garfield 是美国科学信息研究所（the Institute for Scientific Information，简称 ISI）的创始人。1972 年，E. Garfield 在 *Science* 上发表了 *Citation Analysis as a Tool in Journal Evaluation* 一文，文章通过统计《科学引文索引》（Science Citation Index，简称 SCI）1969 年第 4 季度的所有参考文献发现，被引文献在期刊上的分布同样具有布拉德福所揭示的聚散特征③。这从另一角度验证了"核心期刊"的存在。然而，比布拉德福离散定律更进一步的是，引文从被利用的角度反映了期刊文献的聚散特征，在一定程度上隐含有内容评价的意义。因此，E. Garfield 的引文分析将核心期刊的内涵从文献密度的形式性聚散特征扩展到具有质量和学术水平评价意义的内容性聚散特征。至此，现今意义上的"核心期刊"的概念基本上得以确立。鉴于此，钱荣贵认为布拉德福离散定律和 E. Garfield 引文分析理论是界定核心期刊概念的两大理论基础④，邱均平也认为核心期刊的理论依据是文献计量学中的布拉德福文献分散定律和加菲尔德文献引用定律⑤。

---

① 邱均平：《信息计量学（六）：文献信息作者分布规律：洛特卡定律》，《情报理论与实践》2000 年第 6 期。

② 邱均平：《信息计量学（五）：文献信息词频分布规律：齐普夫定律》，《情报理论与实践》2000 年第 5 期。

③ E. Garfield, "Citation Analysis as a Tool in Journal Evaluation", *Science*, Vol. 178, No. 4060, 1972.

④ 钱荣贵：《核心期刊与期刊评价》，中国传媒大学出版社 2006 年版，第 152 页。

⑤ 邱均平、李爱群：《我国期刊评价的理论、实践与发展趋势》，《数字图书馆论坛》2007 年第 3 期。

然而，仅仅依据文献密度和引文聚集度来界定核心期刊，一些历史较长、每期载文量较大的期刊比较容易累积得到大量的被引次数，这显然对一些篇幅有限但质量较高的期刊和一些刚刚建立出版发行不久的期刊有失公平。为了避免这一缺陷，E. Garfield 在借鉴文献增长与老化定律（尤其是普赖斯引文峰值思想）的基础上，提出了影响因子（Impact Factor）这一指数，用来测量每种期刊的论文平均被引次数，并以此作为判定核心期刊的重要指标。

综上所述，早期的核心期刊遴选实际上只是一种基于论文数量统计的评价，例如1988年邱均平对核心期刊的定义是"对于某一特定学科或专业来说，少数期刊所含的相关量很大，多数期刊的情报量却很小……其结果就是产生了各个学科或专业的'核心期刊'（Core Periodicals）"①。随着引文分析被引入到期刊评价中，"通过文献的被引用情况揭示其学术价值，核心期刊也由对论文数量的统计评价转变为对文献质量和学术影响的价值评价，评价指标也由注重载文量向注重引文量逐步过渡"②。这一特征可以从北京大学的《中文核心期刊要目总览》所选用的指标体系的变化得到验证。因此，叶继元在1995年对核心期刊进行了重新定义："核心期刊是刊载某学科文献密度大、文摘率、引文率及利用率相对较高，代表该学科现有水平和发展方向的期刊。"③ 这一定义基本上确定了现在广为接受的"核心期刊"的内涵。在这一过程中，核心期刊的概念进一步"合法化"，即按照"好期刊"的概念重新定义，并按好期刊的评价标准、指标、方法来评选④。

核心期刊既是一种期刊分布的自然规律，是"期刊发展过程中的客观现象"⑤，又通过应用文献计量学的经验定律而得以揭示，从而完成了内隐知识的外显化、科学化，进入人们的认知领域。"普赖斯所揭示的科

---

① 邱均平：《文献计量学》，科学技术出版社1988年版，第371页。
② 李爱群：《中、美学术期刊评价比较研究》，博士学位论文，武汉大学，2009年，第22页。
③ 叶继元：《核心期刊概论》，南京大学出版社1995年版，第54页。
④ 叶继元：《学术期刊质量评价与核心期刊评价之异同》，《图书情报工作》2009年第18期。
⑤ 姜晓辉：《"中国人文社会科学核心期刊"的研制特点》，《数字图书馆论坛》2007年第3期。

学文献、科学期刊的指数增长规律，使核心期刊研究和遴选成为必要的现实前提……布拉德福的文献离散定律则首先揭示出文献在期刊中的分布规律，为人们从文献数量的角度来寻求特定主题的核心期刊提供了理论支持。而加菲尔德所创造的引文索引系统和引文分析理论体系则又为人们从文献质量的角度遴选核心期刊提供了一个重要的量化测度指标。……'文献离散定律''引文分析体系''普赖斯指数和研究峰值理论'共同构成了一个相对完备的核心期刊理论体系。"①

二 核心期刊的原始功能

一般来说，文献尤其是期刊文献最能反映一门学科的研究水平②。根据普赖斯提出的期刊文献指数增长规律，经过不到400年的发展历程，期刊品种的发展突飞猛进。国际著名的检索工具书《乌利希国际期刊指南》第40版（2002年出版）收录的期刊已达16.4万③；2010年，Ulrichsweb显示其收录的期刊超过30万种（包括所有类型的定期期刊，如电子期刊、网络期刊、OA期刊等）④。从我国期刊发展情况来看，1978年以前，我国共有期刊930种；而1995年，我国有正式期刊8135种，是1978年的8.7倍⑤；到2001年年底我国有期刊8889种⑥，2008年全国共出版期刊9549种⑦，2015年全国共出版期刊10014种⑧。

与此同时，期刊的价格也在逐步攀升。据统计，国外期刊价格的每年上涨率为10%—15%⑨；Blackwell期刊价格指数显示，在1990年到

---

① 钱荣贵：《核心期刊与期刊评价》，中国传媒大学出版社2006年版，第18页。
② 华薇娜：《美国图书馆学情报学核心期刊文献分析研究述要》，《中国图书馆学报》1991年第1期。
③ 陆伯华：《核心期刊纵横谈》，《出版广角》2002年第12期。
④ Ulrichsweb（http：//www.ulrichsweb.com/ulrichsweb/）.
⑤ 顾冠华：《期刊评估：中文核心期刊述论》，《编辑学刊》1997年第3期。
⑥ 新闻出版总署报纸期刊出版管理局：《学术期刊的级别如何确定——关于学术期刊有关问题的答复》，《中国新闻出版报》2002年10月15日。
⑦ 《2008年全国新闻出版业基本情况》（http：//www.gapp.gov.cn/cms/html/21/464/200907/465083.html）。
⑧ 《2015年全国新闻出版业基本情况》（http：//www.ce.cn/culture/gd/201609/01/t20160901_15472221.shtml）。
⑨ 涂启建、陈彤斌：《医学外文期刊价格趋势分析》，《医学图书馆通讯》1996年第4期。

2000年期间，社会人文科学领域的学术期刊的涨幅高达185.9%，而科技和医学领域的学术期刊的涨幅分别高达178.3%和184.3%①。2003—2007年之间卫生科学、植物学的期刊价格4年增长率高达42%，增幅最小的技术类期刊的价格4年增长率也达到22%②。国内的期刊价格与国外期刊一样，增长的速度惊人。据研究统计，从1985年起，我国期刊价格开始大幅增长，1986年学术期刊价格增长了2.1倍③。1998年至2002年5年间，教育研究类期刊价格增长了63%，科学技术类期刊价格增长了48%④。2008年的期刊平均价格是1999年的2.5倍，其中图书情报学、环境科学、心理学、民族学的期刊价格涨幅均在200%以上⑤。

随着期刊品种和价格的迅速增长，世界各国的图书馆界均面临着一个普遍的难题——信息选择和收集的难题。这一难题产生的主要原因集中在两个方面：（1）科技文献量的激增，人类面临着信息社会中由"信息爆炸"所引起的"信息污染"的困扰，图书馆界直接面对的是科技文献的主要载体——期刊品种的剧增；（2）图书馆经费的增加步伐赶不上期刊价格上涨的步伐。作为我国图书馆事业的三大支柱之一的公共图书馆，2006—2013年间的财政拨款同比增长率最高时为29.59%（2011年）、最低时为5.97%（2010）⑥。这一比率远远落后于期刊价格的增长速度。面对期刊数据商的涨价，图书馆的采购经费捉襟见肘。2014年1月3日，中山大学图书馆馆长程焕文发表博文，呼吁图书馆界重视期刊数据库恶性涨价问题⑦。该文在整个学术界尤其是图书馆界掀起了广泛热烈的反响。2016年7月国家图书馆出版社出版文集《程焕文之问——数据商凭什么如此狠？》，系统总结了长期以来期刊价格上涨与图书馆经费

---

① 李武：《开放存取期刊》，《出版经济》2005年第1期。
② 杜海洲等：《国际科技期刊市场动态及2008年期刊价格预测》，《中国科技期刊研究》2008年第1期。
③ 刘永胜：《1980—1986年国内期刊价格的变化》，《图书情报工作》1986年第3期。
④ 安友爱：《1998—2002年国内期刊价格走势分析》，《图书馆建设》2002年第6期。
⑤ 郭书菊：《中国人文社会科学学术期刊价格研究》，硕士学位论文，南京大学，2009年，第19—21页。
⑥ 孔雪晓：《中美公共图书馆财政经费拨款的比较研究》，硕士学位论文，天津财经大学，2013年，第30页。
⑦ 程焕文：《十问数据商》（http：//blog.sina.com.cn/s/blog_4978019f0102e5zu.html）。

紧张之间的问题。

图书馆等收藏机构如何根据有限的经费收集适合本机构特点的期刊？为了解决这一图书馆界普遍面临的难题，图书情报界开始高度关注文献计量学研究，并将经过统计得到的经验性规律运用到期刊采购和管理工作中，"核心期刊"正是为了解决这一图书馆工作难题应运而生的。图书情报人员的文献计量学研究和期刊评价研究直接导致了"核心期刊"的肇始，因此，"核心期刊表最原始、最直接的功用是作为图书馆期刊采选的参考工具"①，"我国引进核心期刊概念最初主要是由于图书情报部门因期刊品种增加和价格上涨难以确定定购名单而提出来的"②。

期刊种数的激增不仅给图书情报工作人员带来信息收集的难题，科研人员同样也面临着"信息爆炸"所带来的信息查找难题。对于任何一个领域的科研人员来说，期刊文献已成为主要信息源。但是，期刊种数的发展已经远远超过了人类信息处理能力。期刊"文献离散是绝对的，集中是相对的"③，在信息爆炸的时代，作为图书馆员，有责任和义务为科研用户找到并筛选出最为重要的信息，节省科研人员查找信息的时间，并保证信息的质量④。因此，以核心期刊理论为基础的期刊评价旨在反映科学研究的核心信息源，指明期刊文献的信息集中程度，在信息发现和信息检索中具有导航作用，从而为科研人员节约信息检索的时间。

鉴于此，陈光祚对核心期刊原始功能最早做出了经典的概括："科学地确定核心期刊的范围，对于获取高密度的情报源，对于专业图书馆建立基本藏书，对于广大科学工作者重点浏览本专业期刊内容，都有着重要的意义。"⑤

三 核心期刊的扩展功能：评价功能

如果说核心期刊仅仅限于为图书情报机构收集信息源、为读者查找

---

① 宋玉艳、宋艳华、杨沛超：《核心期刊研究的新进展新成果：简评2004年版，〈中国人文社会科学核心期刊要览〉和〈中文核心期刊要目总览〉》，《情报资料工作》2004年第6期。

② 张小路：《"核心期刊"的作用需要回归》，《出版广角》2002年第12期。

③ 赖茂生、屈鹏、赵康：《论期刊评价的起源和核心要素》，《重庆大学学报》（社会科学版）2009年第3期。

④ 刘筱敏：《中国科学引文数据库与期刊评价》，《数字图书馆论坛》2007年第3期。

⑤ 陈光祚：《布拉德福定律在测定核心期刊中的局限性》，《情报科学》1981年第1期。

期刊文献提供参考,那么核心期刊的影响就不会如今天这样广泛,也不会引起学术界如此之多的诟病。事实上,核心期刊现已广泛应用于诸如机构评估、人才评价、科研项目资助、科研绩效评价、职称评审、学科发展预测等一系列活动之中[1]。核心期刊的辐射效果,带来的是对期刊、著者、机构的学术评价[2]。因此,一些学者将核心期刊的功能归结为两点:一是管理功能,二是评价功能[3]。然而,也正是由于核心期刊的功能扩展——评价功能的产生,才引起了期刊编辑界、学术界的不少非议。2000年以来,关于核心期刊的争论成为跨世纪的热点问题,其影响之大、涉及面之广是前所未有的。查阅万方数据库,仅2000年到2005年间发表在各种学术刊物上的有关核心期刊的研究文章就达270篇之多,争论的焦点是"核心期刊"是否具有学术评价功能,其中持否定意见的有170篇,占60%强[4]。总体上看,学术界"对其评价功能方面的批评意见还是占多数"[5],认为评价功能是核心期刊的"异化"[6],呼吁核心期刊功能的回归。关于核心期刊的评价功能的争论主要集中在以下几个方面。

（一）核心期刊与期刊评价

关于核心期刊是否能够用以评价期刊的学术水平或质量这一问题,学术界素有争论。从2000年到2002年,反对派和支持派在《出版广角》曾经展开过激烈的论战。2000年,河南大学王振铎在《出版广角》发表《质疑"核心期刊"论》一文[7],拉开了这场论战的序幕,文章认为核心期刊理论不切合我国多年来的期刊实践传统,也不符合现行的期刊管理制度和期刊文化状况;如果真的要把西方文献计量学中的观念移植到我国,建立起各学科的核心期刊,势必会使期刊回复到过去"千刊一面"

---

[1] 陈益君、陆国强:《利用核心期刊评价论文质量存在的局限性研究》,《图书馆》2001年第6期。

[2] 刘筱敏:《中国科学引文数据库与期刊评价》,《数字图书馆论坛》2007年第3期。

[3] 陆伯华:《核心期刊纵横谈》,《出版广角》2002年第12期。

[4] 刘贵富:《关于核心期刊的多维审视:兼论当前核心期刊的学术评价问题》,《情报科学》2006年第11期。

[5] 姜晓辉:《核心期刊的评价功能与作用》,《澳门理工学报》2012年第1期。

[6] 孙景峰:《论核心期刊作用的异化》,《出版广角》2002年第12期。

[7] 王振铎:《质疑"核心期刊"论》,《出版广角》2000年第12期。

的萧条状态,"百花齐放、百家争鸣"的繁荣局面必将不复存在。对此,张林祥于 2001 年发表《学术期刊的评价与"核心期刊"——与王振铎先生商榷》一文,文章对王振铎的观点一一给予驳斥。张文认为在目前所有的期刊评价方式中,核心期刊是最为科学有效的,如果取缔核心期刊,最好的办法就是拿出比核心期刊更为有效科学的期刊评价方法①。2002年,王振铎的研究生、南通师范学院学报的钱荣贵作《真容欲露,又添阴霾——就"核心期刊"问题与张林祥先生商榷》一文进行反驳,文章认为核心期刊的遴选与期刊的质量评价截然不同,不能以刊物是否"核心"来评价期刊本身的质量②。

此组论战,你来我往,各抒己见,精彩纷呈。朱剑指出,"核心期刊的研制者通过将文献检索理论改造为评价理论,使指导订阅的期刊目录成了期刊质量排行榜,但其理论改造及其所标榜的评价作用都是十分可疑的。"③ 张小路认为,核心期刊在扮演期刊质量评估的角色方面存在许多不科学的地方,如作为入选重要标准的载文量就不能与学术水平直接挂钩,文摘量和引文量这两个标准在目前中国的学术环境下也不那么可靠,而像期刊的审稿制度、作者投稿取向、稿件来源情况等与期刊质量密切相关的因素则未被考虑,这些都决定了简单地以是否为核心期刊来评价刊物的质量是不科学的④。钱荣贵也认为,尽管核心期刊与期刊质量之间有联系,但是核心期刊的遴选并不等同于期刊的质量评价,并不能简单地以核心期刊的评价代替期刊质量的评价⑤。

综合来看,反对者对核心期刊不具有期刊评价功能主要批判集中于核心期刊的遴选指标并非完全依赖于期刊的学术水平和质量,"核心期刊标准是基于文献数量分布和引文数据统计而产生,其功能主要用于期刊

---

① 张林祥:《学术期刊的评价与"核心期刊"——与王振铎先生商榷》,《出版广角》2001 年第 9 期。
② 钱荣贵:《真容欲露,又添阴霾——就"核心期刊"问题与张林祥先生商榷》,《出版广角》2002 年第 12 期。
③ 朱剑:《歧路彷徨:核心期刊、CSSCI 的困境与进路——"三大核心"研制者观点述评》,《清华大学学报》(哲学社会科学版)2016 年第 1 期。
④ 张小路:《"核心期刊"的作用需要回归》,《出版广角》2002 年第 12 期。
⑤ 钱荣贵:《核心期刊与期刊评价》,中国传媒大学出版社 2006 年版,第 119—128 页。

影响力的评判，便于文献订阅与检索，与学术期刊的质量无关"①。因此，核心期刊并非对期刊质量的评价，"'核心期刊'不足以成为期刊质量评判的标尺"②。

我国的学术期刊大多依托一个具体的主办单位，期刊社自身并非一个独立的法人实体。因此，长期以来，缺乏必要的竞争机制的期刊界没有生机与活力。因此，"当前最需要做的是如何根据中国学术期刊的实际，科学地设定各项指标参数，使评价机制更完善，更能体现学术期刊的现状，促使各类期刊优胜劣汰，步入良性循环，而不是又倒退回到过去那种你好我好他也好、办刊人自娱自乐、缺乏竞争意识、水平高低由上级领导说了算的境况中。"③正是基于这样的学术理想，一些学者在承认核心期刊存在一定缺陷的基础上，对核心期刊所具有的期刊评价功能大力支持。陈国剑认为，核心期刊评价成为我国期刊评价主流，本质上是因为核心期刊的期刊评价功能具有科学性，这种科学性表现在期刊评价理论基础的经典性、期刊评价指标体系的客观性、评价方法的科学性，及由此得出的评价结果的可靠性上④。

尽管学界对核心期刊的期刊评价功能存在争议，但是学术实践的事实是核心期刊的确成为期刊评价的圭臬，争议的原因主要体现在测定核心期刊的量化计量指标能否有效反映"量与质的转换"⑤。

(二) 核心期刊与论文评价

目前大多数科研部门及高等院校所采取的量化学术评价制度，"核心是根据学术成果的级别和数量对学术成果的价值和贡献做出判断。而学术成果的级别则是根据发布科研课题的机构级别和发表学术论文的刊物级别来确定的"⑥。即根据发表论文的刊物是否是核心期刊以及该刊物在

---

① 王佃启：《"以刊代评"的评价机制必须终结》，《澳门理工学报》2015年第3期。
② 钱荣贵：《走向终结的"核心期刊"现象》，《江苏大学学报》（社会科学版）2003年第3期。
③ 田卫平：《"核心期刊"评选与学术期刊的影响力》，《福建论坛》（人文社会科学版）2009年第1期。
④ 陈国剑：《"核心期刊"与期刊评价刍议》，《中国出版》2006年第1期。
⑤ 朱剑：《歧路彷徨：核心期刊、CSSCI的困境与进路——"三大核心"研制者观点述评》，《清华大学学报》（哲学社会科学版）2016年第1期。
⑥ 王佃启：《"以刊代评"的评价机制必须终结》，《澳门理工学报》2015年第3期。

核心期刊表中的位次，来判断和评价论文的学术水平。核心期刊既可用于指导学术期刊编辑出版的质量管理和水平评价，同时还用于科研部门对科研成果的鉴定和评价①。

然而，科研管理部门的这种评价方式在学术界引起广泛的批评，批评的矛头直指作为评价工具的核心期刊，如江继南认为，核心期刊作为学术评价工具造成了学术评价的简单化、形式化和工具化②。综观这些针对核心期刊的批评，主要集中于"以刊评文"的评价方式犯了分析单位错误配对的"层次谬误"（Ecological Fallacy）③。"以刊评文"是指在学术评价中以发表学术成果的刊物级别和层次代表学术成果本身的水平和价值的评定④。钱荣贵认为，"以刊评文"的评价方式硬伤累累，期刊质量与论文质量之间没有必然的联系，期刊的整体质量与论文的个体质量之间不是一个"可逆反应"⑤。优秀的论文可能刊登在非核心期刊上，而核心期刊上也可能刊登劣质的科研论文。"以刊评文"导致"学术期刊在学术评价中由道具变成主角，是学术评价的主体发生错位和倒置……容易形成学术霸权，继而滋生学术腐败"⑥。

论著（或论文）的数量与质量是当前大多数高校考核教研人员业绩的主要依据。如何客观地比较不同论著质量的高低？综观国内外对学术成果的认定标准，有同行承认和社会承认两个方面⑦。大多数学术成果读者范围狭窄，社会承认难以准确衡量；同行评议制度本身也有很多缺陷，加之我国特殊的社会文化背景，同行评议"有时候甚至会陷入走过场的形式主义泥潭"⑧。我国目前尚未建立规范的论文评价机制，而在期刊编

---

① 宗承玉、姚敏：《核心期刊的形成机理及学术价值界定》，《新世界图书馆》2004年第1期。
② 江继南：《"核心期刊"检讨》，《情报资料工作》2003年第4期。
③ ［美］劳伦斯·纽曼：《社会研究方法：定性和定量的取向（第5版）》，郝大海等译，中国人民大学出版社2007年版，第204页。
④ 王佃启：《"以刊代评"的评价机制必须终结》，《澳门理工学报》2015年第3期。
⑤ 钱荣贵：《核心期刊与期刊评价》，中国传媒大学出版社2006年版，第75页。
⑥ 王佃启：《"以刊代评"的评价机制必须终结》，《澳门理工学报》2015年第3期。
⑦ 叶继元：《改革开放30年学术发展的主要特点和重要成果探视》，《云梦学刊》2008年第4期。
⑧ 刘曙光：《关于"核心期刊"及学术评价机制的几点思考》，《云梦学刊》2004年第4期。

辑部门存在着较为完善的论文评审制度。核心期刊稿源充足，对论文的评审则更为严格，因此以核心期刊评价论文的学术水平是合乎情理之举。基于统计学方法筛选出的核心期刊，其所刊载论文的学术水平高并不能说明这些论文都有同样高的学术水平，也不排除其中有水平较低的论文；但是，统计结果不能被个例所否定，相反，以统计结果去对待个例则有较高的可靠度①；一篇核心期刊论文的学术水平高于非核心期刊论文的概率较高。

在我国还没有形成更为科学、公正、可行的学术论文价值评价体系之前，最为客观的方式就是比较发表平台的不同等级。因此，衡量论文质量的高低往往是从比较发表论文的期刊等级而实现的②。由于引用指标和文摘指标等的引入，目前核心期刊已经成为衡量期刊整体水平的一种比较有效的工具。在学术管理机构进行学术评价没有多少工具可供选择、正陷于"工具困境"的情况下③，"以刊评文"是可供选择的一条相对可靠、便捷的途径④。任何笼统强调综合因素、抽象原则以及列举例外的批判批评，都不足以否定这种体系和方法的合理性⑤。综上所述，本书认为核心期刊具有一定的论文评价功能。

（三）核心期刊作为学术评价工具的缺陷

期刊评价离不开对论文的评价，对论文的评价必然落脚于对研究人员科研水平的评价，甚至进一步可以扩展到对一个研究机构的学术水平的评价。虽然一些学者认为，"核心期刊承载着评估学术能力、质量、价值、水平的量化指数"是一种功能泛化，"核心期刊作为学术授予、职称晋升、成果奖励等的认定依据"更是一种应用泛化⑥；但是，核心期刊运用于期刊评价和论文评价的实践是不可否认的事实，"核心期刊可以部分

---

① 陈国剑：《"核心期刊"与期刊评价刍议》，《中国出版》2006 年第 1 期。
② 陈图文等：《论期刊等级的划分标准与论文质量的考核》，《情报杂志》2001 年第 11 期。
③ 傅旭东：《学术评价与学术期刊分级》，《科技与出版》2005 年第 6 期。
④ 陈国剑：《"核心期刊"与期刊评价刍议》，《中国出版》2006 年第 1 期。
⑤ 张林祥：《学术期刊的评价与"核心期刊"——与王振铎先生商榷》，《出版广角》2001 年第 9 期。
⑥ 李玉进：《核心期刊评价及其负面效应》，《情报科学》2002 年第 12 期。

实现期刊评价和学术评价的功能"①。尽管如此，在使用核心期刊作为学术评价工具时，必须注意到核心期刊作为评价工具的两个缺陷。

（1）核心期刊缺乏必要的层次性

核心期刊没有对入选期刊进行分级或者分层处理。期刊之间本身就存在着各种外部条件和内部因素的差异，因此核心期刊评价结果缺少层次性和针对性②，主要表现在两个方面：一方面，不同核心期刊之间论文水平的评定问题；另一方面，同一期刊内不同论文的学术水平评定问题。现行的"核心期刊表"没有对入选期刊进行分级分层处理，是不是发表在同一"核心期刊"或不同"核心期刊"上的文章，其学术质量都一样呢？张小路认为，高校与科研机构过分依据核心期刊、来源期刊等期刊的等级来评定论文的质量和分值，只重形式不重内容，忽视了各种核心期刊之间学术质量上的差别以及同一核心期刊上发表论文质量的差别，导致了成果评价的不准确性③。在同一期刊上发表的论文无论质量高低，每篇论文的权重都相同，这显然与科学技术的发展历史相矛盾。将高水平的论文与一般论文同等对待，这一文献计量学的基本方法与科学历史事实相违背，即少数科学工作者的少数成果对科学技术的进步产生了强大的影响，而大部分科学工作者的成果只能成为通往金字塔顶的基石④。

（2）核心期刊作为学术评价工具的单一化

物种的多样性是生态可持续发展的根本⑤，而学术多样性则是文化可持续发展的根本。学术多样性不仅体现在思想、观念、论证等内容的多样性上，而且也体现在文体、品种、风格等形态的多样性上，两者互相依存，互为表里⑥。

---

① 陈铭：《从核心期刊概念的演变看核心期刊功能的转变》，《图书与情报》2008年第2期。

② 陈家顺：《试析我国期刊评价存在的主要问题》，《湖北师范学院学报》（自然科学版）2006年第4期。

③ 张小路：《"核心期刊"的作用需要回归》，《出版广角》2002年第12期。

④ 赖茂生等：《论期刊评价的起源和核心要素》，《重庆大学学报》（社会科学版）2009年第3期。

⑤ 张维平：《生物多样性与可持续发展的关系》，《环境科学》1998年第4期。

⑥ 刘明：《现行学术评价定量化取向的九大弊端》，《自然辩证法通讯》2003年第1期。

众所周知，研究成果有多种表现形式，专著、论文、研究报告、专利、设计书、工具书、思想随笔等等。在现今的学术评价活动中，核心期刊作为一种简便易行的评价尺度，评价对象只能涵盖论文中的期刊论文，无法全面覆盖研究成果的多种表现形式。科研管理机构过于依赖核心期刊这一评价工具，势必会忽视其他研究成果为知识积累做出的有价值的贡献。汤姆森科技信息集团的 Jim Pringle 说："我们一贯主张，科研评价不仅仅得自于类似于影响因子之类的各种度量指数，更应该来自于对研究内容的深刻了解。"① 国内一些学者痛斥以核心期刊为代表的学术评价定量化趋势，指出现行学术评价机制"激励短期行为""扼杀学者个性""诱发资源外流"等九大弊端②。孙晓玲认为，核心期刊作为主要学术评价工具所产生的负面效应主要是学术评价标准的单一化与绝对化③，不利于学术生态的健康发展。"核心期刊"的马太效应并不能催生优胜劣汰，因为目前国内期刊的绝大多数都受到一定的政策保护，劣质期刊为了生存不得不刊发一些质量水平较低的论文，生产大量的学术垃圾，一部分优秀论文由于核心期刊的载文量限制而产生稿件积压④；而且，大量的以专著等其他形式展示的学术成果得不到学术界与社会有效的关注与承认。

学术界的一些学者、期刊编辑人员认为核心期刊作为期刊评价和科研成果评价的工具是"无可奈何的功能误用"⑤，其根本原因是在使用核心期刊进行期刊评价和科研评价时，忽视了这两大缺陷。根据叶继元的调查，有56%的学者认为人文社会科学虽然很难评价，但为了激励学者和便于管理，迫切需要建立科学的评价指标体系和评价办法；53%的被调查者认为要采用定性定量相结合的评价方式；评价的主体是同行，尤其是以小同行专家评价为主，辅助以引文等评价方式⑥。

---

① P. Ball, "Prestige Is Factored into Journal Ratings", *Nature*, Vol. 439, No. 7078, 2006.
② 刘明：《现行学术评价定量化取向的九大弊端》，《自然辩证法通讯》2003 年第 1 期。
③ 孙晓玲：《准确把握学术期刊的价值目标与价值标尺："核心期刊效益"引发的思考》，《编辑学报》2007 年第 3 期。
④ 李玉进：《核心期刊评价及其负面效应》，《情报科学》2002 年第 12 期。
⑤ 任东来：《核心期刊：无可奈何的功能无用》，《科学中国人》2002 年第 11 期。
⑥ 叶继元：《高校文科科研定性定量评价与学术发展》，《云梦学刊》2007 年第 4 期。

以期刊等级来衡量论文的水平是一种相对客观的定量方法，在人才评价和学术评价等问题上或多或少都和期刊等级有很大的关系。在什么级别的期刊上发表论文就给出相应的分值，这是许多单位的科研业绩考核中主要采用的方法①。如果能给予期刊以科学的分级标准，就可以以此作为评价个人和团体学术水平的度量指标②。因此，叶继元在《核心期刊概论》中将核心期刊研究的意义归结为：有助于节省查找期刊文献的时间，提高科研效率；有助于精选精购期刊，提高期刊管理水平；有助于评价论文质量、作者水平和学科发展方向③。

第三节　期刊分级研究

核心期刊评价主要采用综合性的指标体系，通过期刊的综合分值排序来确定期刊是否属于核心期刊。然而，依据综合分值的排序在很多时候不足以有效显示期刊之间的等级差异。比如第 4 名与第 5 名之间的差距和第 7 名与第 8 名之间的差距是否一样大；更多的时候是一些极其微小的分值导致两种差距不大的期刊强行地被分出了先后次序。

为了弥补核心期刊研究的缺陷，尹玉吉④、于鸣镝⑤、崔国平⑥、齐世武和傅春玲⑦等提出了应将期刊划分为若干等级的设想，以期刊分级研究弥补核心期刊的不足。在这样的背景下，我国科研管理部门和文献计量学学者展开了对外文期刊按照影响因子进行分区的工作。金璧辉和汪寿阳下载了 JCR 1996 年的分学科的期刊影响因子排序表，将排序表中的

---

① 党亚茹：《成果评价与等级核心期刊选择》，《图书情报工作》1997 年第 8 期。
② 党亚茹：《期刊评价与选择的目的和范围》，《图书情报工作》1995 年第 5 期。
③ 叶继元：《核心期刊概论》，南京大学出版社 1995 年版，第 54—55 页。
④ 尹玉吉：《学术期刊级别划分问题探讨》，《中国人民大学学报》1994 年第 4 期；尹玉吉、王倩：《关于学术期刊分级问题的研究》，《西北农林科技大学学报》（社会科学版）2009 年第 3 期；尹玉吉：《关于学术期刊分级问题的全方位考察》，《山东理工大学学报》（社会科学版）2009 年第 2 期。
⑤ 于鸣镝：《试论期刊等级》，《晋图学刊》1996 年第 1 期；于鸣镝：《再论期刊等级》，《晋图学刊》1998 年第 4 期。
⑥ 崔国平：《也谈学术期刊的分级问题》，《编辑学报》2000 年第 1 期。
⑦ 齐世武、傅春玲：《浅议科技期刊的分级》，《编辑学报》1995 年第 1 期。

期刊分成三等份，由此将期刊按照影响因子的高低分成三个区；研究发现10所发表SCI论文最多的中国科学院研究所的论文在SCI期刊等级区域中的分布呈现出从高影响因子区域到低影响因子区域数量递减的趋势，这表明中科院的科研水平得到了国际学术界的普遍认可[①]。该研究开创了通过期刊分区来考察学术影响力的先河。期刊分级思想的提出，使得研究人员逐步认识到核心期刊只是期刊评价的一种方式。因此，2000年以后学界越来越多地使用期刊评价这一术语作为规范的表达，并将核心期刊研究和期刊分级研究视为期刊评价的子领域。

其实，在科研管理的官方话语体系中，期刊之间本就分成高低不同的若干等级。如1987年国家教育委员会科技管理中心《关于推荐高等学校科技同行评议人的通知》中有这样一段话："被推荐人选要求……近五年来在国内一级杂志或国外重要学术刊物或国际学术会议上发表过论文。"既然有一级杂志，当然就有二级、三级杂志，这一政策文本明确地显示出刊物等级意识[②]。1995年3月，国务院学位委员会办公室和国家教委研究生工作办公室颁布的《学位与研究生教育中文重要期刊目录》，其中所谓的重要期刊本质上就是对期刊等级的一种默认。

进入21世纪之后，科研管理部门将期刊分成若干等级，并按照学者在不同级别期刊上发表论文的数量对学者的科研绩效进行评价，决定职称晋升等学术资源分配，已经是一种非常普遍的做法。刘贵富调查了国内150余所高校科研管理部门对期刊分级的方法进行比较发现，尽管各高校对期刊分级略有不同，但基本上可分为综合权威期刊、学科权威期刊、学科重要期刊、学科核心期刊、省级期刊五级[③]。

可惜的是，期刊分级研究未能突破核心期刊研究所设定的文献计量学的研究范式，将研究精力继续集中在分级指标的选定上，而且，期刊分级研究具有较强的经验总结性质。与核心期刊研究相比，期刊分级研究的系统性和体系性不足，而且能够展开实证研究的文献也较少。因此，

---

① 金碧辉、汪寿阳：《SCI期刊等级区域的划分及其中国论文的分布》，《科研管理》1999年第2期。
② 戴立春、吴瑞芳：《略论科技期刊的分级》，《编辑学报》2000年第3期。
③ 刘贵富：《高校科研管理部门对中文期刊的分级研究》，《中国高教研究》2007年第5期。

有学者将期刊分级研究未能引起学界广泛关注的原因归结于"由于当时缺乏实践经验的支撑，显得抽象的东西多一些、定量的东西少一些"[①]。缺乏量化研究、实证研究的支撑是期刊分级的一个重大缺陷，但是期刊分级研究遇冷的根本原因在于缺乏系统的理论支撑，所谓"抽象的东西多一些"主要应该指研究水平停留在主观经验总结层面上，绝非抽象的系统性理论论证研究较多。因此，期刊分级研究的影响力非常有限，仅仅局限于期刊编辑人员内部的探索性讨论，未能突破到其他学科，引起整个学术界的关注。从本质上看，期刊分级研究是期刊编辑界争取期刊评价权的一次失败的尝试。

本章小结

本章对社会分层理论和核心期刊理论做了比较细致的梳理，社会分层理论和核心期刊理论都是立足于研究对象之间的差异，揭示研究对象之间的等级差异。两者之间的主要区别在于：核心期刊理论主要是通过文献计量指标描述期刊之间的等级差异，虽然也有一些经验定律的支撑但是总体上学理性不强，即缺少对产生等级差异背后的社会机制进行深入剖析；社会分层理论作为社会学研究的一个经典议题，它不仅关注如何展现对象之间的等级差异，更注重在学理上解释为什么会产生等级差异，以及等级结构对社会个体会产生什么样的后果。所以，社会分层研究在学理上具有完备的理论体系，这是核心期刊理论难以望其项背的。因此，将社会分层的视角引入到期刊评价研究中，可以极大地丰富期刊评价的研究内容，更为透彻、全面地解释期刊之间的不平等现象。社会分层理论更多的是从结构的视角来考察研究对象的差异，并非仅仅考察研究对象的个体排序。这一特点弥补了核心期刊在展示期刊之间不平等时缺乏层次性的缺陷。期刊分级研究虽然初步具有分层的理念，但是研究在理论水平上无法和社会分层相比，在研究的方法上也远逊于核心期刊研究。如何将社会分层理论应用到期刊评价研究中，采用分层的理念研究期刊之间的等级差异呢？第6章的内容将要回答这一问题。

[①] 尹玉吉：《关于学术期刊分级问题的全方位考察》，《山东理工大学学报》（社会科学版）2009年第2期。

第六章

期刊分层的理论建构

文献计量学范式的期刊评价研究虽然展示出了期刊之间的差异，但是无法在学理上对期刊等级差异产生的原因进行有效的理论解释。从目前期刊评价研究的相关文献来看，虽然期刊分级研究具有分层意识，但是由于理论视野的限制、研究方法的局限，未能得到学界的重视。期刊分层研究试图通过在学理上引进社会分层理论的概念框架和研究方法解释期刊之间的等级差异，弥补现有期刊评价研究的不足，从而使期刊评价研究从现象描述性研究深入到现象背后的机理解释性研究。

第一节 期刊分层的前提条件

本节论述的核心问题是为什么可以将社会分层理论引入期刊评价研究？答案主要来自两个方面：一是因为期刊具有的社会性和能动性使得它在一定程度上类似于具有自主行动能力的社会个体，这种性质为社会分层理论应用到期刊评价之中提供了可能；二是因为期刊研究范式的转变为这种理论移植提供了必要的社会条件和学术环境。

一 期刊的概念演变与类型

对于人文社会科学来说，语言本身的模糊性给研究带来了诸多不便；在期刊研究中，这一不便同样存在。在英文中，期刊的概念经历了一个由 periodical 分化为 journal 和 magazine 的演化历程；在中文中，"学术期刊"的所指范围在不同的语境中也有所不同。对相关概念的梳理和界定，有利于明确研究范围，增加研究结论的适用性。

为了明确研究范围，有必要对期刊的相关概念进行界定。在中文中，与期刊概念相关的词有：连续出版物、报刊、期刊、杂志。在英文中，与期刊概念相关的词主要有四个：Serials，Periodical，Journal，Magazine。根据 Webster's Third New International Dictionary（G. & C. Merriam Company，Springfield，Massachusetts，U. S. A. 1976）这四个语词的界定，我们来考察一下它们各自的内涵范围，现将词典的解释和所在页码摘录如下：

Serials：A publication (as newspaper, journal, yearbook, or bulletin) issued as one of consecutively numbered indefinitely continued series. (Page 2072)

Periodical：A magazine or other publication of which the issues appear at stated or regular intervals, usually used of a publication appearing more frequently than annually but infrequently used of a newspaper. (Page 1680)

Journal：A periodical publication esp. dealing with matters of current interest, often used of official or semiofficial publications of special groups. (Page 1221)

Magazine：A periodical that usually contains a miscellaneous collection of articles, stories, poems, and pictures and is directed at the general reading public. A periodical containing special material directed at a group having a particular hobby, interest, or profession (as education, photography, or medicine) or at a particular age group (as children, teen-agers). (Page 1357－1358)

根据韦氏辞典的定义，通常情况下由于出版物的连续性把 serials 翻译为"连续出版物"，由于阅读对象面向普通大众把 magazine 翻译为"杂志"，这种译法已经基本上达成共识，在语义上也不易产生混淆。但是，根据韦氏辞典的解释，并不能非常有效地区分出 periodical 和 journal 这两个词的差别，实际上我们把 periodical 和 journal 都翻译为"期刊"，两词的混用情况非常普遍。

随着时间的发展，语言所覆盖的内涵也会产生不断地变化，概念的指称范围实际上会随着研究者的问题和视角的变化而变化。亨德森（John R. Henderson）明确指出了这四个概念之间的区别[①]：

---

① J. R. Henderson，"PERIODICALS"（http://www.ithaca.edu/library/course/periodical.html）.

The terms serials, periodicals, magazines, and journals are often interchanged, and their distinctions are not always clear. Serials is the broadest term for these type of publications.

Serials are any publications that are issued in parts over an indefinite time period. They include periodicals but also proceedings, annuals, and irregular publications.

Periodicals are publications that are issued in frequent regular intervals. They include magazines, journals, and newspapers. The distinction between magazines and journals is small but can be important.

Generally magazines are considered to be of popular interest. Some will include news and coverage of current events. Many are colorfully illustrated and full of ads. Some will include opinion pieces or editorial comment.

Journals are considered to be of scholarly or professional interest. Scholarly and professional journals serve as the major medium for communication in most academic and professional disciplines. They will include the findings of original research and are essential for any major academic assignment.

因此可见，periodical 的语义已经发生了重要的变化，原本不包含报纸这种出版物，现在把报纸作为自己的下位概念。为什么会发生这一语义的演变呢？期刊（periodical）起源于 17 世纪初科学家之间的书信通讯①，为科学交流服务是这种不同于图书的新型出版物产生的社会根源，学术性可以说是期刊的根本属性。为了和传统文献形态，如图书、书信相区分，标明自己的特色，这一时期多用 periodical 一词表示，以强调这种新型出版物的本质特性即周期性。这种形态学的定义，主要为了表明 periodical 是物理形态上的存在②，它和图书在外形上表现出显而易见的形态学区别。随着现代科技的进步和社会的发展，期刊这种新的媒体形式逐渐拓展到普通大众生活中，成为普通民众获取信息、阅读娱乐的一种重要媒体。为了与初始时期以科研人员为阅读对象的期刊相区分，人们

---

① ［美］默顿：《十七世纪英格兰的科学、技术与社会》，范岱年等译，商务印书馆 2000 年版，第 76 页。

② 周汝英：《论期刊学及其研究方法》，《社会科学战线》2001 年第 1 期。

给予服务于大众阅读的期刊一个新的称谓——杂志（magazine）；与此同时，学术界为了强调为科学交流服务的期刊的特殊性，较多地使用 journal 一词，以示与杂志的区别。

根据这一语义的演变，原本在中文概念中缺乏与之相对应的英文概念的"报刊"，找到了自己准确的对应概念——periodical。原来难以区分、译法较为混乱的中英文概念体系得以相对明确。鉴于此，我们认为相应的较为准确的概念对应体系就可以确定为：连续出版物（serials）、定期连续出版物（periodical）、期刊（journal）、杂志（magazine）。

在汉语中，"期刊"有广义和狭义之分：狭义的期刊仅指 journal，广义的期刊包括了 journal 和 magazine 两种性质不同的出版物。虽然大众语境已经对期刊和杂志做出了明确的语义区分；然而在学术语境和官方语境中，并没有展开这种有效的区分。无论是官方行政管理机构，还是某些研究人员自身，他们所说"期刊"均包括了 journal 和 magazine，即广义上的期刊；而狭义上的期刊（journal）通常用"学术期刊"表示。在汉语中，"期"强调的是周期性，"刊"强调的是装订成册。因此，从字面意思去理解，"期刊"从形态上包括了 journal 和 magazine；加之汉语相对的稳定性和其特有的语义扩展性，在官方行政管理界和知识界形成了"期刊"现有的"实指"范围。

为了准确地界定研究范围，一些以 journal 为研究对象的学者纷纷在期刊前面加以限定来明确自己的研究范围，以自然科学和工程技术为背景的研究人员习惯上用"科技期刊"，人文社会科学背景的研究者更多地以"学术期刊"来界定自己的研究范围。然而，行政管理者和一些研究人员通常用"学术期刊"一词使得自己的研究对象囊括所有的学科范围。这种术语的界定使得"学术期刊"产生了一定的语义混乱，在不同语境中它的"实指"并不一致。为什么会产生这种概念的"实指"范围不一致呢？这起源于"学术"这个概念有广义和狭义之分：广义的学术包括所有的知识门类，狭义的学术仅仅指人文社会科学。

但是广义的"学术"在科技界一直缺乏必要的认同，科技人员将"学术"与"科学"（或"科技"）视为两个代表文理二分的互斥的等位概念。这种概念界定的冲突在东西方知识界共同存在，由于我国传统知识体系与西方知识体系的冲突使得这种冲突性在我国尤为显著。在我国，现代语境下的"学术"的"能指"可能包含了人文社会科学、自然科学和工程技术；但是在传统语境下，"学术"的"所指"向来是人文社会科学。如梁启超的《清代学术概论》《中国近三百年学术史》《论中国学术思想变迁之大势》，钱穆的《中国近三百年学术史》《中国学术思想史论丛》等，这些在全社会产生广泛影响的著作均未将"学术"的所指范围扩展到自然科学和工程技术。近些年，一些人文社会科学的研究人员力图构建广义的"学术"图式，如张立文教授主编的《中国学术通史》将自然科学纳入"学术"的考察范围[1]，然而其产生的影响和认同度均非常有限。

在自然科学界，研究人员将对自然科学的发展历史与演进机理的研究称为"科学史与科学哲学"或者"科技史与科技哲学"，而不是如人文社会科学研究人员所期望的那样将自己的研究领域定义为"学术史"。1999年3月，上海交通大学科学史与科学哲学系隆重成立，这是中国历史上第一个科学史系，它的建立是科学史学科在中国建制化进程中的里程碑式的事件[2]。嗣后，中国科学技术大学科技史与科技考古系、内蒙古师范大学科技史与科技管理系以及别的高校中的科技史系所也相继成立。

事实证明，人文社会科学研究人员试图用"学术"这一概念进行的综合性尝试在科技界的认同度不高，我国知识界的话语体系向来是文理二分的。

在期刊研究中，一些研究人员长期以来一直强调"学术期刊"，其根本目的不是为了将"学术"的"所指"范围扩展到自然科学和工程技术，而是为了将发表科研成果的期刊与大众期刊、时政期刊等并非以承担发表研究成果为根本使命的期刊相区分。如邱均平认为："学术期刊是指以专门学者为作者和读者对象，以研究报告、学术论文、综合评述为主要内容的期刊……检索类期刊应该都是学术期刊。"[3] 虽然检索类期刊的主要服务对象是研究人员，然而它们属于期刊大家族中的少数派。在多数情况下，知识界并不把检索类期刊视为"科技期刊"或"学术期刊"，比如CSSCI和

---

[1] 张立文：《中国学术通史》，人民出版社2004年版，第18—20页。

[2] 上海交通大学人文学院：《学科历史》（http://shss.sjtu.edu.cn/history_science_technology/introduce.html）。

[3] 邱均平等：《中国学术期刊评价的特色、做法与结果分析》，《重庆大学学报》（社会科学版）2008年第4期。

CSCD 的选刊标准中明确表示不收录任何检索类期刊。鉴于此，我们构建本书的概念图谱（如图6—1），以明确本书的主要研究范围。

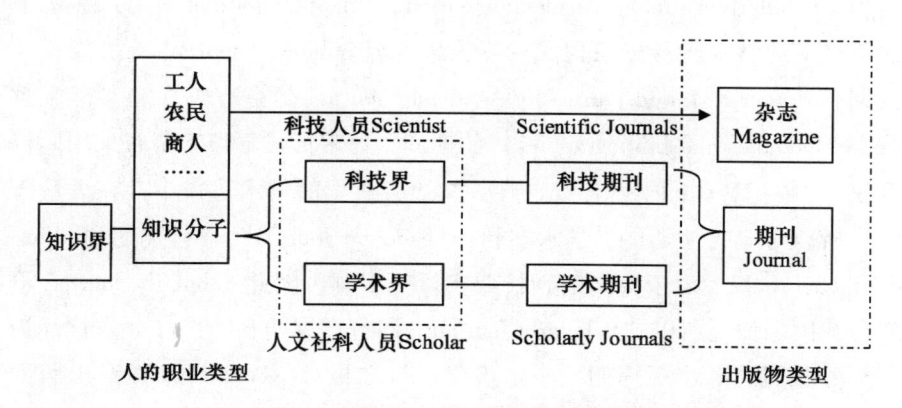

图6—1　知识分子类型与出版物类型的界定

无论是科技人员还是人文社科人员，"知识分子"的身份认定均得到双方的广泛认同。由于"学术"有广义和狭义之分，使得"学术界"这一指称知识分子的集合概念也会产生广义与狭义之分。加之科技人员对"学术"概念的认同度不高，我们认为以"知识界"取代传统的"学术界"来表示知识分子整体在学理上更为合理，在现实中也更为可行。在主体概念明确的情况下，我们用"科技界"和"学术界"来分别指从事科技知识生产和人文社会科学知识生产的两大群体。这样的界定避免了"学术界"这一集体名词的指涉不清，使整个知识界的研究对象和概念指称"名副其实"，而且有利于实现中国传统知识体系和西方外来知识体系在名称规范上的融合。在宏观语境清晰的情况下，就不难明确学术期刊的内涵和范围，并在整个知识系统中找到其恰当的位置。通过这样类型学的划分，可以实现中英文概念体系的一致对应。

但是，从英语语境中出发，对"杂志""期刊""学术期刊""科技期刊"等几个概念做一个界定。在中文中，"杂志"的读者群主要是社会大众，英文用 Popular Magazine 或 Magazine 表示[①]；"期刊"的主要读者群

---

① "What's the Difference between Scholarly Journals and Popular Magazines?"（http：//www.library.georgetown.edu/tutorials/scholarly-vs-popular）.

是从事知识生产的学者、科学家、专业技术人员等知识分子群体。"学术期刊"面向人文社会科学,"科技期刊"面向自然科学和工程技术。在英语中,Scholarly Journal,Academic Journal,Scientific Journal 都可以表示中文语境下的学术或科技期刊。在英美学术界 Scholarly Journal 特指同行评议期刊(peer reviewed journal);Academic Journal 是指有脚注和参考文献(carry footnotes and bibliographies)的期刊,评审形式不限于是否采用同行评议①。根据我国的学术传统,在人文社会科学的学术写作中存在大量脚注,所以对应的翻译是"学术期刊 = Academic Journal","科技期刊 = Scientific Journal"。由于我国期刊长期实行三审制,因此 Scholarly Journal 不符合我国国情,所以"Scholarly Journal = 同行评议期刊"。Serial 应该译为"连续出版物",出版周期不一定规律;与之相对,Periodical 强调出版周期的规律性②。从范围上看,Periodical 包括杂志、期刊和报纸,因此对应的翻译应该为"Periodical = 报刊"③。

二 期刊的社会性与能动性

17 世纪科学技术在欧洲的迅速发展为期刊的产生提供了必要的社会需求,期刊的诞生便具有浓厚的社会性色彩。因此,有学者认为期刊的社会性是指期刊产生于社会、作用于社会,通过传播信息,记录社会的发展,促进人类的进步④。本书认为,期刊的社会性主要体现在期刊与社会的互动和期刊之间的互动两个方面。

不可否认,期刊的产生和发展都是社会文明进步的产物,同时它通过对知识的记录和传播促进社会的发展。期刊与社会的互动首先表现在它对社会的继承性上。作为一种知识或文化的交流工具,在内容层面上期刊继承了所属社会的语言和文化传统。语言和文化传统不仅给期刊提供先天性的结构约束,同时也是期刊得以被社会接受的必要条件,是期

---

① "What is the difference between Academic Journals and Scholarly (Peer-Reviewed) Journals?" (http://support.epnet.com/knowledge_base/detail.php?id=2721).

② "Serial (publishing)" (http://en.wikipedia.org/wiki/Serials_and_periodicals).

③ "Periodicals" (https://owl.purdue.edu/owl/research_and_citation/chicago_manual_17th_edition/cmos_formatting_and_style_guide/periodicals.html).

④ 张玉霞:《论期刊的自然性与社会性》,《科技情报开发与经济》2005 年第 14 期。

刊赖以生存的基础。在形式层面上，期刊继承了社会技术条件和社会的审美要求。期刊作为知识的人工固态负载物[①]，社会的技术条件决定了期刊的物质形态。计算机基础和网络技术产生以后，开放存取期刊（Open Access Journal）、预印本等新的期刊形式得以产生和发展。因此，期刊物质形态的变化反映了社会技术的进步和发展。期刊的版式设计和装帧设计继承了社会的审美需求。期刊的版式、开本等外部形态的变化反映了整个社会审美标准的集体性转变。

对于人工物对社会的影响，向来有两种不同的哲学解释取向：工具论和实在论[②]。它们之间的区分依据是人工物和社会之间具有何种决定与被决定的关系。实在论者认为，人工物塑造着人类的选择，并因此塑造着人类历史[③]。姑且不论实在论本身的合理性问题，实在论者的视角使人们充分认识到人工物对社会的反作用是不争的事实。期刊作为一种知识传播的人工物，它不仅仅继承、反映种种社会时代特征，同时也推动社会发展。无法想象，如果没有期刊作为交流工具和平台，现代科学体系会发展到何种水平。期刊对人类知识和社会风尚也起着重要的引导作用。今天，无论是在知识生产系统中还是在普通的大众生活中，期刊和杂志所关注的焦点和问题左右着每个人的视线。

期刊的社会性除了期刊与社会之间的互动之外，还体现在期刊之间的互动。期刊之间的互动，是通过期刊论文之间的相互引证显现的。论文与论文之间的引用组成了以论文为节点的引证网络，当我们把这些论文以期刊聚合时，就产生了以期刊为节点的引证网络[④]。期刊之间的引证网络具有明显的社会性。在期刊的引证网络中，某些节点之间联系紧密，某些节点之间互不往来。本质上，这些特征反映了期刊之间的互动和期刊之间的种种共性，同时也从另一个角度展示了期刊之间的个性差异。

---

① 倪波、张志强：《文献学导论》，贵州科技出版社2000年版，第13页。
② 韩连庆：《设计技术就是设计我们的存在方式》，载芬伯格《技术批判理论》，北京大学出版社2005年版，第274—285页。
③ ［加］西斯蒙多：《科学技术学导论》，许为民等译，上海科技教育出版社2007年版，第104页。
④ J. Bollen, M. A. Rodriguez, H. Van de Sompel, "Journal Status", *Scientometrics*, Vol. 69, No. 3, 2006.

期刊的能动性是指期刊具有自我调节的主观意识,这种能动性本质上是期刊编辑人员的集体能动性,它是期刊社会性的微观基础。宏观上,期刊是社会的时代产物;微观上,期刊是编辑人员或者某一学术共同体集体行动的产物。期刊与社会的互动、期刊之间的互动实质上是人与社会、人与人之间的互动,期刊在互动过程中起着代理或中介的作用。人的行为的意识性和能动性必然地通过代理作用而在期刊中得到集体体现,因此,人的主观能动性导致了期刊能动性的产生。一份期刊在诞生之初,期刊的学科范围、主题旨趣就反映了编辑人员的集体意识。随着知识本身的发展,期刊的主题范围会随着学术共同体的调整而调整。为了生存和发展,同类型期刊在各个方面可能展开激烈的竞争,这种竞争行为体现着期刊的能动性。从期刊个体的角度来看,期刊的录用行为和作者的投稿行为之间存在着相互的博弈,这种博弈的最终结果决定期刊以何种面貌或风格展现自我,同时也使期刊不断地进行自我调整以适应学术共同体的集体要求。

综上所述,期刊的社会性和能动性使得它具有拟人化的特征,这一特征从本体的角度使得运用社会分层理论来理解、解释期刊之间的等级现象成为可能。

三 期刊研究范式的嬗变

科学知识体系产生之初,书籍和信函是知识发表和传播的主要形式,思想家和科学家在教学讲义和演讲中对自己的观点进行宣传和讨论。随着科学事业的发展,书籍和信件交流已不能满足科学发展的需要,期刊开始以其传播周期短、容量大等特点逐渐演化为知识交流的一种主要媒体。现在,科研人员和学者在一般研究中获得的新发现、探索到的新规律、创立的新学说和创造的新方法首先会发表在期刊上[1],特别是科技界和社会科学领域,研究成果主要是以论文的形式在期刊上发表。

期刊的迅速发展及其重要性激起了研究人员的广泛兴趣,对期刊的研究也逐渐形成了一门学问。早在1925年,法国巴黎成立了国际报刊出

---

[1] 陈立新:《力学期刊群的内外关系与学科结构》,博士学位论文,大连理工大学,2008年,第5页。

版商联盟（The International Federation of the Periodical Press，FIPP)[①]；"二战"前，德国出现了专门以期刊为研究对象的期刊学和以"期刊学"命名的专著[②]，1935 年柏林威廉大学（今柏林自由大学）和莱比锡大学设立了"期刊学"专业[③]。我国也有不少学人认为期刊学在我国已具雏形。严晓认为我国期刊学理论的产生发展经历了五个阶段[④]。1890 年 5 月，美国传教士范约翰提出了一份《中文报刊目录》，其中报道了 76 种中文报刊的名称、主编、出版地、创办年月、发行份数、性质（注明宗教、世俗、官方或科学）、售价、出版周期等事项，这大概是最早对中文期刊进行的整理和研究[⑤]。20 世纪二三十年代，我国学者开始了对期刊的关注与研究，如《图书馆学季刊》发表的沈祖荣、邢云林等人的文章[⑥·⑦]，但那时所使用的概念是"杂志"。1979 年以后，我国图书馆界对期刊工作的各个方面展开了热烈的讨论和研究，一些学者甚至积极地呼吁构建一门独立的期刊学。据统计 1982—1992 年发表的有关期刊的研究论文共 1554 篇[⑧]；1984 年，何鼎富发表专论号召建立"期刊学"[⑨]，此后魏国峰[⑩]、佘广和[⑪]等发表论文构建期刊学的研究框架；1992 年，南京师范大学出版社出版了倪延年的《期刊学概论》。

总的来说，周汝英认为从历史角度来看，期刊研究经历了规定性和描写性阶段，目前正向解释性研究过渡[⑫]；陈立新认为期刊研究主要包括

[①] FIPP,"About FIPP"（http：//www.fipp.com/Default.aspx? PageIndex = 10001).
[②] 赵振勇：《德国期刊研究的历史发展与学科尝试》，《河南师范大学学报》（哲学社会科学版）2005 年第 3 期。
[③] 陈立新：《力学期刊群的内外关系与学科结构》，博士学位论文，大连理工大学，2008 年，第 5 页。
[④] 严晓：《我国期刊学理论产生发展的五个历史阶段》，《图书馆界》1998 年第 1 期。
[⑤] 周振鹤：《新闻史上未被发现与利用的一份重要资料》，《复旦大学学报》1992 年第 1 期。
[⑥] 沈祖荣：《图书馆用不着杂志么》，《图书馆学季刊》1928 年第 3 期。
[⑦] 邢云林：《一年来中国杂志之述评》，《图书馆学季刊》1931 年第 3/4 期。
[⑧] 陈小月：《近 10 年来我国期刊学研究成果的调查分析》，《华南师范大学学报》（社会科学版）1994 年第 4 期。
[⑨] 何鼎富：《期刊学刍议》，《图书馆学研究》1984 年第 4 期。
[⑩] 魏国峰：《论"期刊学"》，《图书馆学研究》1989 年第 6 期。
[⑪] 佘广和：《期刊学研究述略》，《河南图书馆学刊》1990 年第 4 期。
[⑫] 周汝英：《论期刊学及其研究方法》，《社会科学战线》2001 年第 1 期。

两个方面，首先是对期刊自身的研究，其次是对期刊数理现象的研究①。本书认为，从期刊的整个发展历程来看，期刊的研究主要有三大范式：形态学范式、数理范式、文化社会学范式。

期刊研究的形态学范式主要出发点是研究期刊的外部特征，如它的定期连续出版特征、卷期号、出版装帧形式等等②；以及由这些外部形态特征的不同所引发的期刊工作的特点，如新的编目组织方式、特有的内容检索问题等③。这些研究可以统称为"期刊的本体研究"④。它的根本目的是为了树立期刊作为新的文献载体形态的独立地位，以示与图书等传统文献的区别，从而使期刊得到社会的广泛认可和接受。周汝英认为期刊从诞生那一刻起到布拉德福之前⑤，期刊研究都属于这种范式。

期刊研究的数理范式是指将数理统计运用到期刊研究中，揭示期刊具有的内在属性和客观的运动规律。它把期刊视为独立的客观对象加以研究，试图运用数理方法发现期刊发展与期刊之间的内在规律；它超越了对期刊形态特征的纠缠，为期刊研究成为一种缜密的科学奠定了基础。这种研究范式起源于1934年布拉德福对文献分布规律的揭示。时至今日，它已经发展演化为书目计量学、文献计量学、科学计量学、信息计量学等庞大的研究体系，产生了文献集中与分散、文献增长与老化等众多广为人知的经验定律，使得布拉德福、普赖斯、加菲尔德、鲁索等研究者享誉知识界。毋庸置疑，数理范式是现今期刊研究的主流范式。

期刊研究的文化社会学范式是指将期刊置于一定的社会文化背景之下，认为期刊的本质是社会文化的写照，是当时社会政治、经济、文化、科技以及社会实践诸多方面的真实记录和反映。基于这样的前提假设，

---

① 陈立新：《力学期刊群的内外关系与学科结构》，博士学位论文，大连理工大学，2008年，第4页。

② 叶继元：《CSSN，ISSN，CN号称谓、含义的变化及其影响：兼论中国"学术集刊"问题》，《中国图书馆学报》2006年第5期。

③ 叶继元：《ISSN网络的新发展及与期刊条形码的关系》，《图书情报工作》1998年第5期。

④ 陈立新：《力学期刊群的内外关系与学科结构》，博士学位论文，大连理工大学，2008年，第4页。

⑤ 周汝英：《论期刊学及其研究方法》，《社会科学战线》2001年第1期。

一些学者认为"期刊是连续出版的文化全息装置"①。因此,期刊研究的目的旨在探究期刊外形特征和数理规律背后的深层原因,在人的认识能力、审美需求和社会心理机制下寻求对各种期刊现象和规律的解释。这一研究范式超越了期刊本体的局限,涉及期刊的社会历史层面,注重期刊的形式、内容与社会人文背景的深刻联系。期刊研究从形态学范式转向数理范式的过程折射出了西方科学方法论的转型②,从数理范式转向文化社会学范式正是体现了现代科学主义的人本回归。

综上所述,期刊研究的主流范式从数理范式转向文化社会学范式,为社会分层理论引入到期刊研究提供了必要的外部条件和机遇。

第二节 期刊分层的理论内涵

期刊的能动性和期刊研究范式的嬗变为社会分层理论引入到期刊评价领域提供了可行性和外部条件。在社会分层的视角下考察期刊之间的等级结构,是期刊分层研究关注的主要内容。期刊分层的本质是对期刊学术地位的评价和等级划分,期刊的质量、影响力、声望等内容仅仅是期刊学术地位在某一个侧面的反映。期刊学术地位是期刊分层的根本标准,也是期刊评价的本质,这主要是由学术界的科研奖励机制与资源分配机制共同决定的。依据地位进行资源分配是一种普遍的社会现象和规律,学术界根据学术地位进行资源分配符合社会资源分配的普遍原则。

一 期刊分层的内容

在社会学研究中,把社会成员按某种标准进行区分,并通过这种区分来透视社会结构的性质和主要特征,是社会学研究中的一种传统,这种传统发展到今天已成为社会学领域中最为重要的方法之一③。这样一种社会分析的思路并不是只有社会学家才采纳,政治家以及普通的民众也时常运用这一逻辑来观察和判断他们周围的社会现象。

---

① 周汝英、傅荣贤:《期刊研究的文化学思考》,《图书情报工作》1998 年第 6 期。
② 周汝英:《论期刊学及其研究方法》,《社会科学战线》2001 年第 1 期。
③ 李春玲:《当前中国人的社会分层意识》,《湖南社会科学》2003 年第 5 期。

期刊是人类交流知识的社会化系统，对于同一个专业领域的期刊，在主办机构、经费来源、编辑队伍、审稿专家、作者群和读者群等方面都有着较大的差异。这些差异直接导致了期刊办刊环境和条件的差异，并进一步影响期刊的学术水平。期刊学术水平的不同使得期刊在学术共同体中所获得的认同度产生差异，知识界对期刊认同度的差异导致期刊地位的差别和期刊之间不平等的产生。因此，可以说期刊分层是人类社会由不平等所导致的社会分层在期刊界的自然延伸。正如有些学者指出的那样，科学技术期刊在学术维度上的分层现象是客观存在的，即使没有公认的分层标准，学术共同体中的成员对本专业不同期刊的学术水平也会有一个模糊的共识[1]。

期刊之间的差异是客观存在的，每一种期刊都根据各自的特质在知识交流系统中占据一定的位置。这个位置就是期刊的学术地位，它是一份期刊综合实力的整体表现；所有期刊的相对位置，就构成了期刊的地位结构。然而，学术地位的高低并不仅是由期刊本身差异决定的。帕森斯指出，一个人在社会上的地位之高低，是由社会上的其他人，根据这个人所能做到的与社会上占统治地位的价值观念相一致的程度决定的；即越是符合该统治地位价值观的人，其社会地位就越高[2]。地位高低的依据是共同的价值体系，也就是说，期刊地位的高低在很大程度上取决于知识界的价值取向。理想状态下，知识分子是根据期刊的质量或称之为学术水平而赋予某种期刊特定的学术地位，这体现的是知识分子的集体逻辑和价值取向。对于每一个知识分子个体来说，期刊的学术地位是既定的，是通过长时期期刊编辑与作者群共同努力的积累而获得的。因此，每一个独立的个体研究人员对期刊的学术地位的影响是非常有限的，也就是说学者个体生活在既定的学术生态里。

研究人员都希望阅读他们所在领域内高学术地位的期刊，同时也希望自己的论著发表在这些期刊上被同行阅读[3]。这一具有社会群体性的心

---

[1] 严建新、王续琨：《中国科学技术期刊的学术分层机制》，《科学学研究》2008 年第 1 期。

[2] 李强：《社会分层十讲》，社会科学文献出版社 2008 年版，第 163—164 页。

[3] J. C. Catling, V. L. Mason, D. Upton, "Quality Is in the Eye of the Beholder？An Evaluation of Impact Factors and Perception of Journal Prestige in the UK", *Scientometrics*, Vol. 81, No. 1, 2009.

理动机有着更为深刻的行动意义：在一份学术地位较高的期刊上发表论文，意味着能获得较高的个人声望、同行的认同[1]、在职业阶梯中更快地提升[2]。因此，建立在利益驱动机制之上的人类行为逻辑的基本假设，使得对期刊学术地位的揭示以及对同一学科期刊所组成的期刊地位结构的描述就成为期刊评价研究无法回避的关键问题。遗憾的是，现有的期刊研究主要是数理范式，热衷于对期刊之间引证现象的经验描述，忽视了对潜伏于引证背后以及未能通过引证关系显示出来的人的观念、动机、选择机制及社会文化生态的研究。

社会分层的理论家们指出，社会分层研究起始于人们对社会差异和社会等级的感知，通过对社会差异的纯粹性描述来区分不同类型的分层体系，从而产生社会的层级结构[3]。因此，期刊分层研究的起点同样是揭示学术共同体对期刊地位差异的感知，描述基于期刊学术地位的差异而产生的期刊地位结构。对期刊分层的感知是人们对现实存在的期刊地位差异的直觉反映，它是期刊分层意识的体现，只是分层研究的表层。如何根据学术共同体的价值判断确定分层的基本依据，进而描述现行期刊地位的结构，解释期刊地位结构的产生与维持机制，构成了期刊分层研究更为丰富的内容。因此，期刊分层研究的主要内容在于下列问题。

（1）期刊分层的感知研究

当期刊的种类较少，研究人员缺乏必要的交流平台时，期刊之间的地位差异并不显著，人们对期刊层级性意识比较淡薄，期刊地位的区别比较模糊。然而，随着期刊种数的激增，研究人员交流渠道的增加，人们自然会对交流的平台进行比较，潜在的期刊分层意识逐渐显现。基于这一逻辑推断可以得出一个基本的假设，期刊的种数的增加是期刊地位差异产生的前提条件。

（2）期刊分层的影响因素研究

期刊之间的差异很多，既有客观的形式差异，如装帧设计、印刷质

---

[1] T. Clark, M. Wright, "Reviewing Journal Rankings and Revisiting Peer Review: Editorial Perspectives", *Journal of Management Studies*, Vol. 44, No. 4, 2007.

[2] M. Frank, "Impact factors: Arbiter of Excellence?" *Journal of the Medical Library Association*, Vol. 91, No. 1, 2003.

[3] [美] 格伦斯基：《社会分层》（第2版），王俊等译，华夏出版社2005年版，第3页。

量；也有主观的内容差异，如期刊论文的学术水平、栏目设置的独具匠心、期刊关注的主题范围等等。究竟是哪些差异符合了学术共同体的主流价值观，导致了期刊地位的差异呢？现行的期刊评价的重要指标——影响因子，是否能够准确揭示期刊的学术地位呢？这些问题的解决是了解期刊分层结构的关键。

（3）期刊分层的结构研究

当人们清楚地认识到期刊之间的地位差别，并明确了导致这种差别的主要因素后，人们会由此在头脑中勾画出构成期刊地位结构的大致框架，这一框架就是学术共同体成员对期刊地位结构基本形态的想象。通过必要的研究手段准确地描述人们头脑中建构出来的期刊地位结构，是研究期刊分层的核心内容。因为它本质上反映了学术共同体内部的同行评价，符合科学场的本质特征，即"同行中的竞争者同心协力，致力于对一致事实审核准则的建立，对论点或假设宣告无效的共同方法的制定"①。

（4）期刊个体的自我归类研究

学术共同体在构建了期刊地位结构的大致框架之后，相应地会把某一种期刊置于框架中的某一位置，同时，相应的期刊也会把自身归入某一个既定的等级层次。这不仅反映了学术共同体成员期刊分层意识的强烈程度，同时也是判定学术共同体的价值取向是否一致的重要标准。如果大多数学术共同体成员对期刊归类比较一致，这表明了人们对共同体的价值取向与集体逻辑的认同，否则说明学术共同体内部成员还未形成一定的共识。这也进一步为判定某个学科的成熟程度提供了一定的参考。

（5）期刊学术地位的流动与地位结构的变化研究

社会分层与社会流动是一个硬币的两方面，期刊地位的流动研究必然是期刊分层研究的重要组成内容。期刊地位流动研究分为两种集中的类型：宏观上看，所有期刊的地位的集体变动称为结构性的流动，它主要是由制度性因素导致的；微观上，期刊个体的学术地位的上下流动称

---

① ［法］布尔迪厄：《科学的社会用途：写给科学场的临床社会》，刘成富等译，南京大学出版社2005年版，第37页。

之为"纯流动"①，它不依赖于制度性因素，而是取决于期刊个体的整体表现。在社会分层研究中，如果社会流动性较强，社会结构是刚性的，即社会成员的社会地位是由出身、血统、种族等先天因素决定的，社会成员想要实现地位的上升非常困难，整个社会就会凸显出各个阶级阶层之间的结构紧张。反之，如果社会成员的社会地位是可以通过社会个体的后天努力而获得，受到先天因素的影响较小，称这样的社会结构是柔性的，社会各阶层之间的关系也是较为和谐的。在明确期刊之间的地位结构之后，期刊流动决定着现行的结构对期刊个体会产生怎样的影响。期刊学术地位的流动本质上反映了现行的期刊分层结构对期刊个体的结构性和制度性约束，这种约束的程度决定了不同等级期刊之间的紧张或和谐程度。

二 期刊分层的本质

从期刊评价的发展历程来看，学者对期刊的价值要求经历了一个不断转变的过程：信息密度评价—信息有用性评价—信息质量评价。20世纪30年代布拉德福基于文献离散分布对期刊信息密度进行评价，到70年代 E. Garfield 基于引证关系对期刊有用性进行评价；今天，学者们关心的是对期刊质量的评价。建立在核心期刊理论基础上的现代期刊评价体系被很多学者诟病的根本原因是，期刊是结合了信息密度和信息有用性两大价值取向的期刊评价体系，不是反映现代学者集体价值取向的期刊质量评价。然而，学术共同体的真实价值取向是期刊质量吗？这一问题有必要作一番考察。

什么是质量？统计质量控制之父沃特·休哈特（Walter A. Shewhart）认为质量存在客观和主观的两个侧面②。对于期刊来说，质量至少包含两方面的内涵：一方面是形式质量，如编校质量、印刷装帧的精美程度等；另一方面是内容质量，它是由期刊发表论文的集体质量汇聚而成的。形式质量可以用标准规范加以量化，容易测量，内容质量则不然。期刊质

---

① ［法］卡泽纳弗：《社会学十大概念》，杨捷译，上海人民出版社2003年版，第177页。
② 高凤华：《基于质量导向的人文社会科学研究成果评价体系研究》，博士学位论文，南京大学信息管理系，2010年，第23页。

量评价的核心内容就是解决如何评测内容质量的问题,即通过评定期刊论文的质量汇集而成的期刊内容质量。因此,论文质量的评测就成为测定期刊质量的关键问题。

什么样的论文是高质量的论文呢?传统的科学史家认为质量是把科学真理表现出来,使得人们能够更加了解已有现象的论文就是高质量的论文。这是一种绝对标准的质量评价,这种绝对质量的评价只有用历史回顾的方法才能测量工作成果的质量。科尔兄弟在研究科学界的社会分层时指出:"我们把科学成果的最终评价留给未来的历史学家。"① 他们巧妙地回避了内容质量的评价难题,转而使用引证分析这种对"有用性"的评价来代替内容评价。既然内容质量只能交给历史去评判,经过历史的大浪淘沙,真正的知识最终会显现并永留史册。那么现在一些学者不断争论的期刊评价的实质是什么呢?难道学者们大声疾呼的质量是指形式质量?答案显然是否定的。那么学者们对期刊评价的本质价值取向到底是什么呢?本书认为,学者们不停强调的期刊质量本质上是指期刊的学术地位,期刊评价的价值取向本质上是评价期刊的学术地位。为什么学术地位的评价是现今学者们评价期刊的价值归宿呢?

伦斯基在研究社会分层时有三个基本的假设:①人是社会性动物,②人的大多数行动受自我利益或集团利益的驱动,③人所争夺的客体有许多都是供应短缺的②。基于这样三个基本假设,他详细论述了社会地位对资源和权力分配的巨大影响。无论在西方还是东方,"人的本性似乎并不像马克思和启蒙运动以来的许多社会理论家所想象的那样容易改变、那么容易摆脱增进自我利益的内在倾向……道德刺激已被证明赶不上物质刺激"③,社会最初只是由自私地追求个人目的的人无组织地聚合在一起,从这种聚合中能产生出合作和道德意识,进行形成包含基本权利、公平、正义等观念的社会制度。这种制度是以其中各方之间存在高度有

---

① [美] J. 科尔、S. 科尔:《科学界的社会分层》,赵佳苓等译,华夏出版社 1989 年版,第 25 页。

② [美] 伦斯基:《权力与特权:社会分层的理论》,关信平等译,浙江人民出版社 1988 年版,第 43 页。

③ [美] 伦斯基:《权力与特权:社会分层的理论·新版序言》,关信平等译,浙江人民出版社 1988 年版,第 3 页。

价值的和有报酬的个人联系为基础的。

伦斯基的三条基本的假设同样适用于学术界，尤其是人的"增进自我利益的内在倾向"。在现代社会，特别是现代科学制度的建立进入"大科学"时代，知识生产本身成为一种职业，不直接从事物质生产的知识分子需要通过知识生产行动来获取必要的物质资源以维持自己的生存和发展。知识生产活动的这一物质取向性在古代社会早已存在，在现代社会尤其得以彰显。凡勃伦指出："学识的起源和初期发展，同社会宗教仪式的关系是颇为密切的，特别有关的是为超自然有闲阶级服务时表现的那部分仪式。"① 可见，古代社会中的知识分子如果本身不属于有闲阶级，那么他们从事知识生产活动的目的是通过知识生产为有闲阶级服务，进而从有闲阶级那里获取生存和发展所必需的物质资源。知识生产的物质取向性可以有效地解释为何古代社会的知识分子大多出生于有闲阶级这一在东西方世界普遍存在的现象。

默顿指出："基于荣誉和声望的地位体系和基于不同生活机会的等级体系之间存在着不断的相互作用，这决定了科学家在科学的机会结构中的不同地位。"② 在"科学场"中，知识分子通过发表对知识体系有所贡献的论著来获取同行的承认，从而建立自己的学术地位和声望，并以此确定自己在"科学场"中的地位，进行社会交换获得相应的生活机会和资源。随着大科学时代的到来，期刊已经成为知识交流系统的主要平台。通过在高声望和高学术地位的期刊上发表论文，科研人员获得同行承认的可能性就越大，这也意味着研究人员可能获得较高的学术地位。学术地位的高低又是社会系统对知识分子分配生活资源和学术资源的重要依据。因此，能够在学术地位较高的期刊上发表论文，成为研究人员获取生活资源和学术资源的重要途径之一。

期刊学术地位的高低，是研究人员发表行为的直接行动动力；期刊学术地位的高低，是整个社会和各级科研管理部门判定研究人员学术地位高低的主要参考工具之一。因此，期刊的学术地位是学术共同体所有

---

① ［美］凡勃伦：《有闲阶级论》，蔡受百译，商务印书馆2007年版，第282—283页。
② ［美］默顿：《科学社会学：理论与经验研究》，鲁旭东等译，商务印书馆2003年版，第610页。

成员和科研管理部门乃至整个社会系统进行期刊评价的根本价值取向。基于信息密度和信息有用性的核心期刊遴选指标并不能准确定位期刊的学术地位;核心期刊作为科研评价工具,以及由此产生的科研资源分配方式不是基于地位的资源配置的方式,这才是学术界诟病核心期刊评价功能的根本原因之所在。

三 期刊学术地位的类型

如前所述,期刊分层的本质是依据期刊的学术地位进行等级划分,学术地位是"科学场"配置资源的基本依据,通过在不同学术地位的期刊上发表论文是研究人员取得社会承认、获取学术地位的有效手段之一。这是期刊分层理论的核心观念。

在社会学的视角下,人们之间的差别分为自然差别和社会差别两个方面[1]。所谓自然差别是指人与人之间因无法更改的自然因素如生理、出生等而形成的差别;所谓社会差别是指人们因社会因素如政治、经济、文化以及交往关系等而形成的差别。在不同社会形态系统中,不同类型的差别在人们获取社会地位时所起的作用有很大的不同。在古代社会,出身、种姓、血统等先天性的自然差别对社会个人获取社会地位有着决定性的影响,社会个体以个人能力实现社会地位的上升是非常困难的。在现代社会,社会个体获得社会地位相对更多地依赖于个人后天的努力和个人能力,先天的血统、种族等自然差别的影响在减弱。因此,美国人类学家拉尔夫·林顿(Ralph Linton)使用"先赋地位"(Ascribed Status)和"自致地位"(Achieved Status)这两个概念以示两者的区别[2]。

期刊之间的差别包括很多方面,也可以根据差别的来源将其分为自然差别和社会差别两种。期刊的自然差别在期刊诞生时就已存在,比如主办单位、期刊所服务的学科等这些基本上不可变的因素,也包括装帧设计、刊期、印张、编辑人员等在相当的一段时间内基本保持不变的因

---

[1] 李强:《社会分层十讲》,社会科学文献出版社 2008 年版,第 4 页。

[2] I. S. Foladare, "A Clarification of 'Ascribed Status' and 'Achieved Status'", *Sociological Quarterly*, Vol. 10, No. 1, 1969.

素。有些研究发现，期刊发表论文的长短都有可能影响学术共同体对刊物的评价和认同①。一般来说，学者们倾向于认为发表长篇论文的期刊的学术性更强、学术水平更高。期刊的自然差别会不会影响其在学术界被认可的程度，对期刊学术地位的获取和累积会不会产生重要的影响？答案当然是肯定的，这种自然差别的影响在我国期刊界普遍存在，在高校学报中影响尤其明显。对于每一份高校学报来说，高校的学术地位和影响力对学报在学术交流系统中的地位和影响力有着特别重要的影响。

本书将由期刊之间的自然差别导致的期刊学术地位称之为期刊的"先赋地位"，这种地位不平等的现象类似于人类社会中的社会成员通过出身、继承等因素而获取不同社会地位的现象。

除了自然差别导致的"先赋地位"的差异，社会差别是否也对期刊的地位产生影响，从而形成"自致地位"的差异呢？期刊本身是一个动态的系统，通过不断地发表优秀的论文，从而获取学术共同体的认可。期刊如何利用自身的特色吸引大量的优秀稿源、发表大量高水平的学术论文，就是每本期刊自身能力和努力水平最直接的表现形式。

期刊在寻找稿源、发表论文的这一过程中，存在着多种社会化因素的驱动。对于期刊自身来说，它可能需要吸引知名学者的文章，通过作者的水平来保证发表论文的水平，同时通过作者的学术声望来提高刊物自身的学术声望。同样，对于作者来说，作者的投稿取向受到制度导向、期刊声望、个人偏好等多种社会化因素的影响②。作者（尤其是青年作者）同样希望通过在著名刊物上发表论文来提高自己的知名度，获得同行的承认，并因此而积累自己的学术地位、获取相应的生活机会和学术资源。作为第三方的科研管理部门，它既需要通过期刊论文作为学术资源分配时的必要参考，同时也需要通过期刊作者群的地位和水平来判断期刊在学术界的受认可程度、学术地位和水平。在期刊交流平台的背后，隐藏着不同相关主体之间的复杂利益博弈。这种复杂的利益博弈行为，

---

① M. E. Falagas, et al, "The Impact of Article Length on the Number of Future Citations: A Bibliometric Analysis of General Medicine Journals", *PLOS One*, Vol. 8, No. 2: e49476, 2013.

② 严建新、王续琨:《中国科学技术期刊的学术分层机制》,《科学学研究》2008 年第 1 期。

通过期刊稿件录用、引证关系、转载、索引和评奖等方式得以固化显现。现行的各种期刊评价主体，正是通过充分利用期刊中显现出来的这些固化特征，建立了各种复杂的期刊评价指标体系。这些指标体系一旦建立，使得期刊之间的潜在差异外显化，强化了社会和学术界对期刊等级差异的认识，具有了"符号暴力"的性质。因此，期刊之间的社会差别无疑会对期刊的地位产生重要的影响，并且导致了期刊"自致地位"的差异。

期刊"先赋地位"和"自致地位"分别来源于期刊的自然差别和社会差别，那么对期刊地位起着决定性影响的是自然差别还是社会差别呢？为了找到这一问题的答案，首先必须厘清不同社会中的期刊分层系统的性质及其影响要素。即使是相同的因素在不同的系统中也会产生不同的作用，这一点在社会分层中普遍存在，在期刊分层的研究中也不能例外。相关内容在第7章中展开具体的研究。

将社会地位划分为"先赋地位"和"自致地位"有着重要的实践意义。在社会生活中，如果社会成员的"先赋地位"是主导因素，那么社会的整体结构是刚性的、社会系统是封闭性的，即社会各个阶层之间存在着结构性紧张和冲突；这样的社会具有极强的不稳定性，不利于社会的整体发展。如果社会成员的"自致地位"占据主导地位，那么社会的整体结构是柔性的、社会系统是开放性的，即社会各个阶层之间比较和谐，每个社会成员都有机会通过个人努力而达到社会的上层，因而底层的社会成员不易于形成集体性的反社会集团，直接具有破坏性的社会冲突比较少见。

对于期刊来说，期刊整体结构的刚性或柔性、期刊系统的开放性或封闭性，对与期刊相关各个主体来说都具有重大的影响。如果"先赋地位"是期刊学术地位的主要构成部分，直接的后果就是学术地位较低的期刊编辑人员缺乏必要的激励机制，他们的努力难以获得学术系统的必要认可。长期如此，必然导致处于地位弱势的期刊编辑产生集体性的怠工行为，不利于提升期刊界的整体水平。对于处于地位强势的期刊来说，期刊编辑人员缺乏必要的竞争机制，不易产生危机感，这样也会产生强势期刊编辑的集体性不求上进，也将损害期刊界的整体实力。对于科研人员来说，强势地位的期刊编辑由于把握着媒体话语权，使得作者群处于争取稀有发表权的相对弱势地位，这样可能导致科研媒体与科研人员之间的服务与被服务的关系本末倒置①。在以刚性和封闭性为特征的期刊体结构中，整个期刊界犹如一潭死水缺乏活力，必将走向干涸。在以柔性和开放性为特征的期刊结构中，"自致地位"是期刊地位的主要构成部分，上述种种情况的可能性就会大大减小；由于期刊个体地位的流动，整个期刊界将变成一泓充满活力的泉水，生生不息。

从社会学的视角来看，"自致地位"取代"先赋地位"成为社会成员社会地位的主要构成因素，是社会发展与进步的重要标志。从我国期刊评价的实践来看，从基于行政级别的评价发展到基于核心期刊理论的期刊评价，这体现了我国学术界对期刊"先赋地位"和"自致地位"的认知转变。然而，这种转变的程度有多大呢？这仍然是有待于研究人员进一步考察的重要问题。

第三节　期刊分层的形成机制

期刊之间的自然差别和社会差别是期刊学术地位差异的基础，为期刊的结构性特征提供了前提条件。自然差别和社会差别如何运作，从而形成期刊之间的等级结构并使这一结构得以维持或变迁？现有的相关研究主要针对核心期刊的形成机制提出理论解释。如佘广和认为核心期刊形成机制主要有四个方面②：①"马太效应"的影响，②省力法则的导向，③学科间相互作用的结果，④"协同效应"的自组织行为。粟慧对核心期刊成因的解释也持相似观点③。这些解释的理论视角基本上是在叶继元提出的理论框架下展开的④，没有太大的突破。凤元杰认为核心期刊的形成可从宏观和微观两个角度来考察⑤：从宏观上看，自组织理论揭示了期刊系统在与外界环境不断地进行能量、物质、信息交换的过程中，

---

① 朱剑：《颠倒关系的再颠倒：学术期刊编辑规范与"评价权利"关系辨析》，《清华大学学报》（哲学社会科学版）2007年第6期。
② 佘广和：《核心期刊形成机制、测定方法和研究展望》，《情报理论与实践》1999年第6期。
③ 粟慧：《核心期刊成因探究》，《图书情报知识》1997年第3期。
④ 叶继元：《核心期刊概论》，南京大学出版社1995年版，第64—65页。
⑤ 凤元杰：《核心期刊形成机制探究》，《情报学报》2001年第6期。

自发地形成层次分明、等级森严的有序结构，即核心期刊产生；从微观上看，就某种期刊而言，要在芸芸众生中脱颖而出，成为核心期刊，期刊编辑因素起决定作用，而能否确立主编意识（精品意识）、特色意识、编辑意识、规范标准意识、宣传经营意识这五种意识是期刊成功的关键。期刊分层的机制虽然与核心期刊的形成机制存在一定的相似之处，但是由于关注的焦点是期刊的学术地位，所以并不完全相同。本书认为可以从自然机制和社会机制两个方面对期刊分层的形成机制进行解释。

一　期刊分层的自然机制

（一）马太效应的累积作用

"马太效应"一词的最早使用者是科学社会学家默顿，取自《新约·马太福音》第25章的一个故事。1967年，在旧金山召开的美国社会学年会上默顿宣读了《科学界的马太效应》一文，并于1968年发表在《科学》第159卷第3810期。默顿所说的马太效应是指"非常有名的科学家更有可能被认定取得了特定的科学贡献，并且这种可能性会不断地增加，而对于那些尚未成名的科学家，这种承认就会受到抑制"[①]。后来，马太效应广泛地被用来形容社会选择过程中形成的优势累积现象。马太效应并非默顿的独有发现，经济学家缪尔达尔（Gunnar Myrdal）提出的"循环累积因果原理"（Principle of Circular and Cumulative Causation）[②]，经济学家纳克斯（Rangnar Nurkse）提出的"贫困恶性循环理论"（Vicious Circle of Poverty）[③]，都是马太效应的另一种同义表达方式。在我国，老子《道德经·不欲则贤》中早有类似的表述："天之道，损有余而补不足；人道则不然，损不足以奉有余。"

马太效应为何在"科学场"成为可能呢？这源自于生活在"科学场"中的科研人员的集体逻辑和选择机制。如前所述，"科学场"中资源配置的主要依据是学术地位，因此科技工作者最重要的资本是社会承认。默

---

① ［美］默顿：《科学社会学：理论与经验研究》，鲁旭东等译，商务印书馆2003年版，第614页。
② "Gunnar Myrdal"（http：//en.wikipedia.org/wiki/Gunnar_Myrdal）。
③ "Ragnar Nurkse"（http：//en.wikipedia.org/wiki/Ragnar_Nurkse）。

顿指出:"科学领域中的分等的奖励,主要是根据科学家同行对研究的承认而分配的……承认是科学王国的通货。"① 那么,承认及基于承认的学术地位在科研领域是如何分配的呢?在"科学场"中分配承认的主要依据是某位研究人员以前所做的研究成果。在科研领域中,存在着这样一种普遍的逻辑和价值判断:一位科研人员一旦取得了一定的科研成就,获得了一定程度的知名度,他今后做出的研究成果的学术水平不会远远跌落到此水平以下(尽管他可能被新人超过)。默顿将这一集体逻辑称之为"棘轮效应"。事实上,"棘轮效应"是一种极为普遍的社会心理现象,美国心理学家爱德华·桑代克(Edward L. Thorndike)于 20 世纪 20 年代提出"晕轮效应"(Halo Effect)用以表示人们的这种心理特征②。基于"棘轮效应"的集体逻辑和价值判断,著名的科研人员可能获得了与他的研究贡献不相称的太多荣誉和资源,而那些相对不知名的研究人员总是获得与其贡献相比相对较少的荣誉和资源。这种现象就是默顿所说的"科学界的马太效应"。

"马太效应"的作用过程包含两个相关而又不同的侧面③:从时间角度看,"马太效应"是人们的已有成就通过转化成为发展资源,实现再生增值的过程。人们的工作成就是人们实力的直接证明。因此,根据一个学者以往的成就和声誉推测其未来工作,决定对他的投资,是科研管理的自然选择。于是,一个学者如果已经获得某些成果,这些成果及声誉就会帮助他获得资金、市场和人才等发展资源,为他取得更大成就奠定基础。从空间角度看,"马太效应"是竞争劣势者的利益或业绩向优势者集聚的过程。

默顿在研究科学界的"马太效应"时,同时也关注到了科学交流系统的"马太效应",但是他的出发点却是研究人员个人知名度对研究成果在同行中获得承认的影响,即"具有重要地位的科学家的贡献,最有可能及时地和广泛地进入科学交流网络,从而促进科学的发展"④。而被默顿所

---

① [美]默顿:《科学社会学:理论与经验研究》,鲁旭东等译,商务印书馆 2003 年版,第 604—606 页。
② "Halo effect"(http://en.wikipedia.org/wiki/Halo_effect)。
③ 任红、应爱娜:《马太效应:社会分层的催化剂》,《理论导刊》2007 年第 6 期。
④ [美]默顿:《科学社会学:理论与经验研究》,鲁旭东等译,商务印书馆 2003 年版,第 620 页。

忽视"马太效应"对交流平台自身的影响，正是本书要关注的焦点。

作为科学交流系统的主要组成部分，期刊在长期的发展中累积了一定的学术地位。虽然学术地位可能由于发表的论文的集体水平的下降或上升而发生一定的变化，但是研究人员个体对这种变化的影响是极为有限的。因此，对于每一个研究人员来说，期刊的学术地位是自己发表行为和选择动机的条件性常量。

在期刊发表研究论文这一个互动的选择过程中，实际隐含了重要的承认分配机制。从作者的角度出发，通过在高学术地位的期刊上发表论文，作者得以不断提升自己的学术地位，获取更高的知名度。因此，基于利益驱动的投稿心理会促使大量的稿件首先涌向学术地位较高的期刊，这使得这些期刊具有更大的选择范围和选择权。然而，期刊的版面和信息容量在一定的时间范围内是一项既定的"自然差异"，为了争取有限发表权的论文数量长期增加，必然会导致录用标准的提高，从而实现期刊整体学术水平的上升。学术水平的提高会给期刊在学术界带来更多的关注，更多的关注也就意味着更高的学术地位、更多的稿源和选择范围、更高的录用标准……如此循环累积，从而在期刊界形成了"马太效应"的集聚机制与增值机制（见图6—2）。高地位期刊稿源不断地增加，自身的学术水平也不断地提高。对于地位较低的期刊来说，完全是一个逆向反应，"贫困恶性循环"的作用会不断得到彰显。

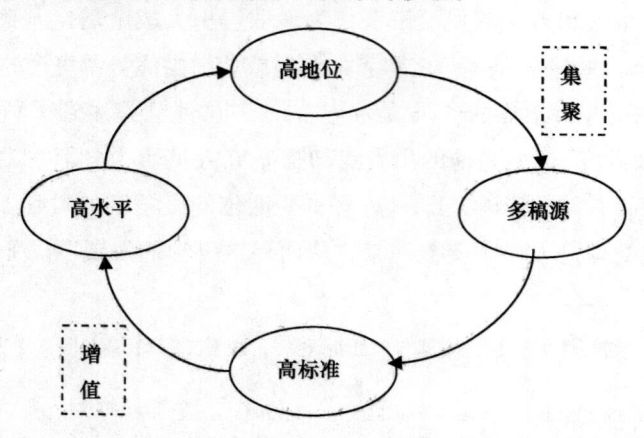

图6—2 "马太效应"在期刊中的集聚机制与增值机制

"荣誉性承认不但会为获得者带来荣誉,也会为提供者带来荣誉。"①从期刊的角度来看,录用发表的行为本质上是对作者的一种承认,这种承认的累积使得作者的学术地位不断提升。作者地位的提升将会表明期刊当初的录用行为本身是一种正确的价值判断,证明了期刊具有伯乐一样的鉴别能力。因此,默顿指出:"从这个意义上说,授予荣誉比获得它更为神圣。通过它对那些证实了优异的荣誉获得者的可能的影响,以及对那些还必须展示其素质的新手们的影响,荣誉性承认和工具性承认结合在一起。"② 所谓的期刊具有的学术导向、培养研究新人的社会功能正是通过这一承认授予的过程得以实现。除此之外,作者学术地位的累积有利于期刊提高自己的知名度和学术地位。据美国心理学会的研究发现,有15%—30%的心理学家会依据作者的身份选择阅读论文。因此,通过录用发表这一行为,学术地位较低的期刊有机会提高自己的"曝光度"和影响力。

"马太效应"对期刊学术地位的影响巨大。从积极的一面来看,它强化了期刊为争取优秀的稿源而展开竞争,增加了期刊整体的活力,这便是默顿所说的"马太效应的正功能"。从消极的一面来看,它导致期刊学术地位的两极分化,不利于优质稿源的充分交流,甚至直接导致学术霸权的产生。经济学家大卫·李嘉图的报酬递减理论告诉我们,同类资源的重复投放会使这些资源的效益下降。这意味着,当"马太效应"使得大量优质稿源向少数期刊高度集中的同时,可能会降低科学知识的传播效率。默顿本人也提醒我们,"当'马太效应'变成权威的幻象时,它就违背了科学制度所包含的普遍主义规范,并且会阻碍知识的进步"③。

(二) 协同效应的自组织作用

"结构是事物自身的存在方式,也是绝对运动的空间表征。"④ 赫尔

---

① [美] 默顿:《科学社会学:理论与经验研究》,鲁旭东等译,商务印书馆2003年版,第582页。
② 同上。
③ 同上书,第631页。
④ 万里鹏:《基于本体论的信息生命周期研究》,博士学位论文,南京大学,2007年,第57页。

曼·哈肯认为："从无生命界到生命界，乃至精神世界，我们不断碰到各种结构；我们对此已经习以为常，以致不复意识到其存在的奇妙。"① 通过分解了解结构得以组成的要素，这正是现代科学的精髓所在。歌德说："部分已在我掌中，所惜仍欠精神锁链。"② 即使发现了结构的要素是什么，我们仍需要明白构成要素如何组成整体，这才能完成整个认知过程。协同学正是以完成要素之间的建构为出发点，它的目标就是"在千差万别的各科学领域中确定系统自组织赖以进行的自然规律"③。

结构是怎样产生的呢？哈肯认为："许多个体，无论是原子、分子、细胞，或是动物、人类，都是由其集体行为，一方面通过竞争，另一方面通过协作，而间接地决定着自己的命运。"④ 表面上看，每个组成要素（哈肯称之为"组元"）好像是"由一只无形的手促成的那样自行安排起来，但是相反正是这些单个组元通过它们的协作才转而创建出这只无形之手。我们称这只使一切事物有条不紊地组织起来的无形之手为**序参数**"⑤。依据这一探寻宇宙统一奥秘的逻辑，哈肯考察了无机世界、有机世界乃至人类精神世界的自组织行为。

自组织行为存在于所有的开放系统之中。从宏观上看，期刊界是一个由大量不断地停办和创办的期刊个体组成的巨大系统，持续地与物质世界和精神世界进行各种交换。期刊系统的开放性使得人们用协同学理论解释各种现象成为可能。在将协同学理论用于解释期刊有序结构的形成原因时，很多学者认为"协同效应使序参量成为核心期刊，并和序参量一起构成期刊体系的有序结构"⑥。凤元杰将自组织理论引入到核心期刊形成机制的解释时认为："从宏观上看，自组织理论揭示了期刊系统在与外界环境不断地进行能量、物质、信息交换的过程中，自发地形成层次分明、等级森严的有序结构，即核心期刊产生。"⑦ 不难发现，前者将

---

① ［德］哈肯：《协同学：大自然构成的奥秘》，凌复华译，上海译文出版社2005年版，第3页。
② 同上书，第5页。
③ 同上书，第9页。
④ 同上书，第8页。
⑤ 同上书，第7页。
⑥ 叶继元：《核心期刊概论》，南京大学出版社1995年版，第65页。
⑦ 凤元杰：《核心期刊形成机制探究》，《情报学报》2001年第6期。

结构的构成要素误认为是"序参数",后者从根本上回避了序参数究竟是什么这一核心问题。现行的研究都未能有效地解释期刊有序结构形成中的"序参数"是什么这一问题。

哈肯在将协同学应用于解释"科技杂志之间的竞争"时,对"序参量"明确地提出了自己的界定。他认为通过发表知名科学家的文章,使得一些期刊获得了高于其他期刊的学术声望。学术声望的分化使得声望较高的学术期刊获得更多的发行量。由于图书馆等订购机构的经费限制,学术声望较低的期刊难以获得足够支撑其运营的必要订阅量。为了能够维持,这些杂志就必须提高订阅费,而这又加速了它们的死亡,因为图书馆更难以购买这些昂贵的期刊。因此,哈肯认为,"科学声望以及经济问题起着重要作用"[①]。同时,哈肯认为,"在科技杂志的发行中,它有用的语言起着一个重要的,但常被忽视的作用"[②]。学术语言(拉丁语—德语—英语)的演变本质是一个"相变过程",由于美英这样的大国,使得英文期刊除了图书馆以外还有很多读者,这样期刊的出版可以更为经济、更为有效。可见,哈肯认为由科学声望和期刊的语种导致基于发行量的经济问题在期刊系统协同运作中起着重要作用,因而成为期刊系统的"序参量"。

哈肯对期刊系统"序参量"的界定并不能完全适用于我国国情。众所周知,我国的学术期刊大多依托某个主办单位,本身不是直接面向市场的行动主体;期刊的运营经费也多由主办单位拨款。因此,经济问题不能作为我国期刊结构得以形成的"序参量"。

学术期刊系统本身既有特定的物理结构特征,也蕴含着人的选择倾向导致的"意向性"特征[③]。虽然由于人的主观能动性导致的"意向性"特征,使得人类世界和社会化产物的自组织现象而变得极为复杂,但仍然可以沿着一定的逻辑发现社会性事物之间的自组织现象和协同效应。正如大多数进化论者所赞同的那样,进化是渐进和突变两个过程共同起

---

① [德]哈肯:《协同学:大自然构成的奥秘》,凌复华译,上海译文出版社2005年版,第185页。
② 同上书,第186页。
③ 万里鹏:《基于本体论的信息生命周期研究》,博士学位论文,南京大学,2007年,第57页。

作用的结果①。任何一个自组织系统都可以通过这两种途径进化②：一是通过反应单元的竞争和突变而进化；二是通过系统中各个反应单元的整合与合作而进化，即通过"汇聚"而进化。

每一份期刊都有自身服务的学科领域。从期刊发展的历史来看，期刊种数的演变与学科的不断细分有着密不可分的联系。绝大多数期刊在创刊之始的学科范围都是为了整个学术界或某一学科服务。在现代期刊制度刚刚建立的17世纪，学科之间的划分是非常粗线条的，当时英国的大学中只设有神学、希伯来语、希腊语、民法、医学、数学、天文学、几何学、植物学、自然哲学等10个左右的教授席位③。因此，当时创办的《哲学汇刊》《学者杂志》等都是服务于多个学科的。随着现代科学制度的细化，不同的分支学科开始出现。传统的综合性期刊已经不能适应学科发展的要求，因此，新的期刊得以创办，旧的期刊不断调整自己的主题覆盖范围。在期刊个体创办与停刊、学科范围的不断调整中，某些期刊集中于发表某一学科的论文或相关几个学科的论文，相关主题的论文得以集中，而每位学者都能在期刊系统中寻找到适合自己的发表平台。可见，学科结构的变化、研究内容的演变，使得期刊不断转变，从而形成了各个期刊通过相互竞争、相互协调服务于学科发展的期刊系统。

哈肯指出了"科学声望"在西方"科技杂志之间的竞争"中的重要作用。在我国，如同社会成员从家族和父辈那里继承一定的社会地位和社会资源一样，具有较强"寄生性"的期刊同样得以从主办单位那里通过继承而获取一定的学术地位，这一地位就是期刊的"先赋地位"。"先赋地位"为地位较高的期刊与同类期刊之间展开竞争提供了极为有利的条件，如较易获得知识界的认同，进而为争取更为优质的稿源、获取更高的学术地位和发展资源奠定了坚实的条件。期刊初始条件的优越并不能抹杀期刊编辑人员的集体努力，可将之称为"期刊个体的努力"。期刊

---

① 万里鹏：《基于本体论的信息生命周期研究》，博士学位论文，南京大学，2007年，第69页。

② 沈小峰：《自组织的哲学：一种新的自然观和哲学观》，中央党校出版社1993年版，第97页。

③ [美]默顿：《十七世纪英格兰的科学、技术与社会》，范岱年等译，商务印书馆2000年版，第61页。

个体的努力为期刊不断积累学术地位提供了可能，但是这种累积过程是长期的、艰苦的。量变导致质变发生的可能性，是编辑人员集体努力的动力与信念。

综上所述，本书认为：期刊的学术地位和学科的分化共同构成了我国学术期刊有序结构的"序参量"，使得期刊成为一个自组织的协同系统。

二 期刊分层的社会机制

期刊地位的高低，除了有"马太效应"的累积作用和"协同效应"的自组织作用之外，人的价值判断和行为取向也产生着极为重要的影响；即使是"马太效应"和"协同效应"本身，在某种程度上，我们也可以将其视为人们的集体逻辑和行动取向所致。

（一）社会需求的转变与学科地位的变迁

"同类相聚，同级相比"是学术期刊评价时的一个共识性原则，很多学者都坚持认为期刊评价只有遵循"同类相聚，同级相比"的评价原则才能使评价对象具有可比性，让学术评价活动具有意义，达到评价的目的[①]。

这一原则在使用引证分析作为期刊评价工具时具有极高的有效性和适用性。在科技界，不同学科期刊的影响因子有着巨大的差异，如表6—1所示。数学作为所有自然科学的工具性学科，在整个知识界拥有毋庸置疑的认同度与学术地位，然而数学类期刊的集体影响因子只有0.695，远远落后于其他学科的期刊。这一现象不仅告诉我们在使用文献计量指标作为科研评价的工具时必须坚持"同类相聚，同级相比"的原则，它同样展示了引证分析这种评价工具在评价期刊学术地位时的无效性。

"同类相聚，同级相比"的原则虽然在评价某一学科内部的期刊地位时拥有积极的正面作用，然而当视野扩展到整个知识领域时，不难发现由学科范围导致的期刊地位的差异是非常显著的。期刊的这种学术地位差异主要来自于社会对于不同学科的认同和关注。

---

① 叶继元、宋歌：《关于学术期刊评价中若干基本问题的分析》，《数字图书馆论坛》2007年第3期。

表 6—1　　　　　SCI 不同学科来源期刊的影响因子

Rank	Category	Total Cites	Median Impact Factor	Aggregate Impact Factor	Journals	Articles
1	ACOUSTICS	87794	0.964	1.517	26	3761
2	AGRONOMY	125286	1.152	1.457	49	5100
3	ALLERGY	74032	2.353	3.841	17	2068
4	ANDROLOGY	8358	2.059	2.239	5	331
5	ANESTHESIOLOGY	110646	1.855	2.423	22	3419
6	BIOLOGY	241521	1.383	2.749	72	6741
7	BIOPHYSICS	426004	2.362	3.124	71	11622
8	ECOLOGY	503181	1.54	2.626	124	13153
9	ELECTROCHEMISTRY	182865	1.935	2.828	22	7479
10	MATHEMATICS	250435	0.562	0.695	215	17228

数据来源：http://admin-apps.isiknowledge.com/JCR/JCR? RQ = LIST _ SUMMARY _ CATEGORY&category_sort_by = cat_title&cursor = 1 ［2009 – 12 – 8］。

"在伯里克利斯时代，哲学和艺术吸引着十分广泛的兴趣。中世纪大部分时间里兴趣的主要焦点是宗教和神学。对文学、伦理学和艺术的令人注目的重视则是文艺复兴的一般特征。而在近代，尤其是在过去的三个世纪里，兴趣的中心看起来已经转向了科学与技术。"① 科技在当今人们的认识体系中占据绝对的主导地位，尤其是物理学，更以现代科学体系中的王者身份出现在人们的认知体系中，有些学者认为"一切科学活动中以物理学为榜样这一事实构成了科学史"②。

钱锺书的《围城》里有这么一段调侃："在大学里，理科学生瞧不起文科学生，外国语文系学生瞧不起中国文学系学生，中国文学系学生瞧不起哲学系学生，哲学系学生瞧不起社会学系学生，社会学系学生瞧不起教育系学生，教育系学生没有谁可以给他们瞧不起了，只能瞧不起本

---

① ［美］默顿：《十七世纪英格兰的科学、技术与社会》，范岱年等译，商务印书馆 2000 年版，第 30 页。
② 张帆：《性禁忌的谜题与社会科学的路标》，《中国图书评论》2009 年第 9 期。

系的先生。"① 虽然这只是一本小说里的讽刺性描述，但是不能否认它所反映的社会事实。不仅学科之间可能存在着巨大的地位差异，同一学科的分支学科之间的地位差异也是存在的。批评家张柠在他的批评文集《时尚鬣犬》的序言里自我解嘲地说："文学界有一个笑话，说诗歌写不好可以去写小说，小说写不好可以去写散文，散文写不好可以去搞理论，理论搞不了可以去搞批评，批评也搞不了那就基本上废了。"②

早在20世纪30年代，默顿已经开始系统地关注学科之间的地位差异现象。"文化的各个不同领域并不是以恒定的速率发展的。在不同时期里，人们的注意力总是被引向某个或某些这样的领域，而只是在后来才转向其他方面的兴趣。"③ 也就是说，不同的历史时期，人们会给予不同学科不同的社会关注和认同，这正是不同学科地位差异的来源。对于人类的知识体系来说，任何学科知识对于加深人们对自然和经验的理解理应占据同等重要的地位，那么为何会产生学科之间的地位差异呢？默顿认为功利主义和实用性促使了学科地位差异的产生。"那些与改进人类的'生活便利'联系最密切的事业获得了最多的声望和人心"④，并因此获得更多的发展资源。

期刊与其所服务的学科是必不可分的统一体。学科地位的不同为期刊之间地位差异提供了一种"异类相比"的可能与条件。随着学科地位本身的变化，一些期刊在学术交流系统中的地位会发生重大的改变。为了争取生存与发展的机会和资源，理论上说每一份期刊都尽可能地去扩大自己的受众范围，通过提高社会"曝光度"来提高自身的影响力和学术声望。与此同时，每一个作者都希望通过更大的平台来扩展自己的作品，以求获得更广泛的知名度和声望，以此来获取更高的地位、更多的资源。在通过提高知名度来获取学术地位这一共同目标的推动下，学者和期刊形成了高度的统一，每一个个体都在试图扩展自己的声望和影响。

---

① 钱锺书：《围城》，人民文学出版社1991年版，第72页。
② 张柠：《时尚鬣犬·呼唤文体独立的时代（总序）》，河海大学出版社2003年版，第1页。
③ ［美］默顿：《十七世纪英格兰的科学、技术与社会》，范岱年等译，商务印书馆2000年版，第30页。
④ 同上书，第62页。

从这一角度出发，可以为我国期刊界"千刊一面"的现象找到合理的解释。对于每一种期刊来说，它显然有着专业化和综合化两种不同的选择。选择了专业化，意味着它对某一部分人变得非常重要，在一个较小的共同体内可能获得较高的声望和地位。但是，专业化最为直接的后果就是读者范围的缩小，读者范围直接制约着期刊的影响范围，这也可能意味着期刊在整个知识界能够发出声音的减小。如果某一个专业化的领域本身不够成熟或者已经处在社会视线的边缘，那么服务于这样一个领域的期刊在整个知识界的地位就不可能很高。在这样的逻辑思路下，专业化的选择无疑会导致期刊的发展之路越走越窄。相对来说，综合化的选择增加了期刊游走于各个学科之间的弹性，可能因为陆续发表某些学科的论文而使期刊在各学科中不断地被"曝光"、被人了解，从而达到提升期刊知名度和学术地位的目的。不否认综合化的选择可能导致集体性的平庸，然而这种平庸并不会导致期刊走向范围的单一化的僵局。

事实证明，综合性期刊的学术地位比专业性学术期刊的地位更高[1]，而这种现象在国内外是普遍存在的。无论是在科技界还是在人文社会科学界，拥有最高学术地位的期刊均是综合性期刊，*Nature*，*Science* 自不待言，《中国社会科学》的学术地位也高于《历史研究》《哲学研究》等专业性的权威期刊；即使在每一个学科内部，主题范围综合性的期刊的学术地位也高于某一特定主题的期刊，如《历史研究》的学术地位高于《清史研究》。

（二）期刊评价机制和科研资源分配机制

学术成果的评估很大程度上是一个见仁见智、人言人殊的问题，最可靠的办法当然是充分地批评讨论和长期的实践检验[2]。白居易有诗云："试玉要烧三日满，辨才须待七年期。"然而资源的分配使得学术评价成为一个急不可待的问题，学术评价是资源配置的基础，资源配置是产生激励和约束的前提[3]。根据叶继元的调查，有56%的人认为对人文社会科

---

[1] T. Clark, M. Wright, "Reviewing Journal Rankings and Revisiting Peer Review: Editorial Perspectives", *Journal of Management Studies*, Vol. 44, No. 4, 2007.

[2] 张林祥：《学术期刊的评价与"核心期刊"——与王振铎先生商榷》，《出版广角》2001年第9期。

[3] 胡玲、傅旭东：《学术期刊学术评价功能的成因与机制研究》，《编辑学报》2008年第3期。

学虽然当下很难评价,但为了激励学者和便于管理,迫切需要建立科学的评价指标体系和评价办法①。

然而,掌控着资源分配权力的科研管理机构自身缺乏相应的学术评价的知识和能力,无法对不同领域的学术论文的水平作出比较准确的认定。学术评价本身是一个长期的历史过程,资源分配的现实要求科研管理机构公正、高效、及时地分配资源。可是科研管理机构在进行学术评价时没有多少现成的具有可操作性的评价工具可供选择,面临着严重的"工具困境"②。在这一社会背景之下,期刊评价机构以积极的姿态,通过对期刊计量特征的揭示生产各种期刊排行榜,成功地介入到学术成果的评价和学术资源分配的过程之中。

各种期刊评价机构原本属于学术研究机构,为学术共同体的一分子。由于科研管理机构在研究成果评价时的无能为力和信息不对称,因而对评价机构产生强烈的工具依赖。于是,评价机构"成为行政权力部门与学术共同体之间的桥梁。"③ 这使得评价机构突破了学术共同体成员的资格限制,成为凌驾于学术共同体之上的评价第三方。因此,我国学术评价的现实是"唯有评价机构能够号令学术共同体,有能力影响政府意志"④。

不可否认的事实是,评价机制和资源分配机制是一个硬币的两面。学术的本质在"学",指的是知识积累、技术发明、理论创造和思想体系的构建,学术研究有着崇高的精神和道德追求,超越日常生活的经验、超越个人利害的得失、超越阶级和时代的局限,乃是一个优秀学者应有的禀性⑤。然而,整个社会的平庸化和物质化使得我们处于一个不讳言利的时代⑥,学术研究神圣的终极目标似乎是永远不可企及的,研究行为本身已经蜕变为具有很强可操作性的谋生工具和经营手段。因此,学者通过学术评价来获取资源已经是一个不能回避的事实。期刊评价机制以及

---

① 叶继元:《高校文科科研定性定量评价与学术发展》,《云梦学刊》2007年第4期。
② 傅旭东:《学术评价与学术期刊分级》,《科技与出版》2005年第6期。
③ 朱剑:《学术评价、学术期刊与学术国际化:对人文社会科学国际化热潮的冷思考》,《清华大学学报》(哲学社会科学版)2009年第5期。
④ 同上。
⑤ 陈春声:《学术评价与人文学者的职业生涯》,《开放时代》2009年第5期。
⑥ 朱剑:《学术评价、学术期刊与学术国际化:对人文社会科学国际化热潮的冷思考》,《清华大学学报》(哲学社会科学版)2009年第5期。

部分由期刊评价结果所引导的科研资源分配机制成为与每个研究主体的学术经营密切相关的问题。

在制度化的期刊评价机制产生以前，期刊的学术水平和学术地位一直停留在学者"心知肚明"的层面。这种潜在的社会认知会因为认知个体的差异而产生一定的不一致，即学者们会对那些表现最好的和最差的期刊达成一定程度的共识，而对于大多数处于中间状态的期刊，不同的学者可能有不同的判断结果。在这样一种状态下，较差的期刊可以得到有效的淘汰，较好的期刊拥有稳固的学术地位而引领学术的发展，中间状态的期刊会处于一种以各自的学术特色为竞争基础的活跃的变化状态。

现行的期刊评价机制是建立在通过各种引证、索引、转载、被使用次数等客观显现出来的期刊之间的关系之上，期刊之间的关系被评价机构处理为各种文献计量指标。评价机构通过期刊各种文献计量指标综合得分的高低决定它在各种期刊排行榜上的位次。文献计量指标和期刊排行榜使得潜在的期刊地位分布得以外显化，外显化的期刊地位和资源分配机制结合起来，形成了严重的"符号暴力"[1]。各种期刊排行榜的存在，使得原有的学者对中间地带期刊的认知实现了空前的一致性和同一化。在学术资源的分配机制没有和期刊评价机制产生直接的联系时，学者选择投稿的直接动机更多的可能是根据自己对研究成果的价值判断把它向最契合的同行进行展示，即知识交流动机大于逐利动机。当期刊评价机制和科研资源的分配机制产生直接的联系时，逐利动机开始取代知识交流动机居于主导地位。因为在不同级别的期刊上发文所获取的奖励不同，学者投稿自然地集中于排行榜中靠前的期刊。这种同一化的集体行动逻辑必然导致在排行中位置靠后的期刊的稿源会逐级递减。更为甚者，这种依据文献计量指标的期刊评价机制可能导致整个期刊界的趋同性[2]，中间地带的期刊为了追求在期刊排行榜中更高的位置，可能会去迎合同一化的期刊评价指标，最终导致中间地带期刊的个性和特色的丧失。

综上所述，现行的期刊评价机制和科研资源分配机制强化了期刊之间的地位分层，并可能进一步导致期刊的趋同化。期刊的趋同化不符合

---

[1]　[法] 布尔迪厄：《实践感》，蒋梓骅译，译林出版社2003年版，第177—193页。
[2]　王振铎：《质疑"核心期刊"》，《出版广角》2000年第12期。

学术研究多样性的社会要求,将不利于学术的发展。

第四节 期刊分层的研究方法

社会学对社会分层的剖析有很多种方法,按照对研究资料的展示形式可以分为定量分析和定性分析两大类,按照对社会分层根源的不同可以分为客观分层方法和主观分层方法。社会分层研究方法为期刊分层研究提供了参考,然而期刊分层研究并不能照搬社会分层的研究方法,必须依据期刊的特性,结合现有期刊评价的方法,展开期刊分层的实践研究。期刊分层的研究方法主要分为主观方法和客观方法两大类,而国内现行的期刊评价方法完全依赖于客观方法,忽视了学术共同体成员对期刊的感知和认同,处于一种主观分层方法缺失的状态。

一 期刊分层的客观方法

由于经济因素在现代社会生活中的独特地位,在社会分层的定量研究中有一种以收入分组的客观性研究方法。这种研究方式根据人们收入的多少将人们划分为由高到低的不同分组,以此来了解社会的整体结构。这种方法所产生的分组,仅仅是纯数字大小上的分组,它不能有效地揭示不同性质的社会成员之间的互动,这种客观化的分组不能成为具有社会意义的群体或阶层[1]。

客观化的分层方法在期刊评价研究中盛行于20世纪30年代至70年代,从布拉德福对期刊文献密度的集中与分散规律研究,到 E. Garfield 对期刊引文中的集中与分散现象的数据验证。在这一很长的历史时期中,期刊评价都是依据量的聚散特征对期刊分组或排序。无论是布拉德福将期刊分为核心区、边缘区和随后的几个区[2],还是 E. Garfield 从被引用的角度萃取出核心期刊[3],这些研究方法都属于从量的层次揭示信息密度的大小。

---

[1] 李强:《"丁字型"社会结构与"结构紧张"》,《社会学研究》2005年第2期。
[2] S. C. Bradford, "Source of Information on Specific Subjects", *Engineering*, No. 26, 1934.
[3] E. Garfield, "Citation Analysis as a Tool in Journal Evaluation", *Science*, Vol. 178, No. 4060, 1972.

依据这一研究方法所产生的期刊层级结构无法反映出期刊之间的互动关系,更加无法解释这一集中分散现象背后的研究者的集体动机和社会意义。作为核心期刊评选的重要指标,转载率、被索量等计量指标能反映第三方对期刊的价值判断和认知,也无法有效地展现期刊之间的互动。

到了20世纪80年代,基于聚散特征的期刊分层研究方法得到了改变,一些学者开始关注与期刊之间的引文互动所形成的结构关系。这一研究方法的开创者是匹兹堡大学社会学系教授P. Doreian[1]。通过计算社会学期刊之间的互引次数而建立期刊之间的互引矩阵,根据期刊的引入数和被引数建立起期刊引用网络,并依据投入—产出模型(Input-Output Models)的基本分析思路,Doreian计算出每一份期刊在引用网络中的贡献度,最终以期刊贡献度的分值大小来对网络中的所有期刊进行排序。两年后,Doreian对提出的模型进行了修正以提高模型的有效性[2]。

Doreian创立的这一研究方法有两大基本贡献:①突破原有的静态的期刊分层模式,将社会网络分析的思想和方法引入到期刊评价研究,通过期刊之间互相引用的情况来划分期刊的层次结构,在一定程度上反映了期刊之间的客观互动行为;②Doreian的研究使得引文网络发展成为验证社会网络普遍特征的重要形式之一,推动了社会网络经验研究的发展。

利用图论的数理原理,社会网络分析可以有效展示期刊之间的互动状态,但是不难发现这种互动关系的展示建立在一个基本的逻辑前提之下,即期刊被视为某种自主运动的主体,期刊之间到互动关系通过引证网络得以客观化。因此,此类研究仍然属于描述性研究。期刊之间客观的引证关系背后,隐藏着复杂的作者引用动机。在一定程度上可以说,期刊之间的引证关系仅仅是一种表象,而作者对期刊和论文的认同才是期刊引证关系的驱动力。以图论为基础的社会网络分析,无法有效地揭示作者的心理认同。

---

[1] P. Doreian, "A Measure of Standing of Journals in Stratified Network", *Scientometrics*, Vol. 8, No. 5/6, 1985.

[2] P. Doreian, "A Revised Measure of Standing of Journals in Stratified Networks", *Scientometrics*, Vol. 11, No. 1/2, 1987.

二 期刊分层的主观方法

帕森斯指出，财富并不是分层的首属标准，财富的主要意义在于它是一种社会成就的象征，分层的首属标准仍然是共同的价值观念①。事实上，生活于社会中的大多数人都会有自己的社会区分观念，它得自于人们自身的生活体验，得自于对周围世界的观察分析。这些社会区分观念反映出每个人对于社会结构、社会秩序的理解和想象。基于这些理解与想象，他们给自己和他人在结构中定位②。与社会区分相关的一系列想象会发展成为对社会结构的一套系统的阐释，它与实际存在着的社会结构是高度关联的，并在一定程度上反映出社会结构的基本形态和机制。因此为了了解人们头脑中关于社会分层的想象及其理论表现形态、话语系统，社会学使用社会分层的主观分层研究方法试图揭示社会的整体结构。这一方法涵盖范围广泛，包括自我评分法、声望测量，甚至社会经济地位指数等。

期刊是服务于知识交流的传播平台，学术共同体的每一个成员对期刊的综合表现都会依据自己的经验形成一定的感知，而整个学术共同体的集体感知和判断在事实上构成了期刊之间的地位结构。当期刊评价机构产生的评价结构符合学术共同体的集体感知时，人们对期刊评价的结构争议会比较小；反之，如果评价机构的期刊评价结果和集体感知发生了较大的差异，这一期刊评价的结果就会在学术界引起广泛的争议和诟病。虽然文献计量指标用于科技期刊评价时可能非常有效，有些研究显示科学家的主观评价与引文评价之间呈现显著的正相关关系，Spearman相关系数达到0.7—0.9③；但是在人文社会科学领域，引文评价的方法并不非常有效④。从我国学术界对七大期刊评价机构所生产的期刊排行榜的

---

① 李强：《社会分层十讲》，社会科学文献出版社2008年版，第163—164页。
② 李春玲：《当前中国人的社会分层意识》，《湖南社会科学》2003年第5期。
③ P. R. Mcallister, R. C. Anderson, F. Narin, "Comparison of Peer and Citation Assessment of the Influence of Scientific Journals", *Journal of the Association for Information Science & Technology*, Vol. 31, No. 3, 1980.
④ H. G. Small, G. Crane, "Specialist and Diciplines in Science and Social Science: An Examination of Their Structure Using Citation Indexes", *Scientometrics*, No. 1, 1979.

反应来看，学术界对期刊评价结果的认同度不高。评价方法忽视了学术共同体的集体感知是其成因之一。

在人文社会科学领域，影响最大的是北京大学《中文核心期刊要目总览》。它的产生，首先是根据客观的文献计量指标进行排序，然后将排序的结果提交给专家审核，最后结合专家意见再做出相应的调整。中国社会科学院图书馆的《中国人文社会科学核心期刊要览》将专家的打分作为期刊综合评价的一个因子，计算到总得分之中。这些期刊评价方法的集体特征就是，专家所代表的学术共同体的意见处于一个辅助的地位，即定性辅助定量评价的结果，而不是以定量的数据反映定性的价值判断。这种评价方法在某种程度上犯了机械的自然主义错误。评价的本质是人的主观价值判断，虽然不能否认这种价值判断具有一定程度的不可靠性，但是评价的本质决定了必须要尊重判断主体的价值取向。也就是说，在运用各种期刊评价手段或技术对期刊进行比较排序时，学术共同体的集体判断理应是评价的主要依据，定量的各种文献计量学指标是用以弥补定性评价缺陷的一种补充手段和方法，而不能代替学术共同体本身的评价。

在国外和港台地区，学术共同体对以文献计量指标为主的期刊评价方法的局限性已经有了深刻的认识，尤其是在人文社会科学领域。因此，一些学者针对某一具体学科期刊展开了大范围的同行调查，以主观评价的方法了解学术共同体对期刊地位和学术水准的感知和认同。荷兰莱顿大学 A. J. Nederhof 在全世界范围发放结构式问卷，对语言学、文学、应用心理学和公共管理学四个学科的期刊展开调查，以学者对期刊的熟悉程度、学术性的认定、学术水平和有用性四个方面来判定期刊的整体学术水平，以此计算出期刊整体质量指数（Journal Packet Quality Indeicator）[①]。J. C. Catling 以心理学期刊为研究对象，通过网络问卷调查英国各高校心理学系的教职人员对心理学期刊的声望和发表难度，采用9级刻度进行打分，以此了解本国同行对心理学期刊

[①] A. J. Nederhof, R. A. Zwaan, "Quality Jugements of Journals as Indicators of Research Performance in the Humanities and the Social and Behavioral Science", *Journal of the American Society for Information Science*, Vol. 42, No. 5, 1991.

的评价①。J. Diaz 等通过问卷调查了解不动产领域的 30 份期刊对研究人员的职位晋升和获取终生教职时的不同影响,以此来考察期刊之间的地位差异②。

在我国港台地区,学术共同体成员对建立在文献计量指标上的期刊评价以及与之相关的科研管理机制也诟病连连。台湾大学政治系教授江宜桦认为:"原则上我们不鼓励期刊分级排比,但各学门或学术领域如觉得有分级必要,则应经由各学术专业团体正式组成期刊分级委员会,委员由该领域中学术表现较受肯定并出示公正者担任,对领域内的所有期刊进行品质衡量,做成分级建议表。"③ 据台湾大学图书资讯系黄慕萱教授介绍④,台湾图书资讯学期刊的分级工作是由所有图书资讯学的同行共同作出的,每一个同行拥有同等的本领域期刊评价资格;因此,台湾图书资讯学的专业期刊排名鲜有争议。

然而,中国大陆期刊评价的主流仍然是依据文献计量学的指标展开。虽然有学者对这种定量评价方式展开激烈的批评,但是在期刊评价的实践领域,各期刊评价机构并没有作出有效且具有针对性的回应。

第五节 期刊分层的社会影响

美国实用主义哲学家约翰·杜威(John Dewey)说:"所有的行为举止,只要不是盲目地仅凭情感冲动行事或只是机械地例行公事的话,似乎都包含评价。"⑤ 作为现行期刊评价方式的主流,核心期刊的扩展功能(学术评价功能)在学术界引起颇多争议。那么,期刊分层结果是否具有学术评价功能呢?如果有,它的评价功能表现在哪些方面呢?

---

① J. C. Catling, V. L. Mason, D. Upton, "Quality Is in the Eye of the Beholder? An Evaluation of Impact Factors and Perception of Journal Prestige in the UK", *Scientometrics*, Vol. 81, No. 1, 2009.

② J. Diaz III, R. T. Black, J. Rabianski, "A Note on Ranking Real Estate Research Journals", *Real Estate Economics*, Vol. 24, No. 4, 2010.

③ 江宜桦:《关于台湾学术评鉴制度的几点建议》(http://www.cul-studies.com/Article/education/200607/4156.html)。

④ 黄慕萱:《图书资讯学期刊评比之研究》,《图书资讯学研究》2009 年第 2 期。

⑤ [美] 杜威:《评价理论的难题》,载《评价理论》,上海译文出版社 2007 年版,第 5 页。

一 期刊分层与期刊评价

阐明主体的需要是评价活动的出发点，利益作为意识到了的主体需要就成为主体的评价标准[①]。现在的期刊评价为什么得不到认同？首要原因是期刊评价机制不是对期刊的学术地位进行评价，其次是现在的期刊评价形成的二元等级结构过于粗犷。那么，期刊作为当今学术界最为重要的学术交流媒介，学术共同体最为关注的是期刊的哪些属性满足了自身的利益需求，即期刊评价主体的利益出发点是什么？

学术共同体是由众多的科研人员所组成的，对于期刊来说，科研人员同时具有双重的社会身份——期刊的生产者（稿件来源人）和消费者（阅读者）。作为一个普通的消费者，科研人员直接的关注对象无疑是期刊论文的质量，以及由刊登论文的总体质量所决定的期刊质量。与此同时，根据最省力法则，科研人员在阅读期刊的时候，同样希望通过阅读少量的几种期刊，获取尽可能多的信息；也就是说，期刊的信息量（或称为信息密度）同样是科研人员予以关注的一个重要属性。基于这一角度，建立在布拉德福文献离散定律和引文分析原理基础之上的核心期刊，正是从文献使用和信息密度两个角度对科研人员进行期刊评价的主体需要做出了明确的回答。

一种期刊质量的高低及其在学术界的地位和影响力是长期形成的，在专业领域中自会有公论，不在于是否被评为核心期刊或者别的什么期刊[②]。然而，不可否认的是学术期刊的学术水平存在客观差异。在类的水平上，以某些期刊为载体的论文群的学术水平，可能会高于以另一些期刊为载体的论文群[③]。在核心期刊理论产生之前，我国期刊评价主流方式是以期刊的行政级别来判定期刊的整体水平，这种"以出身论英雄"的期刊评价方式"影响众多期刊提高质量的积极性，影响评奖、评职的公正性"[④]。

---

① 彭漪涟、张天飞：《评价论导论：认识论的一个新领域·序》，载陈新汉《评价论导论——认识论的一个新领域》，上海社会科学院出版社1995年版，第3页。
② 张小路：《"核心期刊"的作用需要回归》，《出版广角》2002年第12期。
③ 傅旭东：《学术评价与学术期刊分级》，《科技与出版》2005年第6期。
④ 张林祥：《学术期刊的评价与"核心期刊"——与王振铎先生商榷》，《出版广角》2001年第9期。

尽管核心期刊的引入改变了以行政级别评价期刊的学术生态，但一些学者对核心期刊所具有的期刊评价功能却并不认同。对核心期刊作为期刊评价工具有效性的批判，基于一个共同的关于主体需要的基本假设——科研人员关注的仅仅是期刊的论文质量，而核心期刊的理论基础是建立在对信息密度和论文影响力的综合评价之上的。事实上，"质"与"量"都是科研人员信息需求两个不可或缺的方面，而基于布拉德福离散定律和引文分析理论的核心期刊，正从信息密度和被利用情况两个方面反映了一个期刊的特质。隐藏在这一评价背后的是，人们更为关注的学术地位因素，却没有得到有效地评价和揭示。

根据默顿对科学奖励系统中对"荣誉性承认"与"工具性承认"的理论描述可知，作为期刊的生产者，期刊的投稿人和期刊在投稿、录用发表论文这一荣誉和承认的互相授予过程中，学术地位是投稿作者和期刊编辑两大行动主体的共同出发点。因此，期刊分层的根本目的，就是用科学的方法来客观地揭示期刊学术地位之间的差异。

对评价主体的利益需要的片面性假设是导致学术共同体对核心期刊的期刊评价功能进行批判的根源。期刊分层的研究正是在核心期刊理论的基础上，综合考虑到学术共同体期刊评价的三大利益出发点：期刊的文献密度、有用性（质量）和学术地位，并在正视前两者的基础之上，认为学术地位才是真正的期刊评价的利益出发点。

二　期刊分层与论文评价

根据科学精神的"公有性原则"，科研工作者只有将论文发表出来，成为社会过程中的一个事件，它才能成为真正意义上的学术成果，学术活动也正因此得以实现和完成。学术期刊是学者学术行为社会化的一种媒介，是学者学术行为结果（论著或论文）的"发散性"和"自反性"得以实现的一种方式[①]。

期刊是论文的集合体，整体和部分的紧密关系决定了科研论文和学术期刊在期刊评价研究中是密不可分的，它们共同成为评价研究的对象。

[①] 鉴传今：《没有灵魂的"厮杀"：关于社会科学学术期刊及其责任的一种思考》，《浙江学刊》2005年第3期。

明确这一点的意义在于认清将期刊分层研究的结果——对期刊整体水平和学术地位的结构性认定——用于评价论文的水平并非"以刊论刊"①，而是"以文论刊""以刊论文"相结合。学术期刊与学术论文互相支撑、互相评价。

学术期刊对学者作品的发表是一种选择的结果，没有哪种学术期刊是不经选择而发表作品的；因此，发表本身实际上就是一种学术评价行为。在人类进入信息爆炸的时代，作为学术界正式交流系统之一的期刊，其不可推卸的功能体现在"首先评价知识，其次传播知识"②。一份经过审定在学术期刊上发表的论文，"它的首要功能是作为一种知识声明，宣布它已经得到科学家的同行评价和承认；其次要功能是传递信息"，因此，期刊"最重要的考虑因素是'质量控制'，而不是速度"③。可见，期刊对研究成果的评价功能是社会发展的必然产物；而学术界对期刊的评价，必然会导致期刊分层的结果具有一定的论文评价功能。鉴于此，一些学者认为，所谓学术期刊的学术评价功能，是指在进行学术评价（主要是学术论文评价）时，学术期刊成为判断论文学术水平高低的重要指标和工具④。

我国目前尚未建立规范的论文评价机制，而在期刊编辑部门存在着较为完善的论文评审制度⑤。学术期刊是审核学术研究成果是否符合学术规范，衡量其是否达到发表水平的重要工具⑥。论文在某一期刊上发表时，都要经过编辑部的评审，学术地位越高的期刊，评审制度往往越严格。因此，实际上是发表该论文的期刊代行了一定的评价职能⑦，期刊的

---

① 赖茂生等：《论期刊评价的起源和核心要素》，《重庆大学学报》（社会科学版）2009年第3期。
② ［美］克兰：《无形学院：知识在科学共同体内的扩散》，刘珺珺等译，华夏出版社1988年版，第108页。
③ 同上书，第113页。
④ 胡玲、傅旭东：《学术期刊学术评价功能的成因与机制研究》，《编辑学报》2008年第3期。
⑤ 陈国剑：《"核心期刊"与期刊评价刍议》，《中国出版》2006年第1期。
⑥ 叶继元：《学术期刊与学术规范》，《学术界》2005年第4期。
⑦ 叶继元、朱强：《论文评价与期刊评价：兼及核心期刊的概念》，《学术界》2001年第3期。

学术地位和水平便作为评价所刊载论文质量的重要参考。

虽然学术期刊对于学术活动的理解与学者的理解有很大的差别,学者容易把学术活动理解为学者自身的个体行为及结果,但学术期刊由于其自身的性质而把学术活动理解为一种社会性的事件[①]。学术论文的发表本身是同行专家的评价过程,引文指标是学术期刊对学术论文的延续评价,二次文献具有对科研论文的显示度进行评价的作用[②]。因此,核心期刊具有一定的评价功能。目前大多数科研部门及高等院校根据发表论文的刊物是否为核心期刊以及该刊物在核心期刊表中的位次,来判断和评价论文的学术水平,以致核心期刊既可用于指导科技期刊编辑出版的质量管理和水平评价,同时还可适用于科研部门对科研成果的鉴定和评价[③],并以此作为分配资源的主要依据。这种做法存在着一定合理性。

核心期刊所依据的主要文献计量指标是建立在统计均值基础之上的,因此极端值的大小会严重地影响均值的大小。现有的多项研究均表明,绝大多数论文的引用次数均在 1 次以下。也就是说,核心期刊评价会产生一两篇高频次被引的论文左右整个刊物的集体认同度的现象。期刊分层研究的目的就是揭示期刊之间的地位结构,期刊分层结构的揭示依赖于学术共同体的感知。学术共同体的评价逻辑是集体逻辑优先于个体逻辑,因此并不会受到个别极端值的影响。

当期刊分层的结果应用于论文评价时,依据在学术地位高的期刊上发表论文的数量为主;同时那些发表在学术地位较低的期刊上的论文,如果它的被引用次数非常高,也会得到相应的学术共同体的认同和学术地位,获得相应的承认。在学术地位的授予和资源分配时,将分层评价和引文评价结合起来的机制在逻辑上才是合理的、可操作的。

三 期刊分层与科研主体评价

虽然使用文献计量指标进行科研评价屡遭诟病,但是却被越来越多

[①] 鉴传今:《没有灵魂的"厮杀":关于社会科学学术期刊及其责任的一种思考》,《浙江学刊》2005 年第 3 期。
[②] 汪再非、杨国祥:《学术期刊对科研的评价作用》,《科技管理研究》2006 年第 1 期。
[③] 宗承玉、姚敏:《核心期刊的形成机理及学术价值界定》,《新世界图书馆》2004 年第 1 期。

的管理部门广泛接受。对各种科学指标报告的扩展运动、关于引文分析的文献量的稳步增长、讨论计量指标在某一学科具体应用的文献频繁出现，这些都是最为显著的证明①。

导致这种情况的因素是多种多样的，如果仅从评价工具的角度来考察，期刊评价机制不能准确反映学术共同体的集体意志是一项重要的原因。如前所述，作为现今期刊评价的主流方式，核心期刊在执行学术评价作用时存在两点明显的缺陷：①核心期刊缺乏必要的层次性，②作为学术评价工具，核心期刊评价的对象单一化。

从宏观上看，核心期刊将现有的期刊整体划分为"核心期刊"和"非核心期刊"两大阵营。这种粗放式的划分方式无法有效地揭示期刊之间学术水平和学术地位的差异，非核心期刊中排名较前的期刊与核心期刊列表中排名较后的期刊之间有多大区别呢？每一个研究人员都是难以确定和划分的。除此之外，核心期刊列表中前列的期刊和列表尾部的期刊同为核心期刊，它们之间的学术水平和学术地位的差别是显而易见的，如果使用核心期刊这种方式，如何有效地比较这些期刊之间的差异呢？

从微观上看，在核心期刊列表中的期刊，每一种期刊均有自己的位次，那么核心期刊列表中位次相邻的两份期刊之间的学术水平和学术地位的差异究竟有多大呢？以引文评价为主的文献计量指标可以粗略评估一份期刊的学术水平和学术地位，但是如果依据核心期刊列表则导致文献计量评价成为一种精细评价的工具。因此，为了打破核心期刊的层次性缺陷，有必要依据学术共同体的价值判断和学术认同，对各领域学术期刊的整体做更为细致的层次等级的划分，以此来完善核心期刊的学术评价功能。

从客观化的表象背后的意识机制看，现行的期刊评价机制是建立在通过各种引证、索引、转载、被使用次数等客观数据上的，这些数据被评价机构处理为各种文献计量指标。评价机构通过期刊各种文献计量指标综合得分的高低决定它在各种期刊排行榜上的位次。不难发现，这一

---

① P. R. Mcallister, R. C. Anderson, F. Narin, "Comparison of Peer and Citation Assessment of the Influence of Scientific Journals", *Journal of the Association for Information Science & Technology*, Vol. 31, No. 3, 1980.

评价方法的基本思路存在着一个致命的缺陷——将由学术地位导致的引证关系误认为是学术地位本身，产生了评价依据的本末倒置。在学术界这一特殊场域中，学术评价和资源分配的本质依据是由学术贡献累计形成的学术地位。在期刊之间的各种关系中，期刊的学术地位是产生各种引证关系和文献计量指标的原因，而现行的期刊评价机制将文献计量指标误认为是学术地位本身。期刊分层研究以期刊学术地位为出发点，依据期刊学术地位和科研奖励分配机制，考察期刊学术地位和学者个人学术地位之间互相转化的过程，以此完善期刊对科研主体的评价功能。

科研主体主要表现为个体化的科研人员和群体化的科研机构，科研主体的评价主要采用的是绩效评价。绩效管理的核心思想是强调投入产出比，理想的绩效测量包括软硬两个方面：硬指标主要测量产能（Productivity），衡量行为主体产出数量的多少；软指标主要测量效能（Effectiveness），衡量行为主体产出的质量和效果。依据绩效管理的思路，学术评价也是从产能和效能两大角度展开。在期刊分层更为准确地揭示期刊之间等级结构的基础上，科研主体评价的主要操作方式可以简化为对科研主体进行量化考核，即依据科研主体在不同层级期刊上的发表数量，作为职位晋升和资源分配的依据之一；同时，辅之以必要的论文申请认证制度。这样，对以论文形式发表的科研成果的评价将比现行的评价制度更为精细、完善。

本章小结

本章从学理上完成了期刊分层的理论构建。期刊的能动性和期刊研究范式的转变为社会分层理论引入到期刊评价领域提供了良好的内外部条件。期刊分层是依据期刊的学术地位考察期刊的整体结构，这是由社会的资源配置机制决定的。期刊学术地位的差异来自于先天性差异，同时也是后天努力不断累积的结果。在马太效应和协同效应的自然机制作用之下，加之社会需求和科研资源分配的社会机制的推动，期刊分层得到维持和强化。为了准确揭示期刊之间学术地位的差异，主客观方法都是必要的；而现行的期刊评价建立在客观方法基础上，忽视了主观方法的作用。建立在学术地位基础上的期刊分层，可以准确解释期刊学术地位和学者个人学术地位之间的转换机制，能够承担一定的学术评价功能。

第 七 章

期刊分层的影响因素

期刊分层的核心内容是依据期刊的学术地位去揭示期刊之间的结构关系。那么，有哪些因素会影响期刊的学术地位？本章主要将研究视角集中于这一问题上。对于同一个专业领域的期刊，在主办机构、编辑队伍、审稿专家、作者群等方面都有较大的差别。它们直接导致了期刊办刊条件的差异，影响期刊的学术水平。学术水平的不同使得期刊在学术共同体中所获得的认同度产生差异，认同度的差异导致期刊等级地位的差别。

第一节　现行期刊评价指标研究

尹玉吉指出："确定学术期刊分级的依据是做好学术期刊分级工作的基础。"[①] 期刊分层研究不同于基于文献计量学的期刊评价研究，但是也不能完全脱离期刊评价研究所形成的重要成果。回顾现有期刊评价的指标，是展开期刊学术地位影响因素研究的基础。

我国已有一百多年的期刊发展史，但是一本期刊的学术水平的高低、学术界对期刊地位的认同却一直停留在"心知肚明"的认识层面[②]，始终未能建立科学系统的期刊评价机制或评价体系。20世纪80年代，随着图书情报学研究人员对核心期刊的系统研究，科研管理部门将期刊论文作

[①] 尹玉吉、王倩：《关于学术期刊分级问题的研究》，《西北农林科技大学学报》（社会科学版）2009年第3期。

[②] 魏瑞斌：《学术期刊核心竞争力评价模型及应用》，博士学位论文，南京大学，2007年，第68页。

为衡量个人科研绩效的重要标准以进行科研资源的分配，期刊成为关系着科研人员切身利益的重要学术媒体，期刊评价也逐渐成为整个知识界关注的焦点。20 世纪 90 年代，期刊评价研究如火如荼，而且突破了单打独斗的个体化层面，进入制度化、组织化的研究，期刊评价的主体从各个学者扩展到各种学术评价机构。无论是评价机构还是从事期刊评价研究的个人，文献计量学的各种指标都是期刊评价的基本依据。每一次核心期刊、来源期刊榜单的公布，都使"心知肚明"的期刊差异得以外显化，同时学术界的科研人员也会根据这些榜单来修正自己对期刊的定位和认识。也就是说，在某种意义上期刊评价指标也成为左右科研人员的认知、影响期刊等级结构的重要因素。

一　期刊管理部门的期刊评价指标

从 1992 年国家科委、新闻出版总署和中共中央宣传部联合举办第一届"全国优秀科技期刊"的评选开始，我国期刊的政府评价经历了一个从无到有，从不完善到逐渐完备的发展过程。行政管理部门的期刊评价工作，起到了重要的导向作用，促进了我国期刊整体水平的提高和发展。

在中央政府和各级地方政府的期刊评价活动中，形成了两个具有规范性和指导性的重要文件：《科技期刊质量要求及评估标准》和《中国社会科学期刊质量标准》。它们的颁布出台结束了我国期刊的编辑、出版和评价活动无章可循、无法可依的历史，"其意义重大自不待言"[①]。

1994 年，国家科委正式颁发《关于颁布五大类科技期刊质量要求及评估标准的通知》，要求科技期刊的管理、审读、期刊质量的自检自查、评选优秀期刊等工作按此通知执行[②]。《科技期刊质量要求及评估标准》将科技期刊分为五大类[③]：综合（指导）类、学术类、技术类、科普类和检索类。对于综合（指导）类、技术类和科普类期刊采用的评价指标是

[①] 钱荣贵：《核心期刊与期刊评价》，中国传媒大学出版社 2006 年版，第 208 页。

[②] 朱晓东等：《科学技术期刊评估标准》（http://cd.wanfangdata.com.cn/D/Conference_6340688.aspx）。

[③] 国家科委、中共中央宣传部、新闻出版总署：《科学技术期刊质量要求及评估标准》（http://xuebao.yzu.edu.cn/pdf/%BF%C6%D1%A7%BC%BC%CA%F5%C6%DA%BF%AF%D6%CA%C1%BF%D2%AA%C7%F3.pdf）。

政治标准、技术标准、编辑标准和出版标准；对检索类期刊则是采用全、便、快和综合的评价指标；对学术类期刊是从政治标准、学术标准、编辑标准和出版标准进行评价。每一标准均由若干个二级指标组成，这些二级指标又被分为优、良、差三个等级。在具体的评估过程中，基本没有采用文献计量学指标，而是请专家对每一个二级指标的等级进行评定。

1995年6月6日，新闻出版署为了进行"首届社科期刊评奖"活动，颁布了《社会科学期刊质量标准及质量评估办法（试行）》，经过评价活动的实践及进一步征求有关专家的意见，期刊司对试行的标准进行了一些补充和修改①。1996年5月15日，新闻出版署技术发展司组织相关专家对试行标准进行成果鉴定，表决通过②。1996年7月，新闻出版署期刊管理司正式颁布了《社会科学期刊质量标准》。此标准将社会科学类期刊分为七大类：学术理论类、工作指导类、时事政治类、文学艺术类、综合文化生活类、教学辅导类、信息文摘类。各类社科期刊评分原则和方法如下：

1. 本质量标准和质量评估办法均包括以下四项内容：a. 政治标准、b. 业务标准、c. 编辑标准、d. 出版标准，其中政治标准评估采用统一标准，见政治质量标准评估办法。

2. 其他三条标准总分为100分，其中业务标准满分为40分，编辑标准满分为30分，出版标准满分为30分。计算公式：总分 S = K（业务标准得分 A + 编辑标准得分 B + 出版标准得分 C），即 S = K (A + B + C)。

3. 根据得分情况将社科期刊分为三个级别：一级：100—90分、二级：89—75分、三级：74—60分。

4. 政治标准得分用系数 K 来表示，数值范围为 0.00—1.00，与其他三条标准所得总分相乘，为最后得分。

---

① 新闻出版署：《社会科学期刊质量标准及质量评估办法（试行）》（http://www.ipo.gansu.gov.cn/zlzx/images/ZZQFJXGFG/1742.htm）。

② 中国出版网：《中国社会科学期刊质量标准》（http://www.chuban.cc/cbfg/dlcbfg/bk/200701/t20070104_8250.html）。

其中，学术理论类期刊的业务标准从学术水平（20分）、社会影响（10分）、写作质量（5分）和尊重知识产权（5分）四个方面进行评估。

自颁布以来，这两大标准一直是各级期刊管理部门评价期刊的基本依据。这种期刊方式本质上是一种主观评价，反映了与期刊相关的各个主体对期刊的认同。然而，一些学者指出这两大标准存在许多的不足：如自颁布以后未能及时修订，评价方法已显老化，缺少定量方面的评价[1]；虽然将学术理论类期刊单独列类，但是对期刊分类不够科学，类目的区分度不高、交叉严重，对学术理论类期刊的学术水平的评价操作性不强[2]。

2010年7月，新闻出版总署颁布了新出字［2010］294号文件《报纸期刊出版质量综合评估办法（试行）》，将于2011年1月1日正式施行。该文件详细规定了报纸期刊综合评估的基本原则、组织方式、评价程序和办法、评价结果的处置措施等。为了配合该文件同时下达了《关于印发〈全国报纸期刊出版质量综合评估指标体系（试行）〉的通知》，该通知中的《全国期刊出版质量综合评估指标体系（试行）》成为我国政府官方推出的期刊评价指标体系。该指标体系包含基础建设条件、环境资源条件、出版能力、经营能力4个一级指标，出版规模、内容评价、编印质量等18个二级指标，办公场所、印刷手段、发行手段、技术设备等67个三级指标[3]。

新闻出版总署"对这一评估体系在目前和将来的报刊管理中的作用寄予了厚望"，"希望通过一个看似全面的指标体系，对各类被评价的报刊在统一的尺度下进行打分，并仅凭加总后得分的多少直接排定各级报刊的'座次'，从而可以一目了然地区分优劣，实现分而治之，

---

[1] 魏瑞斌：《学术期刊核心竞争力评价模型及应用》，博士学位论文，南京大学，2007年，第69页。
[2] 叶继元：《CSSN，ISSN，CN号称谓、含义的变化及其影响：兼论中国"学术集刊"问题》，《中国图书馆学报》2006年第5期。
[3] 《关于印发〈全国报纸期刊出版质量综合评估指标体系（试行）〉的通知》（www.medline.org.cn/attachment/2011621/1308620260083.doc）。

使优者获得更多的资源而更优,而劣者则淘汰出局"①。正如朱剑所指出的那样,"纯量化和通适性遂成为该评估体系的两个最鲜明的特点"②。对纯量化和通适性的追求仍然没有摆脱"一刀切"的惯有行政管理的逻辑思路,无法适应"学术期刊质量评价具有多元性与复杂性"的实践需求③。

二 期刊评价机构的期刊评价指标

目前,专门从事期刊评价的学术机构主要有7家,按期刊评价的目的大致可以分为两大类:一类是核心期刊的遴选机构,一类是引文数据库生产商所进行的来源期刊的遴选。

经过多年的实践,国内目前已经形成比较成熟的核心期刊评选机制。最为常用的遴选方法可以归为六大类:载文法、累计文摘索引法、流通率法、引文法、主观评议法、综合评价法④。任何一种方法都只是对期刊属性某一方面的反映,单一的评价方法往往会导致一些评选的结果不能令人满意;因此,现在核心期刊的遴选机构大多综合使用多种方法,以求达到对期刊准确客观的评价。

表7—1　　北京大学《中文核心期刊要目总览》的基本情况

版本	遴选指标	统计时段	数据处理	入选期刊
1992年版	载文量、文摘量、被引量	1988—1990	取累积量的70%左右以上为"核心期刊"	2174
1996年版	被索量、被摘量、被引量、载文量、被摘率、影响因子(部分学科未全部采用)	1992—1994	载文量、文摘量、引文量分别取累积量的33%—50%;50%—70%;70%—80%	1596

---

① 朱剑:《量化指标:学术期刊不能承受之轻:评〈全国报纸期刊出版质量综合评估指标体系(试行)〉》,《清华大学学报》(哲学社会科学版)2013年第1期。
② 同上。
③ 叶继元:《学术期刊质量评价具有多元性与复杂性》,《清华大学学报》(哲学社会科学版)2015年第2期。
④ 袁毅:《核心网站评选的理论与方法》,博士学位论文,南京大学,2005年,第14页。

续表

版本	遴选指标	统计时段	数据处理	入选期刊
2000年版	被索量、被摘量、被引量、载文量、被摘率、影响因子（部分学科未全部采用）	1995—1997	载文量、文摘量、引文量分别取累积量的33%—50%；50%—70%；70%—80%	1571
2004年版	被索量、被摘量、被引量、他引量、被摘率、影响因子、获奖或被重要检索工具收录	1999—2001	采用隶属度计算方法进行处理，最后结合专家意见确定核心期刊	1797
2008年版	被索量、被摘量、被引量、他引量、被摘率、影响因子、获奖或被重要检索工具收录、基金论文比、web下载量	2003—2005	多指标综合评价方法，最后结合专家意见	1983
2011年版	被索量、被摘量、被引量、他引量、被摘率、影响因子、被重要检索工具收录、基金论文比、web下载量	2006—2008	多指标综合评价方法，最后结合专家意见	1982
2014年版	即将开始发行			

目前进行核心期刊筛选的单位主要有三家：北京大学图书馆研制的《中文核心期刊要目总览》，中国社会科学院文献信息中心研究的《中国人文社会科学核心期刊要览》，武汉大学中国科学评价研究中心研制的《中国学术期刊评价研究报告》。《中国人文社会科学核心期刊要览》主要针对人文社会科学期刊编制，而其他两种均是综合性的。北京大学的《中文核心期刊要目总览》最早研制，影响力也最大，每四年出版一次，2008年后改为每三年出版一次，至今已经出版7版，详情见表7—1。

中国社会科学院文献信息中心的《中国人文社会科学核心期刊要览》正式出版过3版，先将期刊分为综合性期刊和学科专业期刊，在最早的2004年版中，采用学科期刊总被引、期刊学科影响因子、期刊学科即年影响因子这三个指标评价各学科专业期刊，采用总被引、影响因子、即年影响因子这三个指标评价综合性期刊；此外，学科自引量、学科载文量、引文率、摘转率作为参考指标①。在 2008 年版中，对学科专业期刊采用学科影响因子及被引、影响因子、转摘频次三类指标，对综合性期刊采用影响因子、转摘频次、在分学科的位次三类指标②。在最新的 2013 年版中，对学科专业期刊采用学科总被引、2011 年总被引、5 年分学科期刊影响因子、5 年影响因子、加权转摘率、基金论文比等 6 个指标，对综合性期刊采用总被引、5 年影响因子、加权转摘率、综合刊学科核心指数、基金论文比等 5 个指标③。

武汉大学中国科学研究中心的《中国学术期刊评价研究报告》2009 年刚刚出版，在评价结果中，它将期刊按照学科领域分为 A+、A、B+、B、C 共 5 个等级，在数量分布上，A+（权威期刊）取前 5%，A（核心期刊）取前 5%—20%；主要有采用的 6 项评价指标及权重如下：基金论文比（0.15）、总被引频次（0.20）、影响因子（0.35）、Web 下载率（0.05）、二次文献转载或收录（0.20）、专家定性（0.05）④。

借鉴美国科技信息研究所（Institute for Scientific Information，简称 ISI）推出三大引文索引（SCI、SSCI、A&HCI）的成功经验，国内许多研究机构开始研制中国自己的引文数据库。自 1987 年中国科学技术信息研究所开始研制"中国科技论文与引文数据库（CSTPCD）"开始，目前我国已经建立起覆盖范围比较齐全的引文数据库体系（见表 7—2）。此外，网上也可以查询有关学术期刊的部分文献计量指标数据，如重庆维普在网上提供了 2004 年和 2005 年的收录期刊的影响因子、被引次数、即年指数、发文量、被引半衰期、引用半衰期、引用期刊列表、被引期刊列表等数据。这些引文数据库的数据为各自来源期刊的选择提供了定量评价

---

① 姜晓辉：《中国人文社会科学核心期刊要览（2004）研制报告》，载《中国人文社会科学核心期刊要览（2004）》，中国社会科学出版社 2005 年版，第 1—16 页。
② 姜晓辉：《中国人文社会科学核心期刊要览（2008）研制报告》，载《中国人文社会科学核心期刊要览（2008）》，中国社会科学出版社 2009 年版，第 1—16 页。
③ 姜晓辉：《中国人文社会科学核心期刊要览（2013）研制报告》，载《中国人文社会科学核心期刊要览（2013）》，中国社会科学出版社 2014 年版，第 1—17 页。
④ 邱均平等：《中国学术期刊评价的特色、做法与结果分析》，《重庆大学学报》（社会科学版）2008 年第 4 期。

的依据,也为了解期刊评价研究提供有价值的参考。然而,由于建库目的不同,不同数据库所选择的来源期刊的数量和种类各有差异,因此使用不同数据库所计算出来的同一种期刊评价指标的数值差异较大,不同引文库所提供的评价指标之间缺乏可比性。这些情况在进行期刊评价时一定要给予特别的关注。

表7—2　　　　我国五大引文数据的期刊评价指标

数据库名称	评价机构	主要成果	学科	主要统计分析指标
中国科学论文与引文数据库（CSTPCD,1987）	中国科技信息研究所	《中国科技期刊引证报告》	科技	来源文献量、平均引用文献量、平均作者、基金论文比、被引总次数、影响因子、即年指标、他引率、引用刊数、被引半衰期、引用半衰期
中国科学引文索引（CSCD,1989）	中国科学院图书馆	《中国科学计量指标：论文与引文统计》、《中国科学计量指标：期刊引证报告》	科技	发文量、基金论文数、发文机构数、篇均参考文献数、自引率、期刊引用半衰期、期刊被引半衰期、影响因子、即年指数、总被引频次、他引频次、自引率、本学科论文引用次数
中国人文社会科学引文数据库（CHSSCD,1996）	中国社会科学院图书馆	中国人文社会科学引文数据库（2002年版）	人文社科	期刊总被引、学科总被引、期刊影响因子、学科影响因子、期刊即年指标、学科即年指标等
中文社会科学引文数据库（CSSCI,1998）	南京大学中国社会科学评价中心	《中国社会科学研究计量指标：论文、引文与期刊引用统计》	人文社科	期刊载文与录用数、来源文献类型与引用文献类型、机构的发文与被引、期刊被引总次数、期刊影响因子（分学科）、总被引频次、即年指标

续表

数据库名称	评价机构	主要成果	学科	主要统计分析指标
CNKI 总库（2002）	中国学术期刊（光盘版）杂志社	《中国学术期刊综合引证报告》	综合	期刊总被引、影响因子、5年影响因子、即年指标、他引总引比、基金论文比、载文量、web即年下载率等

资料来源：魏瑞斌：《学术期刊核心竞争力评价模型及应用》，博士学位论文，南京大学，2007年，第72页；苏新宁：《人文社会科学期刊评价指标体系研究》，《图书馆论坛》2006年第6期。

本书对七大期刊评价机构所使用的各种期刊评价指标进行统计。影响因子和总被引频次被7家机构采纳使用，这充分说明了这2项指标在期刊评价中的有效性；6家期刊评价机构使用载文量作为期刊评价的指标，依此可见信息密度的大小仍是各个期刊评价机构关注的要点。此外，超过半数以上的评价机构使用了基金论文比、即年指数和他引频次这3个指标。

表7—3　　七大期刊评价机构所使用过的期刊评价指标一览

期刊评价指标	北大	南大	武大	中科院	社科院	中信所	清华	总计
影响因子	1	1	1	1	1	1	1	7
总被引次数	1	1	1	1	1	1	1	7
载文量	1		1	1	1	1	1	6
基金论文比/数		1	1	1	1		1	5
即年指数				1	1	1	1	5
他引频次	1			1	1		1	4
web即年下载率				1	1		1	3
被摘率	1		1	1				3
引文率				1	1		1	3
引用半衰期				1	1	1		3
被索量				1		1		2
被引半衰期				1		1		2

续表

期刊评价指标	北大	南大	武大	中科院	社科院	中信所	清华	总计
被摘量	1		1					2
本学科论文引用次数				1	1			2
发文机构数				1				2
他引影响因子				1		1		2
H 指数							1	1
web 下载量	1							1
自引率				1				1
获奖	1							1
借阅率						1		1
平均作者						1		1
他引总引比							1	1
下载率				1				1
引用刊数						1		1
影响因子：5 年							1	1
总计	10	2	7	13	11	11	10	

数据来源：万锦堃、薛芳渝：《中国学术期刊综合引证报告》，科学出版社 2008 年版，第 5 页；姜晓辉：《中国人文社会科学核心期刊要览（2008）研制报告》，载《中国人文社会科学核心期刊要览（2008）》，中国社会科学出版社 2009 年版，第 1—16 页；朱强等：《研究报告》，载《中文核心期刊要目总览（2008）》，北京大学出版社 2009 年版，第 1—12 页。

三　学术研究人员的期刊评价指标

除了期刊管理部门和专业评价机构进行期刊评价研究外，大量的研究人员也在从事期刊评价的理论研究，或有些工作于评价机构的研究人员借助于期刊评价机构提供的数据开展小范围的实证研究。一般来说，这些研究按期刊的学科属性可以划分为科技期刊评价和人文社会科学期刊评价两类，研究的内容也主要集中在两大方面：一方面是从期刊的学术水平、编辑出版、管理经营等方面对期刊进行综合评价，另一方面是采用某个单一的评价指标对期刊进行评价。

在科技期刊综合评价指标体系的构建方面：中国科学院自然科学期刊编辑研究会的自然科学学术期刊评价指标体系研究课题组提出了"自

```
                    自然科学学术期刊综合评价指标体系
                              │
          ┌───────────────────┴───────────────────┐
      静态评价指标系列                          动态评价指标系列
     （优秀期刊评比指标）
          │                                       │
   ┌──────┴──────┐                          ┌─────┴─────┐
编辑出版水平      学术水平 ─────────────────── 学术水平
   │                │                             │
┌──┴──┐      ┌──────┼──────┐                    │
内涵参数 外延参数  引文参数 稿源特征参数 外延参数   引文参数
```

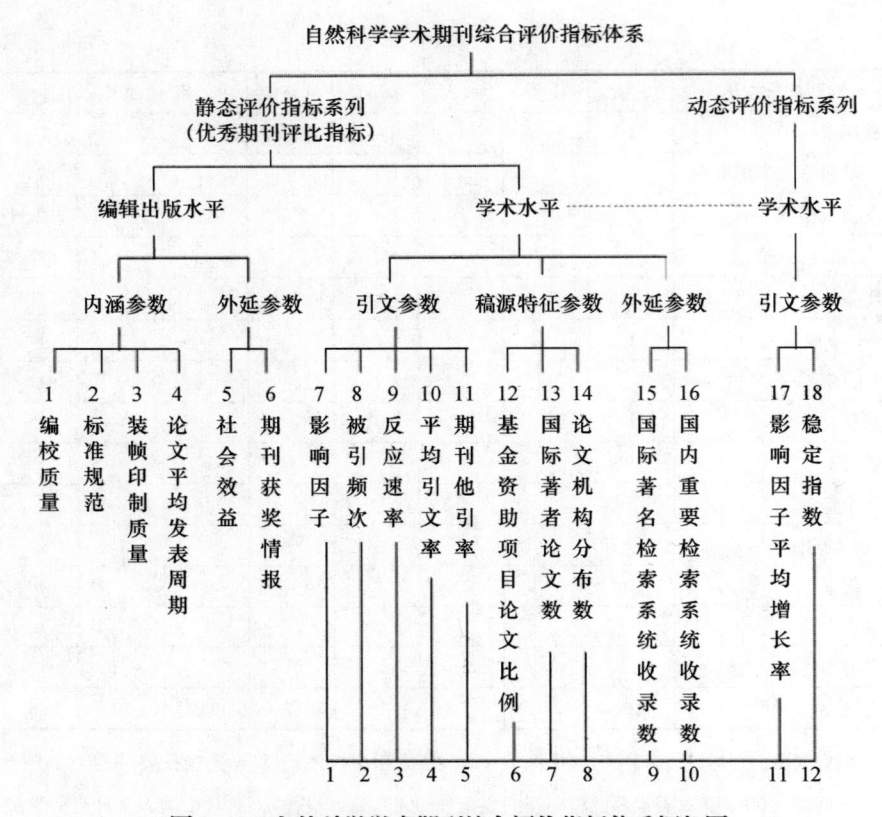

1	2	3	4	5	6	7	8	9	10	11	12	13	14	15	16	17	18
编校质量	标准规范	装帧印制质量	论文平均发表周期	社会效益	期刊获奖情报	影响因子	被引频次	反应速率	平均引文率	期刊他引率	基金资助项目论文比例	国际著者论文数	论文机构分布数	国际著名检索系统收录数	国内重要检索系统收录数	影响因子平均增长率	稳定指数

| 1 | 2 | 3 | 4 | 5 | 6 | 7 | 8 | 9 | 10 | 11 | 12 |

图 7—1 自然科学学术期刊综合评价指标体系框架图

图表来源：师昌绪、李廷杰：《自然科学学术期刊综合评价指标体系研究》，《中国科技期刊研究》2001 年第 3 期。

然科学学术期刊综合评价指标体系"（见图 7—1），采用 18 个指标从静态和动态两个方面对期刊的编辑出版水平和学术水平进行综合评价①。中国科学技术信息研究所的庞景安等人提出"中国科技期刊综合评价指标体系"（见图 7—2），采用 19 个指标对科技期刊的学术水平、编辑水平和经营管理水平进行综合评价②。同是工作于中国科学技术信息研究所的潘云涛提出"中国科技期刊评价指标体系"（见图 7—3），采用 21 个评价指

---

① 师昌绪、李廷杰：《自然科学学术期刊综合评价指标体系研究》，《中国科技期刊研究》2001 年第 3 期。

② 庞景安等：《中国科技期刊综合评价指标体系研究》，《中国科技期刊研究》2001 年第 4 期。

标从学术质量水平、国际竞争力水平和可持续发展潜力三个方面对科技期刊的整体水平进行了综合评价①。南通大学的钱荣贵采用 27 个指标从本体评价和效应评价两个角度构建了自己的"自然科学学术期刊综合评价指标体系"②。

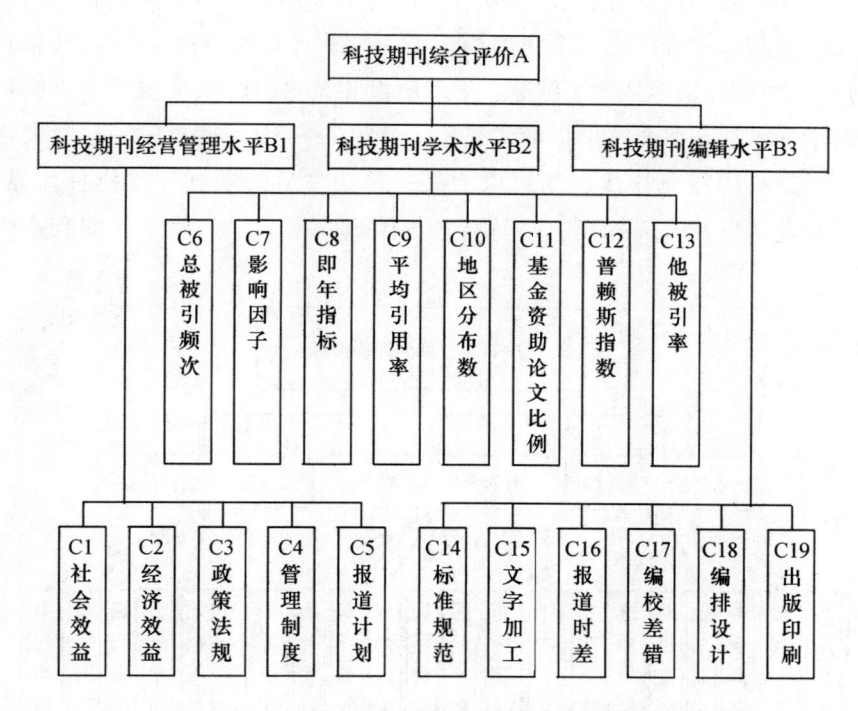

```
                        科技期刊综合评价A
        ┌───────────────────┼───────────────────┐
  科技期刊经营管理水平B1  科技期刊学术水平B2    科技期刊编辑水平B3
                    ┌──┬──┬──┬──┬──┬──┬──┐
                    C6 C7 C8 C9 C10 C11 C12 C13
                    总 影 即 平 地  基  普  他
                    被 响 年 均 区  金  赖  被
                    引 因 指 引 分  资  斯  引
                    频 子 标 用 布  助  指  率
                    次       率 数  论  数
                                   文
                                   比
                                   例
  ┌──┬──┬──┬──┐              ┌──┬──┬──┬──┬──┬──┐
  C1 C2 C3 C4 C5             C14 C15 C16 C17 C18 C19
  社 经 政 管 报              标  文  报  编  编  出
  会 济 策 理 道              准  字  道  校  排  版
  效 效 法 制 计              规  加  时  差  设  印
  益 益 规 度 划              范  工  差  错  计  刷
```

图 7—2　中国科技期刊综合评价指标体系框架图

图表来源：庞景安等：《中国科技期刊综合评价指标体系研究》，《中国科技期刊研究》2001 年第 4 期。

在人文社会科学期刊综合评价指标体系的构建方面：苏新宁从期刊本身的客观状况和期刊的被引情况两个方面，采用 13 个指标对期刊的整体水平进行综合评价（见表 7—4）③。后来，苏新宁对已有的体系进行了修正（见表 7—5），通过阐述影响人文社会科学期刊学术质量和影响力的

---

① 潘云涛：《中国科技期刊评价研究》，《数字图书馆论坛》2007 年第 3 期。
② 钱荣贵：《核心期刊与期刊评价》，中国传媒大学出版社 2006 年版，第 220—225 页。
③ 苏新宁：《人文社会科学期刊评价指标体系研究》，《图书馆论坛》2006 年第 6 期。

定量指标，根据科学性、合理性和可获得性等原则选取了 20 个指标，分析了其作用大小并赋予每个指标相应的权重，由此构建了我国人文社会科学期刊评价体系；同时还根据综合性社科期刊和高校文科学报的特点，对构建的指标体系进行适当的调整，以使其使用这两大特殊类型的人文社会科学期刊的评价（见表 7—6）①。邱均平采用 9 个指标从期刊的技术性、效益和标准规范化三个角度构建了"期刊评价指标体系"②。钱荣贵采用 15 项二级指标从政治标准、学术质量和编辑出版水平构建"人文社会科学学术期刊综合评价指标体系"（见图 7—4）③。此外，一些学者根据不同学科的特色构建适用对象为某一单独学科的期刊评价指标体系，如周金龙提出从政治标准、经营管理、编辑水平、学术水平、期刊影响

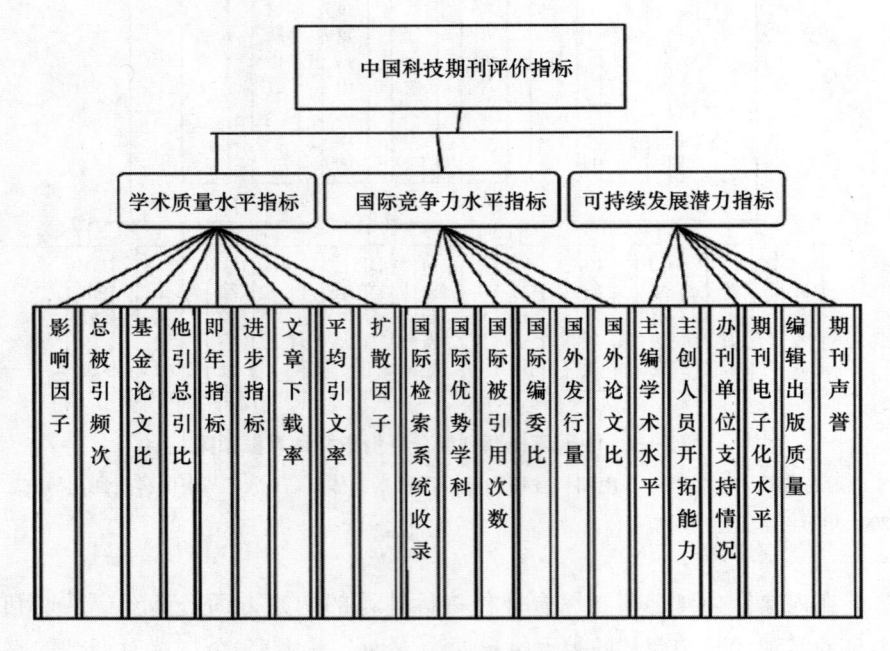

图 7—3 中国科技期刊评价指标体系

图表来源：潘云涛：《中国科技期刊评价研究》，《数字图书馆论坛》2007 年第 3 期。

---

① 苏新宁：《构建人文社会科学学术期刊评价体系》，《东岳论丛》2008 年第 1 期。
② 邱均平等：《期刊评价指标体系及定量方法研究》，《现代图书情报技术》2004 年第 7 期。
③ 钱荣贵：《论我国人文社会科学学术期刊综合评价指标体系的构建》，《出版广角》2007 年第 7 期，第 48—50 页。

力和期刊稳定性六个方面来对我国图书馆学情报学期刊进行评价①，王宣喻和储小平从规划程度、影响因子、数理化程度和非本土化程度四个方面尝试初步建立一套经济学刊物的评价指标体系②。

表7—4　苏新宁提出的"人文社会科学期刊评价指标体系"

指标		权重	
影响因子	总体影响因子	0.35	0.3
	学科影响因子		0.3
	他引影响因子		0.4
被引次数	期刊总被引	0.25	0.3
	学科总被引		0.3
	他引总次数		0.4
影响广度		0.15	
被引速率	期刊总被引速率	0.1	0.5
	学科被引速率		0.5
载文系数	篇均引文数	0.15	0.2
	本学科论文比		0.2
	基金论文比		0.2
	地区论文分布数		0.2
	作者标注机构比		0.2

数据来源：苏新宁：《人文社会科学期刊评价指标体系研究》，《图书馆论坛》2006年第6期。

表7—5　苏新宁修正的"人文社会科学期刊评价指标体系"

指标			权重	
一级指标	二级指标	二级指标占一级指标比值（％）	一级指标	二级指标
期刊学术含量指数	篇均引文数	25	0.15	0.0375
	基金论文比率	25		0.0375

---

①　周金龙、王传清：《中国图书馆学情报学期刊评价体系探索》，《图书情报工作》2004年第11期。

②　王宣喻、储小平：《中国经济学期刊评价指标体系设计》，《科研管理》2005年第2期。

续表

指标			权重	
一级指标	二级指标	二级指标占一级指标比值（%）	一级指标	二级指标
期刊学术含量指数	机构标注比率	25	0.15	0.0375
	作者地区广度	25		0.0375
被引数量	总被引数量	25	0.1	0.025
	本学科论文引用数量	25		0.025
	他刊引用数量	50		0.05
被引速率	总被引速率	25	0.1	0.025
	学科引用速率	25		0.025
	他刊引用速率	50		0.05
影响因子	总影响因子	25	0.3	0.075
	学科影响因子	25		0.075
	他引影响因子	50		0.15
被引广度	引用该刊的期刊数量	100	0.1	0.1
二次文献转载数	新华文摘	45	0.1	0.045
	社会科学文摘	35		0.035
	人大复印报刊资料	20		0.02
web即年下载率	全文下载率	100	0.15	0.15

数据来源：苏新宁：《构建人文社会科学学术期刊评价体系》，《东岳论丛》2008年第1期。

表7—6 苏新宁修正的"综合性社科期刊和高校文科学报评价指标体系"

指标		一级指标权重	综合性期间		高校综合性学报	
一级指标	二级指标		二级指标占一级指标比值（%）	二级指标	二级指标占一级指标比值（%）	二级指标
期刊学术含量指数	篇均引文数	0.15	25	0.0375	20	0.03
	基金论文比率		25	0.0375	20	0.03
	机构标注比率		25	0.0375	20	0.03
	作者地区广度		25	0.0375	20	0.03
	本机构论文比				20	0.03

续表

指标		一级指标权重	综合性期间		高校综合性学报	
一级指标	二级指标		二级指标占一级指标比值（%）	二级指标	二级指标占一级指标比值（%）	二级指标
被引数量	总被引数量	0.1	35	0.035	35	0.035
	他刊引用数量		65	0.065	65	0.065
被引速率	总被引速率	0.1	35	0.035	35	0.035
	他刊引用速率		65	0.065	65	0.065
影响因子	总影响因子	0.3	35	0.105	35	0.105
	他引影响因子		65	0.195	65	0.195
被引广度	引用该刊的期刊数量	0.1	100	0.1	0.1	0.1
二次文献转载数	新华文摘	0.1	45	0.045	35	0.035
	社会科学文摘		35	0.035	20	0.02
	人大报刊复印资料		20	0.02	10	0.01
	高校文科学报文摘				35	0.035
web即年度下载率	全文下载率	0.15	100	0.15	100	0.15

数据来源：苏新宁：《构建人文社会科学学术期刊评价体系》，《东岳论丛》2008年第1期。

除了构建综合性的指标体系来进行期刊评价研究之外，国内一些学者也开展了一些用单项计量指标进行期刊评价的研究，这些单项评价指标可以根据创始来源分为引进指标和本土指标两大类。引进指标大多由国外学者创始，国内的学者做一些跟踪或应用研究。如姜春林[1]、万锦堃[2]、赵基明[3]、叶鹰[4]等开展的对H指数和类H指数的研究，赵星、高

---

[1] 姜春林等：《H指数和G指数：期刊学术影响力评价的新指标》，《图书情报工作》2006年第12期。
[2] 万锦堃等：《H指数及其用于学术期刊评价》，《评价与管理》2006年第3期。
[3] 赵基明：《H指数及其在中国学术期刊评价中的应用》，《评价与管理》2007年第4期。
[4] 叶鹰：《H指数和类H指数的基里分析与实证研究导引》，《大学图书馆学报》2007年第5期。

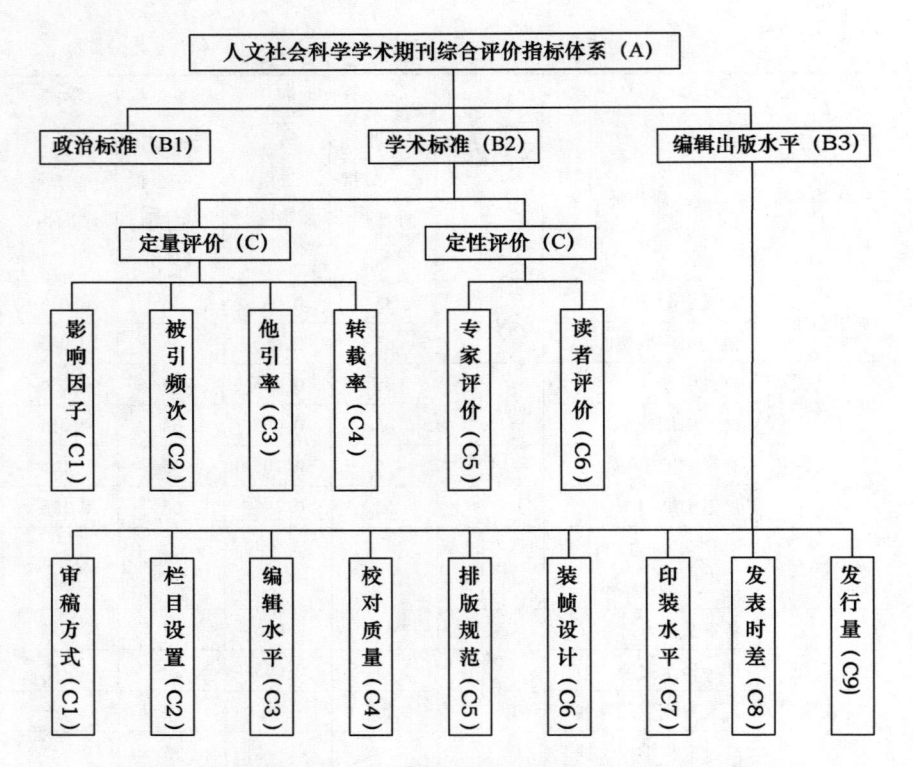

```
人文社会科学学术期刊综合评价指标体系（A）
├── 政治标准（B1）
├── 学术标准（B2）
│   ├── 定量评价（C）
│   │   ├── 影响因子（C1）
│   │   ├── 被引频次（C2）
│   │   ├── 他引率（C3）
│   │   └── 转载率（C4）
│   └── 定性评价（C）
│       ├── 专家评价（C5）
│       └── 读者评价（C6）
└── 编辑出版水平（B3）
    ├── 审稿方式（C1）
    ├── 栏目设置（C2）
    ├── 编辑水平（C3）
    ├── 校对质量（C4）
    ├── 排版规范（C5）
    ├── 装帧设计（C6）
    ├── 印装水平（C7）
    ├── 发表时差（C8）
    └── 发行量（C9）
```

图7—4　钱荣贵构建的"人文社会科学学术期刊综合评价指标体系"

图表来源：钱荣贵：《论我国人文社科学术期刊综合评价指标体系的构建》，《出版广角》2007年第7期。

小强和唐宇对期刊声望指数（SCImago Journal Rank，SJR）的研究[①]，任胜利[②]、赵星[③]等对特征因子（Eigenfactor）的研究。相对于引进指标研究的热潮，本土指标的研究相对寂寥。其中最具意义的是姜联合和姜丹提出的"趋势指数"，来反映科技期刊学术水平的发展趋势，预测一种期刊将来的影响因子[④]。

---

① 赵星等：《SJR与影响因子、H指数的比较及SJR的扩展设想》，《大学图书馆学报》2009年第2期。

② 任胜利：《特征因子（Eigenfactor）：基于印证网络分析期刊和论文的重要性》，《中国科技期刊研究》2009年第3期。

③ 赵星：《期刊引文评价新指标Eigenfactor的特性研究》，《情报理论与实践》2009年第8期。

④ 姜联合、姜丹：《科技期刊动态评价指标：趋势指数》，《编辑学报》2001年第2期。

第二节　期刊分层影响因素的遴选

期刊分层影响因素以社会分层的影响因素为理论视角，以期刊评价的各种计量学指标为参考。通过两者的结合，将期刊视为动态性的、社会性的社会行动主体，就不难遴选哪些因素对期刊学术地位产生重要的影响。

一　期刊分层影响因素遴选的原则

在现实生活中，对一个事物的评价和判断常常要涉及多个因素和指标，评价是在多个因素相互作用下形成的一种综合性的价值判断。通过对反映事物性质的多项因素或指标加以汇集，得到一个综合性的整体指标，以此来反映被评价事物的整体状况。从期刊评价和社会分层研究的实践来看，无论哪种理论传统或哪一研究领域，期刊评价和社会分层研究的主流都采用了一个多元的评价标准。

在期刊评价的实践中，评价指标一直处于不断演变之中，如北京大学的《核心期刊要目总览》从第一版的 3 个指标发展到第五版的 9 个指标，《中国期刊引证报告（2008）》中使用期刊评价指标有 19 个之多[①]。众多的评价指标使我们可以从不同角度认识期刊的特性，同时也给指标选择带来一定的困难。一些敏锐的学者明确指出，"现在的问题是学术期刊评价指标过多"[②]。为了解决这一问题，研究人员纷纷提出了构建期刊评价指标体系、选择指标的一些基本原则。

邱均平认为期刊评价指标体系的设计应该遵循六大原则[③]：①指标体系的科学性和先进性原则，②系统性原则，③可测性原则，④定量分析与定性分析结合原则，⑤指标要有层次性，⑥指标之间应尽可能避免显见的包含关系。李正元认为在构建社科期刊评价指标体系时应该遵循五

[①] 中国科学技术信息研究所、万方数据股份有限公司：《中国期刊引证报告（扩刊版）》，中国科学技术文献出版社 2008 年版，第 7—8 页。

[②] 叶继元：《学术期刊的评价与学术研究质量的提高》，《浙江社会科学》2007 年第 4 期。

[③] 邱均平等：《期刊评价指标体系及定量方法研究》，《现代图书情报技术》2004 年第 7 期。

大原则①：①量化原则，②随机分布原则，③认同原则，④核心要素原则，⑤可比原则。潘云涛认为在建立科技期刊综合评价指标体系时，大致遵循三条基本原则②：①中国科技期刊的评价要与国际期刊评价在方法和理论上保持一致，为中国科技期刊走上国际舞台奠定基础；②要结合我国科技期刊发展的具体实际，确定反映我国科技期刊学术水平和发展状况的指标；③要突出可操作性，统计数据要易于采集和方便计算。叶继元指出，学术期刊评价只有遵循"同类相聚，同级相比"的评价原则才能使评价对象具有可比性，才能使评价活动具有意义，才能达到评价的目的③。

期刊的学术地位是学术共同体对一种期刊整体水平的价值判断，它不仅反映了期刊在知识交流系统中的位置，而且进一步影响了学术共同体的成员对期刊的态度和行为取向。因此，在研究期刊分层的影响因素时，除了要坚持一些普遍性的原则，如指标的科学系、系统性、目标导向性、可操作性、可比性、定性定量相结合等原则之外，还要根据期刊的特殊情况考察我国期刊的具体问题。

（1）将引证指标作为反映期刊学术地位的重要标准

对引文分析进行深入研究的文献越来越多，这可以表明引文分析在科研评价中的作用越来越突出。Paul R. McAllister 等人研究发现，在评价科技期刊的影响力时，科学家对期刊的主观评价与引文评价的结果基本一致；特别在评价最为优秀的期刊和表现最差的期刊时，两种评价的结果完全吻合④。在人文社会科学领域，虽然引文分析的有效性不如在科技领域强，但是引文分析仍然是测量同行认同的一种手段。这并不等于说引证数高的期刊就优于引证数低的期刊，但是引证数的高低却能有效地表明一份期刊对某些学者是否有用。因此，引文指标是一个反映期刊地

---

① 李正元：《构建社科期刊评价体系的理论思考》，《合肥工业大学学报》（社会科学版）2004年第1期。

② 潘云涛：《中国科技期刊评价研究》，《数字图书馆论坛》2007年第3期。

③ 叶继元、宋歌：《关于学术期刊评价中若干基本问题的分析》，《数字图书馆论坛》2007年第3期。

④ P. R. Mcallister, R. C. Anderson, F. Narin, "Comparison of Peer and Citation Assessment of the Influence of Scientific Journals", *Journal of the Association for Information Science & Technology*, Vol. 31, No. 3, 1980.

位的重要方式，正如 Johan Bollen 指出："现在，影响因子是评价期刊地位的首要指标。"①

（2）将人的因素作为期刊分层的本源性影响因素

必须意识到，在使用引文分析作为期刊地位测量的标准时，引文分析本身也存在着一定的缺陷。引文分析的长处在于对引证这种行为所产生的社会网络的刻画和度量；弱势在于对个体的行为动机和目的等方面的揭示②。科研人员的引证行为是一种复杂的社会行为，用简单的指标来刻画这类行为的特征会忽略很多细节因素。因此，必须将对期刊有着重要影响的人的因素考虑进去，比如期刊作者群对期刊的影响、期刊的编辑队伍对期刊的影响等等。

（3）指标提炼的系统性和精炼性

评价一种期刊的水平和地位，可以罗列出很多评价指标。但是在展开具体评价工作时，评价指标绝非越多、越细就越好。以前的期刊评价指标之间，缺乏必要的内在逻辑性，处于一种逻辑上的零散状态。如尹玉吉在 1994 年提出有 8 个重要因素影响期刊等级③；2009 年尹玉吉又发文认为有 10 个因素对期刊的等级有着重要的影响④⑤。虽然期刊评价研究在不断发展，可供使用的指标也越来越多，但是研究的发展并不能仅仅表现在指标数量的增多上。潘云涛认为从事科技期刊评价相关研究的科研人员和管理人员，有必要从越来越细的各种指标设计中抽出身来，认真回顾和思考一下科技期刊评价体系与科技系统的契合度问题⑥。冯·诺伊曼说过："用 4 个参数，我就能拟合一头大象，用 5 个参数，我能让大

---

① J. Bollen, M. A. Rodriguez, H. Van de Sompel, "Journal Status", *Scientometrics*, Vol. 69, No. 3, 2006.
② 赖茂生等：《论期刊评价的起源和核心要素》，《重庆大学学报》（社会科学版）2009 年第 3 期。
③ 尹玉吉：《学术期刊级别划分问题探讨》，《中国人民大学学报》1994 年第 4 期。
④ 尹玉吉、王倩：《关于学术期刊分级问题的研究》，《西北农林科技大学学报》（社会科学版）2009 年第 3 期。
⑤ 尹玉吉：《关于学术期刊分级问题的全方位考察》，《山东理工大学学报》（社会科学版）2009 年第 2 期。
⑥ 潘云涛：《中国科技期刊评价研究》，《数字图书馆论坛》2007 年第 3 期。

像晃动鼻子。"① 由此可见，选取期刊评价指标的系统性和精炼性已经成为现在选取指标时需要重点考虑的一个问题。在综合统计中，各种评价指标的有机结合和合理使用是统计结果准确性的基本保证。指标体系的完整性和系统性，以及与其他参考指标的有机结合是非常重要的，指标并不是越多越好②。

（4）学术共同体的认同原则

经过多年的研究和实践，期刊评价已经形成了一些评价指标体系，一些评价指标已经得到知识界广泛的认同，如影响因子是进行期刊评价的一种有效工具；一些评价指标还存在着严重的分歧，如期刊的经济效益能否有效地反映期刊的学术水平和地位；还有一些新的指标不断涌现，如H指数、期刊声望指数（SJR）等等。期刊评价本身反映的是学术共同体对期刊的认可，因此，期刊评价指标选取不应仅仅是选取那些基于引证而展示出来的客观关系，而是应用一些能够反映学术共同体价值判断的评价指标。用指标去反映学术共同体的认同，而不是用指标去修正学术共同体的认同，这是在确定期刊分层影响因素时重点考虑的因素之一。

二 期刊分层影响因素选取的方法

确定学术期刊评价依据的标准是做好学术期刊分层研究的基础③。指标数量多，数据搜集不易，增加了处理成本，同时也使评价工作变得非常复杂；指标数量少，又不容易反映全面信息。指标选取过多还有另外一个问题，由于指标间一般都存在不同程度的相关性，除了采用主成分分析法和因子分析法可以适当降低指标间的相关性外，采用其他方法进行评价一般都会导致重复计算，影响评价的精度和效果。目前指标间相关关系的修正还是个难题，没有得到很好的解决。此外采用主成分分析与因子分析完全忽视了不同指标的权重，选取这两种方法应该慎重④。对

---

① F. Dyson, "Turning Points A Meeting with Enrico Fermi", *Nature*, No. 427, 2004.
② 姜晓辉:《"中国人文社会科学核心期刊"的研制特点》,《数字图书馆论坛》2007年第3期。
③ 尹玉吉、王倩:《关于学术期刊分级问题的研究》,《西北农林科技大学学报》（社会科学版）2009年第3期。
④ 俞立平等:《学术期刊评价指标选取若干问题的思考》,《情报杂志》2009年第3期。

于数量指标和质量指标的组合方式，目前基本上采用的都是加权平均的方法，社会生活中人们更习惯数量和质量指标的相乘，数量指标与质量指标最好采取乘法合成①。

为了能够准确全面地反映期刊学术地位，本书从现行七大期刊评价机构所使用的指标中选取使用机构数大于 1 的期刊评价指标（如图 7—5 所示）。如果某项期刊评价指标仅仅被一家期刊评价机构所采用，本书认为这项指标在知识界所获得的认同度不够，有悖于我们所确定的认同原则。基于此，影响因子、总被引次数、载文量、基金论文比/数、即年指数、他引频次、web 即年下载率、被摘率、引文率、引用半衰期、被索量、被引半衰期、被摘量、本学科论文引用次数、发文机构数、他引影响因子，共 16 个指标被我们选择为对评价期刊学术地位的参考指标。

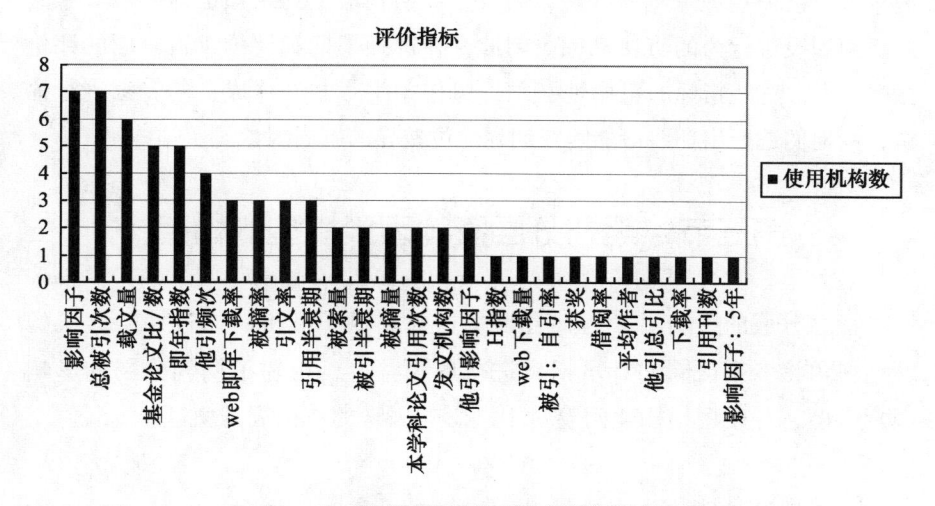

图 7—5 期刊评价机构所使用的评价指标

根据苏新宁的研究，在人文社会科学中，期刊半衰期并不能很好地说明期刊的影响，"我们曾对人文社会科学各学科期刊的半衰期进行过统计分析，其中各学科最有影响的期刊大多数都排在很后的位置，而一些资料性的期刊、影响很小的期刊却有很长的半衰期。因此，我们认为期

---

① 俞立平等：《学术期刊评价指标选取若干问题的思考》，《情报杂志》2009 年第 3 期。

刊半衰期这一指标不能作为评价体系中的指标项，只能在综合指标数相等的情况下，用半衰期作进一步甄别"[1]。因此，本书决定剔除引用半衰期和被引半衰期两个指标，将备用指标暂定为 14 个。

无论什么样的评价指标都必须与同行专家评议相结合，专家评议应具有一定的独立性[2]。此处提到的专家评议并非目前许多评审中的专家评议，许多专家只是在评审会上临时看到期刊的评审材料，对照定量指标一项项地给期刊打分，这种做法与真正意义上的同行评议相去甚远。作为一个领域的专家，应该深谙本书领域的期刊状况，熟知本学科每种期刊发文质量和水平情况，按照自己对本学科领域的了解，以及被评期刊在本学科中所起的作用进行定性的评估和讨论，最后给出每种期刊印象分和总评分。与此同时，专家作为期刊的阅读者和供稿者，对期刊地位的影响因素有着最为直观深刻的理解；而且，对期刊地位的认知也是影响专家阅读行为和投稿行为的直接动因。因此，在选择了期刊评价机构常用的评价指标之后，这些指标的可用性必须经过作为学术共同体成员的专家进行评审，由他们选择出那些最能解释期刊地位差异的不同因素。

第三节　期刊分层影响因素模型的构建

社会分层的影响因素为整合计量指标提供了契机，通过社会分层的理论视角将专家认同的计量指标进行理论整合，构建了期刊分层的影响因素模型，并使用结构化问卷对不同影响因素的作用展开实证。

一　理论基础

（一）社会空间理论

"地位"是一个重要的社会学概念，是社会分层研究的理论基础。"社会分层是某一社会系统中对构成该系统的个人的一种差别性的等级分类……社会分层的本质是说人们的社会地位高低不同"[3]，"客观、普遍的

---

[1] 苏新宁：《人文社会科学期刊评价指标体系研究》，《图书馆论坛》2006 年第 6 期。
[2] 潘云涛：《中国科技期刊评价研究》，《数字图书馆论坛》2007 年第 3 期。
[3] 李强：《社会分层十讲》，社会科学文献出版社 2008 年版，第 2—5 页。

社会地位，构成了社会分层结构的基本要素，这些社会地位外在于个人，决定了个人对社会资源的占有。"① 在诸多研究社会分层的理论流派中，布尔迪厄的社会空间理论首次系统地在统一的理论框架下解释了分层和流动问题②。社会空间理论认为，社会成员在社会空间中的位置（即社会地位）由三个基本维度决定：第一维是各种资本的数量或资本总量，第二维是资本的类型或资本的构成，第三维是前两者在时间维度上的变化。资本总量和资本类型决定了个体的社会地位，两者在时间维度上的变化反映了社会流动的状况。那么，资本的类型有哪些呢？布尔迪厄认为，人们可以使用的各种资源和社会权力可以划分为四种类型的资本：经济资本、社会资本、文化资本、符号资本③（见图7—6）。

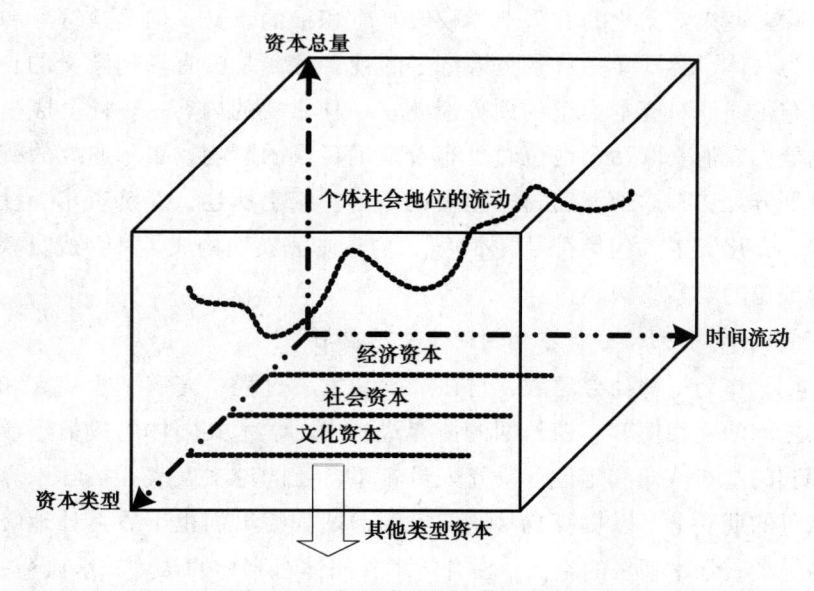

图7—6 布尔迪厄的社会空间理论

（二）资本理论

经济资本是指用于生产商品、服务的金钱和物质资料，可以制度化

---

① 李路路：《论社会分层研究》，《社会学研究》1991年第1期。
② 李宝梁：《社会分层研究中的基本理论范式与最新进展述评》，《贵州师范大学学报》2007年第4期。
③ ［法］布尔迪厄：《实践感》，蒋梓骅译，译林出版社2003年版，第177—193页。

为产权的形式。社会资本是指个体所拥有的可以持久使用的人际关系网络[①]。文化资本指借助教育的行为所传递的文化物品,文化资本可以制度化为资格证书、教育文凭等形式,在决定人的社会地位方面,文化资本与经济资本一样重要。符号资本是从文化资本衍生出来的概念,是指适用不同符号或话语体系使其他资本合法化的符号标志。布尔迪厄认为人在社会化的过程中自然地接受了他所生长的社会环境的各种观念和价值体系,而这种自然的接受是在缺乏有效的比较与对比的前提下被迫接受的,布尔迪厄称之为"符号暴力",后来又将其发展成为符号资本理论[②]。

布尔迪厄的文化资本理论对社会分层研究乃至整个社会学研究都是具有开创性的。在资本类型的划分中,将符号资本从文化资本中独立出来,在强调人对文化的有限选择权时具有积极的意义;但是,符号和文化本为一体,离开文化背景空谈符号的社会意涵是没有任何意义的。此外,布尔迪厄对资本类型的划分遗漏了一项重要的内容——社会成员的个人能力在他获取社会地位时也有着举足轻重的影响,布尔迪厄的资本类型划分无法有效地涵盖这一重要的内容。综上所述,经济资本、社会资本、文化资本(包括符号资本)、人力资本完整地构成了社会成员获取社会地位的要素结构。

(三) 社会网络分析在期刊评价中的应用

期刊作为一种社会建制,它在产生和发展过程中充满了投稿人和用稿人之间的互相博弈。在长期的博弈过程中,学术共同体的成员形成了对期刊的基本认知和定位。研究人员希望自己的论文发表在被学术界高度认可的期刊上,以提高自身的知名度;期刊编辑们也千方百计地吸引著名学者或学术新星的论文,提升学术共同体对刊物的认可和承认[③]。因此,期刊本身就成为一种社会互动的产物和媒介,它体现了学术共同体的集体意志和行动逻辑。学术共同体中各行动主体之间的社会互动行为和各种社会属性,通过这种博弈行为转移为期刊的社会属性,使得期刊

[①] [美] 林南:《社会资本:关于社会结构与行动的理论》,张磊译,上海人民出版社2004年版,第18页。

[②] [美] 斯沃茨:《文化与权力:布尔迪厄的社会学》,陶东风译,上海译文出版社2006年版,第76—110页。

[③] P. Ball, "Prestige Is Factored into Journal Ratings", *Nature*, Vol. 439, No. 7078, 2006.

在一定程度上具有行动主体的自主意识。长期以来，期刊的这一特点恰恰被期刊评价研究的主流所忽视。

社会网络分析是一种有效描述个体社会地位差异的研究方法[①]。20世纪80年代，一些来自社会学等领域的学者首先关注到了期刊的主体意志特征，开始将社会网络分析运用到期刊评价领域。他们通过期刊的施引与被引数据建立投入产出模型（Input-Output Models），分析期刊在学术交流网络中的地位以及期刊学术地位在不同时间段的变动[②]。从而为从社会学的视角深入考察期刊之间的等级现象提供新的研究资料和手段。随着社会网络分析数据处理技术的进步，图书情报学界通过引文网络来展现期刊之间的社会互动关系的研究成果逐渐增多[③]。

然而，图书情报学界引入社会网络分析展开期刊评价研究停留在工具移植层面，意在更为直观地展现期刊之间的结构特征，未能深入地理解社会网络理论的真正精髓，分析结构特征产生的社会机理。现有的研究成果仅是利用社会网络分析作为研究工具，对期刊之间网络关系和期刊个体在网络中的地位进行客观的描述；没有深入地挖掘或解释产生这种网络结构特征的社会机制和作用机理，更没有分析现行的期刊网络结构对期刊个体和学术共同体在今后的社会互动中所造成的结构性约束和影响。

二 模型构建

本书以社会空间理论和资本理论作为出发点，从社会学的视角去解

[①] 张文宏：《社会网络分析的范式特征：兼论网络结构观与地位结构观的联系和区别》，《江海学刊》2007年第5期。

[②] P. Doreian, "A Measure of Standing of Journals in Stratified Network", *Scientometrics*, Vol. 8, No. 5/6, 1985; P. Doreian, "A Revised Measure of Standing of Journals in Stratified Networks", *Scientometrics*, Vol. 11, No. 1/2, 1987.

[③] L. Leydesdorff, "Clusters and Maps of Science Journals Based on Bi-connected Graphs in Journal Citation Reports", *Journal of Documentation*, Vol. 60, No. 4, 2004; L. Leydesdorff, T. Schank, "Dynamic Animations of Journal Maps: Indicators of Structural Changes and Interdisciplinary Developments", *Journal of the American Society for Information Science and Technology*, Vol. 59, No. 11, 2008; 岳洪江、刘思峰：《管理科学期刊同被引网络结构分析》，《情报学报》2008年第3期；宋歌、叶继元：《基于SNA的图书情报学期刊互引网络结构分析》，《中国图书馆学报》2009年第3期；宋歌：《经济学期刊互引网络的核心—边缘结构分析》，《情报学报》2011年第1期。

释导致期刊学术地位差异的根源，弥补现有以社会网络分析为工具而展开的期刊评价研究的不足。期刊是学术共同体成员集体逻辑和互动的产物，它展现了学术共同体成员个体意识的集体取向。而且，期刊并非一个静态的社会实在，由于编辑和学者之间的互动使得期刊具有动态自我调节的主体意识和能力。因此，本书在社会空间理论和资本理论的概念框架下，从社会学的理论视角考察期刊之间等级差异产生的根源。

经济资本主要考察研究对象的物质基础，拥有充足办刊经费的期刊具有更好的办刊条件，不仅为期刊提高自身的编校装帧水平提供了物质条件；也为编辑人员扩展自身的学术活动范围提供了条件。因此，经济资本有利于期刊提升办刊水平，也有利于获取学术界的认可和学术地位。目前，我国期刊能够调动的经济资源主要来自于四个方面：①主办单位的拨款，②期刊的发行收入，③期刊的广告收入，④期刊的版面费。因此，本书提出以下假设：

H1：期刊的经济资本对学术地位有正向影响

H2：期刊的经济资本对个体特征有正向影响

社会资本主要考察研究对象的社会关系，与期刊产生直接社会关系的主要有两类行动主体：一是作为期刊客体的读者、作者和审稿人；二是作为期刊母体的主办单位和编辑队伍。在学术传播过程中，读者、作者和审稿人这三种社会角色一体化地被研究人员集体承担，这是学术传播的特有现象。期刊希望发表知名学者的论文来增加刊物本身的影响力，因此，期刊的学术地位通过期刊论文作者群的集体地位得到一定的体现，而且作者所在机构的学术地位可能通过作者而向期刊发生间接传递。同时，研究人员希望阅读、引用著名学者的论文来提高自己研究成果的可信度和认同度[①]。期刊的主办单位不仅为期刊提供必要的经济基础，而且主办单位的学术影响力和学术实力也可能对期刊在学术界的地位产生一定的影响。根据卢因的"把关人"理论，稿源只有符合群体规范或"把关人"价值标准的信息内容才能进入传播渠道[②]；因此编辑队伍影响期刊的学术水平和学术共同体对刊物的认同。从目前的编辑制度来看，主编终审制度决定了

---

① G. N. Gilbert, "Referencing as Persuasion", *Social Studies of Science*, Vol. 7, No. 1, 1977.
② 郭庆光：《传播学教程》，中国人民大学出版社 1999 年版，第 162 页。

主编在编辑队伍中的重要地位。因此，本书提出以下假设：

　　H3：期刊的社会资本对学术地位有正向影响

　　H4：期刊的社会资本对经济资本有正向影响

　　H5：期刊的社会资本对符号资本有正向影响

　　人力资本主要考察研究对象的个体素质、能力和特征，因此期刊自身的特征及其承载的文化信息就是一份期刊个体能力的体现。期刊个体能力的基本构成要素有：信息量、期刊的知识覆盖面、期刊的规范化和期刊的自我认同。作为传播媒体，信息量的大小是一份媒体的基本能力指标，除了载文量直接影响期刊所承载的信息量的大小，期刊的参考文献同样给读者指出了重要的信息来源。虽然期刊的参考文献出自其他刊物越多，给读者带来的信息量越大；但是每一份刊物都有自身的风格，自引现象可以反映一份期刊的风格及刊物对自身学术水平的认同。期刊所服务的学科和主题范围所组成的内容覆盖面的广度，也是期刊个体能力的另一重要表现形式，它对期刊被学术界的接受程度起着重要的影响。内容美与形式美的统一，期刊印刷版式的美观与否、编校质量直接影响了读者对期刊的主观感受。人力资本的概念内涵虽然囊括了以上要素，但是读者可能根据字面意义产生误读，即将人力资本理解为期刊的编辑队伍的素质和水平。为了避免这种误读，本书直接采用"个体特征"这一个概念。有研究显示，期刊的个体特征对期刊的被引情况有显著影响[1]。因此，本书提出以下假设：

　　H6：期刊的个体特征对学术地位有正向影响

　　H7：期刊的个体特征对符号资本有正向影响

　　文化资本主要考察研究对象在社会化过程中获得的各种社会认同的表现形式，它多是通过各种符号和意义体系得以展现，比如文凭、证书等。符号是交流的工具，符号的变化展现着交流的过程，并完成了其他资本类型的合法化[2]。对于期刊来说，现今期刊评价体系所使用的各种评

---

[1] W. Yue, C. S. Wilson, "Measuring the Citation Impact of Research Journals in Clinical Neurology: A Structural Equation Modelling Analysis", *Scientometrics*, Vol. 60, No. 3, 2004.

[2] ［美］斯沃茨：《文化与权力：布尔迪厄的社会学》，陶东风译，上海译文出版社2006年版，第76页。

价指标恰恰起到了用符号显示学术共同体对期刊认同的社会功能，因此本书采用"符号资本"代替文化资本这一概念。制度化的期刊评价产生之前，学术共同体对期刊的学术地位的认知具有一种心知肚明的默契[1]；期刊评价机构创造了系统的期刊评价体系之后，人们对期刊地位的认识被评价指标外显出来。制度化的期刊评价实现了期刊学术地位合法化的社会过程，期刊潜在的等级差异在这一合法化的过程中得到外显和强化，形成了一些学者极力批判的两极分化和对立[2][3]。期刊的符号资本主要来源于两方面：一方面是学者对期刊的使用情况，主要是通过引证关系表现出来的评价指标；另一方面是学术辅助机构（文摘、索引的生产机构）的生产活动所产生的评价指标。前者体现的研究主体对期刊的认同，它可以从影响因子、总被引、即年指数和web下载量等得到有效的反映。后者是一种非主体认同的符号表示，它可以从转载率、被索量、基金论文比和获奖等方面得到反映。转载说明了文摘单位对期刊论文的认可，被索量反映了文献检索工具编制单位对期刊主题范围的认可，基金论文比反映了科研资助单位对期刊水平的认可，获奖反映了期刊管理机构对期刊社会效益的认可。因此，本书提出以下假设：

H8：期刊的符号资本对学术地位有正向影响

综上所述，在布尔迪厄的社会空间理论和资本理论的概念框架下，本书从社会资本、经济资本、个体特征和符号资本四个维度构建了期刊学术地位影响因素模型（见图7—7）。

在模型中，期刊评价的主要指标和影响因素抽象为4个重要的变量：社会资本、经济资本、个体特征和符号资本。其中符号资本和经济资本作为重要的中间变量，社会资本和个体特征作为外生变量。经济资本受到社会资本的重要影响，符号资本受到个体特征的重要影响。

三　问卷设计与数据的收集

基于以上的理论模型，结合现行期刊评价系统中的指标和国外期刊

---

[1] 魏瑞斌：《学术期刊核心竞争力》，北岳文艺出版社2008年版，第92页。
[2] 钱荣贵：《核心期刊与期刊评价》，中国传媒大学出版社2006年版，第133—134页。
[3] 王振铎：《质疑"核心期刊"》，《出版广角》2000年第12期。

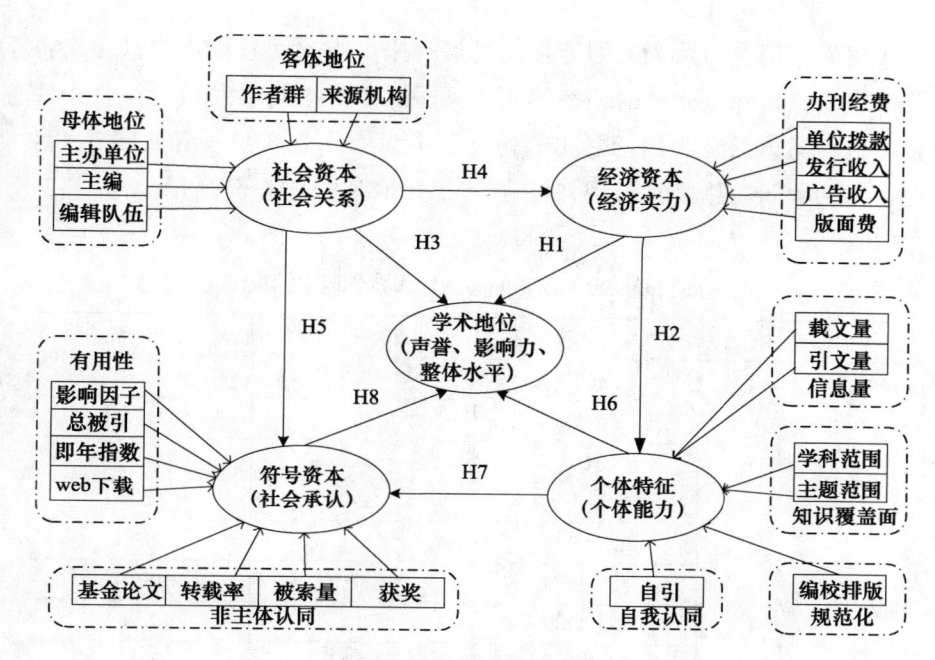

图 7—7 期刊分层影响因素的理论模型

评价研究的相关文献①②，本书设计了一套以 Likert7 级量表进行衡量的结构化问卷。选项从 1—7 分别表示完全不同意、非常不同意、不同意、不确定、同意、非常同意、完全同意。

本次问卷的调查时间是从 2011 年 3 月 15 日至 2011 年 4 月 15 日。调查的对象主要是有论文发表需要的相关人员，如高校教师、研究生、科研院所人员、图书情报机构人员、期刊编辑。采用的调查方式是填写纸质问卷和通过 E-mail 发送 Word 版问卷的形式调查。从可行性的角度出发，以及为了保证问卷的回收率，采用雪球抽样技术（Snowball Sampling）选择调查的样本③。雪球抽样是一种多阶段的技术，它开始于一个或少数人或个

---

① A. J. Nederhof, R. A. Zwaan, "Quality Jugements of Journals as Indicators of Research Performance in the Humanities and the Social and Behavioral Science", *Journal of the American Society for Information Science*, Vol. 42, No. 5, 1991.

② J. C. Catling, V. L. Mason, D. Upton, "Quality Is in the Eye of the Beholder? An Evaluation of Impact Factors and Perception of Journal Prestige in the UK", *Scientometrics*, Vol. 81, No. 1, 2009.

③ ［美］劳伦斯·纽曼：《社会研究方法：定性和定量的取向（第 5 版）》，郝大海等译，中国人民大学出版社 2007 年版，第 270—271 页。

案，然后根据与初始个案的连接而扩展开来。本次问卷调查中，首先将问卷发送给目标总体中的一些熟人，再通过熟人把问卷发送给符合条件的熟人填写。最终收回问卷 127 份，其中无效问卷 3 份，有效问卷 124 份，占回收问卷总数的 97.64%。初步统计情况如表 7—7 所示。

表 7—7　期刊分层影响因素问卷统计人口学因素情况

因素	选项	频次（人）	比例（%）
性别	缺失	2	1.61
	男	65	52.42
	女	57	45.97
年龄	缺失	59	47.58
	20—29 岁	37	29.84
	30—39 岁	17	13.71
	40—49 岁	9	7.26
	50 岁以上	2	1.61
学历	缺失	2	1.61
	本科	9	7.26
	硕士	68	54.84
	博士	43	34.68
	其他	2	1.61
职称	缺失	2	1.61
	初级	12	9.68
	中级	43	34.68
	副高	18	14.52
	正高	7	5.65
	其他	42	33.87
职业	缺失	3	2.42
	高校教师	36	29.03
	在读研究生	41	33.06
	编辑	14	11.29
	图书情报机构人员	24	19.35
	科研院所研究人员	3	2.42
	其他	3	2.42

续表

因素	选项	频次（人）	比例（%）
学科专业	缺失	4	3.23
	哲学	2	1.61
	经济学	3	2.42
	法学	1	0.81
	教育学	2	1.61
	文学	8	6.45
	历史学	2	1.61
	理学	7	5.65
	工学	8	6.45
	农学	0	0.00
	医学	3	2.42
	军事学	0	0.00
	管理学	84	67.74

从调查结果的人口学信息可知：在性别分布上，填写的问卷男性稍微多于女性，但是差异不大；在年龄分布上，年龄最小的问卷填写人21岁，最大的59岁，高达47.58%的缺失率表明问卷的调查对象均不愿意填写自己的年龄信息；在学历和职称分布上，以具有博士学位和具有副高职称的人员为主；在职业分布上，研究生、高校教师和科研院所研究人员应该是发表论文的三大主力，本次问卷对科研院所研究人员的覆盖力度不够；在学科专业分布上，除了农学和军事学两个学科以外，问卷填答者覆盖了《授予博士、硕士学位和培养研究生的学科、专业目录》中的12大类学科中的10个学科。由于本课题的研究团队属于管理学，所以雪球抽样的调查对象范围也大多集中于管理学。

四 数据分析

（一）描述性统计

本部分主要采用SPSS13和Lisrel8.70软件对问卷所调查到的数据进行统计分析。首先对各具体指标的均值、标准差和变异系数进行描述性统计，结果见表7—8所示。在Likert7级量表中，均值大于5的话，说明各指标对期刊地位产生一定的影响；变异系数在 0.17—0.25 之间的话，说明被调查者之间的态度比较一致。

表 7—8　影响因素各测度项的均值、标准差、方差和变异系数

题号	测量指标	样本量 N	均值 Mean	标准差 Std. Deviation	变异系数 CV
1	影响因子	124.00	5.44	1.03	0.19
2	总被引	124.00	5.21	1.08	0.21
3	自引	124.00	4.49	1.06	0.23
4	即年指数	124.00	5.01	1.06	0.21
5	载文量	124.00	2.91	1.20	0.41
6	引文量	124.00	3.75	1.54	0.41
7	基金论文比	124.00	4.81	1.00	0.21
8	web 下载	124.00	5.04	0.94	0.19
9	转载	124.00	5.40	0.88	0.16
10	被索量	124.00	5.42	0.94	0.17
11	版面费	124.00	4.14	1.30	0.31
12	发行收入	124.00	4.23	1.47	0.35
13	广告收入	124.00	4.19	1.44	0.34
14	单位拨款	124.00	4.63	1.36	0.29
15	主办单位	124.00	5.62	0.86	0.15
16	主编	124.00	5.67	0.98	0.17
17	编辑队伍	124.00	5.78	0.97	0.17
18	作者群	124.00	5.84	0.88	0.15
19	来源机构	124.00	4.88	0.83	0.17
20	学科范围	124.00	3.91	1.48	0.38
21	主体范围	124.00	3.93	1.49	0.38
22	获奖	124.00	5.25	1.04	0.20
23	编校排版	124.00	3.47	1.43	0.41
24	声望	124.00	5.90	1.07	0.18
25	影响力	124.00	5.64	1.16	0.21
26	整体水平	124.00	5.89	1.05	0.18

表7—8的数据显示,被调查者认为载文量、引文量、学科范围、主题范围和编校排版对于期刊学术地位没有影响;然而,这几个指标的变异系数均超过了0.25,这说明被调查者对这几个指标是否对期刊学术地位产生影响的意见分歧较大,即有些人认为没有影响,有些人则会认为影响较大。

(二)信度和效度检验

信度代表可靠性,通常用来了解问卷设计及调查的可靠程度,即多次测度所得的结果间的一致性(Consistency)或稳定性(Stability);或估计测量误差为多大,以反映出实际测量结果的真实程度。当测量误差所占的比率降低时,真实特征部分所占的比率就会相对提高,因而信度系数值就会增高。信度分为内在信度和外在信度。内在信度指的是调查表中的一组问题(或整个调查表)是否测量的是同一个概念,亦即这些问题之间的内在一致性如何。内在信度的高低一般用信度系数(Reliability Coefficients)表示。外在信度是指不同时间进行测量时调查表结果的一致性程度。本问卷是在一定时间内做出的统一测量,没有在时间维度或其他分类维度上展开分类对比。

本书采用克朗巴哈α系数(Cronbach's α)来衡量调查问卷的内在信度[①]。在社会学统计中,如果Cronbach's α系数大于0.70,即表明调查问卷具有较好的信度,如果大于0.80甚至大于0.90,则信度的表现甚佳。经过spss13.0运算求出调查问卷中的各影响因素和因子的Cronbach's α系数,见表7—9所示,问卷的整体Cronbach's α系数为0.833。由表4—10可知,除了社会资本因素以外,因子的Cronbach's α系数均大于0.7,在各单一指标删除的情况下,Cronbach's α没有显著的改变。这说明通过本次调查测度选择标准的重要性和适用性具有较好的可信度和稳定性。

一般认为,效度(Validity)考察的是研究所使用的工具及方法能否有效地反映所研究的问题,在多大程度上有效反映,测量结果和要考察的内容越吻合则效度越高,反之,则效度越低。它可以分为内容效度

---

① 张文彤:《SPSS11统计分析教程(高级篇)》,北京希望电子出版社2002年版,第213—217页。

表 7—9　　　　　　　　影响因素问卷指标的信度效度分析

因素	因子	因子 Cronbach's Alpha	因素 Cronbach's Alpha	AVE
社会资本	母体地位	0.68	0.66	0.64
	客体地位	0.69		0.66
本体资本	信息量	0.76	0.71	0.68
	知识覆盖面	0.78		0.7
	规范化程度	0.51		0.37
	自我认同	0.71		0.57
经济资本	办刊经费	0.9	0.9	0.73
符号资本	有用性	0.74	0.76	0.52
	非主体认同	0.73		0.51
期刊地位	学术地位	0.79	0.79	0.58

(Content Validity)、结构效度 (Construct Validity)、校标关联效度 (Criterion-related Validity)[①]。内容效度是指研究工具对所要研究内容的代表程度；结构效度是指研究工具是否真实体现了研究所依据的理论结构，以及对该理论结构的体现程度[②]。本书的影响因素取自于前人的研究成果，影响因素的构建和移植有着坚实的社会学理论基础，参考了很多相关理论及前人的研究，以使问卷在内容效度上有所保证。结构效度可分为收敛效度 (Convergent Validity) 和判别效度 (Discriminant Validity)，验证性因子分析是用来检验结构效度的常用方法。收敛效度一般采用平均变异萃取量 (Average Variance Extracted，AVE) 考察，AVE 是计算各维度变量对该维度的平均变异解释力，即变量变动一个单位，所在维度随之变动的单位数。将每一个影响因素的指标视为一个共同因子，通过因子分析得到各自的因子载荷矩阵，将该维度下所有变量因子负荷量的平方和相加后，得到该共同因子的特征值，特征值除以变量数（即每一维度下选择标准数），即为共同因子解释的平均变异萃取量 (AVE)[③]。若平均

[①] 吴明隆：《SPSS 统计应用实务：问卷分析与应用统计》，科学出版社 2003 年版，第 195 页。
[②] 祁红梅：《知识的吸收和创造》，中国经济出版社 2007 年版，第 126 页。
[③] 吴明隆：《SPSS 统计应用实务：问卷分析与应用统计》，科学出版社 2003 年版，第 79 页。

变异萃取量越高，则表示该维度有越高的收敛效度，即各变量对该维度的解释性越强，在反映研究问题方面的有效性越高。一般认为当 AVE 大于 0.5 时，问卷的效度较好①。由表 7—9 可知，除了规范化程度只有一个测量指标而导致 AVE 为 0.37 之外，其他因子均大于 0.5，可以得出测量模型的各个指标收敛于相应的因子，测量模型具有一定程度的收敛效度。

根据 Fornell 和 Larcker 的研究结论，模型中每个因子的 AVE 大于它与其他因子的相关系数的平方或者 AVE 的平方根大于因子之间的相关系数，则表示测量模型具有良好的区分效度。如表 7—10 所示，对角线上的数据是相应因子的 AVE，下对角矩阵的数据则是因子之间相关系数的平方，由表中数据可知，每个因子的 AVE 大于其与其他因子的相关系数的平方，所以问卷具有较好的区分效度。

表 7—10　　　　　　　影响因素各因子的区分效度

	1	2	3	4	5	6	7	8	9	10
母体地位	0.637									
客体地位	0.132	0.659								
信息量	0.012	0.055	0.683							
知识覆盖面	0.018	0.169	0.527	0.704						
规范化程度	0.062	0.160	0.538	0.485	0.371					
自我认同	0.087	0.123	0.222	0.143	0.205	0.574				
办刊经费	0.111	0.065	0.588	0.401	0.290	0.092	0.725			
有用性	0.175	0.134	0.150	0.057	0.252	0.331	0.203	0.521		
非主体认同	0.151	0.018	0.147	0.199	0.228	0.031	0.174	0.179	0.514	
期刊地位	0.291	0.219	0.036	0.080	0.297	0.095	0.190	0.253	0.184	0.583

（三）模型检验与分析

本书使用 Lisrel8.70 来检验模型中的各条路径假设（如图 7—8）。验证结果表明，8 条路径中有 4 条路径在 $p < 0.05$ 的水平上显著，得到了有效解释。社会资本、符号资本对期刊学术地位被解释的方差分别是 95%、

---

① C. Fornell, D. F. Larcker, "Evaluating Structural Equation Models with Unobservable Variables and Measurement Error", *Journal of Marketing Research*, Vol. 18, No. 1, 1981.

65%；社会资本对符号资本的路径系数达到 0.48（置信区间 $p<0.001$）。模型的验证结果充分说明了社会资本在期刊学术地位影响因素系统中的基础性作用。

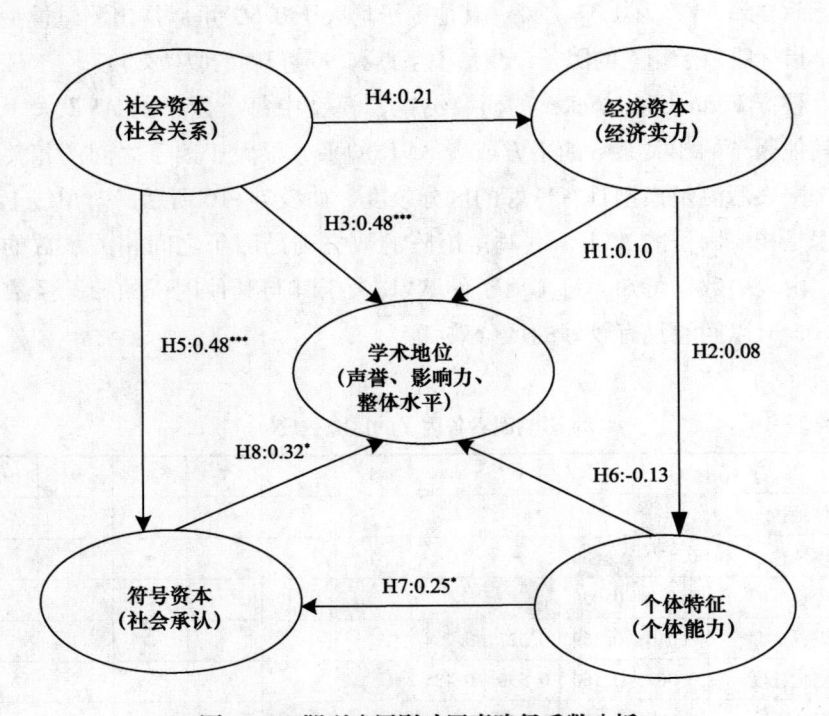

图 7—8　期刊分层影响因素路径系数分析

注：* 表示 $p<0.05$，** 表示 $p<0.01$，*** 表示 $p<0.001$。

五　讨论与结论

从社会资本的角度来理解期刊的学术地位，社会资本的路径系数为 0.48（$p<0.001$）。这说明社会资本是期刊学术地位的最主要影响因素，即一份期刊的主办单位、编辑队伍、作者群和作者来源机构的学术地位对期刊学术地位具有最为显著的影响。有学者认为："人们公认的优秀期刊是以其内在的、持久的高质量而创出声誉的，并非上级主管部门的'赐予'，也不是由主办单位的行政级别的高低来确定的。"[①] 本书的数据

[①] 陈燕、陈静：《按行政级别划分科技期刊等级问题的探讨》，《编辑学报》1995 年第 1 期。

显示，这些研究结论具有一定的片面性。忽视了期刊起点的差异则不能够真正理解期刊学术地位所代表的社会文化意义。如李频所述，期刊评价必须考虑到"刊人关系"，因为期刊主编是影响期刊的创造力和学术水平的一个关键因素①。社会资本到经济资本的路径系数为0.21（未达到置信水平）。虽然我国学术期刊多是依附于某一个主办单位，但是拨款模式主要依据单位的人事制度和期刊运营成本，国内学术期刊运作模式高度相似，因此主办单位的拨款差距并不显著；此外期刊的发行收入、广告收入和版面费收入也是期刊重要的经济来源，在一定程度上会削弱期刊对主办单位在经济上的依赖程度。社会资本对符号资本的路径系数高达0.48（$p<0.001$），充分说明期刊在评价体系中高排名的深层原因是该期刊的主办单位、作者群等要素的学术地位较高；高排名只是期刊的母体地位和客体地位较高的一种表现形式。著名科技哲学家西斯蒙多研究表明："引用偏爱于这样一类文献：在面向预期的受众时，这类文献很有用。"② 当作者觉得引用某些文献有利于显示自己的学术水平，使得自己的论著显示出更高的可信度时，才会对某一文献施引；在施引的过程中，被引期刊的学术地位和被引作者的学术地位是施引者考虑的重要因素。正如 Case 和 Higgins 研究发现，引用的目的并非旨在推进论证，它们可以服务于别的目的③。

从经济资本视角来看期刊的学术地位，路径系数仅为0.10（未达到置信水平），期刊的经济资本对个体特征影响也没有得到有效的支持（路径系数为0.08，未达到置信水平）。这说明期刊办刊经费的多少对它在学术界所获得认可程度的影响不大，这一特点符合学术期刊作为社会文化产品的本质。相对于其他传播媒体来说，学术期刊具有更高的知识和公益取向，即它比其他媒体更加关注于社会效益和知识价值。孙麾认为，

---

① 李频：《社科学术期刊评价的内在逻辑》，《清华大学学报》（哲学社会科学版）2014年第6期。

② ［加］西斯蒙多：《科学技术学导论》，许为民等译，上海科技教育出版社2007年版，第46页。

③ D. O. Case, G. M. Higgins, "How Can We Investigate Citation Behavior? A Study of Reasons for Citing Literature in Communication", *Journal of the American Society for Information Science*, Vol. 51, No. 7, 2000.

学术期刊体现着一个国家和民族的思维能力、精神状况和文明素质，这一性质决定了以社会效益为唯一目标的学术期刊不能推向市场，同时不能以市场思维来确定学术期刊的编辑方针，不能以经济尺度来衡量学术期刊的优劣，这是我们讨论学术期刊竞争力的一个基本前提①。如前所述，在我国主办单位对学术期刊的拨款模式同质性较强，而且绝大多数学术期刊主要的购买对象是各种图书馆和资料室，仅有少数权威刊物可能争取到个人订户。根据郭书菊的研究②，1999年除了考古学、人文经济地理这两个学科期刊的年均价格在50元以上，其他学科期刊的价格都小于50元；1999—2008年10年之间，虽然学术期刊的价格整体上在不断上涨，但是大部分的期刊价格涨幅差异不大。因此，学术期刊发行量和单价的差异较小，决定了各种期刊在发行收入上不可能产生较大差距。从广告收入上来看，绝大多数学术期刊上是没有广告的；少数刊登广告的期刊，广告的种类也多限于学术图书或者兄弟期刊的广告。这种类型的广告给期刊带来的收入是无法和大众媒体相比的。因此，学术期刊的广告收入差距也并不显著。最为隐蔽的版面费一项，可能是期刊经济来源不同的重要原因。普遍上来说，尤其是在人文社会科学中，版面费会成为期刊学术地位的一个负面影响因素。因此，期刊之间的经济实力的微小差距不足以对期刊的学术地位和个体特征产生普遍的显著影响。

期刊个体特征对期刊学术地位的路径系数为 -0.13（未达到置信水平），同时必须注意到个体特征对符号资本的路径系数为 0.25（$p < 0.05$）。这表明期刊的个体特征对期刊的学术地位不产生直接的影响，但是一份期刊的个体特征会通过影响读者的阅读和使用感受，进而通过符号资本对期刊的学术地位产生影响。这一研究结果和岳卫平的研究结论基本吻合③。此外，各级政府在评价期刊时，期刊的编校排版等形式特征都是一项考核指标。因此，期刊的个体特征对符号资本有着较为显著的影响。需要特别指出的是，现今的学者大多通过网络数据库直接来下载

---

① 孙麾：《学术期刊的竞争力》，《光明日报》2004年6月24日。
② 郭书菊：《中国人文社会科学学术期刊价格研究》，硕士学位论文，南京大学，2009年，第21—25页。
③ W. Yue, C. S. Wilson, "Measuring the Citation Impact of Research Journals in Clinical Neurology: A Structural Equation Modelling Analysis", *Scientometrics*, Vol. 60, No. 3, 2004.

自己需要的文献，期刊被割裂为一篇篇独立的论文。通过编校排版等形式特征所显示出来的编辑风格、文献编排智慧和期刊本身的风格等学术特征已经无法被读者有效地感知。

符号资本对期刊地位的影响仅次于社会资本，路经系数为 0.32（$p<0.05$）。在期刊评价体制下，大部分非一流的学术期刊都很重视自己在各种期刊排行榜中的排名，这种主动的关注"强化了这一要素对期刊的价值"①，使得以计量指标为基础的现行期刊评价制度对期刊的学术地位产生了客观的影响。这些期刊评价的排名对扩大期刊的知名度和读者范围有明显作用。因此，期刊与评价系统也是一种"你中有我，我中有你"的关系②，期刊评价机构与被评期刊之间存在着积极的互动。澳大利亚经济学家 Michael Jay Polonsky 发现，无论评价机构采用何种评价方法或者指标体系，它们对顶级期刊的评价结果具有高度的一致性，即尽管排名的顺序会有微小的变动，但是处于第一梯队的总是那几本期刊；而这种高度的一致性在顶级期刊之外却极少发生③。可见，在期刊评价活动中，评价机构通过对顶级期刊的肯定来证明自身的合理性和科学性，而顶级期刊和非顶级期刊都通过提高在各种评价排行榜中的名次来增加自己的知名度和影响力。对于大部分非顶级期刊来说，在评价结果公布后，各种期刊一般会根据评价指标的得分进行自我调整④，力图提高自己在评价体系中的名次。有些期刊可能为了提高排名，人为地采取各种措施来提高自己的指标得分（如互惠引用），有时会通过评价机构来调整指标之间的均衡关系（权重）使得自己总分值提高。因此，基于文献计量指标的各种期刊评价体系在期刊学术地位的分配和显示过程中起着"符号暴力"的作用。然而，符号本身并不能说明问题，真正能解释社会现象的是依托于符号背后的各种社会关系。

---

① 俞立平等：《学术期刊评价指标选取若干问题的思考》，《情报杂志》2009 年第 3 期。
② 同上。
③ M. J. Polonsky, P. Whitelaw, "What We Are Measuring When We Evaluation Journals?" *Journal of Marketing Education*, Vol. 27, No. 2, 2005.
④ A. W. Wilhite, E. A. Fong, "Coercive Citation in Academic Publishing", *Science*, Vol. 335, No. 6068, 2012.

本章小结

本章在布尔迪厄社会空间理论和资本理论的基础上，考察期刊学术地位的影响因素。研究发现期刊的社会资本（如主办单位、作者群等）和符号资本（如影响因子、基金论文比等）对期刊的学术地位具有重要的影响，期刊的经济资本和个体特征（如载文量、参考文献数量等）对期刊的学术地位没有显著的影响力。同时，社会资本对符号资本有着显著影响，期刊个体特征对符号资本有一定影响。期刊所拥有的社会资本是期刊学术地位的主要影响因素和来源，各种符号资本只不过是期刊学术地位的一种表象。现有的期刊评价均是建立在符号资本之上的，忽视了对社会资本的考察。社会网络分析在期刊评价中的运用，使得期刊之间的结构性特征得以显现，但是却没有能有效解释期刊结构特征的内在原因和形成机制，这恰恰是本书的理论意义所在。在今后的延续性研究中，可以依托现有计量学范式期刊评价的经验，结合本书的理论框架构建出新的期刊评价体系。

第 八 章

期刊分层的微观动机

期刊的社会资本对符号资本存在显著影响，这意味着决定各种文献计量指标取值大小的机制是围绕着期刊形成的各种社会关系。这些社会关系形成于期刊与学术行动主体之间的互动过程中，而行动主体的互动行为受到心理动机和互动情境的影响。本章关注的主要是研究人员在学术写作中引用动机问题。微观动机驱动宏观行为，宏观的引用行为产生了文献之间的引用关系和文献计量指标。对引用动机的考察有助于理解产生期刊之间等级差异的社会心理机制。

第一节 期刊评价与引文分析

目前我国的各种期刊评价体系中，从北京大学、南京大学等评价机构生产的中文核心期刊或 CSSCI 来源期刊，到政府组织的期刊出版质量评估，引文数据都是量化评价体系的核心依据[1]。在一定程度上，引文指标得分的高低被默认等同于学术质量或影响力的高低。但是，自从引文分析应用到学术评价、学术资源分配之后，对引文评价的批评之声在自然科学和人文社会科学的各个领域都不断涌现。随意检索任一数据库，反馈的引文分析和引文评价的相关文献都数以千计。如此浩繁的文献不仅说明引文评价是一个重要的热门主题，同时也隐含着一条重要的潜在信息——学术界对引文评价远远没有形成普遍性的共识。

---

[1] 朱剑：《量化指标：学术期刊不能承受之轻——评〈全国报纸期刊出版质量综合评估指标体系（试行）〉》，《清华大学学报》（哲学社会科学版）2013 年第 1 期。

在引文分析的发源地，引文评价长期以来也始终为学术界所诟病。诟病的原因在于，施引者的引用动机和引用情境非常复杂。例如，有时候学者可能会引用糟糕的文章以此与自己的观点构成反差，烘托自己研究的价值，因而被引不能直接表现出论文的学术质量[1]。与此类似，很多学者都有一个相似的经历，即自己最为得意的作品往往不是被引次数最多的作品。学术界对引文评价问题的争论不休，根本原因在于对引用关系没有形成统一的认识论基础，对引文在学术传播中所承担的功能和作者的引用动机没有形成统一的认知。然而，这一共识却是引文评价合法性的基础。因此，即便是引文分析的创始人Garfield也不得不强调，在学术评价时要慎重使用引文数据[2]。

作者引用某篇文献是否表示对该文献学术质量的认可，引文究竟能否准确地反映知识传承的轨迹，这是一个值得深入检验的问题。本章试图以科学社会学的相关理论为基础，从作为行为结果的引文现象和作为行为动因的引用动机两个角度，对涉及引文评价合法性问题的实证文献进行一次比较系统的梳理和评述，剖析引用行为的认识论基础。引文功能和引用动机研究有助于我们深入地理解引用行为和引文所蕴含的社会意义，它决定着引文分析究竟能否担当起学术评价的重任，也决定着现今盛行的引文评价是否具有合法性。引用动机可以从微观层面解释期刊之间等级结构形成的社会心理基础。

第二节　引用动机理论路线

一位学者在其职业生涯的各个阶段，他所撰写的和所引用的文本都深深地打上了各种烙印，这些烙印源自于他身处的社会文化传统、社会

---

[1] G. Sonnert, "What Makes a Good Scientist? Determinants of Peer Evaluation among Biologists", *Social Studies of Science*, Vol. 25, No. 1, 1995.

[2] E. Garfield, "The History and Meaning of the Journal Impact Factor", *JAMA: The Journal of the American Medical Association*, Vol. 295, No. 1, 2006; E. Garfield, "The Evolution of the Science Citation Index", *International Microbiology the Official Journal of the Spanish Society for Microbiology*, Vol. 10, No. 1, 2007.

认知网络和社会时空结构[1]。对研究人员在科研写作过程中为什么会产生引用行为，学术界存在两种相互对立的理论解释[2]：认可论（Normative School、Normative Theory 或 Universalism）和说服论（Micro-sociological School、Constructivist Theory 或 Particularism）[3]。

认可论认为，引文是施引文献的作者，承认被引文献对自己的研究工作具有知识启迪作用的一种符号表示；因此，一篇文献的知识贡献度越大，它被其他文献引用的次数就会越多。因此，使用被引次数评价一篇文献的学术价值是一种恰当的方法，进而引文分析也是学术评价的合法工具[4]。认可论思想起源甚早，1927 年 Gross 使用被引次数来评价化学文献的重要性[5]，被视为认可论的发端。Gross 的评价方法隐含了认可论的基本逻辑假设，然而直到 20 世纪中期，这一理论才在以普赖斯和默顿为首的科学社会学的理论体系中得到系统的构建和阐释。普赖斯认为参考文献展现出科学研究是一种类似砌墙（Bricklaying）的过程[6]。作者通过引文向读者提供研究主题的背景知识和发展脉络，同时向外界展示自己的研究受到哪些文献的启发，并以此向被引文献的作者表示承认和认可[7]。因此，引文被比作学术成就图谱中凝固的足迹[8]，有学者甚至将引

---

[1] B. Cronin, "The Sociological Turn in Information Science", *Journal of Information Science*, Vol. 34, No. 4, 2008.

[2] M. Liu, "Progress in Documentation the Complexities of Citation Practice: A Review of Citation Studies", *Journal of Documentation*, Vol. 49, No. 1, 1993; L. Bornmann, H. D. Daniel, "What Do Citation Counts Measure? A Review of Studies on Citing Behavior", *Journal of Documentation*, Vol. 64, No. 1, 2008.

[3] 作者没有按照字面意思直译为"规范理论（学派）""微观社会学学派""建构理论"或"普世论"等，意译更符合理论的本义和汉语的语义习惯。

[4] 李正风、梁永霞：《引文动机的生态学解释》，《科学学研究》2012 年第 4 期。

[5] P. L. K. Gross, E. M. Gross, "College Libraries and Chemical Education", *Science*, Vol. 66, No. 1713, 1927.

[6] D. J. de Solla Price. *Little Science, Big Science*, New York: Columbia University Press, 1963, pp. 64-65.

[7] R. K. Merton, "The Matthew Effect in Science", *Science*, Vol. 159, No. 3810, 1968; R. K. Merton, "The Matthew Effect in Science, II: Cumulative Advantage and the Symbolism of Intellectual Property", *Isis*, Vol. 79, No. 4, 1988.

[8] B. Cronin, "The Need for a Theory of Citing", *Journal of Documentation*, Vol. 37, No. 1, 1981.

文提升到"社会控制机制（Social Control Mechanism）"的高度[①]，将引文视为科学社会系统中一种独立的社会实体，作者的知识产权和科学发现的优先权通过引文机制才得到尊重和保护。

说服论植根于建构主义科学社会学。建构主义者认为，科学知识是社会通过对政治经济资源的操控和修辞工具而建构的，科学知识的生产不是基于默顿学派所说的普遍主义规范。与其说科学知识是真理的客观反映，不如说它是政治和财力资源的运作，以及特殊风格的语言系统作用的结果[②]。引文作为科学话语系统的一部分，并不是施引者"给予同行的工资"[③]，而是一种为了说服读者、增加自己作品可信度和权威性的工具。说服论起源晚于认可论。20世纪60年代末，有学者指出作者选择引文时受到科学、政治和个人目的等各种因素的影响，很难清晰地界定引用行为是源自于被引文献的知识内容还是受到其他外部因素的影响[④]。1977年，社会学家Gilbert对认可论进行了系统的阐述，提出"引文是说服的工具"这一经典假说[⑤]。引用行为就是科学家为自己的论文提供支撑，并让读者对其所公布内容的可靠性深信不疑的一种写作行为。为了达到说服的目的，作者在写作时倾向于引用那些可能会被读者认为具有权威性的文献[⑥]。因此，引用行为是一种社会心理过程的反映，难以摆脱个人偏见和社会压力的影响。文献是否被引用受到被引文献作者个人学术地位和声望等社会性因素的影响，不仅仅取决于文献本身对科学知识的贡献。引用率塑造了学术系统内部的等级结构和"科学界的社会分

[①] N. Kaplan, "The Norms of Citation Behavior: Prolegomena to the Footnote", *American Documentation*, Vol. 16, No. 3, 1965.

[②] 阎光才：《学术认可与学术系统内部的运行规则》，《高等教育研究》2007年第4期；S. Baldi, "Normative versus Social Constructivist Processes in the Allocation of Citations: A Network-Analytic Model", *American Sociological Review*, Vol. 63, No. 6, 1998。

[③] 叶继元：《引文法既是定量又是定性的评价法》，《图书馆》2005年第1期。

[④] K. O. May, "Abuses of Citation Indexing", *Science*, Vol. 156, No. 3777, 1967; R. D. Whitley, "Communication Nets in Science: Status and Citation Patterns in Animal Physiology", *Sociological Review*, Vol. 17, No. 2, 1969.

[⑤] G. N. Gilbert, "Referencing as Persuasion", *Social Studies of Science*, Vol. 7, No. 1, 1977.

[⑥] H. F. Moed, E. Garfield, "In Basic Science the Percentage of 'Authoritative' References Decreases as Bibliographies Become Shorter", *Scientometrics*, Vol. 60, No. 3, 2004.

层"①；反过来，这种等级结构又进一步影响或强化了个体成果的被引用。影响引用的因素更多地与被引作者在学术系统内部等级结构中的地位有关，而不是论文本身包含的内容②。因此，说服论从根本上否定了认可论的理论假设，进而也否认了引文评价的有效性与合法性。

两种截然相对的认识论对引用行为和引文本质提出了完全不同的解释，为了检验理论的有效性、证明引文评价的合法性，学术界提出了两种不同的实证路径：第一条是从引文现象出发，通过内容分析法对引文在文本中的功能进行分类编码，进而挖掘施引文献和被引文献之间的关系，达到间接地解释作者的引用行为和引文本质之目的；第二条是从引用心理出发，通过问卷调查法直接挖掘作者的引用动机，剖析作者的引用行为和引文本质。

第三节 引文功能与引用动机

引文功能研究的核心是从已经出版的文献出发检验被引文献与施引文献之间的关系。如果施引文献和被引文献之间的关系大都建立在实质性的内容联系之上，认可论的理论假设就得到了验证；如果实质的内容联系只在引用关系中占据较小的比重，说服论便得到了证实，进而现有基于引文分析的学术评价都将失去合法性。

引文功能的开创性研究是引文分析法的创始人 Garfield 于 1962 年进行的，他通过观测被引文献在正文中出现的位置、上下文的语义、反复出现的频次等要素，将施引文献与被引文献之间的关系分为 15 种类型；最后两种引用关系具有明显的"反认同论"色彩，即"否认被引作者的贡献或观点"和"对被引作者的知识发现优先权提出质疑"③。这为引文分析作为学术评价工具的合法性问题埋下了伏笔。1965 年，Lipetz 以物理学文献为样本，从原创性、推进度、认同度和贡献类型四个维度构建了

---

① ［美］J. 科尔、S. 科尔：《科学界的社会分层》，赵佳苓等译，华夏出版社 1989 年版。

② T. Q. Peng, J. J. H. Zhu, "Where You Publish Matters Most: A Multilevel Analysis of Factors Affecting Citations of Internet Studies", *Journal of the American Society for Information Science & Technology*, Vol. 63, No. 9, 2014.

③ E. Garfield, "Can Citation Indexing Be Automated", *Essays of an Information Scientist*, Vol. 1, No. 1, 1962.

一个更为复杂的综合性引文功能分类体系，类目多达 29 个①。由于类目体系庞大、归类复杂等问题，早期研究都没有展开具体的实证。然而，此类研究使人们注意到引用动机和引文功能的复杂性，引发了后续的大量实证研究。实证方法主要是采用两种策略：引文情境分析②（Citation Context Studies）和引文内容分析（Citation Content Analysis）。

一 引用性质与引用动机

引文情境分析首先从宏观角度建立一个文献之间引用关系性质的分类体系（如正面引用和负面引用等），研究人员通过阅读被引文献在施引文献正文中出现的位置及其上下文，判断引用关系所属的类目，然后比较各个类目在数量分布上的差异。因此，引文情境分析从施引文献和被引文献的关系性质验证引文评价是否具有合法性。

美国俄勒冈大学物理学教授 Moravcsik 和 Murugesan 的研究奠定了引文情境分析的基本范式。他们采用二分法从四个维度建立了一个引用性质分类表，并且从 1968—1972 年的 *Physical Review* 上随机抽取了 30 篇理论高能物理学论文作为样本，对文后的 575 条引文进行了分类统计分析（见表 8—1），研究发现引文中存在大量的机械引用和少量的负面引用③。机械引用的大量存在，意味着一些论文并没有做出实质性的科学贡献，仅仅是因为论文的主题比较时髦，因此作者可以"搭便车"成为高被引作者，在引文评价中获得较高的认同度。这无疑违背了认可论的理论假设。之后，Moravcsik 扩大了刊物的种类和刊物分布的地域范围，进一步验证了自己研究结论的普适性④。

---

① B. Lipetz, "Improvement of the Selectivity of Citation Indexes to Science Literature through Inclusion of Citation Relationship Indicators", *American Documentation*, Vol. 16, No. 2, 1965.

② 崔雷将 Citation Context Studies 译为"引文情景分析"。参见《为什么要引用》（http：//bbs.sciencenet.cn/home.php?mod=space&uid=82196&do=blog&id=317575）。

③ M. J. Moravcsik, P. Murugesan, "Some Results on the Function and Quality of Citations", *Social Studies of Science*, Vol. 5, No. 1, 1975.

④ P. Murugesan, N. J. Moravcsik, "Variation of the Nature of Citation Measures with Journals and Scientific Specialties", *Journal of the American Society for Information Science*, Vol. 29, No. 3, 1978; M. J. Moravcsik, "Citation Context Classification of a Citation Classic Concerning Citation Context Classification", *Social Studies of Science*, Vol. 18, No. 3, 1988.

表 8—1　　Moravcsik 和 Murugesan 的引文功能分类体系

引用性质	类目		
施引文献借鉴了被引文献中的概念或理论，还是借鉴了被引文献中的研究工具或研究技术	概念性引用 Conceptual 53%	操作性引用 Operational 43%	两者都不是 Neither 7%
要理解施引文献的内容，必须参考这篇被引文献；还是，引文仅仅是作者向读者表示同一领域内已经有了一些研究成果	有机引用 Organic 60%	机械引用 Perfunctory 41%	两者都不是 Neither 1%
施引文献是建立在被引文献的基础之上；还是施引文献是被引文献的一种替代品	改进性引用 Evolutionary 59%	并置性引用 Juxtapositional 40%	两者都不是 Neither 2%
施引文献认为被引文献的内容是正确的，还是对其正确性提出质疑	正面引用 Confirmative 87%	负面引用 Negational 14%	两者都不是 Neither 5%

注：由于有时同一条引文可能同时承担多种功能，所以每一种维度中各类的总和不等于100%。

为了更直接地检验引用关系是否产生于知识认同，Chubin 和 Moitra 对正面引用和负面引用进行了细化，将其分为 6 类[1]：①必要性引用（Basic Essential Citation，被引文献的研究结果是施引文献的研究基础）；②附属性引用（Subsidiary Essential Citation，被引文献与施引文献的主题无直接关系，但是对施引文献却是必需的）；③额外补充性引用（Additional Supplementary Citation，被引文献包含施引文献赞同的内容）；④机械补充性引用（Perfunctory Supplementary Citation，施引文献没有对被引文献做任何评论）；⑤部分负面引用（Partial Negational Citation）；⑥全盘负面引用（Total Negational Citation）。作者对物理学的33篇通讯类论文的引文进行统计分析，研究发现必要性引用仅占所有引文的27%，负面引用也仅占2%。显然，必要性引用所占比例不高使得认可论的理论假设并没有直接得到有力支持。该研究还发现，引文中属于部分负面引用的文献，会在其发表后不久的一个短暂时间段内立即成为高被引论文，之后

---

[1] D. E. Chubin, S. D. Moitra, "Content Analysis of References: Adjunct or Alternative to Citation Counting?" *Social Studies of Science*, Vol. 5, No. 4, 1975.

被引次数会急剧下降；但是，被正面引用的引文都没有这一特征。这一结论向影响因子的评价合法性提出了直接挑战，因为影响因子恰恰是以期刊论文发表之后 2 年内的被引次数为分子、以期刊的载文量为分母计算得来的。沿着同一思路，Garzone 和 Mercer 将引用性质简化为 3 类：完全正面引用、部分正面引用和完全负面引用；在对生物化学和物理学的引文进行归类统计后发现，完全负面引用高达 29.2%[1]，远远高于 Moravcsik 和 Chubin 的研究结果。总体上看，在自然科学中，正面引用未能占据绝对的优势比例，加之"搭便车"现象的广泛存在，认可论的理论假设未能获得有效的实证支持。

在人文社会科学领域，对于引文功能和引用性质的研究则先后采用了两种路径。第一种路径是直接采用自然科学领域内已有的引用性质分类体系，将其应用到人文社会科学领域，并展开跨学科的比较研究。但是，毕竟人文社会科学学者和科技领域的学者在文献使用行为上存在巨大差异[2]，因此，第二种路径是针对人文社会科学的特点，构建了新的引用性质分类体系并展开实证研究。

在 Moravcsik 和 Chubin 等人的研究基础上，Hurt 检验了概念性引用和操作性引用在物理学、工程技术和社会学三个不同学科中的适用性及其特征。研究发现物理学的引文多属于操作性引用（方法借鉴导致引用关系产生），社会学的引文多属于概念性引用（概念借鉴导致引用关系产生），而且社会学更倾向于引用发表年限较长文献[3]。通常来说，自然科学的发展是"站在巨人的肩膀上"，具有明显的连续性和累积性；而人文社会科学的发展是建立在对先前成果的反思和批判的基础上，正如黑格尔对哲学史的描述。然而，Hurt 的结论却颠覆了人们的这一常识，虽然说方法

---

[1] M. Garzone, R. Mercer, "Towards an Automated Citation Classifier Advances in Artificial Intelligence", in H Hamilton, ed. *Advances in Artificial Intelligence Lecture Notes in Computer Science*, Berlin/Heidelberg: Springer 2000: pp. 337–346.

[2] A. J. Nederhof, "Bibliometric Monitoring of Research Performance in the Social Sciences and the Humanities: A Review", *Scientometrics*, Vol. 66, No. 1, 2006.

[3] C. D. Hurt, "Methodological Citation Differences in Science, Technology, and Social Sciences Literatures", *Library & Information Science Research*, Vol. 7, No. 4, 1985; C. D. Hurt, "Conceptual Citation Differences in Science, Technology, and Social Sciences Literature", *Information Processing & Management*, Vol. 23, No. 1, 1987.

借鉴是知识借鉴的一种形式,但是作为认知工具的方法并不能取代知识本身。Hurt 的研究无疑否定了认可论的知识发展观。在教育学领域,Sliverman 研究发现教育学的引用性质存在多种模式,正面引用只是多种模式中的一种,无法得出引用行为完全建立在知识认同基础上的结论①。1988 年,为了纪念自己于 1975 发表的论文成为经典被引论文,Moravcsik 根据自己提出的引文性质分类体系对引用 1975 年论文的施引文献进行分类,研究发现总体上说社会学科中的引文主要是为了说服读者相信自己的论证,而且源自于物理学的引用性质分类体系并不完全适用于社会科学②。例如,后续研究对先驱研究大多采取部分批判、部分吸收的态度,这使得引用性质归类非常困难。为了解决这一问题,一些人文社会科学领域的学者选择了第二条研究路径,构建新的引文功能分类体系再展开实证。

Frost 从三个维度对引文功能进行了分类③:①被引文献是一手文献还是二手文献;②被引文献支持施引文献所涉及的事实还是支持施引文献所提出的观点;③正面引用还是负面引用。通过对德国文学期刊论文进行调研,作者发现施引作者主要使用被引文献证明自己的观点,引文明显地承担了说服工具的功能。众所周知,专著在人文学科占据有举足轻重的地位。专著的引文和期刊论文的引文相比是否具有特殊性?Cullars 的系列论文强有力地回答了这一问题,其研究结论与 Frost 的研究基本吻合,即文科专著中的引文基本上承担了说服的功能④。此外,Cullars 发现

---

① R. J. Silverman, "Higher Education as a Maturing Field? Evidence from Referencing Practices", *Research in Higher Education*, Vol. 23, No. 2, 1985.

② M. J. Moravcsik, "Citation Context Classification of a Citation Classic Concerning Citation Context Classification", *Social Studies of Science*, Vol. 18, No. 3, 1988.

③ C. O. Frost, "The Use of Citations in Literary Research: A Preliminary Classification of Citation Functions", *Library Quarterly Information Community Policy*, Vol. 49, No. 4, 1979; C. O. Frost, "The Literature of Online Public Access Catalogs, 1980 – 85: An Analysis of Citation Patterns", *Library Resources & Technical Services*, Vol. 33, No. 4, 1989.

④ J. M. Cullars, "Citation Characteristics of French and German Literary Monographs", *Library Quarterly*, Vol. 59, No. 4, 1989; J. M. Cullars, "Citation Characteristics of Italian and Spanish Literary Monographs", *Library Quarterly*, Vol. 60, No. 4, 1990; J. M. Cullars, "Citation Characteristics of Monographs in the Fine Arts", *Library Quarterly*, Vol. 62, No. 3, 1992; J. M. Cullars, "Citation Characteristics of French and German Fine Arts Monographs", *Library Quarterly*, Vol. 66, No. 2, 1996; J. M. Cullars, "Citation Characteristics of English-language Monographs in Philosophy", *Library & Information Science Research*, Vol. 20, No. 1, 1998.

人文学者更喜欢引用一手资料或图书以证明自己研究结论的权威性和真实性,而且大多数引文都属于中性引用(Neutral Citation,不对被引内容进行实质性评价,与 Moravcsik 提出的机械引用类似)。这说明在人文社会科学引文中,"搭便车"的现象也同样大量存在。

引文情境分析是间接分析引用行为的两大研究路径之一,虽然自然科学和人文社会科学的引文情境存在着巨大差异,但是总体来看各学科的引文情境有共性可循:①机械引用较多,很多文献都是因为"搭便车"而被引甚至高被引,这意味着很多作者在引用某些文献时候可能根本没有真正阅读过被引文献[1],因此才会产生很多断章取义的引用[2]。②负面引用较少,除了 Garzone 的研究以外,其他所有实证研究中负面引用都没有超过 20%。有学者指出可能由于担心负面引用会得罪人,影响自己的事业发展和论文发表,因此作者通常会用三种方法掩饰自己的负面引用[3]:①称赞被负面引用的文献以达到明褒实贬的效果,在提及被负面引用的文献时使用一些极佳的赞美词(如 Classic,Seminal,Pioneering 等);②使用机械引用对被引文献不做任何评论来表示作者的批评;③避免评论重要人物的研究以免产生正面冲突。虽然这三种掩饰的手法从分类的角度看不够科学,后两种掩饰手法之间存在明显交叉,但是却具有巨大的理论意义,即引文中大量机械引用极有可能是负面引用的伪装面具。因此,引文分析作为评价研究成果科学价值的合法性被进一步削弱。

二 知识累积与引用动机

引文情境分析是从宏观角度分析文献之间的引用关系的性质,而引文内容分析则是从微观角度探索各种性质的引用关系是通过何种具体的引用方式而建立的。因此,引文内容分析的重点是发掘施引文献与被引文献之间在知识内容上以何种具体的方式建立实质性的知识联系。引文

---

[1] R. N. Broadus, "An Investigation of the Validity of Bibliographic Citations", *Journal of the American Society for Information Science*, Vol. 34, No. 2, 1983.

[2] B. Stordal, "Citations, Citations Everywhere but Did Anyone Read the Paper?" *Colloids & Surfaces B Biointerfaces*, Vol. 72, No. 2, 2009.

[3] M. H. Macroberts, B. R. Macroberts, "The Negational Reference: Or the Art of Dissembling", *Social Studies of Science*, Vol. 14, No. 1, 1984.

内容分析研究主要有两种实施方式：一是个案性研究，从某一特定文献或作者出发，挖掘施引文献的具体引用方式；二是整体性研究，从某一角度选取若干篇文献作为样本，综合考察施引文献的具体引用方式。根据认同论的理论假设，引用关系应该是建立在施引文献对被引文献的知识借鉴之基础上，引文体现了知识生产的累积性；如果事实并非如此，那么说服论就得到了验证。

早在1975年，Cole研究了默顿纪念文集中的123篇引用了默顿研究成果的纪念性论文，研究发现这些论文的施引方式具有强烈的仪式性色彩，即作者们引用默顿的文献主要是因为他是一个理论权威，而并非是自己的研究需要借鉴默顿提出的某一具体理论[①]。诺贝尔生理学—医学奖得主Watson于1953年发表了一篇发现DNA双螺旋结构的论文，自1961年之后该文被引了2000多次。Ahmed等人随机抽取了100篇引用Watson这篇论文的文献，考察它们的施引方式，研究发现有48篇施引文献是为了给自己的研究提供历史背景而引用该文，只有4篇施引文献是因为借鉴该文的内容而引用该文[②]。如果说Cole和Ahmed的研究对象是杰出的学术权威，可能会因为尊崇效应导致引文内容分析的结果产生偏差；那么，Garfield和Kochan对科学史上极具争议的论文展开的引文内容分析恰恰和Cole和Ahmed的研究形成鲜明的对照。

Arthur Jensen于1969年发表在 *Harvard Educational Review* 上的论文是一篇内容上较有争议的高被引论文。Garfield发现在60篇引用该文献的论文中，仅有15篇文献的立场和观点与Jensen的论文一致，超过一半的施引文献是负面引用，把它当作一个论战的对象[③]。无独有偶，在心理学也有一个类似的例子存在。心理学家Stephen E. Breuning于1988年被美国联邦法院判定犯有科学欺诈罪，在学术界引起轩然大波。Garfield利用

---

① S. Cole, "The Growth of Scientific Knowledge: Theories of Deviance as a Case Study", in L. A. Coser, ed. *The Idea of Social Structure: Papers in Honor of Robert K. Merton*. New York: Harcourt Brace Jovanovich, 1975.

② T. Ahmed, B. Johnson, C. Oppenheim, et al, "Highly Cited Old Papers and the Reasons Why They Continue to Be Cited. Part I, the 1953 Watson and Crick Article on the Structure of DNA", *Scientometrics*, Vol. 61, No. 2, 2004.

③ E. Garfield, "High Impact Science and Case of Arthur Jensen", *Current Contents*, Vol. 3, No. 41, 1978.

1980—1988 年的 SCI 和 SSCI 数据研究 Breuning 发表的 20 篇论文的被引情况；研究发现排除自引后的 101 篇施引文献中，正面引用 10 篇、负面引用 33 篇、中性引用 58 篇①。在自然学科领域，类似案例也不鲜见。生物医学家 John Darsee 于 1981 年被发现其发表的数篇论文中存在伪造数据的情况。在对引用了 Darsee 造假论文的文献进行内容分析时，Kochan 发现 298 次的引用中正面引用却高达 256 次②。这一研究结论虽然和 Garfield 的研究出入较大，但是却恰恰证明了虚假引用的广泛性，即很多作者没有真正阅读过他们所引用的文献③，引用这些文献仅仅是为了表明自己熟稔本领域的经典文献。这些个案研究表明，争议性的论著和科学造假都可能成为高被引文献，弄虚作假的学者和对知识具有重要贡献的学者同样能够成为高被引作者，这无疑和认可论的理论假设是背道而驰的。

由于开展整体性研究的难度较大，整体性的引文内容分析研究略晚于个案性研究。1977 年 Spiegel-Rosing 对发表在 *Science Studies* 上的 66 篇论文的 2309 条引文进行内容分析，研究发现 80% 的被引文献被作者用于证明自己观点、研究假设或提供相关背景信息，只有 2.4% 的被引文献得到施引作者的正面评价④。Oppenheim 以物理学和物理化学领域 23 篇高被引文献为样本，这些文献在 1974—1975 年等总共被 978 篇文献引用；通过内容分析发现，提供研究背景（436 篇）和相关研究信息（206 篇）的非实质性引用占施引文献总数的 65.64%，将自己的研究结果与被引文献对比（141 篇）、借鉴被引文献的理论（174 篇）或研究方法（121 篇）的实质性引用仅占施引文献总数的 44.58%⑤。这一研究结论在后续研究

---

① E. Garfield, A. Welljams-Dorof, "The Impact of Fraudulent Research on the Scientific Literature. The Stephen E. Breuning case", *JAMA: the Journal of the American Medical Association*, Vol. 263, No. 10, 1990.

② C. A. Kochan, J. M. Budd, "The Persistence of Fraud in the Literature: the Darsee Case", *Journal of the American Society for Information Science*, Vol. 43, No. 7, 1992.

③ R. N. Broadus, "An Investigation of the Validity of Bibliographic Citations", *Journal of the American Society for Information Science*, Vol. 34, No. 2, 1983.

④ I. Spiegel-Rösing, "Science Studies: Bibliometric and Content Analysis", *Social Studies of Science*, Vol. 7, No. 1, 1977.

⑤ C. Oppenheim, S. P. Renn, "Highly Cited Old Papers and the Reasons Why They Continue to Be Cited", *Journal of the American Society for Information Science*, Vol. 29, No. 5, 1978.

中得到了进一步的证实。McCain 通过对分子遗传学文献的实证研究发现，施引文献和被引文献之间的实质性内容联系主要是通过研究方法的借鉴而建立的，但是大量的引文出现在引言部分而不是在研究方法部分，因此大部分的引文不能体现知识增长的累积性[1]。Maričić 采用了相同的研究方式进行了一次跨学科的验证，研究证实了 McCain 的研究结论具有跨学科的普适性[2]。在最近的一次研究中，Hanney 从引用次数和引文出现的位置、被引的原因、被引文献对施引文献的影响程度三个维度系统研究了心脏病和糖尿病领域 29 篇文献的被引方式，研究发现所有引用关系中只有 9% 的被引文献对施引文献在内容上产生了的重要影响[3]。

在人文社会科学领域的实证研究也得出了大致相似的研究结论。Peritz 在社会科学领域内开展了一次跨学科的研究，他从不同学科选择了 5 种期刊为样本（American Journal of Sociology、American Journal of Epidemiology、American Journal of Educational Research、Demography、Library Research），对期刊中实证论文的引文进行内容分析，研究发现承担情境铺垫和提供背景信息的引文占总数的 43.48%；将近半数的引文出现在引言部分，施引文献和被引文献之间并没有实质性的知识借鉴产生[4]。

与引文情境分析相比，引文内容分析的实施难度更大：首先研究者必须熟悉施引文献和被引文献的内容，才能发现文献之间的内容联系；其次，文献之间建立内容联系的方式比较复杂（如通过概念、方法、研究发现的对比等），因此编码的难度比引文情境分析明显更高。虽然文献之间的具体引用方式存在千差万别，但是通过对相关实证研究的梳理，不难发现引文内容分析存在两大共性：①大部分的引文主要是为了向读者提供研究背景信息，或罗列现有的相关研究成果；②基于内容的实质性引用关系（通过概念借鉴和方法借鉴的建立引用关系）占总引用关系的

---

[1] K. W. Mccain, K. Turner, "Citation Context Analysis and Aging Patterns of Journal Articles in Molecular Genetics", *Scientometrics*, Vol. 17, No. 1/2, 1989.

[2] S. Maričić, et al. "Citation Context versus the Frequency Counts of Citation Histories", *Journal of the American Society for Information Science*, Vol. 49, No. 6, 1998.

[3] S. Hanney, et al. "Using Categorisations of Citations When Assessing the Outcomes from Health Research", *Scientometrics*, Vol. 65, No. 3, 2005.

[4] B. C. Peritz, "A Classification of Citation Roles for the Social Sciences and Related Fields", *Scientometrics*, Vol. 5, No. 5, 1983.

比例一直未能超过50%。因此，至少有一半的引用关系不是建立在知识借鉴的基础之上的，无法体现知识生产的累积性。因此，基于认可论的知识生产具有累积性的假说也没有得到有效的证实。

第四节　心理调查与引用动机[①]

无论是引文情境分析还是引文内容分析，引文功能分析都是通过研究者或专家对文献进行审读，以判断作者在写作时的引用动机。这种间接性的判断带有一定的主观性，极有可能与作者写作时的真实引用动机存在出入。因此，有学者指出"任何依赖个人判断而不是作者本人做出的引文功能分类都存在可信度问题"[②]。为了解决这一问题，更为直接的方法是通过对学术共同体成员进行的调查或访谈，从作者自身获得最原始的数据，从而避免研究人员的主观判断偏离作者真实的引用意图。调查的基本方式有两种：一是与引文内容分析的思路一致，直接询问论文作者被引文献与自己论文在内容上的关联方式和程度，这种方法没有预先设定的动机框架；二是与引文情境分析的思路一致，首先预设好一个既定的引用动机框架，让施引作者自己对其论文中的引文进行动机归类。

引用动机的开创性研究肇始于Prabha对工商管理领域学者展开的调查。通过向近两年内发表过期刊论文的19位学者发放自填式问卷，收集作者的引用动机数据。Prabha研究发现，93%的参考文献作者都曾经阅读过，有63%的参考文献是作者为写作该篇论文时特别查阅过的；但是，被调查的学者认为参考文献中只有不到三分之一的文献对自己的研究和写作来说是不可或缺的[③]。沿着同样的研究思路，Liu对415名中国科学家进行了问卷调查，研究发现只有少数科学家认为他们所引用的参考文献中有80%对自己的研究来说是必需的，绝大多数的参考文献实际上是

[①] 很多学者使用"引文动机"这一术语，但是笔者认为，"动机"问题涉及人的行为，"引文"只是一种行为产生的文本形式的结果，因此本文选用"引用动机"这一术语。

[②] L. Bornmann, H. D. Daniel, "What Do Citation Counts Measure? A Review of Studies on Citing Behavior", *Journal of Documentation*, Vol. 64, No. 1, 2008.

[③] C. G. Prabha, "Some Aspects of Citation Behavior: A Pilot Study in Business Administration", *Journal of the American Society for Information Science*, Vol. 34, No. 3, 1983.

可有可无的①。马凤和武夷山对中国科技期刊研究界的调查显示，64.9%的作者认为即使不引用某些文献，仍然不影响原文的完整性、可靠性和论证的充分性②。

在引文情境分析的思路指导下，Brook 首先将引用动机分为七种类型③，然后再让作者自己指出其发表论文中的每一条引文的引用动机属于哪一类或哪几类。通过对爱荷华大学（University of Iowa）教学科研人员开展跨学科的调查，研究发现尽管作者在引用某一条文献同时存在多种动机，但总体上来说，为了说服读者相信自己陈述内容的权威性和可靠性是作者最为主要的引用动机。在欧洲，相似的研究几乎同时在进行，布达佩斯大学的 Vinkler 将作者的多种引用动机归为两大类：专业动机（Professional Motivations）和关系动机（Connectional Motivations）。专业动机主要是指由于理论或实践上的内容联系导致作者的引用行为，关系动机是指作者为了和学术共同体建立起社会联系而进行的引用。通过让20位化学家将其发表的20篇论文中的484篇引文进行的归类，Vinkler 发现为了显示自己文献占有的完整性和研究具有前期基础是最为重要的专业动机，而为了增加自己作品的"曝光度"是最为主要的关系动机④。与之类似，Cano 完全采用了 Moravcsik 的引用性质分类来表示作者的引用动机，通过让42位结构工程领域的科学家对他们自己引用过的344条引文进行归类，研究发现机械引用达26%之多⑤。Tang 和 Safer 对49位生物学

---

① M. Liu., "Study of Citing Motivation of Chinese Scientists", *Journal of Information Science*, Vol. 19, No. 1, 1993.

② 马凤、武夷山：《关于论文引用动机的问卷调查研究：以中国期刊研究界和情报学界为例》，《情报杂志》2009年第6期。

③ T. A. Brooks, "Private Acts and Public Objects: An Investigation of Citer Motivations", *Journal of the American Society for Information Science*, Vol. 36, No. 4, 1985; T. A. Brooks, "Evidence of Complex Citer Motivations", *Journal of the American Society for Information Science*, Vol. 37, No. 1, 1986. Currency Scale（显示作者紧跟最新的文献进展），Negative Credit（批评现有研究成果），Operational information（研究方法的借鉴），Persuasiveness（说服读者相信自己的陈述），Positive credit（赞同现有研究成果），Reader alert（提醒读者其他的相关文献），Social consensus（表明自己熟知那些被公认为经典的文献）。

④ P. Vinkler, "A Quasi-Quantitative Citation Model", *Scientometrics*, Vol. 12, No. 1, 1987.

⑤ V. Cano, "Citation Behavior: Classification, Utility, and Location", *Journal of the American Society for Information Science*, Vol. 40, No. 4, 1989.

家和 50 位心理学家进行了问卷调查，发现大量的引文是为了提供研究的背景信息，即使在实质性内容联系较多的研究方法部分，提供背景性信息的参考文献仍然占据了 16.6% 之多[①]。

从目前的研究来看，在引文情境分析的思路下，专门针对人文社会科学领域的引文动机调查还比较鲜见。如前所述，引用性质分类在引入到人文社会科学领域中，存在着适用性问题。因此，由于人文社会科学引文的复杂性，设计出一个满意度较高、具有通用性的引用动机分类框架比较困难。这在一定程度上阻碍了同类实证研究在人文社会科学中的开展，反观之，这也是今后研究的突破点之一。

在早期心理动机调查研究的基础之上，20 世纪 90 年代引用动机测量量表逐渐发展成型，成为引用动机实证研究的主流。1995 年，Shadish 等学者通过对已有文献的调研和总结，将引用动机归纳为 28 种。通过向心理学领域的研究人员发放问卷，研究发现引用行为主要出于四种动机：①被引文献支持文章中某一句陈述（18%），②借鉴了被引文献中研究方法和研究设计（16%），③被引文献是该领域的经典文献（9%），④被引文献首次提出了某个概念，代表了一种研究范式（8%）[②]。在此基础上，Shadish 等开发了一份包括 28 个问题项的引用动机研究量表，试图发现影响研究人员选择引文的普遍适应因素。研究发现尽管创新性是论文质量的一个重要因素，但是具有较高创新性的论文不一定会被高被引。特别是那些与现行概念系统和研究方法体系有冲突的创新性论文，尤其会被忽视，只有那些已经被视为经典的论文才能持续地被引用。这充分说明作者在科研写作中，知识借鉴和社会性因素都会左右作者选择引文。在对 Shadish 的量表进行改进后，Case 在传播学和文献计量学两个领域展开实证，研究发现传播学学者倾向于引用综述和熟人的文章，引用动机来自三个方面：①被引文献有新意、知名度较高或提出了新的概念，②引

[①] R. Tang, M. A. Safer, "Author-rated Importance of Cited References in Biology and Psychology Publications", *Journal of Documentation*, Vol. 64, No. 2, 2008; M. A. Safer, R. Tang, "The Psychology of Referencing in Psychology Journal Articles", *Perspectives on Psychological Science*, Vol. 4, No. 1, 2009.

[②] W. R. Shadish, D. Tolliver, M. Gray, "Author Judgements about Works They Cite: Three Studies from Psychology Journals", *Social Studies of Science*, Vol. 25, No. 3, 1995.

用该文献有利于增强作者自己研究成果的权威性，③对被引文献进行批判①。与传播学相对，在文献计量学中，作者引用文献的最主要原因是被引文献提出了某一概念②，社会性因素对引用行为的影响略小于传播学。

虽然引用动机的调查研究同样没有获得有力的证据能够充分支持认可论的理论假设，但是被引文献在概念和方法上的知识贡献受到了应有的重视，成为作者引用行为的重要心理动机之一。然而，学术界对这一积极的研究结论不能过于乐观。由于社会期望效应（Social Desirability）的影响，作者在填写问卷的时候可能会隐藏自己的真实动机，以社会对学术界的规范性期待为准填写问卷，从而使得数据呈现出支持认可论的倾向；此外，由于调查时间相对写作时间的滞后性，作者在回答引用动机时，回忆的准确性和全面性可能都无法得到有效保证。因此，一些学者指出应该采用引用行为观察法（Citation Behavior Interview）更为可靠，即深入到写作过程中以观察、揭示作者写作时的真实动机③。但是，由于参与式的引用行为观察法实施难度巨大，实际施行的研究比较鲜见。2012年，Harwood和Petrić对两名商学院研究生的课程论文写作过程进行了参与式观察，研究发现：不管任课教师开出的阅读清单上的文献对自己论文的内容有没有参考价值，学生都会引用这些清单上的文献。因为，他们认为这种引用可以向任课教师显示他们已经认真学习过所布置的阅读材料；此外，为了显示自己是阅读广泛的勤奋学生，每个学生都倾向于引用大量的参考文献，尽管他们并没有真正细读过这些文献④。由此可见，研究生的引用行为不仅是以知识借鉴为基础，同样受到了社会性因素的重要影响。因此，就目前而言，虽然引用行为观察研究的案例并不多见，但是已有的

---

① D. O. Case, G. M. Higgins, "How Can We Investigate Citation Behavior? A Study of Reasons for Citing Literature in Communication", *Journal of the American Society for Information Science*, Vol. 51, No. 7, 2000.

② D. O. Case, J. B. Miller, "Do Bibliometricians Cite Differently from Other Scholars?" *Journal of the American Society for Information Science and Technology*, Vol. 62, No. 3, 2011.

③ M. D. White, P. Wang, "A Qualitative Study of Citing Behavior: Contributions, Criteria, and Metalevel Documentation Concerns", *Library Quarterly*, Vol. 67, No. 2, 1997; B. Cronin, "The Sociological Turn in Information Science", *Journal of Information Science*, Vol. 34, No. 4, 2008.

④ N. Harwood, B. Petric, "Performance in the Citing Behavior of Two Student Writers", *Written Communication*, Vol. 29, No. 1, 2012.

实证结果验证了说服论的理论假设,并不支持认可的理论假设。

第五节 引用动机与分层方法

我国学者对引文评价合法性的理论反思起步较晚,直到20世纪90年代才开始有零星论述出现①。早期涉及引文评价合法性问题的多是图书情报学领域的研究人员。但是,由于学科视角的限制,图书情报学的主流研究焦点是完善引文分析的方法,并非反思引文评价的合法性。如崔红将我国科技人员的引用动机归为四类:主题性引用、背景性引用、尊重性引用和方法性引用②。虽然尊重性引用涉及引用关系建立的社会性要素问题,但是作者并没有展开具体实证,检验不同性质的引用关系在整体引文中的实际比例,一定程度上回避了引文评价的合法性问题。

之所以会出现对引文评价合法性的集体失声,原因主要出自两个方面:①非图书情报领域的学者对引文分析不了解。因此,虽然学术界对以引文评价为基础的量化学术评价政策诟病连连,但是批判的视角多限于宏观论述,无法深入到微观层次对引用关系的内在理路进行深入分析。在量化数据面前,传统的话语争鸣式批判略显苍白无力。②图书情报学领域学者对引文评价合法性问题的集体回避。由于种种历史、社会和学科自身的原因,图书情报学长期以来一直是一个弱势边缘学科,学科地位不高,社会和学术界对图书情报学的认同度较低。引文分析及引文评价使得图书情报学找到了一个可以进行知识输出、对整个学术界产生重要影响的突破口。因此,图书情报学的主流研究范式是完善引文评价,而不是系统地对引文评价的合法性进行深入的理论反思。在行政部门急缺有效的科研管理工具进行学术资源分配的宏观社会背景下,我国便形成了"行政部门不便作为、学术共同体不能作为、评价机构勇于作为"的量化评价机制③。于是,反思引文评价合法性的微弱之声湮没于定量评

---

① 何佳讯:《引用行为的新模型:——对评价性引证分析和引文检索有效性的讨论》,《情报科学》1992年第2期;何荣利:《作者引文活动管窥》,《中国科技期刊研究》1995年第1期。

② 崔红:《我国科技人员引文动机聚类分析》,《情报杂志》1998年第2期。

③ 朱剑:《学术评价、学术期刊与学术国际化:对人文社会科学国际化热潮的冷思考》,《清华大学学报》(哲学社会科学版)2009年第5期。

价的洪流之中。

无论是国内还是国外，从引文分析开始作为学术评价工具起，学术界对它的质疑和批判就从未间断。一些具有反思精神的学者发现，引文著录经常不正确、联合署名导致的作者被引次数的计算问题、同名作者的区分等等①，都影响了引文数据的准确性，因而大大削弱了引文分析作为学术评价工具的权威性和可信度。然而，数据的准确性问题是可以通过技术手段的改进加以解决的，对引用行为和引文本质的认识论争议才是决定引文分析能否作为学术评价工具的最终判断依据。虽然引文功能分析和引用动机研究存在着一定的缺陷，如引文功能的分类体系众多、引用动机研究中难以避免社会期望效应的影响等等；但是，从目前的实证研究结果来看，无论是量化评价制度的赞成派还是反对派，对引文功能和引用动机至少可以取得两项基本的共识：第一，引用主要是为了向读者说明研究主题的背景；第二，引用是为了向评审人和读者展示作者熟知该领域的重要相关文献。因此，目前学界对引用关系的认识论共识是：引用关系体现的是文献之间的相关关系②，而不是认可论所支持的建立在智识承认和奖励的基础之上。

引文分析在学术评价中的广泛使用，使得我们容易倾向于认为引文的主要功能是向同行表示承认和认可；但是，这种认识不仅忽视了引文在科学交流系统中的修辞学功能，而且也没有得到普遍事实的支持。"我们应当首先把引文视为一种修辞工具，然后才是一种表示学术承认的工具。"③ 在这种意义上，引文评价无法真正测量被引文献的学术质量和影响力④。因此，引文评价的合法性问题是值得商榷的，对目前学术评价机制过度依赖以引文分析为基础的量化评价机制应该持谨慎的态度，同行

---

① L. C. Smith, "Citation Analysis", *Library Trends*, Vol. 30, No. 1, 1981.

② M. Liu. , "Progress in Documentation the Complexities of Citation Practice: A Review of Citation Studies", *Journal of Documentation*, Vol. 49, No. 1, 1993; J. Nicolaisen, "Citation Analysis", *Annual Review of Information Science and Technology*, Vol. 41, No. 1, 2007.

③ S. Cozzens, "What Do Citations Count? The Rhetoric-First Model", *Scientometrics*, Vol. 15, No. 5, 1989.

④ J. B. Bavelas, "The Social Psychology of Citations", *Canadian Psychological Review*, Vol. 19, No. 2, 1978.

评议在学术评价系统中的地位和作用应该受到应有的重视①。

本章小结

基于文献计量学的期刊评价预设引文是表示学术承认与认可的工具,通过引文功能分析和引用动机研究不难发现,施引作者的引用动机和引文情境非常复杂,受到各种社会因素的影响。因此,在社会心理机制上,基于文献计量指标的期刊评价并非建立在学术质量和贡献的基础上。构建能够反映学术共同体共识的期刊评价体系,必须直接依赖于学者的感知和判断。进行广泛的学科同行调查,才是揭示期刊等级机构的最直接有效的手段。

---

① 叶继元:《有益遏制学术评价形式化数量化》,《中国教育报》2012 年 3 月 28 日第 3 版;朱剑:《学术风气、学术评价与学术期刊》,《苏州大学学报》(哲学社会科学版)2011 年第 2 期。

第九章

期刊分层的宏观结构

对事物的比较是人类与生俱来的一种本能，这种比较就是评价，它是人类最为普遍的思维活动之一。现行的期刊评价主要是根据文献计量指标分值的大小进行排序，这种评价方式存在两项重要的缺陷：一是忽视了学术同行对期刊的感知和认同，二是不能揭示出名次之间的差异大小以及由差异大小所决定的结构性特征。期刊分层研究可以解决这两个问题，它根据学术共同体对期刊的集体感知和认同划分等级结构。期刊分层和现行的期刊评价有着根本的区别：现今的期刊评价是以文献计量指标为基础的客观评价；而期刊分层是以同行评议为基础，以学术地位为评价的立足点和出发点。本章以 CSSCI 数据库图书情报学的来源期刊为实证对象，通过问卷调查的方法了解图书情报学同行对本领域期刊的认同度，以此揭示期刊等级结构。

第一节 研究设计

一 问卷设计

无可否认，文献计量指标是当今期刊评价的主要依据。在科技领域，以影响因子为主的客观评价方法占据了期刊评价的统治地位，而且在科研人员中也形成了普遍的共识，S. Saha 的研究表明，对绝大多数医学期刊进行评价时，影响因子是一项合理有效的指标[①]。在人文社会科学领

---

① S. Saha, "Impact Factor: A Valid Measure of Journal Quality?" *Journal of the Medical Library Association*, Vol. 91, No. 1, 2003.

域，虽然文献计量指标依然为主流，但是这一评价方法在人文社会科学领域存在激烈的争议。A. J. Nederhof 指出由于人文社会科学研究具有地域问题导向性、语言的区域性、以及期刊在学术交流中的地位不如自然科学和生命科学那么重要等特点，因此以文献计量为主的计量评价方法并不适用于人文社会科学期刊评价[1]。一些实证研究发现，即使与自然科学联系最为紧密的生理学，影响因子在评价期刊或者作者的水平时都不是一项有效的指标[2]。

源于知识分子对真知的不懈追求，一些研究人员试图打破文献计量学独大一统的学术评价局面，开始基于同行评议展开期刊评价，在很多学科都不乏案例可循。荷兰莱顿大学的 A. J. Nederhof 于 1991 年[3]、2001[4] 年先后两次在世界范围向学者发放问卷，以语言学、文学、实验心理学和公共管理学的期刊为样本，请同行专家采用十分制评估过去 2 年期刊的学术水平（Scientific/Scholarly Quality）的感知和定位。英国伍斯特大学心理学系的 J. C. Catling 采用九分制让专家对期刊的学术声望（Prestige）和发表难度进行评分，以此了解期刊的学术地位。R. Coe 等向 188 家 AACSB 认证的管理学系主任发放问卷，让受访者从品质（Merit）、质量（Quality）和声望（Prestige）三个角度对 16 种管理学期刊按照 0—9 分进行打分[5]。岳卫平通过发放问卷让专家对 41 种临床神经病期刊的影响力（Influence）进行 1—5 分的评估[6]。类似研究还有 A. Ballas 等对会

---

[1] A. J. Nederhof, M. Luwel, H. F. Moed, "Assessing the Quality of Scholarly Journals in Linguistics: An Alternative to Citation-based Journal Impact Factors", *Scientometrics*, Vol. 51, No. 1, 2001.

[2] M. Frank, "Impact Factors: Arbiter of Excellence?" *Journal of the Medical Library Association*, Vol. 91, No. 1, 2003.

[3] A. J. Nederhof, R. A. Zwaan, "Quality Jugements of Journals as Indicators of Research Performance in the Humanities and the Social and Behavioral Science", *Journal of the American Society for information Science*, Vol. 42, No. 5, 1991.

[4] A. J. Nederhof, M. Luwel, H. F. Moed, "Assessing the Quality of Scholarly Journals in Linguistics: An Alternative to Citation-based Journal Impact Factors", *Scientometrics*, Vol. 51, No. 1, 2001.

[5] R. Coe, I. Weinstock, "Evaluating the Management Journals: A Second Look", *Academy of Management Journal*, Vol. 27, No. 3, 1984.

[6] W. Yue, C. S. Wilson, F. Boller, "Peer Assessment of Journal Quality in Clinical Neurology", *JAMA: Journal of the Medical Library Association*, Vol. 95, No. 1, 2007.

计学期刊展开的评价①,V. Theoharakis 等对营销学期刊的评价研究②。

在图书情报学领域,虽然大多数的期刊评价研究都是采用引文分析展开的,也有少量研究是采用同行评议的方法对期刊声望进行评价,调查的对象主要集中在三种不同的群体:研究型图书馆的馆长、图书情报学院系的院长、图书情报学院系的教师,前两者具有图书情报学学者和管理者的双重身份。

D. F. Kohl 等向 85 位北美研究型图书馆馆长和 66 位图书情报学院系的院长发放问卷,对美国出版的 31 种图书情报学期刊进行 1—5 分的评价,评分依据是在某期刊上发文对在本机构获得升职或终身教职的影响程度;同时让调查对象提名 5 种学术声望最高的(the 5 Most Prestigious Journals)图书情报学期刊③。T. E. Nisonger 等按照 Kohl 的研究设计对 71 种图书情报学期刊进行评价,通过分析 37 位院长、56 位馆长的反馈问卷,研究结果显示研究型图书馆馆长和图书情报学院系教学院长对本学科期刊的感知和定位具有较强的稳定性,而且专家们对期刊的定性评价结果和引文评价的结果弱相关④。L. Manzari 向 232 位 ALA 认证的图书情报学院系全职教师发放问卷,让受访者依据期刊对教学和科研的重要程度由高到低进行 5 级赋分,同时让受访者列出 5 种对自己升职影响最大的期刊;研究结果显示少数期刊在各种排名方法中均位居前列,组成了精英期刊集团;而且,很多教师都认为精英期刊的学术声望具有独立性,即受访者不会因为某精英期刊与自己的研究领域相关度较低就给予该刊较低的评分⑤。

---

① A. Ballas, V. Theoharakis, "Exploring Diversity in Accounting through Faculty Journal Perceptions", *Contemporary Accounting Research*, Vol. 20, No. 4, 2010.

② V. Theoharakis, A. Hirst, "Perceptual Differences of Marketing Journals: A Worldwide Perspective", *Marketing Letters*, Vol. 13, No. 4, 2002.

③ F. K. David, C. H. Davis, "Ratings of Journals by ARL Library Directors and Deans of Library and Information Science Schools", *College & Research Libraries*, Vol. 46, No. 1, 1985.

④ T. E. Nisonger, C. H. Davis, "The Perception of Library and Information Science Journals by LIS Education Deans and ARL Library Directors: A Replication of the Kohl-Davis Study", *College & Research Libraries*, Vol. 8, No. 2, 2005.

⑤ L. Manzari, "Library and Information Science Journal Prestige as Assessed by Library and Information Science Faculty", *Library Quarterly*, Vol. 83, No. 1, 2013.

综合来看，采用同行评议方法调查专家对期刊的感知时，经常从质量、声望、影响力、品质、有用性等几个角度展开，图书情报学期刊的同行调查更强调从刊物的声望和对升职的影响进行调查。事实上，从"学术水平"来评价期刊，对期刊发表论文的质量给予了高度的关注，但是可能会忽视期刊编辑人员在栏目设置上的别具匠心。因此，本书认为将"学术水平"修正为"整体水平"更为合适，"整体水平"包含了同行专家对编辑创意和劳动成果的价值判断。此外，本书认为"发表难度"这一指标对于资深的研究人员和刚刚入门的研究者都不具有有效的区分度。比如，对于一位知名学者或博导来说，他们在很多期刊上发表论文感觉不到明显的难度差异；对于刚刚入门的研究者来说，在很多期刊上发文都会觉得很困难。因此，本书决定将"发表难度"修正为"文稿被录取或发表后所获得的成就感"。

为了测量某一学科领域中研究人员对该学科学术期刊地位的感知，本书构建了从"有用性""期刊声誉""成就感"和"整体水平"4个角度来考察期刊的学术地位。为了使研究结果具有一定的区分度，使用9级标度作为测量尺度。问卷首先测量研究人员对刊物的了解程度，通过询问研究人员是否阅读该刊和阅读方式两个问题来进行测量。但是了解程度并不是对期刊地位进行评价的必要条件，我们可能对某一份期刊并不了解，但是依然可以通过其他渠道对刊物的学术声望和学术地位形成一定的感知。为了检验问卷填写人是否会随意对期刊进行评价，还设计了其他一些辅助问题帮助研究人员判断数据的可靠性。最终所使用的调查问卷如表9—1所示。

表9—1　　　　　　　　期刊学术地位调查问卷

		①是		②否
1. 您是否经常阅读这份期刊		1 2 3 4 5 6 7 8 9	0	10
2. 您阅读该刊论文时，论文的来源是印刷本还是数据库	印刷本　　　数据库		完全是印刷本	完全是数据库
3. 您是否经常能在该刊上找到您所需要的文献		1 2 3 4 5 6 7 8 9		
		几乎找不到　经常找到		

续表

4. 您是否在该刊上投过稿	①是	②否
	投稿的次数（ ）	
5. 您是否在该刊上发表过文章	①是	②否
	发文的篇数（ ）	
6. 您觉得该刊在图书情报学界的声誉如何	1 2 3 4 5 6 7 8 9	
	很差　　　　　　很高	
7. 如果您的一篇文稿被该刊录取或发表，您从中获取的成就感_____	1 2 3 4 5 6 7 8 9	
	很低　　　　　　很高	
8. 您认为该刊的整体水平如何	1 2 3 4 5 6 7 8 9	
	很低　　　　　　很高	

为了弥补问卷可能存在的潜在缺陷，同时也在参考 Kohl、Nisonger、Manzari 等人研究成果的基础上，在问卷最后附上两个开放性的问题，让参与调查者列出这 18 种期刊中最重要的 5 种期刊和最不重要的 3 种期刊。依此来和最终的定量测量结果进行比较。

对于各个期刊在问卷中的先后排序，本书未采用依据刊名的笔顺或者拼音顺序进行排序，而采用随机排序。无论是按刊名的笔顺还是依据音序，都会使图书馆学和情报学的期刊产生集中出现的现象，从而容易形成图书馆学、情报学研究人员对期刊在两个子学科内部进行比较的现象。

二　调查对象的选择

无法否认学科之间的地位差异对各学科专业期刊的地位会产生巨大的影响，也会从宏观层面影响行政部门在各学科之间的资源配置。如经济学作为当代社会科学的显学，显然会比新闻传播学这样的学科受到更多的社会关注，也会获得更多的资源配置。但是，对于大多数学者来说，其生存的基础都是从属于某一学科、某一个学术共同体。因此，同一学科内部各期刊之间的差异对个体学者会产生最为直接的影响。因此，通过构建一个尽量具有普适性的问卷，以此为工具来了解某一个学科领域内的研究人员对本学科期刊地位的认知，是期刊分层研究的基本方式。

从理论上说，本书可以随机地选取某一个或者几个学科，确定该学科内具有论文发表需求和阅读需求的人员，进而展开随机抽样调查，以此获得学术共同体对该学科期刊的认知和定位。然而，考虑到数据来源的可获得性，这种调查研究实施起来可行性不高，所获取的最终数据的可靠性也难以保证。因此，本书选择了一种比较具有可行性的研究途径，对图书情报学期刊展开调查。因为本书的研究成员大多来自这一学科，对本学科期刊有基本的概念图式，可以较好地判断回收数据的可靠性。

本书依据 CSSCI 来源期刊（2008—2009）"图书馆、情报与文献学"中的 20 种期刊为基础，剔除《档案学研究》和《档案学通讯》2 种期刊，对剩余的 18 种图书馆学、情报学期刊进行调查。之所以剔除档案学的 2 种期刊，是因为档案学与图书馆学、情报学的交叉较少。在图书情报与档案管理一级学科之下，很多期刊是兼容图书馆学和情报学两个子学科的，而这种兼容在档案学期刊中非常鲜见。此外，选择 CSSCI 来源期刊研究对象，主要是因为 CSSCI 来源期刊是研究人员普遍比较关注的期刊，在我国高校的科研评价体系中认可度最高，基本上可以代表我国图书情报学界期刊的最高水平。

第二节　数据收集

本书的调查对象主要是图书情报学领域具有论文发表需求的相关人员。在任何一个学科领域内，高校教师、科研院所研究人员和在读研究生都是论文发表的主力。与此同时，在图书情报学领域，各种类型图书情报机构的工作人员和少数专业期刊的编辑人员也有大量的发表论文的需求。这些人员共同构成了本次调查的目标对象。

在样本的选取上，采用雪球抽样（Snowball Sampling），雪球抽样是一种利用人际网络的非概率抽样技术[①]。之所以采取雪球抽样技术，除了考虑抽样的可行性和提高问卷的回收率外，还由于研究者的特定身份。研究团队成员所在的人际网络在学科、年龄、职业等个人特征的分布上

---

① ［美］劳伦斯·纽曼：《社会研究方法：定性和定量的取向》（第 5 版），郝大海等译，中国人民大学出版社 2007 年版，第 270—271 页。

具有一定的代表性,而且通过人际网络进行二次问卷的发放,会使样本更具有有效的代表性。

本次问卷的发放时间从 2009 年 11 月 1 日到 2009 年 12 月 1 日,采用 E-mail 发放 Word 版问卷的调查方式。最终共收回问卷 74 份,无效问卷 4 份,有效问卷 69 份。问卷调查对象的基本人口学统计信息见表 9—2。

表 9—2　　图书情报学期刊学术地位调查人口学统计信息

因素	选项	频次（人）	比例（%）
性别	缺失	2	2.90
	男	35	50.72
	女	32	46.38
年龄	缺失	42	60.87
	20—29 岁	15	21.74
	30—39 岁	9	13.04
	40—49 岁	2	2.90
	50 岁以上	1	1.45
学历	缺失	2	2.90
	本科	5	7.25
	硕士	38	55.07
	博士	24	34.78
职称	缺失	4	5.80
	初级	6	8.70
	中级	27	39.13
	副高	9	13.04
	正高	5	7.25
	其他	18	26.09
职业	缺失	2	2.90
	高校教师	24	34.78
	在读研究生	21	30.43
	编辑	1	1.45
	图书情报机构人员	20	28.99
	科研院所研究人员	0	0.00
	其他	1	1.45

续表

因素	选项	频次（人）	比例（%）
学科专业	缺失	2	2.90
	图书馆学	43	62.32
	情报学	22	31.88
	其他	2	2.90

从统计结果来看，本次调查样本在性别分布上没有显著差异。在年龄分布上，调查样本的最小年龄21岁，最大年龄59岁，超过60%的问卷填写者没有填写自己的年龄；在填写年龄样本中，年龄分布以中青年为主，对50岁以上的调查对象涵盖不足。这种不足并不会影响调查结果的有效性，因为中青年的研究人员具有更为强烈的发表论文的需求和愿望，他们对期刊地位的感知更具有现实意义。对于50岁以上的研究人员来说，可能因为自己的功成名就而对期刊地位的感知并不非常有效，如对发表难度的感知等。在学历、职称的分布上，调查对象大多具有研究生学历、中级或副高级职称。在职业分布上，高校教师、在读研究生和图书情报机构人员是问卷填写者的主体，科研院所的研究人员没有覆盖到。产生这种情况的根本原因在于科研院所在图书情报学领域的特殊性质所导致的。在图书情报学领域，各种类型的图书情报机构和图书情报研究所是一体化的，这可能是导致问卷中科研院所的研究人员数为0的原因。在专业分布上，图书馆学专业的人员是填写问卷的主体。这可能会导致调查数据对图书馆学期刊有一定的偏向，这一点有待数据梳理后进行验证。

第三节 数据分析

一 基于重要度的数据分析

通过对开放问题进行统计，即对最重要的5种期刊和最不重要的3种期刊的投票，大致了解了图书情报学期刊的学术地位的基本分布状况。首先，通过对最重要的5种期刊的投票（总计有62人参与投票），可以从正面了解期刊的学术地位。如表9—3所示，M. J. Polonsky 提出的"顶级期刊现象"在图书情报学期刊中非常明显①,《中国图书馆学报》《大学图书馆学报》《情报学报》和《图书情报工作》得到了超过半数的投票,而且遥遥领先于排名第 5 的《图书馆杂志》,组成了第一梯队。除了这四种期刊之外,其他期刊至少都获得了 1 次投票,这说明无论是哪一种图书情报学期刊,都有自己的拥趸者。其中《图书馆学工作与研究》、《图书馆学研究》和《图书馆建设》的得票数少于(含)5 次。

表 9—3　　　　　图书情报学最重要的 5 种期刊投票

编号	刊名	得票数	比例	得票排名
17	中国图书馆学报	56	90.32%	1
5	大学图书馆学报	46	74.19%	2
4	情报学报	41	66.13%	3
13	图书情报工作	39	62.90%	4
12	图书馆杂志	20	32.26%	5
10	情报理论与实践	16	25.81%	6
6	情报资料工作	12	19.35%	7
14	图书情报知识	12	19.35%	7
16	现代图书情报技术	12	19.35%	7
2	情报科学	10	16.13%	10
7	图书馆论坛	9	14.52%	11
3	图书馆	7	11.29%	12
1	国家图书馆学刊	6	9.68%	13
15	图书与情报	6	9.68%	13
18	情报杂志	6	9.68%	13
8	图书馆工作与研究	5	8.06%	16
11	图书馆学研究	2	3.23%	17
9	图书馆建设	1	1.61%	18

其次,通过对最不重要的 3 种图书情报学期刊的投票(总计有 57 人

---

① M. J. Polonsky, P. Whitelaw, "What We Are Measuring When We Evaluation Journals?" *Journal of Marketing Education*, Vol. 27, No. 2, 2005.

参与投票），可以从负面考察图书情报界对专业期刊学术地位的认同和感知。如表9—4所示，《中国图书馆学报》和《大学图书馆学报》的得票数为0，《情报学报》《图书情报工作》和《图书馆杂志》的得票数为1次，其他刊物的得票数均超过（含）5次。这从反面验证了"顶级期刊"集团的存在。有超过半数的被调查人员认为《情报杂志》和《图书馆学研究》是图书情报学领域最不重要的期刊，与最重要的5种期刊排名互相验证可以发现，《图书馆学研究》在最重要的5种期刊的得票排名倒数第2，《情报杂志》排名倒数第4。这说明被调查者对底层期刊也具有一定的共识，虽然不如对顶级期刊共识的一致性强。

表9—4　　　　图书情报学最不重要的3种期刊投票

编号	刊名	投票	得票率	得票排名
11	图书馆学研究	29	50.88%	1
18	情报杂志	29	50.88%	1
8	图书馆工作与研究	15	26.32%	3
15	图书与情报	15	26.32%	3
2	情报科学	11	19.30%	5
9	图书馆建设	11	19.30%	5
3	图书馆	10	17.54%	7
7	图书馆论坛	9	15.79%	8
16	现代图书情报技术	7	12.28%	9
1	国家图书馆学刊	6	10.53%	10
6	情报资料工作	6	10.53%	10
10	情报理论与实践	5	8.77%	12
14	图书情报知识	5	8.77%	12
4	情报学报	1	1.75%	14
12	图书馆杂志	1	1.75%	14
13	图书情报工作	1	1.75%	14
5	大学图书馆学报	0	0.00%	17
17	中国图书馆学报	0	0.00%	17

通过将每一种期刊得票率转换成分值，这样使得两组投票可以在同

一程度上进行比较和计算。将最为重要的 5 种期刊中的得票率计为正值，最不重要的 3 种期刊中的得票率计为负值，构建期刊重要程度分布的散点图（见图 9—1）。

如图 9—1 所示，图书情报学界的学术期刊存在明显的分层聚团现象。《中国图书馆学报》《大学图书馆学报》《情报学报》《图书情报工作》明显地组成一个集团，《情报杂志》《图书馆学研究》组成一个集团，其他 12 种期刊组成了一个集团。《图书馆杂志》明显居于联结顶级集团和主体集团的位置，《图书馆建设》《图书与情报》和《图书馆工作与研究》居于联结底层集团和主体集团的位置。

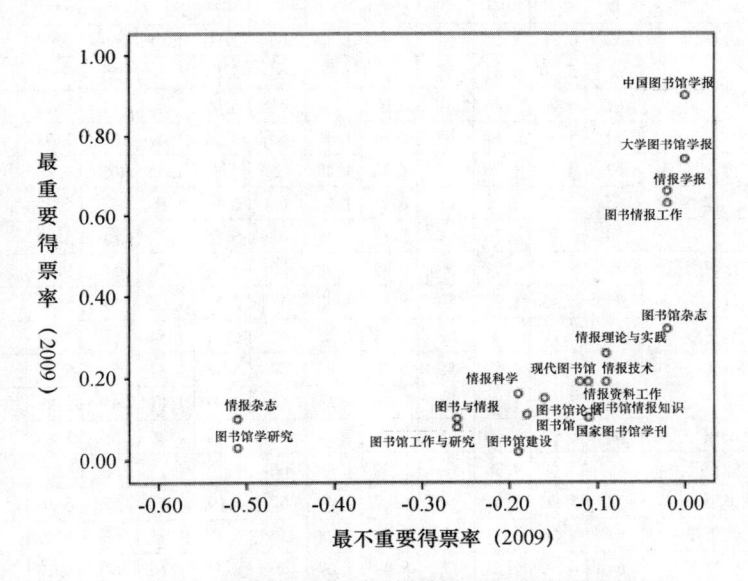

图 9—1　图书情报学期刊的重要程度分布散点图

二　基于学术地位的数据分析

期刊的重要性可以在一定程度上反映期刊的学术地位，但是重要性仅仅是学术共同体界定期刊学术地位的一个角度；而且，每个研究人员在选择 5 种最重要的或 3 种最不重要的期刊时，并不能有效显示各个期刊在调查对象心目中的差异。为了更为准确地揭示期刊之间在学术地位上的分层，本书从有用性、成就感、期刊声誉和整体水平 4 个方面来考察期刊的学术地位。

表 9—5 显示了本次调查中 18 种期刊在这 4 个变量上的评分人数、均值和标准差。根据表中的数据显示，我们发现大多数期刊在声誉、发表后获得的成就感和整体水平三个变量上的分值较为接近，而在有用性这一变量上的分值总是低于其他三项，而且和其他三项的差距也较大。这说明被调查人员比较一致地认为"有用性"并不是评价期刊学术地位必要的构成要素。因此，本书有必要修正最初的研究设计。

表 9—5　　　　　图书情报学期刊分层调查描述性统计

Descriptive Statistics	有用性			声誉			成就感			整体水平		
	N	Mean	Std. D	N	Mean	Std. D	N	Mean	Std. D	N	Mean	Std. D
国家图书馆学刊	53	4.36	2.06	60	5.75	1.46	60	5.90	1.71	60	5.97	1.39
情报科学	63	5.30	1.82	66	5.92	1.76	66	5.83	1.80	66	6.05	1.61
图书馆	61	5.20	1.76	61	6.00	1.47	61	6.05	1.66	61	6.16	1.43
情报学报	64	5.38	1.87	65	7.71	1.41	64	7.73	1.49	65	7.57	1.36
大学图书馆学报	62	6.53	1.96	65	7.72	1.48	65	7.82	1.53	65	7.78	1.46
情报资料工作	63	5.49	2.20	65	6.27	1.67	63	6.22	1.60	65	6.35	1.55
图书馆论坛	59	5.24	1.76	61	5.82	1.55	61	5.85	1.77	61	5.90	1.56
图书馆工作与研究	55	4.95	1.94	55	5.42	1.58	56	5.41	1.70	56	5.39	1.57
图书馆建设	56	5.45	1.94	59	5.81	1.40	58	5.74	1.58	59	5.86	1.32
情报理论与实践	60	5.80	1.81	62	6.34	1.28	62	6.21	1.54	61	6.34	1.32
图书馆学研究	56	4.70	1.77	55	5.20	1.63	57	5.18	1.84	57	5.33	1.63
图书馆杂志	59	5.97	1.82	59	7.10	1.64	61	6.97	1.61	61	6.98	1.55
图书情报工作	64	6.77	1.66	65	7.14	1.34	65	7.09	1.40	65	7.12	1.34
图书情报知识	59	5.49	1.88	60	6.32	1.58	60	6.25	1.75	60	6.22	1.54
图书与情报	57	5.30	1.84	57	6.07	1.40	57	6.04	1.52	57	6.16	1.42
现代图书情报技术	57	5.56	2.03	58	6.59	1.28	59	6.63	1.45	58	6.69	1.26
中国图书馆学报	64	6.70	1.66	66	8.48	1.07	66	8.45	1.10	66	8.27	1.12
情报杂志	60	5.23	1.93	62	5.53	1.73	62	5.52	1.75	62	5.66	1.71
Valid N (listwise)	42			43			46			46		

"有用性"并非期刊学术地位的重要组成部分，A. J. Nederhof 等人使用"有用性"测量期刊学术地位并不适用于我国图书情报学期刊[①]。产生

---

① A. J. Nederhof, R. A. Zwaan, "Quality Jugements of Journals as Indicators of Research Performance in the Humanities and the Social and Behavioral Science", *Journal of the American Society for information Science*, Vol. 42, No. 5, 1991.

这一现象的原因并不奇怪，人们可以不了解某一期刊，而且极少在该刊上发现自己所需要的文献，但是这并不影响我们通过其他渠道来了解这种期刊，如通过熟人对该刊的评论来影响自己的判断，这就是 L. Manzari 调查发现的期刊学术声望具有独立性[①]。在图书馆学界，由于从事图书馆学研究的人员的知识背景和研究兴趣，《情报学报》上刊登的文章只有很少一部分从事图书馆学研究的人员会去阅读和引用，但是这并不能影响图书馆学研究人员对《情报学报》的学术地位的感知和认同。因此，本书最终用声誉、成就感和整体水平作为期刊学术地位的测量指标，以此来揭示图书情报学期刊的学术地位结构。如表 9—6 所示，期刊声誉、论文发表后作者的成就感和期刊的整体水平三者之间高度相关，具有多维共线性，说明"声誉""成就感"和"整体水平"都是期刊学术地位的重要组成部分。本书使用三者的均值作为期刊学术地位的最终分值，见表 9—7，以此来描述 18 种期刊在学术地位上的等级次序。

表 9—6　　期刊声誉、成就感和整体水平的相关系数矩阵

	声誉	成就感	整体水平
声誉	1	0.997**	0.995**
成就感	0.997**	1	0.997**
整体水平	0.995**	0.997**	1

**：在 0.01 水平（双侧）上显著相关。

表 9—7　　图书情报学 18 种期刊学术地位排序

编号	刊名	声誉	成就感	整体水平	学术地位	地位排名	投票排名	变动
17	中国图书馆学报	8.48	8.45	8.27	8.40	1	1	
5	大学图书馆学报	7.72	7.82	7.78	7.77	2	2	
4	情报学报	7.71	7.73	7.57	7.67	3	3	
13	图书情报工作	7.14	7.09	7.12	7.12	4	4	
12	图书馆杂志	7.10	6.97	6.98	7.02	5	5	

---

① L. Manzari, "Library and Information Science Journal Prestige as Assessed by Library and Information Science Faculty", *Library Quarterly*, Vol. 83, No. 1, 2013.

续表

编号	刊名	声誉	成就感	整体水平	学术地位	地位排名	投票排名	变动
16	现代图书情报技术	6.59	6.63	6.69	6.63	6	9	↑
10	情报理论与实践	6.34	6.21	6.34	6.30	7	6	↓
6	情报资料工作	6.27	6.22	6.35	6.28	8	8	
14	图书情报知识	6.32	6.25	6.22	6.26	9	7	↓
15	图书与情报	6.07	6.04	6.16	6.09	10	14	↑
3	图书馆	6.00	6.05	6.16	6.07	11	13	↑
2	情报科学	5.92	5.83	6.05	5.93	12	12	
1	国家图书馆学刊	5.75	5.90	5.97	5.87	13	10	↓
7	图书馆论坛	5.82	5.85	5.90	5.86	14	10	↓
9	图书馆建设	5.81	5.74	5.86	5.81	15	15	
18	情报杂志	5.53	5.52	5.66	5.57	16	17	↑
8	图书馆工作与研究	5.42	5.41	5.39	5.41	17	15	↓
11	图书馆学研究	5.20	5.18	5.33	5.24	18	18	

注：投票排名按照"重要"得票率减去"不重要"得票率的数值大小排序。

由表9—7可知，从分值的大小来看，18种期刊的整体结构呈现出明显的金字塔形。居于塔顶的《中国图书馆学报》的学术地位在我国图书情报学界处于首位，是唯一一份学术地位得分超过8分的期刊；塔底的7种期刊中，《图书馆学研究》的学术地位最低。将根据学术地位排名和综合投票排名进行对比，可以发现：①图书情报学研究人员对处于排序两极的期刊具有高度的一致性。②除了极端值具有高度共识以外，《中国图书馆学报》《大学图书馆学报》《情报学报》《图书情报工作》《图书馆杂志》这5种期刊的排名没有发生变化；可以说明图书情报学界对顶级期刊的共识具有高度的一致性，与Kohl[①]、Nisonger[②]和Manzari[③]等人对英

---

① F. K. David, C. H. Davis, "Ratings of Journals by ARL Library Directors and Deans of Library and Information Science Schools", *College & Research Libraries*, Vol. 46, No. 1, 1985.

② T. E. Nisonger, C. H. Davis, "The Perception of Library and Information Science Journals by LIS Education Deans and ARL Library Directors: A Replication of the Kohl-Davis Study", *College & Research Libraries*, Vol. 8, No. 2, 2005.

③ L. Manzari, "Library and Information Science Journal Prestige as Assessed by Library and Information Science Faculty", *Library Quarterly*, Vol. 83, No. 1, 2013.

文图书情报学期刊的研究结果基本吻合。③18 种期刊中，9 种期刊的排名次序发生了变化，5 种期刊的排名下降，4 种期刊的排名上升。在置信度 $p<0.01$ 时（双侧检验），对期刊学术地位排名和投票得分排名的 Spearman 秩相关系数 $r=0.942$，这说明图书情报学研究人员对本学科学术期刊地位的认同具有较高的一致性，同时也说明通过同行评议的方法来揭示期刊的学术地位是相当可靠的。

第四节　图书情报学期刊的分层结构

数值的大小和排名有时候并不能有效地展示结构性信息，因此，为了更有效更直观地呈现 18 种期刊在学术地位上的分层结构，本书使用聚类分析（Hierarchial Cluster）来揭示 18 种期刊的整体结构。聚类分析是多元统计分析的一种，它把一个没有类别标记的样本集按某种标准分成若干个子集或类，使相似的样本尽可能归为一类，而不相似的样本尽量划分到不同的类中①。

图 9—2 显示了 18 种期刊学术地位维度的分层结构。在宏观上，18 种期刊可以划分为两大层级，《中国图书馆学报》等 5 种期刊组成了"顶级期刊"集团，其他 13 种期刊组成了学术地位相对较低的另一集团。这两大集团中，又可以划分为 4 个小的子集团。在"顶级期刊"集团中《中国图书馆学报》和《情报学报》的学术地位相似，这是现今图书情报学界公认的两大"权威期刊"；《大学图书馆学报》《图书情报工作》和《图书馆杂志》组成了"顶级集团"中的另一个子集团——"优秀期刊"集团，其中《图书馆杂志》又处于该集团中的靠后位置，这和开放式的期刊提名的数据结果完全吻合、相互印证。在 13 种期刊组成的次级集团中，以《图书情报知识》等 8 种期刊组成了图书情报学界比较认可的"合格期刊"子集团，其中《图书情报知识》《情报理论与实践》《情报资料工作》3 种期刊的学术地位略高于其他 5 种期刊。以《图书馆论坛》为首的 5 种期刊组成了"欠佳期刊"子集团。因此，18 种期刊在学术地

---

①　张文彤：《SPSS11 统计分析教程（高级篇）》，北京希望电子出版社 2002 年版，第 171—177 页。

位维度呈现出四大集团。

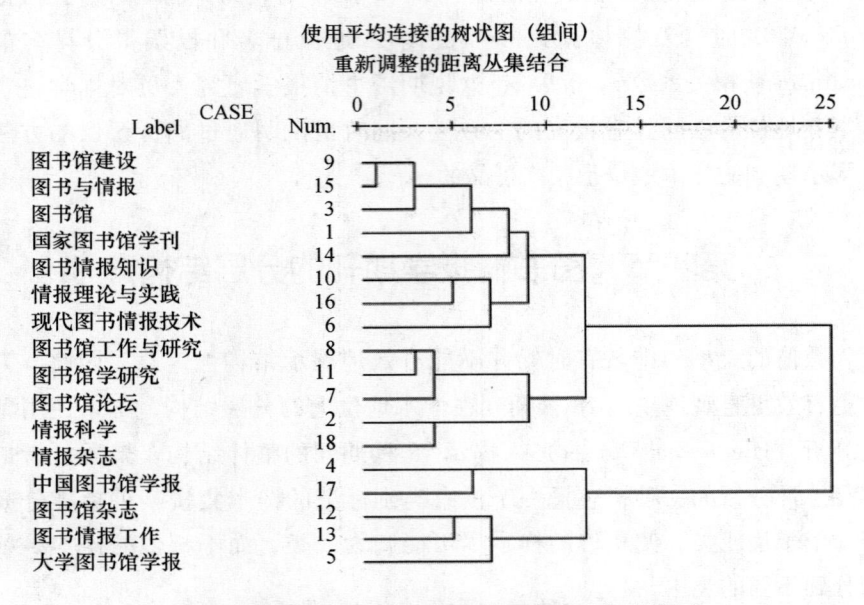

使用平均连接的树状图（组间）
重新调整的距离丛集结合

```
               CASE        0    5    10   15   20   25
    Label      Num.        +----+----+----+----+----+
图书馆建设       9
图书与情报      15
图书馆           3
国家图书馆学刊    1
图书情报知识    14
情报理论与实践  10
现代图书情报技术 16
图书馆工作与研究  6
图书馆学研究     8
图书馆论坛      11
情报科学         7
情报杂志         2
中国图书馆学报   18
图书馆杂志       4
图书情报工作    17
大学图书馆学报  12
                13
                 5
```

图9—2　图书情报学18种期刊的学术地位聚类图

从微观上看，"优秀集团"中的《图书情报工作》和《图书馆杂志》的学术地位更为接近；"合格集团"中的《情报理论与实践》《现代图书情报技术》《情报资料工作》由于学科偏向的差异，学术地位更为接近，组成一个子群；在"欠佳集团"中，《图书馆学研究》和《图书馆工作与研究》与《情报杂志》和《情报科学》这两组期刊因为学科的差异，学术地位更为接近，组成了两个小的子群。

第五节　期刊分层与其他评价系统的比较

本书主要是通过同行专家的经验判断来获取评价数据，利用问卷调查的方法了解了图书情报学界对专业期刊的主观评价，采用两种不同的主观评价方法互相验证，研究发现18种图书情报学期刊的地位排序能够准确反映图书情报学界的感知和认同。

如绪论所述，学术界对现行的期刊评价方式诟病连连、缺乏必要的认同，产生这种现象的原因多种多样。从外部环境来考察，我国的学术制度不够健全、尚未建立良好的学术生态、科研管理部门对期刊评价工具的误用等是期刊评价缺乏认同的重要原因；从期刊评价本身来考察，现有的期刊评价未能准确有效地反映学术共同体对期刊的认同是一个重要原因。无论是北京大学的《核心期刊要目总览》，还是南京大学的CSSCI来源期刊，它们对期刊的评价都是以文献计量指标为主的。然而，计量指标是否能够有效地反映学术共同体的价值判断呢？表9—8显示了本书得到的18种期刊的排名和北大核心期刊排名、CSSCI来源期刊排名的对比情况。

表9—8　图书情报学期刊学术地位排序与《核心期刊要目总览》、CSSCI来源期刊排名对比

编号	刊名	地位排名	北大排名	变动	南大排名	变动
1	国家图书馆学刊	13	19	6	14	1
2	情报科学	12	8	(4)	11	(1)
3	图书馆	11	7	(4)	7	(4)
4	情报学报	3	3	0	3	0
5	大学图书馆学报	2	4	2	2	0
6	情报资料工作	8	12	4	9	1
7	图书馆论坛	14	6	(8)	12	(2)
8	图书馆工作与研究	17	15	(2)	15	(2)
9	图书馆建设	15	9	(6)	10	(5)
10	情报理论与实践	7	13	6	5	(2)
11	图书馆学研究	18	17	(1)	17	(1)
12	图书馆杂志	5	5	0	13	8
13	图书情报工作	4	4	0	4	0
14	图书情报知识	9	11	2	6	(3)
15	图书与情报	10	18	8	18	8
16	现代图书情报技术	6	10	4	8	2
17	中国图书馆学报	1	1	0	1	0
18	情报杂志	16	14	(2)	16	0

数据来源：朱强、戴龙基、蔡蓉华：《中文核心期刊要目总览·研究报告》，北京大学出版社2008年版，第15页；《CSSCI来源期刊（2008—2009年）》（http://cssci.nju.edu.cn/lyktq.htm）；小括号表示负值。

从表9—8可见，两大期刊评价系统对《情报科学》《图书馆》《图书馆论坛》《图书馆工作与研究》《图书馆建设》《图书馆学研究》6种期刊的认同度与学术共同体的认同度相比，在不同程度上均有所偏高；而对《国家图书馆学刊》《情报资料工作》《图书与情报》《现代图书情报技术》的认同度又有所偏低。《中国图书馆学报》《情报学报》在三项排名中均未发生变动，说明两大期刊评价体系对这2种期刊的评价反映了学术共同体的认同。

在数据收集阶段，本书发现问卷调查对象图书馆学专业背景的占62.32%、情报学专业的占31.88%，这使人怀疑图书馆学专业背景的调查对象会对图书馆学期刊有所偏爱。从表9—8期刊排名变动的事实我们发现，学术地位排名相对两大评价系统有所下降的主要是图书馆学期刊；而排名上升的除《国家图书馆学刊》之外，其他3种期刊都是图书情报学综合期刊，4种期刊的整体专业背景更加偏向于情报学。这表明调查对象不存在学科偏见，本书获得的同行评议数据是充分可信的。

北大核心期刊目录中有15种期刊的排名和本书的排名不一致，CSSCI来源期刊中有13种期刊的排名和本书的排名不一致，这表明CSSCI来源期刊可能更有效地反映了学术共同体对期刊的认同。通过相关性检验发现（见表9—9），在置信度$p<0.01$时（双侧检验），北大核心期刊排名与本书的Spearman秩相关系数$r=0.692$，而CSSCI来源期刊排名与本书的Spearman秩相关系数$r=0.796$。因此，可以推断CSSCI来源期刊更好地反映了图书情报学界对18种期刊的价值判断和认同。从相关系数的值来看，本书显示出中国图书情报学界对期刊的主观评价和引文评价的一致性程度较高。在T. Nisonger等人的研究中，北美图书情报学院系的院长对期刊的主观评价和引文评价的相关系数仅为0.528，而研究型图书馆馆长对期刊的主观评价和引文评价的相关系数仅为0.267[1]。这可能是与量化评价在我国学术系统居于独霸地位有关，而在北美地区同行评议仍然具有不可动摇的影响力。

---

[1] T. E. Nisonger, C. H. Davis, "The Perception of Library and Information Science Journals by LIS Education Deans and ARL Library Directors: A Replication of the Kohl-Davis Study", *College & Research Libraries*, Vol. 8, No. 2, 2005.

表9—9　学术地位名次、北大核心期刊的 CSSCI 来源刊的相关系数矩阵

	学术地位名次	北大核心期刊	CSSCI 来源刊
学术地位名次	1	0.692**	0.796**
北大核心期刊	0.692**	1	0.750**
CSSCI 来源刊	0.796**	0.750**	1

**：在置信度（双测）为 0.01 时，相关性是显著的。

本章小结

虽然期刊评价研究如火如荼，但是学术界对现行的期刊评价却诟病连连、缺乏有效的认同，产生这种现象的原因多种多样。从期刊评价本身来考察，现有的期刊评价体系未能准确有效地反映学术共同体对期刊的感知和认同是一个重要原因。本章以 CSSCI（2008—2009）图书情报学 18 种期刊为研究对象，通过雪球抽样，发放调查问卷，从期刊声誉、作者发表论文所获得的成就感和期刊整体水平三个方面来考察 18 种期刊的学术地位结构。研究发现，图书情报学界对 18 种期刊的学术地位感知呈现出明显的分层结构，大致可以归为 4 个等级。在国内，从学术地位的角度展示了期刊之间等级结构是一种新的期刊评价方式。图书情报学期刊所呈现出的层级结构特征，在其他各学科期刊中可能具有一定的普遍性。

第 十 章

期刊分层的结构变迁与结构弹性

分层与流动是一枚硬币的两面。在静态展示了期刊之间的等级结构之后,从时间维度考察期刊学术地位的变化,以及基于这种变化所反映出的期刊结构变迁和结构弹性,便成为一个极为重要的问题。这决定了期刊个体能否通过自身的学术努力和学术贡献,在一定程度上改变、乃至决定自身的学术地位,这是期刊学术地位流动所要关注的本质问题。流动是一个关乎"社会结构"与"主体能动性"这一经典社会张力的重要研究问题①,期刊学术地位的流动不仅能够反映学术共同体社会心理和认同的变化,流动性的强弱也能反映出学术制度是否公正、公平、合理。

第一节 期刊分层的结构变迁

很多学者都注意到了期刊之间的结构问题,基于各自的直观认知将期刊的等级结构比喻成不同的形态。刘筱敏认为期刊出版呈金字塔形状②;胡以正认为中外文期刊是宝塔式结构③;梁绪敏认为级别评比应该包括所有经国家正式批准的期刊,评比结果应该是橄榄形的④。

虽然 A. J. Nederhof 指出学术共同体对期刊的主观评价具有较长的时

---

① 于良芝、刘亚:《结构与主体能动性:信息不平等研究的理论分野及整体性研究的必要》,《中国图书馆学报》2010 年第 1 期。
② 刘筱敏:《中国科学引文数据库与期刊评价》,《数字图书馆论坛》2007 年第 3 期。
③ 胡以正:《期刊、论文级别及其他》,《科技管理研究》1992 年第 2 期。
④ 梁绪敏、尹玉吉:《论我国学术期刊的分级》,《出版研究与教育》2008 年第 11 期。

限性[①]，但是为了考察期刊个体学术地位流动的状况，本书仍然希望了解在较长的时间范围内图书情报学界同行对期刊的主观认知变化情况，及期刊个体在学术地位维度上的结构形态变化，通过对比来研究期刊个体学术地位的流动。

根据第9章的调查，18种CSSCI图书情报学期刊大致呈现出一种近似于橄榄形的结构特征。由于该问卷调查是在2009年11月展开的，分层结构只能反映2009年图书情报学界对18种的集体判断。为了揭示期刊学术地位的流动和结构变迁，课题组采用2009年的问卷，在2017年2月12日至2017年2月19日重新展开了一次网络调查。网络调查使用问卷星平台，通过微信群和QQ群向专业同行发放问卷：微信群主要集中在"上海高校图情工作研究交流群（一）""图书情报博士群""南开图书馆学研究实证会议""图书馆学史"和上海图书馆学会青年学者委员会的"上图青委会群"；QQ群主要是"图书馆学、情报学博士群""国家图书馆学刊群"。本次调查共收回有效问卷77份。问卷调查对象的人口学统计信息如表10—1所示。

表10—1　图书情报学期刊学术地位调查人口学统计信息

		人数	百分比（%）	有效百分比（%）	累积百分比（%）
性别	男	37	48.1	48.1	48.1
	女	40	51.9	51.9	100.0
学历	本科	2	2.6	2.6	2.6
	硕士研究生	20	26.0	26.0	28.6
	博士研究生	54	70.1	70.1	98.7
	其他	1	1.3	1.3	100.0
职称	初级	1	1.3	1.3	1.3
	中级	29	37.7	37.7	39.0
	副高	33	42.9	42.9	81.8

[①] A. J. Nederhof, R. A. Zwaan, "Quality Jugements of Journals as Indicators of Research Performance in the Humanities and the Social and Behavioral Science", *Journal of the American Society for Information Science*, Vol. 42, No. 5, 1991.

续表

		人数	百分比（%）	有效百分比（%）	累积百分比（%）
职称	正高	4	5.2	5.2	87.0
	其他	10	13.0	13.0	100.0
学科	图书馆学	52	67.5	67.5	67.5
	情报学	16	20.8	20.8	88.3
	其他	9	11.7	11.7	100.0
职业	硕士在读	3	3.9	3.9	3.9
	博士在读	4	5.2	5.2	9.1
	图书馆工作人员	28	36.4	36.4	45.5
	高校教学院系教师	32	41.6	41.6	87.0
	科研院所工作人员	6	7.8	7.8	94.8
	其他	4	5.2	5.2	100.0
	总计	77	100.0	100.0	100.0

从统计结果来看，本次调查虽然采用的是非随机抽样策略，但是样本分布的特征能够和调查目的相吻合。调查对象在性别分布上比较均衡；在学历分布上偏重于研究生以上的教育背景，这样的群体对学术期刊的了解更为深刻；在职称分布上以中级和副高为主，该群体具有职业上升的空间、压力和动力，而且与学术期刊的互动相对更为积极；在职业分布上较好地兼顾了学院和实践两大阵营；在学科分布上和2009年的结果类似，比较偏重于图书馆学。

一 基于重要度的流动

首先，通过对最重要的5种期刊的投票从正面了解图书情报学界对18种期刊重要度的感知（见表10—2）。由表可知，《中国图书馆学报》《大学图书馆学报》《图书情报工作》《情报学报》4种刊物仍然位列"顶级集团"，得票率处于底层的是《情报杂志》《现代图书情报技术》[①]《图书馆学研究》。8年间，《图书情报知识》《国家图书馆学刊》《大学图书

---

① 2017年开始，《现代图书情报技术》改名为《数据分析与知识发现》。

馆学报》《图书情报知识》4种刊物的得票率都有大幅度的攀升，《情报学报》《现代图书情报技术》的得票率出现大幅度下滑。从排名来看，上升幅度最大的刊物是《国家图书馆学刊》，下降幅度最大的刊物是《现代图书情报技术》。一个值得关注的有趣现象是，《情报学报》得票率虽然有大幅度下降，但是排名只下降了一位。这一现象充分表明，在我国学术界，期刊的社会资本对其学术地位有着显著的影响。《情报学报》正是凭借了较高的"先赋地位"，得以保持"顶级集团"的位置。

表10—2　　最重要的5种期刊投票变化

刊名	Top5 票数 2017	得票率（%） 2017	得票率（%） 2009	得票率（%） 变化	排名 2017	排名 2009	排名 变化
大学图书馆学报	66	85.7	74.19	11.5	2	2	0
国家图书馆学刊	19	24.7	9.68	15.0	7	13	6
情报科学	6	7.8	16.13	(8.3)	14	10	(4)
情报理论与实践	15	19.5	25.81	(6.3)	9	6	(3)
情报学报	38	49.4	66.13	(16.7)	4	3	(1)
情报杂志	3	3.9	9.68	(5.8)	17	15	(2)
情报资料工作	10	13.0	19.35	(6.4)	10	8	(2)
图书馆	8	10.4	11.29	(0.9)	11	12	1
图书馆工作与研究	7	9.1	8.06	1.0	12	16	4
图书馆建设	6	7.8	1.61	6.2	15	18	3
图书馆论坛	18	23.4	14.52	8.9	8	11	3
图书馆学研究	4	5.2	3.23	2.0	16	17	1
图书馆杂志	23	29.9	32.26	(2.4)	6	5	(1)
图书情报工作	57	74.0	62.9	11.1	3	4	1
图书情报知识	27	35.1	19.35	15.8	5	7	2
图书与情报	7	9.1	9.68	(0.6)	13	14	1
现代图书情报技术	3	3.9	19.35	(15.5)	18	9	(9)
中国图书馆学报	68	88.3	90.32	(2.0)	1	1	0

注：括号内的数值为负值。

其次，通过对最不重要的3种图书情报学期刊投票统计，可以从负面考察图书情报学界对期刊重要度的感知变化（见表10—3）。由此表可知，各种期刊的得票率大小呈现出明显的分层特点。《大学图书馆学报》

《中国图书馆学报》《图书馆杂志》《图书情报工作》《情报学报》《图书情报知识》《情报资料工作》《国家图书馆学刊》8 种刊物组成一个梯队，得票率都在 10% 以下；《图书馆学研究》《图书馆工作与研究》《现代图书情报技术》《情报杂志》4 种刊物组成了底层梯队，得票率都超过了 35%；其他 6 种期刊组成了中间梯队，得票率分布在 15%—20% 之间。从单个期刊角度来看，《现代图书情报技术》《图书馆工作与研究》两种刊物的得票率有大幅度攀升，表明两刊在 8 年间的学术地位存在显著下滑现象；《情报杂志》《图书与情报》两刊的得票率有大幅度的下滑，表明两刊的学术地位显著提升。需要注意的是，《情报杂志》在最重要的 5 种期刊投票中得票率有明显下降，在最不重要的 3 种期刊投票中得票率也显著下降，这是一个比较有趣的现象。

表 10—3　　最不重要的 3 种期刊投票变化

刊名	Bottom3 票数	得票率			排名		
	2017	2017	2009	变化	2017	2009	变化
大学图书馆学报	1	1.3	0	(1.30)	1	1	0
国家图书馆学刊	6	7.8	10.53	2.73	8	8	0
情报科学	12	15.6	19.3	3.70	10	13	3
情报理论与实践	13	16.9	8.77	(8.13)	11	6	(5)
情报学报	4	5.2	1.75	(3.45)	5	3	(2)
情报杂志	28	36.4	50.88	14.48	15	17	2
情报资料工作	5	6.5	10.53	4.03	7	8	1
图书馆	15	19.5	17.54	(1.96)	13	12	(1)
图书馆工作与研究	37	48.1	26.32	(21.78)	17	15	(2)
图书馆建设	15	19.5	19.3	(0.20)	13	13	0
图书馆论坛	13	16.9	15.79	(1.11)	11	11	0
图书馆学研究	32	41.6	50.88	9.28	17	17	0
图书馆杂志	3	3.9	1.75	(2.15)	3	3	0
图书情报工作	3	3.9	1.75	(2.15)	3	3	0
图书情报知识	4	5.2	8.77	3.57	5	6	1
图书与情报	11	14.3	26.32	12.02	0	15	15
现代图书情报技术	28	36.4	12.28	(24.12)	15	10	(5)
中国图书馆学报	1	1.3	0	(1.30)	1	1	0

注：括号内的数值为负值。

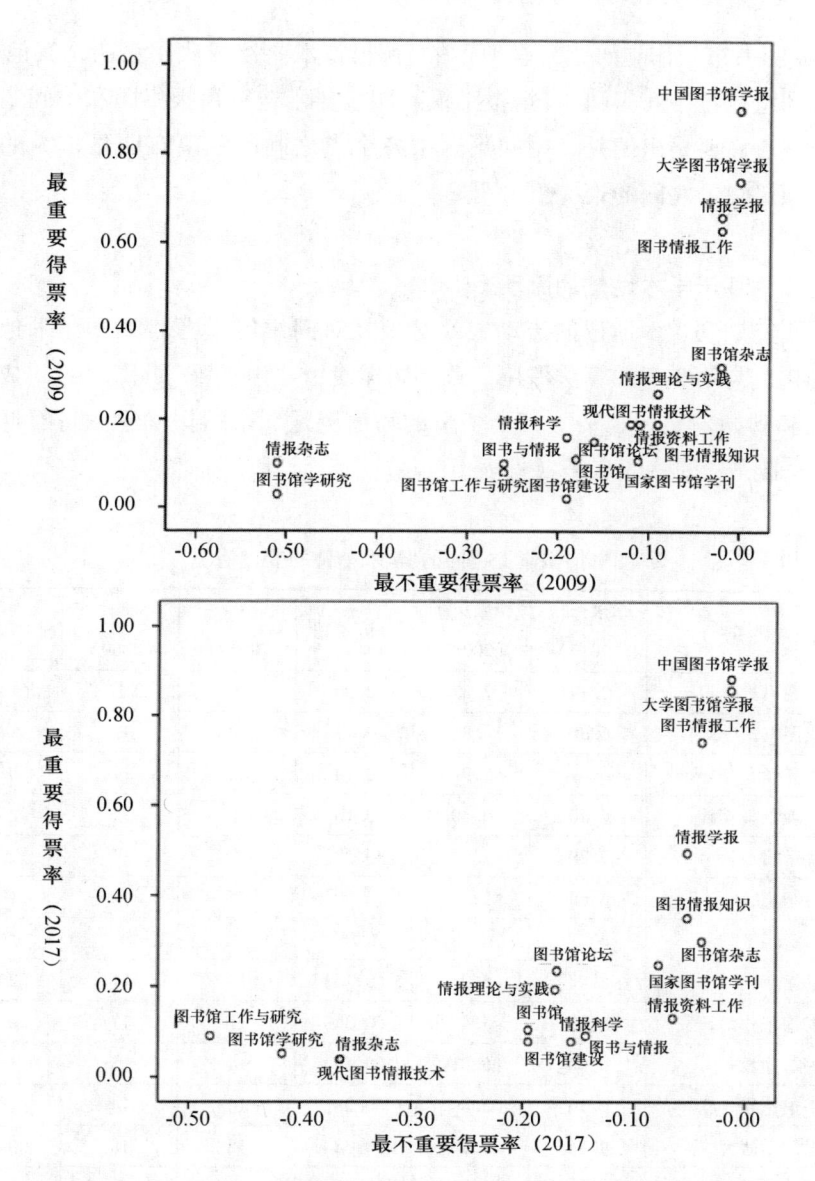

图10—1 图书情报学期刊的重要程度分布散点图

采用与第9章相似的方法绘制18种期刊重要程度分布散点图（见图10—1）。如图所示，18种期刊的整体结构仍然呈现出三大分层集团现象，并没有表现出明显的结构变迁特征。《中国图书馆学报》《大学图书馆学报》《图书情报工作》明显地组成顶层集团，《情报杂志》《图书馆学研究》《图书馆工作与研究》《现代图书情报技术》组成底层集团，其他 11 种期刊组成了中间集团。《情报学报》明显居于连接顶级集团和中间集团的位置。需要指出的是，中间集团中各个点之间的距离有明显扩大的趋势，顶级集团之间的聚拢更为明显。

二 基于学术地位的流动

研究期刊学术地位的流动，就必须在时间维度上考察期刊学术地位的变化。与第 9 章的算法保持一致，同样使用"声誉"、录稿后的"成就感"和刊物"整体水平"三个变量的均值测量图书情报学界同行对期刊"学术地位"的感知水平（见表 10—4）。

表 10—4　图书情报学 18 种期刊学术地位的变化情况

刊名	学术地位（2017）	学术地位（2009）	分值变动	排名（2017）	排名（2009）	排名变动
大学图书馆学报	7.77	7.77	0.00	3	2	(1)
国家图书馆学刊	6.30	5.87	0.43	8	13	5
情报科学	6.07	5.93	0.14	12	12	0
情报理论与实践	6.20	6.30	(0.10)	9	7	(2)
情报学报	7.79	7.67	0.12	2	3	1
情报杂志	5.66	5.57	0.09	15	16	1
情报资料工作	6.37	6.28	0.09	7	8	1
图书馆	5.92	6.07	(0.15)	13	11	(2)
图书馆工作与研究	5.03	5.41	(0.38)	17	17	0
图书馆建设	5.66	5.81	(0.15)	14	15	1
图书馆论坛	6.14	5.86	0.28	10	14	4
图书馆学研究	4.86	5.24	(0.38)	18	18	0
图书馆杂志	6.61	7.02	(0.41)	6	5	(1)
图书情报工作	7.57	7.12	0.45	4	4	0
图书情报知识	6.94	6.26	0.68	5	9	4
图书与情报	6.11	6.09	0.02	11	10	(1)

续表

刊名	学术地位（2017）	学术地位（2009）	分值变动	排名（2017）	排名（2009）	排名变动
现代图书情报技术	5.50	6.63	(1.13)	16	6	(10)
中国图书馆学报	8.63	8.40	0.23	1	1	0

注：括号内的数值为负值。

由表10—4可知，有7种期刊学术地位的绝对值有所下降，分值下降的期刊多为偏向于图书馆学的期刊，分值大幅度下降的期刊是《现代图书情报技术》《图书馆杂志》《图书馆学研究》《图书馆工作与研究》。有11种期刊学术地位的绝对值保持不变或上升，其中分值大幅度上升是《图书情报知识》《图书情报工作》《国家图书馆学刊》。

由于两次调查的时间差将近10年，图书情报学界的学术生态和主流研究范式可能发生变化，因此学者评价刊物的内在标准可能有所不同。因此，从排名变化的角度考察学术共同体对期刊学术地位认知的相对变化，以和绝对分值变化相互印证。由表10—4可知，有6种期刊的排名位置下降，下降最大的刊物是《现代图书情报技术》；有7种期刊的排名位置上升，上升最快的3种刊物是《国家图书馆学刊》《图书情报知识》和《图书馆论坛》。《中国图书馆学报》《图书情报工作》《情报科学》《图书馆工作与研究》《图书馆学研究》5种刊物的排名没有发生变化。

图10—2显示了2017年18种期刊聚类分析的层次机构。与2009年的聚类结果相比，两次聚类在宏观结构上呈现出显著的相似性，18种期刊可以划分为两大层级，《中国图书馆学报》等5种期刊组成了"顶级期刊"集团，其他13种期刊组成了学术地位相对较低的另一集团。在微观层次上，期刊子类之间的聚合关系发生了变化。最为明显的是《图书情报知识》取代《图书馆杂志》进入了"顶级期刊"集团，《国家图书馆学刊》在图书馆学的期刊集团的领先位置。《情报理论与实践》《情报科学》《情报杂志》因为学科倾向性组成一个子类，《情报资料工作》在本次聚类中进入图书馆学倾向的期刊集团。这样的聚类特征与重要度分层基本吻合，即在宏观结构上没有发生结构性变迁，个别期刊的学术地位

发生了流动。

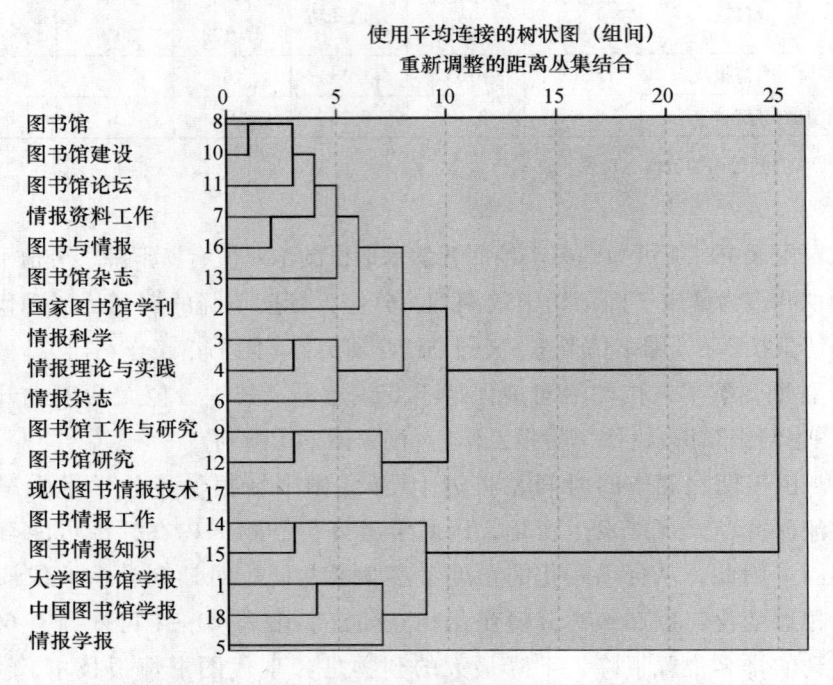

图10—2 2017年图书情报学18种期刊的学术地位聚类图

第二节 期刊分层结构的弹性

社会流动包含了两种不同的过程：一种叫纯流动，即不依赖于总体制度演变而取决于个人自身及其升迁、滞留或降低能力的流动；一种叫结构性流动，归因于社会制度的演化①。通过上一节的研究不难发现，图书情报学期刊没有发生结构性流动。那么，图书情报学期刊的结构弹性如何是本节关注的核心问题。

---

① [法]卡泽纳弗：《社会学十大概念》，杨捷译，上海人民出版社2003年版，第177页。

一 图书情报学期刊的结构弹性

格伦斯基说，分层体系的弹性是指社会成员地位随时间变化的连续性和稳定性①，通常用"惯性指数"来衡量②。如果在某一分层体系中，个体成员的社会地位在时间维度上的变化不具有较强的稳定性和连续性（惯性指数较小），则表明这一分层体系是一种柔性结构，即社会成员通过个人努力实现社会地位提升的可能性较大。相反，如果个体成员的社会地位在时间维度上的变化具有较强的稳定性和连续性（惯性指数较大），则表明这一分层体系是一种刚性结构，即社会成员通过个体努力实现社会地位提升的可能性较小。社会结构的弹性表明了社会机会的不平等程度，理想的社会结构是柔性的，即社会成员通过个体的努力可以实现社会成功。

表 10—5 显示了在两次调查中，18 种期刊在重要性和学术地位两大维度排名上的变化情况。由此表可知，18 种期刊中有 5 种期刊在学术地位测量的排序中保持不变，6 种期刊的排序下降，7 种期刊的排序上升；在重要性投票的综合排序上，有 5 种期刊排名保持不变，5 种期刊的排序下降，8 种期刊的排序上升。这似乎表明我国图书情报学期刊的学术地位结构可能偏向于柔性，期刊个体通过自身的努力可以实现学术地位流动。为了检验这一描述性判断的正确性，可以通过计算 18 种期刊在 2009 年和 2017 年两次调查不同排序之间的相关系数。在学术地位测量的维度上，两次排序之间的 Spearman 秩相关系数为 0.822（双尾 $p<0.01$）；在重要性综合的维度上，两次排序之间的 Spearman 秩相关系数为 0.887（双尾 $p<0.01$）。这说明，图书情报学界对 18 种期刊的认知具有很高的连续性和稳定性，图书情报学期刊的结构呈现出比较明显的刚性。

Manzari 的研究显示，从对自己升职影响程度上来说，少数期刊在各种排名方法中均位居前列组成了精英期刊集团③；而且，很多教师都认为

---

① ［美］格伦斯基：《社会分层》（第 2 版），王俊等译，华夏出版社 2005 年版，第 4 页。
② ［法］卡泽纳弗：《社会学十大概念》，杨捷译，上海人民出版社 2003 年版，第 180 页。
③ L. Manzari, "Library and Information Science Journal Prestige as Assessed by Library and Information Science Faculty", *Library Quarterly*, Vol. 83, No. 1, 2013.

精英期刊的学术质量具有独立性。第9章的研究结果显示，我国图书情报学期刊也存在明显顶级精英集团。因此，将《中国图书学报》《情报学报》《大学图书馆学报》《图书情报工作》4刊删除，计算其余14种期刊在不同维度上排名的相关系数。统计结果显示，在学术地位测量的维度上，两次排名之间的 Spearman 秩相关系数下降为 0.626（双尾 $p<0.01$）；在重要性投票的维度上，两次排名之间的 Spearman 秩相关系数下降为 0.764（双尾 $p<0.01$）。这从学术地位流动的角度证明了"顶级期刊"集团的存在及其具有的高度稳定性。

表10—5　　图书情报学18种期刊排名变化情况

刊名	重要性综合排名			学术地位排名		
	2009	2017	变化	2009	2017	变化
大学图书馆学报	2	2	0	2	3	(1)
国家图书馆学刊	10	7	3	13	8	5
情报科学	12	12	0	12	12	0
情报理论与实践	6	10	(4)	7	9	(2)
情报学报	3	4	(1)	3	2	1
情报杂志	17	15	2	16	15	1
情报资料工作	8	8	0	8	7	1
图书馆	13	13	0	11	13	(2)
图书馆工作与研究	15	18	(3)	17	17	0
图书馆建设	15	14	1	15	14	1
图书馆论坛	10	9	1	14	10	4
图书馆学研究	18	17	1	18	18	0
图书馆杂志	5	6	(1)	5	6	(1)
图书情报工作	4	3	1	4	4	0
图书情报知识	7	5	2	9	5	4
图书与情报	14	11	3	10	11	(1)
现代图书情报技术	9	16	(7)	6	16	(10)
中国图书馆学报	1	1	0	1	1	0

注：括号内的数值为负值；重要性综合排名根据最重要的5种期刊得票率减去最不重要的3种期刊得票率的值排列。

综上所述，图书情报学期刊在整体上表现为刚性的结构特征，期刊的学术地位的流动具有很强的稳定性和连续性。当将"顶级期刊"集团的4种期刊剔除之后进行排名的相关性检验，普通期刊集团之间的排名仍然表现出较高的相关性。

二 刚性结构属性的成因和影响

卡泽纳弗指出："在现代工业社会或理想的民主社会中，社会阶层和阶级并不是制度化的，但表现为事实上的等级，而且很明显，纵向流动实际上并不遵循法则进行。因为正如人们所看到的，根据能力和功绩分配地位的方法，由于出生，特别是由于教育程度不同所带来的机会的不平等而受到阻碍，从而难以施行。"[1] 可见，即便是在民主社会，依靠个人能力和业绩实现社会地位的上升流动也是一件困难的事。

期刊的学术地位的分配符合社会地位分配的基本规则。图书情报学期刊整体的刚性结构，尤其是"顶级期刊"的刚性结构，表明学术地位在期刊界的分配规则不能理想化地依据期刊的学术水平和学术表现。现今，期刊评价机构依据文献计量指标去评价期刊，它的合理性和准确性受到学术界的质疑。因为，文献计量指标依据期刊的外在形态特征产生，如载文量、影响因子和总被引等只能反映期刊的信息密度和有用性；虽然有用性在一定程度上可能对学术地位产生积极的影响，但是有用性只是剖析学术地位的一个层面。Nature 和 Science 上刊登的文献对很多学者（尤其是人文社会科学学者）的研究可能没有任何帮助，但这并不影响研究人员对这两种期刊学术地位的感知和认同。虽然期刊评价系统中也有少部分指标具有反映期刊学术地位的性质，比如获奖指标，但这部分指标能动摇引文评价的主体地位，而且这部分指标也并非直接反映学术共同体的认同。

"流动的原因、过程和结果，归根结底，只能根据与某一特定的社会结构和取向发生关联的等级总系统的运行状况来理解。"[2] 期刊学术地位的来源渠道比较复杂，诚如本书发现，社会资本和符号资本对期刊地位

---

[1] ［法］卡泽纳弗：《社会学十大概念》，杨捷译，上海人民出版社2003年版，第191页。
[2] 同上书，第190页。

均具有显著的影响,而且社会资本对符号资本的影响作用会产生传递效应,间接左右期刊学术地位的分配。我国学术期刊之所以形成刚性的分层结构,尤其是"顶级期刊"的学术地位难以撼动,根本原因主要来自于两个方面:一是由于我国的学术期刊是计划体制的产物,二是基于官本位的社会等级观念对中国人的认知方式有着长久且稳固的影响。

我国的改革开放事业已经经历了几十年的发展,这几十年的改革开放主要集中在经济领域,政治体制和文化体制的改革才刚刚开始①。因此,现有的绝大多数期刊都是传统计划体制的产物。"我国学术期刊体制成形于计划经济时代,并延续至今。"② 期刊的学术声望与地位并不是在学术市场中通过自由竞争自发形成的,而是依托于某一个主办单位的行政级别承袭而成,"市场竞争的法则几乎不起作用"③。我国的学术期刊绝大部分不是一个直接面向学术市场的独立主体,而是依托于某一个学术性或行政性的主办单位。主办单位的学术地位和行政级别对期刊的学术地位有着极为重要的影响。这一特点就如同社会生活中的继承机制一样,社会成员从父辈和家庭继承而获得初始的社会资源和地位,从而拥有或高或低的社会起点,使得人生而不平等成为一种客观的社会现实。我国的学术期刊界无疑也存在着这种现象和社会规则。"关于社会成功的研究表明,达到等级最高层的人中绝大部分出身于占有高层地位的家庭。"④仔细观察我国期刊界的现实不难发现,我国期刊学术地位的分配也遵循着相同的社会法则。

"当今社会的社会流动受到相互关联、相互依赖的各种因素的复合体的制约"⑤,仅仅从期刊自身的视角去考察期刊学术地位的差异是无法令人信服的。我国根深蒂固的官本位意识和基于官本位的等级观念使得期刊学术地位的分配机制具有广泛的社会认同,具有较高"先赋地位"的期刊通过马太效应的累积作用进一步巩固并强化自己的初始优势。当然

---

① 韦森等:《社会转型与现代性问题座谈纪要》,《读书》2009年第7期。
② 朱剑:《学术新媒体:缘何难以脱颖而出——兼及学术传播领域媒体融合发展》,《北京交通大学学报》(社会科学版)2015年第4期。
③ 同上。
④ [法]卡泽纳弗:《社会学十大概念》,杨捷译,上海人民出版社2003年版,第183页。
⑤ 同上书,第193页。

无法否认,"先赋地位"较高的期刊的学术水平总体上较好;然而,这种高水平的表现源自于它的优势"先赋地位",为其获得学术界的承认和认同提供了良好的外在条件,从而吸引了优质稿源和更多的读者。

罗素说,"哲学家们既是果,也是因。他们是他们所处时代的社会环境和政治制度的结果,他们(如果幸运的话)也可能是塑造后来时代的政治制度信仰的原因"①,但是"因果作用必须是从某件事物上开始的"②。这种互为因果机制同样影响着期刊学术地位的分配。将某一期刊的诞生置于整个社会背景之下进行考察时,就会发现主办单位的母体性条件是期刊学术地位的根源。《中国图书馆学报》《情报学报》《图书情报工作》《大学图书馆学报》4 种期刊的主办单位显然具有中央特征,前两者的主办机构都是国家级学会,后两者的主办机构是国家级的教育和科研机构,而其他期刊的流动性与刊物主办单位的地方属性是密不可分的。相对于中央,尽管地方之间也具有一定的政治地位差异(如上海之比河南),但是也具有相对的政治平等性(如河北之比安徽)。因此,地方属性的期刊之间的地位流动在一定程度上依赖于市场竞争机制。虽然这种地位的变化可能会获得社会认同,但是难以撼动固有的等级制度。如《图书情报知识》学术地位的上升仍然难以撼动《情报学报》的绝对权威。可以说,我国学术期刊界的地位流动性不高,期刊个体获取学术地位的机会是不平等的。

流动是社会学家手中无可替代的指示器,因为它向社会学家提供了社会现象的一个重要方面——社会约束与个人自由之间的关系③。期刊结构刚性导致学术地位在期刊界的分配不能完全依据学术水平和学术表现,期刊学术地位在整体上具有较强的稳定性和连续性。期刊学术地位的流动程度较低,意味着期刊结构对期刊个体拥有较大的结构约束,期刊个体拥有较少的个体自由和主体能动性。通俗地说,期刊个体通过提高自身的学术水平来提升自身的学术地位的幅度是极为有限的。

---

① [英]罗素:《西方哲学史(上卷)》,何兆武等译,商务印书馆 2002 年版,第 8—9 页。
② 同上书,第 99 页。
③ [法]卡泽纳弗:《社会学十大概念》,杨捷译,上海人民出版社 2003 年版,第 193 页。

社会理论家指出，改变地位这一事实也将会改变人的行为表现①。人是社会地位与社会角色的统一体，社会地位决定了社会行动者所处的结构位置，社会角色决定了社会对这一位置的行为期望；人的行动不仅要满足个人的需求，同时还要满足处境的要求②。也就是说，处于不同地位的人需要完成相应的社会角色，用自己的行动证明或加强自己已经获取的地位。

期刊也是学术地位和学术水平的统一体，在社会地位和社会角色互动理论的要求下，无论是地位较高的期刊还是地位较低的期刊，都可能有两种自我应对的策略。一方面，学术地位较高的期刊为了证明自己的名实相符，会通过编辑的持续努力不断巩固、强化自身的学术地位；另一方面，由于缺少必要的来自下层的竞争压力，一些学术期刊可能会安于现状，因为下层期刊的学术努力不足以弥补先天地位差距的固有鸿沟。

学术地位较低的期刊在处理与自身学术地位相应的角色时，也可能产生两种策略：一是满足于履行与现行学术地位相称的学术角色，这些期刊可能走向故步自封、停滞不前的境地；另一种策略是奋起直追，努力通过提高自身的学术水平来改善自身的学术地位，然而刚性结构对期刊个体具有极强的制约作用，会挫伤低层学术期刊自我努力的积极性。从行动逻辑上说，我国现行的期刊结构在整体上缺乏有效的激励机制，不利于期刊之间展开学术竞争，提升我国期刊界的整体水平。这便是新闻出版行政机构近几年进行报刊出版机构市场化改制的根源之一③。

等级流动与一个社会的总体结构发生关联，并在社会系统的安排布局中表现出系统的运转功能和无意识的终极目标④。我国期刊结构的属性体现出精英与非精英的二元分化，结构分化的社会影响同样也具有二元性。

社会流动并非总是具有积极的意义。社会流动虽然具有缓和阶级矛盾、促进社会成员竞争的正面作用；但是，过度的流动就意味着不稳定，

---

① ［法］卡泽纳弗：《社会学十大概念》，杨捷译，上海人民出版社 2003 年版，第 187 页。
② 张静：《社会结构：概念的进展及限制》，《社会学研究》1993 年第 6 期。
③ 新闻出版总署：《报纸期刊改制将在 2011 年前完成》（http://www.cnr.cn/allnews/200911/t20091101_505565160.html）。
④ ［法］卡泽纳弗：《社会学十大概念》，杨捷译，上海人民出版社 2003 年版，第 180 页。

导致文化模式的不确定性、文化的杂糅、思想的混乱,以及随之而来的团结关系的松弛①。我国学术期刊的刚性结构在一定程度上是有利于思想统一的。顶级期刊以自己的学术旨趣和风格引领学术研究的发展,履行着"学术研究导引是一流学术期刊的重要使命"的职责②。非顶级期刊之间的流动也为文化的多元化带来一定的条件,为不同风格和旨趣的研究提供了一定的话语空间。

本章小结

分层和流动是一个硬币的两个方面。本章将 2017 年对图书情报学期刊的调查结果与 2009 年的调查进行对比。研究发现,图书情报学期刊的整体结构呈现出明显的刚性特征,产生这一特征的制度根源是我国期刊管理体制——主办单位制度。以官本位为基础的等级意识巩固、强化了期刊之间的地位不平等。期刊之间的结构刚性,虽然有利于统一学术思想,但是总体上不利于发挥期刊个体的主体能动性,不利于我国学术的整体发展。

---

① [法]卡泽纳弗:《社会学十大概念》,杨捷译,上海人民出版社 2003 年版,第 187 页。
② 叶继元:《学术研究导引是一流学术期刊的重要使命》,《中国图书馆馆学报》2007 年第 5 期。

第十一章

结　　语

第一节　研究结论与特点

比较是人类最为普遍的思维方式之一，比较和基于比较的选择构成了评价的基本内涵。期刊种数众多使得人们对期刊进行比较和选择成为历史的必然，也是人们展开期刊评价的必要前提。基于文献计量学的期刊评价研究如火如荼，然而，评价结果在学术界缺乏必要的认同度。本书的出发点正是为了解开这一疑惑。现将主要研究结论归纳如下。

一　期刊评价的落脚点是期刊的学术地位

评价目的是展开评价活动的依据和立足点。"对任何一项评价，都应形成根据评价目的来确定评价标准、指标、方法的运作模式。"① 期刊评价是学术评价的一个组成部分，是学术评价的中介之一。人们展开期刊评价的根本目的是通过期刊之间的等级秩序考量在期刊上发表论文的科研人员之间研究能力的等级，因此，期刊评价的落脚点是对科研主体研究水平的评价、为行政部门配置学术资源提供决策依据。什么才是决定期刊之间等级秩序的依据？长期以来，中外的期刊评价研究人员对这一基本问题在一定程度上均有所忽视。早期以核心期刊为主的期刊评价研究认为确定期刊之间等级秩序的依据是期刊的文献密度和期刊的影响力。20世纪90年代后，随着评价研究的深入和政府对科学研究加大资金投

---

① 叶继元：《人文社会科学评价体系探讨》，《南京大学学报》（哲学·人文科学·社会科学）2010年第1期。

入，研究人员普遍认为期刊质量是决定期刊等级秩序的依据。然而，以文献密度、影响力和质量为依据解释期刊之间的等级秩序存在着比较严重的理想主义色彩，不足以解释学术界对历次期刊评价体系的口诛笔伐；期刊在学术地位维度上的等级秩序才是期刊评价的出发点。"学术共同体内部最有价值的资本是符号意义的声誉和学术地位。"[①] 本书认为学术地位是期刊评价的根本依据，并不否认期刊在文献密度、影响力、期刊质量等维度上存在着等级秩序的现象，也不否认这些因素对期刊学术地位存在一定的影响，但是依据这些要素对期刊进行等级秩序的界定未能有效地抓住当代学术评价产生的社会根源——资源配置。依据学术地位的期刊评价是由科学建制的激励机制和资源分配机制决定的，它符合科学界社会分层的基本原则，同时也符合社会等级秩序判定的普遍适用的根本原则——社会地位决定社会成员等级秩序。

二 社会资本是期刊学术地位最重要的影响要素

期刊的社会资本主要包括两大组成部分：一是由期刊的主办单位和主编为首的编辑队伍组成的母体，二是由期刊的作者群组成的客体。期刊从主办单位和以主编为首的编辑队伍那里继承而来的学术地位组成了期刊的"先赋地位"，从作者个人和作者所在机构转移而来的学术地位构成了期刊的"自致地位"。期刊的"先赋地位"和"自致地位"是期刊学术地位的主要来源。同时，由于我国学术期刊的创办制度施行单位制，"先赋地位"对于一种期刊的生存发展尤其重要。具有先赋优势的期刊易于争取优势的"自致地位"，"先赋地位"处于劣势的期刊难以吸引大牌学者和优质稿源，因此"自致地位"也难于积累。各种文献计量学指标仅仅是对期刊社会资本的反映，它们组成了期刊的符号资本，本质作用是使期刊潜在的社会资本差异显现化。正是由于期刊社会资本的差异影响了读者阅读行为和作者的引证行为，从而表现出期刊在各种文献计量指标上的差异。当然，期刊评价研究制度化之后，各种文献计量学指标在期刊评价过程中起着布尔迪厄的"符号暴力"的作用，对期刊的学术

---

① 阎光才：《高校学术失范现象的动因与防范机制分析》，《高等教育研究》2009年第2期。

地位会产生一定的影响，从而使得符号资本对期刊主体形成反向的互动作用。

三 我国期刊的整体结构呈现明显的刚性

本书以图书情报学 18 种 CSSCI 来源期刊为例，展开了期刊分层的实证研究。通过在图书情报学界同行中发放调查问卷，研究发现，图书情报学期刊呈现出明显的刚性结构：学术共同体对少数几种期刊的学术地位有着普遍一致的认同，这些期刊组成了学科的顶级期刊集团；而对非顶级期刊的学术地位认同存在一定差异。在这一结构性特征之下，非顶级期刊之间展开有效激烈的学术竞争，可以在一定程度上提高学术界对期刊的认同度，但是这种竞争无法改变刚性的整体结构。整体结构的刚性限制了期刊个体的自由，一种期刊很难通过后天的努力使得自身的学术地位得到跨越式的提升，步入顶级集团。由于我国期刊的行政管理体制是严格的审批制和主办单位制，因此图书情报学期刊的分层和流动特征基本适用于其他学科的期刊和综合性的社科期刊、大学学报。我国期刊在学术地位流动上的刚性特征的制度根源在于期刊的设立制度——审批制和主办单位制，期刊必须依托于一个单位主办才能通过政府出版行政部门的审批，因此刊物对主办单位具有极强的依附性[1]，并非面向学术市场的独立主体；其次在宏观社会背景上，我国是一个等级森严的社会体制，每个单位都有一定的行政级别，权力等级观念扎根于国人的认知模式中。因此，只有主办单位行政级别相同的刊物之间才具有相互竞争的社会条件和基础。

什么是创新呢？黑格尔说："新精神的开端乃是各种文化形式的一个彻底变革的产物，乃是走完各种错综复杂的道路并作出各种艰苦努力而后取得的代价。"[2] 从学术实践来看，学术界追求的创新，并不是黑格尔意义上的创新，而是"与众不同"意义上的创新[3]。因此，在这里仅仅总

---

[1] 李红涛：《中国传播期刊知识生产的依附性：意识形态、机构利益与社会关系的制约》，《传播与社会学刊》2013 年总第 23 期。

[2] ［德］黑格尔：《十八世纪末十九世纪初的德国哲学》，商务印书馆 1975 年版，第 250 页。

[3] 鉴传今：《没有灵魂的"厮杀"：关于社会科学学术期刊及其责任的一种思考》，《浙江学刊》2005 年第 3 期。

结一下本书相对于其他期刊评价研究的独特之处或新意。

（一）在理论视角上：以社会分层为基础构建期刊分层理论

期刊评价研究的主流是建立在文献计量学基础之上的，文献计量学的优势在于它的数理统计，不可否认的事实是计量范式的期刊评价研究强于特征描述、弱于对特征形成机制的学理解释。本书在社会分层理论的启发下，从中国期刊评价的理论研究和现实实践中抽象出期刊分层的基本概念和理论框架，不局限于计量范式期刊评价研究的限制，也不是全套照搬社会分层的理论和方法；而是立足期刊评价的现实，依托社会分层的理论视角寻求系统解释期刊之间等级秩序产生、运行和维持的机制，进行探索性的理论解释。本书突破了期刊评价的文献计量范式传统，坚持阐释主义的理论视角考察期刊之间的等级现象和规律，为系统解释期刊之间等级现象奠定了坚实的理论支撑。

（二）在方法路径上：通过同行评议获取实证数据

评价是人作为主体依据自己的价值取向所做出的价值判断和选择活动。文献计量范式的期刊评价在坚持自然主义理论视角的同时，在方法论上必然坚持客观主义的研究取向，即采用各种客观表现出来的文献计量数据去评价期刊。然而，对社会事实的研究如果脱离社会主体——人的价值取向和行为选择的心理基础，客观表现出来的数据是没有意义的。本书在坚持阐释主义的理论视角的同时，在方法论上采用同行评议作为数据来源，坚持从人出发研究期刊这一基本原则。具体表现在图书情报学期刊分层的实证研究中，数据来源于学术共同体的主观评价和判断，用人的判断代替作为客观表象的各种文献计量指标来界定期刊之间的等级秩序。

第二节 研究局限与展望

宋代诗人戴复古有诗《寄兴》云："黄金无足色，白璧有微瑕。求人不求备，妾愿老君家。"由于时间、研究条件和研究者现有的学识与知识积累的限制，本书也在以下方面存在一定的局限。

一 实证对象的范围有限

本书的理论雄心是在社会分层理论和期刊评价实践的基础上，构建普适性的期刊分层理论；但在展开期刊分层的实证研究时，仅仅选择CSSCI来源期刊中的18种图书情报学期刊作为实证对象。因此，实证对象的范围比较狭小。虽然图书情报学兼具人文学科和社会科学的特点，能够在一定程度上达到管中窥豹的效果；但是不排除一些研究范式较为纯正的学科，比如文学、哲学、历史学、数学、物理学等学科，这些学科领域的期刊分层和流动规律可能会和图书情报学的期刊在一定程度上有所出入。之所以将图书情报学期刊作为实证对象，主要是出自于两个方面的原因：一是本课题研究团队的学科出身，以图书情报学的期刊展开实证，数据比较容易收集、获取；二是对实证对象比较熟悉，这样可以在定量研究结果产生之后，在一定程度上进行定量与定性的比较，达到相互检验的研究目的。

二 问卷调查的抽样技术非随机抽样

本书主要采用调查问卷展开数据收集。在调查对象的样本选择上，采用了雪球抽样技术。雪球抽样本身并非一种随机抽样技术，可能会导致所抽取的样本不具有普遍的代表性。然而，随机抽样需要大量的人力和物力作为条件，虽然图书情报学教学机构不多，但是图书情报实践界的人员却非常庞大，无法准确确定总体范围，而且无权威的官方统计数据以供使用，因此课题组在开展研究之时不具备进行随机抽样的物质条件。考虑到研究开展的可行性，最终选择较为可行的雪球抽样技术获取调查对象的样本，展开数据的收集。由于研究团队的成员来源多样化，既有图书情报学教学机构人员，也有图书情报实践部门人员，而且团队成员在年龄段分布上具有十五年的跨度，使得课题组研究团队的人际网络能够覆盖图书情报学界的主要成员类型和年龄段；从研究结果来看，通过雪球抽样技术获得的样本比较具有代表性，虽然不能达到但是基本接近随机抽样的研究效果。

为何在期刊评价技术越来越科学精确、指标体系越来越复杂庞大之时，期刊评价研究在学术界仍然缺乏必要的认同和承认？期刊分层研究的目的正是为了解决这一悖论。为了达到这一目的，本书在系统全面地回顾我国期刊评价的理论和实践的基础上，探索性地采用社会分层理论为期刊之间的等级现象寻找解释的视角和工具。因此，从研究目的的角度界定本书的研究性质，它属于解释性研究，并不刻意追求构建出一个全新的期刊评价指标体系。然而，本书对期刊学术地位的影响要素做了全面系统的理论分析和实证检验，这为下一步基于这些影响要素构建一个更为合理的、以期刊学术地位为立足点的期刊评价指标体系奠定了基础。

期刊评价属于学术评价研究的中观层面的研究课题。从目前评价研究的发展方向来看，期刊评价研究在评价对象、评价方法、评价理论构建等方面都具有一定的拓展空间。在评价对象上，一是从中观的期刊评价转向微观的论文评价，比如最近几年兴起的对"睡美人"论文的研究[1]；二是从中观评价拓展到宏观评价，即通过期刊评价研究的成果为机构评价奠定基础，最为典型的是大学评价研究的兴盛。在评价方法上，补充计量学（Altmetircs，亦称替代计量学）的出现使得评价数据源更为丰富[2]。在评价理论的构建上，研究学术评价活动的社会机制、评价行为的心理机制是将来的重要热点，比如在宏观上研究评价制度的构建运作，在微观上研究引用心理和引用动机。这些都将是期刊评价研究不断深入后有待发展的研究议题。

诚如研究缺陷中所言，本书的实证对象仅限于图书情报学期刊之内，而且对图书情报学期刊学术地位的研究采用雪球抽样的问卷调查技术来收集数据。今后可以在两个方面加以完善：一是在抽样样本的获取上，可以采用随机抽样技术收集图书情报学界对本领域期刊的评价数据，这样可以使图书情报学期刊的学术地位分布更能准确地反映图书情报学界同仁的认同。二是在实证对象的范围扩展上，相关研究显示，图书情报学专业期刊现有 60 种[3]，今后可以在现有的理论和方法框架之下对这 60

---

[1] J. Li, D. Shi, "Sleeping Beauties in Genius Work: When Were They Awakened?" *Journal of the Association for Information Science & Technology*, Vol. 67, No. 2, 2015.

[2] L. Bornmann, "Do Altmetrics Point to the Broader Impact of Research? An Overview of Benefits and Disadvantages of Altmetrics", *Journal of Informetrics*, Vol. 8, No. 4, 2014.

[3] 叶继元：《中国哲学社会科学学术期刊布局研究》，社会科学文献出版社 2008 年版，第 453—455 页。

种期刊展开调查，了解图书情报学期刊整体的学术地位机构；除此之外，还可以通过学科之间的交叉合作，考察其他学科专业期刊的学术地位结构；甚至可以以期刊分层理论为蓝本，考察其他学术交流平台（如学术出版社）的分层结构。

附 录

期刊学术地位的影响因素调查

尊敬的专家：

您好！

长期以来，期刊评价主要是基于引文分析做出的，采用各种文献计量指标对期刊进行排序。这种期刊评价方法忽视了同行专家对期刊的判断，现实中专家对期刊学术地位的认同、对期刊整体水平的认可非常重要。本问卷试图从另一个角度发挥专家在期刊评价中的主体作用，了解您认为哪些因素影响期刊的学术地位。

填写说明：选项从 1—7 分别表示完全不同意、非常不同意、不同意、不确定、同意、非常同意、完全同意。请您在合适的答案下打√。如果您填写的问卷是电子版，请您把合适的答案标上黄色的底纹，如 5，并发送到 histly@gmail.com。

1	2	3	4	5	6	7
完全不同意			不确定			完全同意

感谢您花费宝贵时间填写这份问卷，谢谢您的配合和支持！

期刊学术地位的影响因素调查						
1. 一份期刊影响因子越高，该刊的学术地位会越高	1	2	3	4	5	6	7
	完全不同意			不确定			完全同意
2. 一份期刊的被引用次数越多，该刊的学术地位就越高	1	2	3	4	5	6	7
	完全不同意			不确定			完全同意

续表

期刊学术地位的影响因素调查							
3. 一份期刊所刊登的论文中，许多论文的参考文献都引用该期刊发表的论文，则该刊的学术地位会比较高	1 完全不同意	2	3	4 不确定	5	6	7 完全同意
4. 一份期刊当年发表的论文立即被引用，则被引用的次数越多，则该刊的学术地位会越高	1 完全不同意	2	3	4 不确定	5	6	7 完全同意
5. 一份期刊每期发表的论文数量越多，该刊的学术地位会可能越高	1 完全不同意	2	3	4 不确定	5	6	7 完全同意
6. 期刊 A 中每篇论文的平均参考文献数量多于期刊 B，那么期刊 A 的学术地位可能会高于期刊 B	1 完全不同意	2	3	4 不确定	5	6	7 完全同意
7. 一份期刊上发表的受各种基金资助的论文越多，则该刊的学术地位会越高	1 完全不同意	2	3	4 不确定	5	6	7 完全同意
8. 一份期刊每年发表的论文中，论文在数据库中的平均被下载的次数越多，则该刊的学术地位会越高	1 完全不同意	2	3	4 不确定	5	6	7 完全同意
9. 一份期刊发表的论文中，被文摘类刊物转载的次数越多，则该刊的学术地位会越高	1 完全不同意	2	3	4 不确定	5	6	7 完全同意
10. 一份期刊被越多的检索工具收录，则该刊的学术地位会越高	1 完全不同意	2	3	4 不确定	5	6	7 完全同意
11. 一份期刊的版面费收入越贵，则该刊的办刊经费越为充足，该刊越容易获取较高的学术地位	1 完全不同意	2	3	4 不确定	5	6	7 完全同意
12. 一份期刊的发行量越大，则该刊的办刊经费越为充足，该刊越容易获取较高的学术地位	1 完全不同意	2	3	4 不确定	5	6	7 完全同意
13. 一份期刊的广告越多，则该刊的办刊经费越为充足，该刊越容易获取较高的学术地位	1 完全不同意	2	3	4 不确定	5	6	7 完全同意
14. 一份期刊的主办单位的拨款决定了该刊办刊经费的充裕程度，主办单位拨款越多，该刊越容易获取较高的学术地位	1 完全不同意	2	3	4 不确定	5	6	7 完全同意
15. 一份期刊的主办单位学术地位越高，则该刊的学术地位会越高	1 完全不同意	2	3	4 不确定	5	6	7 完全同意
16. 主编的学术素养和地位越高，对一份期刊在学术界被广泛认可影响力越大	1 完全不同意	2	3	4 不确定	5	6	7 完全同意

续表

期刊学术地位的影响因素调查							
17. 期刊编辑队伍的制度化，有利于期刊在学术界获取良好的评价	1 完全不同意	2	3	4 不确定	5	6	7 完全同意
18. 期刊作者队伍的学术地位越高，学术界对期刊的认同度就越高	1 完全不同意	2	3	4 不确定	5	6	7 完全同意
19. 期刊发表的论文来自于不同单位作者，则该刊的学术地位会越高	1 完全不同意	2	3	4 不确定	5	6	7 完全同意
20. 某一学科内，一份期刊所覆盖的主题范围越广，该刊越容易在该学科内获得广泛的影响	1 完全不同意	2	3	4 不确定	5	6	7 完全同意
21. 学科范围覆盖面广的期刊比学科主题狭窄的期刊更容易产生广泛的影响力	1 完全不同意	2	3	4 不确定	5	6	7 完全同意
22. 一份期刊的获奖次数越多，越有利于该刊在学术界获得较高的认同度	1 完全不同意	2	3	4 不确定	5	6	7 完全同意
23. 一份期刊的版面设计、印刷越美观，越容易获得学术界的认可	1 完全不同意	2	3	4 不确定	5	6	7 完全同意
24. 一份期刊在学术界的声誉越好，该刊的学术地位越高	1 完全不同意	2	3	4 不确定	5	6	7 完全同意
25. 一份期刊的影响力越高，该刊的学术地位越高	1 完全不同意	2	3	4 不确定	5	6	7 完全同意
26. 一份期刊的整体水平越高，该刊的学术地位越高	1 完全不同意	2	3	4 不确定	5	6	7 完全同意

除了上述的影响因素以外，您认为对期刊学术地位会造成重要影响的因素还有哪些：

您的个人信息	
您的电子邮箱	
您的性别	（1）男　（2）女
您的出生年	
您的学历	（1）本科　（2）硕士　（3）博士　（4）其他
您的职称	（1）初级　（2）中级　（3）副高　（4）正高　（5）其他

续表

您的个人信息	
您的职业	（1）高校教师　（2）在读研究生　（3）编辑　（4）图书情报机构人员 （5）科研院所研究人员　（6）其他
您的学科专业	01 哲学　02 经济学　03 法学　04 教育学　05 文学　06 历史学 07 理学　08 工学　09 农学　10 医学　11 军事学　12 管理学

注释："您的学科专业"取自国务院学位委员会、国家教育委员会（1997年版）的《授予博士、硕士学位和培养研究生的学科、专业目录》中的12大类学科。

参考文献

[1] G. Abramo, C. D. Angelo and F. Di Costa, "Citations Versus Journal Impact Factor as Proxy of Quality: Could the Latter Ever Be Preferable?" *Scientometrics*, Vol. 84, No. 3, 2010.

[2] T. Ahmed, B. Johnson, C. Oppenheim, et al, "Highly Cited Old Papers and the Reasons Why They Continue to Be Cited. Part I, the 1953 Watson and Crick Article on the Structure of DNA", *Scientometrics*, Vol. 61, No. 2, 2004.

[3] R. P. Bagozzi, "Evaluating Structural Equation Models with Unobservable Variables and Measurement Error: A Comment", *Journal of Marketing Research*, Vol. 18, No. 3, 1981.

[4] S. Baldi, "Normative versus Social Constructivist Processes in the Allocation of Citations: A Network-Analytic Model", *American Sociological Review*, Vol. 63, No. 6, 1998.

[5] P. Ball, "Prestige Is Factored into Journal Ratings", *Nature*, Vol. 439, No. 7078, 2006.

[6] A. Ballas, V. Theoharakis, "Exploring Diversity in Accounting through Faculty Journal Perceptions", *Contemporary Accounting Research*, Vol. 20, No. 4, 2010.

[7] J. B. Bavelas, "The Social Psychology of Citations", *Canadian Psychological Review*, Vol. 19, No. 2, 1978.

[8] J. Benjamin, V. Brenner, "Perceptions of Journal Quality", *Accounting Review*, Vol. 49, No. 2, 1974.

[9] C. Bergstrom, "Eigenfactor: Measuring the Value and Pretige of Scholarly

Journals", *College & Research Library News*, No. 5, 2007.

[10] J. Bollen, M. A. Rodriguez, H. Van de Sompel, "Journal Status", *Scientometrics*, Vol. 69, No. 3, 2006.

[11] M. Bonitz, E. Bruckner, A. Scharnhorst, "The Matthew Index-Concentration Patterns and Matthew Core Journals", *Scientometrics*, Vol. 44, No. 3, 1999.

[12] L. Bornmann, H. D. Daniel, "What Do Citation Counts Measure? A Review of Studies on Citing Behavior", *Journal of Documentation*, Vol. 64, No. 1, 2008.

[13] L. Bornmann, "Do Altmetrics Point to the Broader Impact of Research? An Overview of Benefits and Disadvantages of Altmetrics", *Journal of Informetrics*, Vol. 8, No. 4, 2014.

[14] S. C. Bradford, "Source of Information on Specific Subjects", *Engineering*, No. 26, 1934.

[15] T. Braun, W. Glanzel, A. Schubert, "A Hirsch-type index for journals", *Scientometrics*, Vol. 69, No. 1, 2006.

[16] R. N. Broadus, "An Investigation of the Validity of Bibliographic Citations", *Journal of the American Society for Information Science*, Vol. 34, No. 2, 1983.

[17] R. N. Broadus, "Early Approaches to Bibliometrics", *Journal of the American Society for Information Science*, Vol. 38, No. 3, 1987.

[18] T. A. Brooks, "Evidence of Complex Citer Motivations", *Journal of the American Society for Information Science*, Vol. 37, No. 1, 1986.

[19] T. A. Brooks, "Private Acts and Public Objects: An Investigation of Citer Motivations", *Journal of the American Society for Information Science*, Vol. 36, No. 4, 1985.

[20] J. M. Campanario, "Peer Review for Journals as it Stands Today—Part 1", *Science Communication*, Vol. 19, No. 3, 1998.

[21] J. M. Campanario, "Peer Review for Journals as it Stands Today—Part 2", *Science Communication*, Vol. 19, No. 4, 1998.

[22] V. Cano, "Citation Behavior: Classification, Utility, and Location", *Jour-

nal of the American Society for Information Science, Vol. 40, No. 4, 1989.

[23] D. O. Case, G. M. Higgins, "How Can We Investigate Citation Behavior? A Study of Reasons for Citing Literature in Communication", *Journal of the American Society for Information Science*, Vol. 51, No. 7, 2000.

[24] D. O. Case, J. B. Miller, "Do Bibliometricians Cite Differently from Other Scholars?" *Journal of the American Society for Information Science and Technology*, Vol. 62, No. 3, 2011.

[25] J. C. Catling, V. L. Mason, D. Upton, "Quality Is in the Eye of the Beholder? An Evaluation of Impact Factors and Perception of Journal Prestige in the UK", *Scientometrics*, Vol. 81, No. 1, 2009.

[26] D. E. Chubin, S. D. Moitra, "Content Analysis of References: Adjunct or Alternative to Citation Counting?" *Social Studies of Science*, Vol. 5, No. 4, 1975.

[27] T. Clark, M. Wright, "Reviewing Journal Rankings and Revisiting Peer Review: Editorial Perspectives", *Journal of Management Studies*, Vol. 44, No. 4, 2007.

[28] R. Coe, I. Weinstock, "Evaluating the Management Journals: A Second Look", *Academy of Management Journal*, Vol. 27, No. 3, 1984.

[29] S. Cole, "Citations and the Evaluation of Individual Scientists", *Trends in Biochemical Sciences*, Vol. 14, No. 1, 1989.

[30] S. Cole, "The Growth of Scientific Knowledge: Theories of Deviance as a Case Study", L. A. Coser ed, *The Idea of Social Structure: Papers in Honor of Robert K. Merton*. New York: Harcourt Brace Jovanovich, 1975.

[31] J. A. Cote, S. M. Leong, J. Cote, "Assessing the Influence of Journal of Consumer Research: A Citation Analysis", *Journal of Consumer Research*, Vol. 18, No. 3, 1991.

[32] S. Cozzens, "What Do Citations Count? The Rhetoric-First Model", *Scientometrics*, Vol. 15, No. 5, 1989.

[33] I. Crewe, P. Norris, "British and American journal evaluation: Divergence or convergence?" *PS: Political Science & Politics*, Vol. 24,

No. 3, 1991.

[34] B. Cronin, "The Need for a Theory of Citing", *Journal of Documentation*, Vol. 37, No. 1, 1981.

[35] B. Cronin, "The Sociological Turn in Information Science", *Journal of Information Science*, Vol. 34, No. 4, 2008.

[36] J. M. Cullars, "Citation Characteristics of English-language Monographs in Philosophy", *Library & Information Science Research*, Vol, 20, No. 1, 1998.

[37] J. M. Cullars, "Citation Characteristics of French and German Fine Arts Monographs", *Library Quarterly*, Vol. 66, No. 2, 1996.

[38] J. M. Cullars, "Citation Characteristics of Italian and Spanish Literary Monographs", *Library Quarterly*, Vol. 60, No. 4, 1990.

[39] J. M. Cullars, "Citation Characteristics of Monographs in the Fine Arts", *Library Quarterly*, Vol. 62, No. 3, 1992.

[40] D. J. de Solla Price. *Little Science*, *Big Science*, New York: Columbia University Press, 1963, p. 64 – 65.

[41] J. Diaz III, R. T. Black, J. Rabianski, "A Note on Ranking Real Estate Research Journals", *Real Estate Economics*, Vol. 24, No. 4, 2010.

[42] P. Doreian, "A Measure of Standing of Journals in Stratified Network", *Scientometrics*, Vol. 8, No. 5/6, 1985.

[43] P. Doreian, "A Revised Measure of Standing of Journals in Stratified Networks", *Scientometrics*, Vol. 11, No. 1/2, 1987.

[44] F. Dyson, "Turning Points A Meeting with Enrico Fermi", *Nature*, No. 427, 2004.

[45] L. Egghe, L. M. Liang, R. Rousseau, "A Relation Between H-index and Impact Factor in the Power-law Model", *Journal of the American Society for Information Science & Technology*, Vol. 60, No. 11, 2009.

[46] L. Egghe, "Theory and Practise of the G-index", *Scientometrics*, Vol. 69, No. 1, 2006.

[47] M. E. Falagas, et al, "The Impact of Article Length on the Number of Future Citations: A Bibliometric Analysis of General Medicine Journals",

PLOS One, Vol. 8, No. 2: e49476, 2013.

[48] M. E. Falagas, et al, "Comparison of SCImago Journal Rank Indicator With Journal Impact Factor", *The FASEB Journal*, Vol. 22, No. 8, 2008.

[49] I. S. Foladare, "A Clarification of 'Ascribed Status' and 'Achieved Status'", *Sociological Quarterly*, Vol. 10, No. 1, 1969.

[50] M. Frank, "Impact Factors: Arbiter of Excellence?" *Journal of the Medical Library Association*, Vol. 91, No. 1, 2003.

[51] C. O. Frost, "The Literature of Online Public Access Catalogs, 1980 – 85: An Analysis of Citation Patterns", *Library Resources & Technical Services*, Vol. 33, No. 4, 1989.

[52] C. O. Frost, "The Use of Citations in Literary Research: A Preliminary Classification of Citation Functions", *Library Quarterly Information Community Policy*, Vol. 49, No. 4, 1979.

[53] E. Garfield, I. H. Sher, "Genetics Citation Index" (www. garfield. library. upenn. edu/essays/v7p515y1984. pdf).

[54] E. Garfield, A. Welljams-Dorof, "The Impact of Fraudulent Research on the Scientific Literature. The Stephen E. Breuning case", *JAMA: the Journal of the American Medical Association*, Vol. 263, No. 10, 1990.

[55] E. Garfield, "Can Citation Indexing Be Automated", *Essays of an information scientist*, Vol. 1, No. 1, 1962.

[56] E. Garfield, "Citation Analysis as A Tool in Journal Evaluation", *Science*, Vol. 178, No. 4060, 1972.

[57] E. Garfield, "Citation indexes for science: A New Dimension in Documentation Through Association of Ideas", *Science*, Vol. 122, No. 3159, 1955.

[58] E. Garfield, "Citation Indexes in Sociological and Historical Research", *American Documentation*, Vol. 14, No. 4, 1963.

[59] E. Garfield, "High Impact Science and Case of Arthur Jensen", *Current Contents*, Vol. 3, No. 41, 1978.

[60] E. Garfield, "Is Citation Analysis a Legitimate Evaluation Tool?" *Scientometrics*, Vol. 1, No. 4, 1979.

[61] E. Garfield, "On the Literature of the Social Sciences and the Usage and Effectiveness of the Social Science Citation Index", *Current Contents*, August, 1976.

[62] E. Garfield, "Publication Counting vs Citation Counting in Evaluating Research" (http://www.garfield.library.upenn.edu/essays/V1p179y1962-73.pdf).

[63] E. Garfield, "Science Citation Index-A new dimension in indexing", *Science*, Vol.144, No.3619, 1964.

[64] E. Garfield, "Significant Journals of Science", *Nature*, Vol.264, No.5587, 1976.

[65] E. Garfield, "The Evolution of the Science Citation Index", *International Microbiology the Official Journal of the Spanish Society for Microbiology*, Vol.10, No.1, 2007.

[66] E. Garfield, "The History and Meaning of the Journal Impact Factor", *JAMA: The Journal of the American Medical Association*, Vol.295, No.1, 2006.

[67] M. Garzone, R. Mercer, "Towards an Automated Citation Classifier Advances in Artificial Intelligence", Hamilton H, ed. *Advances in Artificial Intelligence Lecture Notes in Computer Science*, Berlin/Heidelberg: Springer 2000.

[68] G. N. Gilbert, "Referencing as Persuasion", *Social Studies of Science*, Vol.7, No.1, 1977.

[69] W. Glänzel, H. F. Moed, "Journal Impact Measures in Bibliometric Research", *Scientometrics*, Vol.53, No.2, 2002.

[70] P. L. K. Gross, E. M. Gross, "College Libraries and Chemical Education", *Science*, Vol.66, No.1713, 1927.

[71] T. Gustafson, "The Controversy over Peer Review", *Science*, Vol.190, No.4219, 1975.

[72] S. Hanney, et al. "Using Categorisations of Citations When Assessing the Outcomes from Health Research", *Scientometrics*, Vol.65, No.3, 2005.

[73] N. Harwood, B. Petric, "Performance in the Citing Behavior of Two

Student Writers", *Written Communication*, Vol. 29, No. 1, 2012.

[74] J. E. Hirsch, "An Index to Quantify an Individual's Scientific Research Output", *PNAS*, Vol. 102, No. 46, 2005.

[75] J. Hudson, D. N. Laband, "Using and Interpreting Journal Rankings: Introduction", *Economic Journal*, Vol. 123, No. 570, 2013.

[76] J. Hudson, "Ranking Journals", *Economic Journal*, Vol. 123, No. 570, 2013.

[77] T. Hult, W. T. Neese, R. E. Bashaw, "Faculty Perceptions of Marketing Journals", *Journal of Marketing Education*, Vol. 19, Spring, 1997.

[78] C. D. Hurt, "Conceptual Citation Differences in Science, Technology, and Social Sciences Literature", *Information Processing & Management*, Vol. 23, No. 1, 1987.

[79] C. D. Hurt, "Methodological Citation Differences in Science, Technology, and Social Sciences Literatures", *Library & Information Science Research*, Vol. 7, No. 4, 1985.

[80] N. Kaplan, "The Norms of Citation Behavior: Prolegomena to the Footnote", *American Documentation*, Vol. 16, No. 3, 1965.

[81] C. A. Kochan, J. M. Budd, "The Persistence of Fraud in the Literature: the Darsee Case", *Journal of the American Society for Information Science*, Vol. 43, No. 7, 1992.

[82] F. K. David, C. H. Davis, "Ratings of Journals by ARL Library Directors and Deans of Library and Information Science Schools", *College & Research Libraries*, Vol. 46, No. 1, 1985.

[83] D. N. Laband, "On the Use and Abuse of Economics Journal Rankings", *Economic Journal*, Vol. 123, No. 570, 2013.

[84] C. J. Lee, et al. "Bias in Peer Review", *Journal of the American Society for Information Science and Technology*, Vol. 64, No. 1, 2013.

[85] L. Leydesdorff, "Caveats for the Use of Citation Indicators in Research and Journal Evaluations", *Journal of the American Society for Information Science and Technology*, Vol. 59, No. 2, 2008.

[86] L. Leydesdorff, "Clusters and Maps of Science Journals Based on Bi-con-

nected Graphs in Journal Citation Reports", *Journal of Documentation*, Vol. 60, No. 4, 2004.

[87] L. Leydesdorff, T. Schank, "Dynamic Animations of Journal Maps: Indicators of Structural Changes and Interdisciplinary Developments", *Journal of the American Society for Information Science and Technology*, Vol. 59, No. 11, 2008.

[88] J. Li, D. Shi, "Sleeping Beauties in Genius Work: When Were They Awakened?" *Journal of the Association for Information Science & Technology*, Vol. 67, No. 2, 2015.

[89] S. J. Liebowitz, J. P. Palmer, "Assessing the Relative Impacts of Economics Journals", *Journal of Economic Literature*, Vol. 22, No. 1, 1984.

[90] R. H. Lineback, "Journal Quality in the Humanities", *IEEE Transactions on Professional Communications*, No. 2, 1977.

[91] B. Lipetz, "Improvement of the Selectivity of Citation Indexes to Science Literature through Inclusion of Citation Relationship Indicators", *American Documentation*, Vol. 16, No. 2, 1965.

[92] Liu M, "Progress in Documentation the Complexities of Citation Practice: A Review of Citation Studies", *Journal of Documentation*, Vol. 49, No. 1, 1993.

[93] Liu M, "Study of Citing Motivation of Chinese Scientists", *Journal of Information Science*, Vol. 19, No. 1, 1993.

[94] M. H. Macroberts, B. R. Macroberts, "The Negational Reference: Or the Art of Dissembling", *Social Studies of Science*, Vol. 14, No. 1, 1984.

[95] L. Manzari, "Library and Information Science Journal Prestige as Assessed by Library and Information Science Faculty", *Library Quarterly*, Vol. 83, No. 1, 2013.

[96] S. Maričić, et al. "Citation Context versus the Frequency Counts of Citation Histories", *Journal of the American Society for Information Science*, Vol. 49, No. 6, 1998.

[97] T. Markpin, et al. "Article-count Impact Factor of Materials Science Journals in SCI Database", *Scientometrics*, Vol. 75, No. 2, 2008.

[98] I. Marshakova-Shaikevich, "System of Document Connectionism Based on References", *Nauchn-TchnInform*, Vol. 2, No. 6, 1973.

[99] K. O. May, "Abuses of Citation Indexing", *Science*, Vol. 156, No. 3777, 1967.

[100] P. R. Mcallister, R. C. Anderson, F. Narin, "Comparison of Peer and Citation Assessment of the Influence of Scientific Journals", *Journal of the Association for Information Science & Technology*, Vol. 31, No. 3, 1980.

[101] K. W. Mccain, K. Turner, "Citation Context Analysis and Aging Patterns of Journal Articles in Molecular Genetics", *Scientometrics*, Vol. 17, No. 1/2, 1989.

[102] K. W. McCain, "Mapping Economics Through the Journal Literature: An Experiment in Journal Cocitation Analysis", *Journal of the American Society for Information Science*, Vol. 42, No. 4, 1991.

[103] R. K. Merton, "The Matthew Effect in Science", *Science*, Vol. 159, No. 3810, 1968.

[104] R. K. Merton, "The Matthew Effectin Science, II: Cumulative Advantage and the Symbolism of Intellectual Property", *Isis*, Vol. 79, No. 4, 1988.

[105] H. F. Moed, et al. "Citation-based Metrics Are Appropriate Tools in Journal Assessment Provided That They Are Accurate and Used in an Informed Way", *Scientometrics*, Vol. 92, No. 2, 2012.

[106] H. F. Moed, E. Garfield, "In Basic Science the Percentage of 'Authoritative' References Decreases as Bibliographies Become Shorter", *Scientometrics*, Vol. 60, No. 3, 2004.

[107] H. F. Moed, "Measuring Contextual Citation Impact of Scientific Journals", *Journal of Informetrics*, Vol. 4, No. 3, 2010.

[108] M. J. Moravcsik, P. Murugesan, "Some Results on the Function and Quality of Citations", *Social Studies of Science*, Vol. 5, No. 1, 1975.

[109] M. J. Moravcsik, "Citation Context Classification of a Citation Classic Concerning Citation Context Classification", *Social Studies of Science*,

Vol. 18, No. 3, 1988.

[110] P. Murugesan, N. J. Moravcsik, "Variation of the Nature of Citation Measures with Journals and Scientific Specialties", *Journal of the American Society for Information Science*, Vol. 29, No. 3, 1978.

[111] A. J. Nederhof, M. Luwel, H. F. Moed, "Assessing the Quality of Scholarly Journals in Linguistics: An Alternative to Citation-based Journal Impact Factors", *Scientometrics*, Vol. 51, No. 1, 2001.

[112] A. J. Nederhof, R. A. Zwaan, "Quality Jugements of Journals as Indicators of Research Performance in the Humanities and the Social and Behavioral Science", *Journal of the American Society for information Science*, Vol. 42, No. 5, 1991.

[113] A. J. Nederhof, "Bibliometric Monitoring of Research Performance in the Social Sciences and the Humanities: A Review", *Scientometrics*, Vol. 66, No. 1, 2006.

[114] J. Nicolaisen, "Citation Analysis", *Annual Review of Information Science and Technology*, Vol. 41, No. 1, 2007.

[115] T. E. Nisonger, C. H. Davis, "The Perception of Library and Information Science Journals by LIS Education Deans and ARL Library Directors: A Replication of the Kohl-Davis Study", *College & Research Libraries*, Vol. 8, No. 2, 2005.

[116] T. E. Nisonger, "JASIS and Library and Information Science Journal Rankings: A Review and Analysis of the Last Half-century", *Journal of the American Society for Information Science*, Vol. 50, No. 11, 1999.

[117] C. Oppenheim, S. P. Renn, "Highly Cited Old Papers and the Reasons Why They Continue to Be Cited", *Journal of the American Society for Information Science*, Vol. 29, No. 5, 1978.

[118] A. Parameswaran, R. Sebastian, "The Value of South and Southeast Asian Studies Journal Rankings", *Serials Review*, Vol. 32, No. 3, 2006.

[119] T. Parsons, *Essays in Social Logical Theory*, Glencoe: Free Press, 1949.

[120] A. M. Patterson, "Journal Citations in the 'Recueil', 1937 – 1939",

Recueil des Travaux Chimiques des Pays-Bas, Vol. 59, No. 6, 1940.

[121] D. A. Pendlebury, "The Use and Misuse of Journal Metrics and Other Citation Indicators", *Archivum Immunologiae Et Therapiae Experimentalis*, Vol. 57, No. 1, 2009.

[122] T. Q. Peng, J. J. H. Zhu, "Where You Publish Matters Most: A Multilevel Analysis of Factors Affecting Citations of Internet Studies", *Journal of the American Society for Information Science & Technology*, Vol. 63, No. 9, 2014.

[123] B. C. Peritz, "A Classification of Citation Roles for the Social Sciences and Related Fields", *Scientometrics*, Vol. 5, No. 5, 1983.

[124] K. Peters, et al. "Experts' Judgments of Management Journal Quality: An Identity Concerns Model", *Journal of Management*, Vol. 40, No. 7, 2014.

[125] G. Pinski, F. Narin, "Citation Influence for Journal Aggregates of Scientific Publications: Theory, with Application to the Literature of Physics", *Information Processing & Management*, Vol. 12, No. 5, 1976.

[126] M. J. Polonsky, G. Jones, M. J. Kearsley, "Accessibility: An Alternative Method of Ranking Marketing Journals?" *Journal of Marketing Education*, Vol. 21, No. 3, 1999.

[127] M. J. Polonsky, P. Whitelaw, "What We Are Measuring When We Evaluation Journals?" *Journal of Marketing Education*, Vol. 27, No. 2, 2005.

[128] R. R. Powell, "Evaluation Research: An Overview", *Library Trends*, Vol. 55, No. 1, 2006.

[129] C. G. Prabha, "Some Aspects of Citation Behavior: A Pilot Study in Business Administration", *Journal of the American Society for Information Science*, Vol. 34, No. 3, 1983.

[130] D. J. D. Price, "Networks of Scientific Papers", *Science*, Vol. 149, No. 3683, 1965.

[131] A. I. Pudovkin, E. Garfield, "Rank-Normalized Impact Factor: A Way to Compare Journal Performance Across Subject Categories", *Proceedings of*

the *American Society for Information Science & Technology*, Vol. 41, No. 1, 2004.

[132] A. F. J. V. Raan, "Advanced Bibliometric Methods as Quantitative Core of Peer Review Based Evaluation and Foresight Exercises", *Scientometrics*, Vol. 36, No. 3, 1996.

[133] R. Rousseau, "Journal Evaluation: Technical and Practical Issues", *Library Trends*, Vol. 50, No. 3, 2002.

[134] R. Rousseau, "Median and Percentile Impact Factors: A Set of New Indicators", *Scientometrics*, Vol. 63, No. 3, 2005.

[135] S. L. Rynes, T. L. Giluk, K. G. Brown, "The Very Separate Worlds of Academic and Practitioner Periodicals in Human Resource Management: Implications for Evidence-Based Management", *Academy of Management Journal*, Vol. 50, No. 5, 2007.

[136] M. A. Safer, R. Tang, "The Psychology of Referencing in Psychology Journal Articles", *Perspectives on Psychological Science*, Vol. 4, No. 1, 2009.

[137] S. Saha, "Impact Factor: A Valid Measure of Journal Quality?" *Journal of the Medical Library Association*, Vol. 91, No. 1, 2003.

[138] C. Schloegl, W. G. Stock, "Impact and Relevance of LIS Journals: A Scientometric Analysis of International and German-language LIS Journals—Citation Analysis Versus Reader Survey", *Journal of the American Society for Information Science and Technology*, Vol. 55, No. 13, 2004.

[139] P. O. Seglen, "From Bad to Worse: Evaluation by Journal Impact Factor", *Trends in Biochemistry Science*, No. 14, 1989.

[140] P. O. Seglen, "Why the Impact Factor of Journals Should Not Be Used for Evaluating Research", *British medical journal*, Vol. 314, No. 7079, 1997.

[141] W. R. Shadish, D. Tolliver, M. Gray, "Author Judgements about Works They Cite: Three Studies from Psychology Journals", *Social Studies of Science*, Vol. 25, No. 3, 1995.

[142] A. D. Sharplin, R. H. Mabry, "The Relative Importance of Journals Used in Management Research: An Alternative Ranking", *Human Relations*, Vol. 38, No. 2, 1985.

[143] R. J. Silverman, "Higher Education as a Maturing Field? Evidence from Referencing Practices", *Research in Higher Education*, Vol. 23, No. 2, 1985.

[144] H. G. Small, G. Crane, "Specialist and Diciplines in Science and Social Science: An Examination of Their Structure Using Citation Indexes", *Scientometrics*, No. 1, 1979.

[145] H. Small, "Co-citation in the Scientific Literature: A New Measure of the Relationship Between Two Documents", *Journal of the American Society for Information Science*, Vol. 24, No. 4, 1973.

[146] L. C. Smith, "Citation Analysis", *Library Trends*, Vol. 30, No. 1, 1981.

[147] N. Sombatsompop, T. Markpin, N. Premkamolnetr, "A Modified Method for Calculating the Impact Factors of Journals in ISI Journal Citation Reports: Polymer Science Category in 1997 – 2001", *Scientometrics*, Vol. 60, No. 2, 2004.

[148] N. Sombatsompop et al. "An Evaluation of Research Performance for Different Subject Categories Using Impact Factor Point Average (IFPA) index: Thailand Case Study", *Scientometrics*, Vol. 65, No. 3, 2005.

[149] G. Sonnert, "What Makes a Good Scientist? Determinants of Peer Evaluation among Biologists", *Social Studies of Science*, Vol. 25, No. 1, 1995.

[150] I. Spiegel-Rösing, "Science Studies: Bibliometric and Content Analysis", *Social Studies of Science*, Vol. 7, No. 1, 1977.

[151] M. J. Stahl, T. L. Leap, Z. Z. Wei, "Publication in Leading Management Journals as a Measure of Institutional Research Productivity", *Academy of Management Journal*, Vol. 31, No. 3, 1988.

[152] B. Stordal, "Citations, Citations Everywhere but Did Anyone Read the Paper?" *Colloids & Surfaces B Biointerfaces*, Vol. 72, No. 2, 2009.

[153] A. Tahai, M. J. Meyer, "A Revealed Preference Study of Management Journals' Direct Influences", *Strategic Management Journal*, Vol. 20, No. 3, 1999.

[154] R. Tang, M. A. Safer, "Author-rated Importance of Cited References in Biology and Psychology Publications", *Journal of Documentation*, Vol. 64, No. 2, 2008.

[155] V. Theoharakis, A. Hirst, "Perceptual Differences of Marketing Journals: A Worldwide Perspective", *Marketing Letters*, Vol. 13, No. 4, 2002.

[156] B. C. Vickery, "Bradford's Law of Scattering", *Journal of Documentation*, Vol. 4, No. 3, 1948.

[157] P. Vinkler, "A Quasi-Quantitative Citation Model", *Scientometrics*, Vol. 12, No. 1, 1987.

[158] P. Vinkler, "Characterization of the Impact of Sets of Scientific Papers: The Garfield (impact) Factor", *Journal of the American Society for Information Science & Technology*, Vol. 55, No. 5, 2004.

[159] P. Vinkler, "The πv-index: A New Indicator to Characterize the Impact of Journals", *Scientometrics*, Vol. 82, No. 3, 2010.

[160] N. Wade, "Citation Analysis: A New Tool for Science Administrators", *Science*, Vol. 188, No. 4187, 1975.

[161] J. K. Wan et al. "The Journal Download Immediacy Index (DII): Experiences Using a Chinese Full-text Database", *Scientometrics*, Vol. 82, No. 3, 2010.

[162] H. D. White, B. C. Griffith, "Authors as Markers of Intellectual Space: Co-citation in Studies of Science, Technology and Society", *Journal of Documentation*, Vol. 38, No. 4, 1982.

[163] H. D. White, B. C. Griffith, "Author Cocitation: A Literature Measure of Intellectual Structure", *Journal of the American Society for Information Science*, Vol. 32, No. 3, 1981.

[164] H. D. White, K. W. McCain, "Visualizing a Discipline: An Author Cocitation Analysis of Information Science, 1972–1995", *Journal of the*

American Society for Information Science, Vol. 49, No. 4, 1998.

[165] M. D. White, P. Wang, "A Qualitative Study of Citing Behavior: Contributions, Criteria, and Metalevel Documentation Concerns", *Library Quarterly*, Vol. 67, No. 2, 1997.

[166] R. D. Whitley, "Communication Nets in Science: Status and Citation Patterns in Animal Physiology", *Sociological Review*, Vol. 17, No. 2, 1969.

[167] A. W. Wilhite, E. A. Fong, "Coercive Citation in Academic Publishing", *Science*, Vol. 335, No. 6068, 2012.

[168] V. Yanovsky, "Citation Analysis Significance of Scientific Journals", *Scientometrics*, Vol. 3, No. 3, 1981.

[169] W. Yue, C. S. Wilson, F. Boller, "Peer Assessment of Journal Quality in Clinical Neurology", *JAMA: Journal of the Medical Library Association*, Vol. 95, No. 1, 2007.

[170] W. Yue, C. S. Wilson, "Measuring the Citation Impact of Research Journals in Clinical Neurology: A Structural Equation Modelling Analysis", *Scientometrics*, Vol. 60, No. 3, 2004.

[171] X. Zhu et al. "Measuring Academic Influence: Not All Citations Are Equal", *Journal of the Association for Information Science & Technology*, Vol. 66, No. 2, 2015.

[172] M. Zitt, H. Small, "Modifying the Journal Impact Factor by Fractional Citation Weighting: The Audience Factor", *Journal of the American Society for Information Science & Technology*, Vol. 59, No. 11, 2008.

[173] 安友爱:《1998—2002 年国内期刊价格走势分析》,《图书馆建设》2002 年第 6 期。

[174] 别立谦、何峻:《近三十年我国核心期刊研究综述》,《大学图书馆学报》2012 年第 3 期。

[175] 陈超美等:《CiteSpace Ⅱ:科学文献中新趋势与新动态的识别与可视化》,《情报学报》2009 年第 3 期。

[176] 陈春声:《学术评价与人文学者的职业生涯》,《开放时代》2009 年第 5 期。

[177] 陈光祚:《布拉德福定律在测定核心期刊中的局限性》,《情报科

学》1981 年第 1 期。

[178] 陈国剑：《"核心期刊"与期刊评价刍议》，《中国出版》2006 年第 1 期。

[179] 陈浩元：《全国高校自然科学学报优秀编辑质量奖评比总结》，《中国高等学校自然科学学报研究会会讯》1990 年总第 4 期。

[180] 陈家顺：《试析我国期刊评价存在的主要问题》，《湖北师范学院学报》（自然科学版）2006 年第 4 期。

[181] 陈铭：《从核心期刊概念的演变看核心期刊功能的转变》，《图书与情报》2008 年第 2 期。

[182] 陈图文等：《论期刊等级的划分标准与论文质量的考核》，《情报杂志》2001 年第 11 期。

[183] 陈小月：《近 10 年来我国期刊学研究成果的调查分析》，《华南师范大学学报》（社会科学版）1994 年第 4 期。

[184] 陈燕、陈静：《按行政级别划分科技期刊等级问题的探讨》，《编辑学报》1995 年第 1 期。

[185] 陈燕、李锐：《国内外科技期刊评价研究文献的计量分析及思考》，《中国科技期刊研究》2010 年第 6 期。

[186] 陈益君、陆国强：《利用核心期刊评价论文质量存在的局限性研究》，《图书馆》2001 年第 6 期。

[187] 仇立平：《社会阶层理论：马克思和韦伯》，《上海大学学报》（社会科学版）1997 年第 5 期。

[188] 崔国平：《也谈学术期刊的分级问题》，《编辑学报》2000 年第 1 期。

[189] 崔红：《我国科技人员引文动机聚类分析》，《情报杂志》1998 年第 2 期。

[190] 戴立春、吴瑞芳：《略论科技期刊的分级》，《编辑学报》2000 年第 3 期。

[191] 党亚茹：《成果评价与等级核心期刊选择》，《图书情报工作》1997 年第 8 期。

[192] 杜海洲等：《国际科技期刊市场动态及 2008 年期刊价格预测》，《中国科技期刊研究》2008 年第 1 期。

[193] 方平、柳晓春：《对五种社会科学期刊的引文分析》，《图书馆杂志》1983年第1期。

[194] 冯璐、冷伏海：《共词分析方法理论进展》，《中国图书馆学报》2006年第2期。

[195] 凤元杰：《核心期刊形成机制探究》，《情报学报》2001年第6期。

[196] 傅旭东：《学术评价与学术期刊分级》，《科技与出版》2005年第6期。

[197] 龚维忠：《科技期刊等级评定的审视》，《编辑学报》2004年第5期。

[198] 顾冠华：《期刊评估：中文核心期刊述论》，《编辑学刊》1997年第3期。

[199] 毋德身：《对九篇论文的引文分析》，《图书馆学研究》1983年第2期。

[200] 韩长友：《学术期刊编辑权力异化及其对策》，《中国科技期刊研究》2008年第2期。

[201] 何鼎富：《期刊学刍议》，《图书馆学研究》1984年第4期。

[202] 何佳讯：《引用行为的新模型：——对评价性引证分析和引文检索有效性的讨论》，《情报科学》1992年第2期。

[203] 何荣利：《作者引文活动管窥》，《中国科技期刊研究》1995年第1期。

[204] 侯素芳、汤建民：《国内期刊评价研究综述和评估：1998—2011》，《情报科学》2014年第1期。

[205] 胡玲、傅旭东：《学术期刊学术评价功能的成因与机制研究》，《编辑学报》2008年第3期。

[206] 胡以正：《期刊、论文级别及其他》，《科技管理研究》1992年第2期。

[207] 华薇娜：《美国图书馆学情报学核心期刊文献分析研究述要》，《中国图书馆学报》1991年第1期。

[208] 黄国彬、孟连生：《1989—2005年中国期刊评价发展述评》，《数字图书馆论坛》2007年第3期。

[209] 黄慕萱：《人文社会科学研究评鉴特性及指标探讨》，《清华大学学

报》（哲学社会科学版）2010年第5期。
[210] 黄慕萱：《图书资讯学期刊评比之研究》，《图书资讯学研究》2009年第2期。
[211] 黄慕萱：《图书资讯学在台湾：台湾大学黄慕萱教授访谈录》，《图书情报知识》2006年第1期。
[212] 鉴传今：《没有灵魂的"厮杀"：关于社会科学学术期刊及其责任的一种思考》，《浙江学刊》2005年第3期。
[213] 江继南：《"核心期刊"检讨》，《情报资料工作》2003年第4期。
[214] 江继南、张丽霞：《论期刊等级划分》，《情报资料工作》2001年第4期。
[215] 姜春林等：《H指数和G指数：期刊学术影响力评价的新指标》，《图书情报工作》2006年第12期。
[216] 姜春林：《基于知识图谱的我国期刊评价研究评述》，《情报科学》2011年第7期。
[217] 姜联合、姜丹：《科技期刊动态评价指标：趋势指数》，《编辑学报》2001年第2期。
[218] 姜晓辉：《核心期刊的评价功能与作用》，《澳门理工学报》2012年第1期。
[219] 姜晓辉：《"中国人文社会科学核心期刊"的研制特点》，《数字图书馆论坛》2007年第3期。
[220] 金碧辉、汪寿阳：《SCI期刊等级区域的划分及其中国论文的分布》，《科研管理》1999年第2期。
[221] 靖钦恕、线家秀：《关于高等院校社会科学学报的核心期刊》，《大学图书馆通讯》1983年第Z1期。
[222] 靖钦恕、线家秀：《中国自然科学核心期刊》，《世界图书》1988年第2期。
[223] 赖茂生等：《论期刊评价的起源和核心要素》，《重庆大学学报》（社会科学版）2009年第3期。
[224] 李宝梁：《社会分层研究中的基本理论范式与最新进展述评》，《贵州师范大学学报》2007年第4期。
[225] 李春玲：《当代中国社会的声望分层：职业声望与社会经济地位指

数测量》,《社会学研究》2005 年第 2 期。

[226] 李春玲:《当前中国人的社会分层意识》,《湖南社会科学》2003 年第 5 期。

[227] 李红涛:《量化评鉴下的学业/学术实践》,《中华传播学刊》2008 年总第 13 期。

[228] 李红涛:《中国传播期刊知识生产的依附性:意识形态、机构利益与社会关系的制约》,《传播与社会学刊》2013 年总第 23 期。

[229] 李建伟:《论期刊的社会功能》,《河南大学学报(社会科学版)》2003 年第 6 期。

[230] 李剑鸣:《自律的学术共同体与合理的学术评价》,《清华大学学报》(哲学社会科学版)2014 年第 4 期。

[231] 李江、姜明利、李玥婷:《引文曲线的分析框架研究:以诺贝尔奖得主的引文曲线为例》,《中国图书馆学报》2014 年第 2 期。

[232] 李良荣:《期待创新:审视新闻传播学学术期刊》,《新闻记者》2003 年第 3 期。

[233] 李路路:《"单位制"的变迁与研究》,《吉林大学社会科学学报》2013 年第 1 期。

[234] 李路路:《论社会分层研究》,《社会学研究》1991 年第 1 期。

[235] 李频:《社科学术期刊评价的内在逻辑》,《清华大学学报》(哲学社会科学版)2014 年第 6 期。

[236] 李强:《"丁字型"社会结构与"结构紧张"》,《社会学研究》2005 年第 2 期。

[237] 李强:《政治分层与经济分层》,《社会学研究》1997 年第 4 期。

[238] 李武:《开放存取期刊》,《出版经济》2005 年第 1 期。

[239] 李武:《最早的两份学术期刊》,《科技导报》2012 年第 10 期。

[240] 李玉进:《核心期刊评价及其负面效应》,《情报科学》2002 年第 12 期。

[241] 李元书、李宏宇:《社会分层的含义和原因分析》,《黑龙江社会科学》2004 年第 6 期。

[242] 李云霞:《我国期刊评价研究现状的文献计量学分析》,《中国科技期刊研究》2008 年第 6 期。

[243] 李云、萧东发：《核心期刊评价功能问题研究综述》，《浙江学刊》2004年第4期。

[244] 李正风、梁永霞：《引文动机的生态学解释》，《科学学研究》2012年第4期。

[245] 李正元：《构建社科期刊评价体系的理论思考》，《合肥工业大学学报》（社会科学版）2004年第1期。

[246] 梁立明等：《迟滞承认：科学中的睡美人现象：以一篇被迟滞承认的超弦理论论文为例》，《自然辩证法通讯》2009年第1期。

[247] 梁绪敏、尹玉吉：《论我国学术期刊的分级》，《出版研究与教育》2008年第11期。

[248] 林丽芳：《中文核心期刊评价指标体系之反思与重构》，《东南传播》2015年第1期。

[249] 林平青：《我国中医药期刊引文的初步分析》，《医学情报工作》1983年第2期。

[250] 刘贵富：《高校科研管理部门对中文期刊的分级研究》，《中国高教研究》2007年第5期。

[251] 刘贵富：《关于核心期刊的多维审视：兼论当前核心期刊的学术评价问题》，《情报科学》2006年第11期。

[252] 刘红：《科技期刊的h－指数与影响因子比较》，《中国科技期刊研究》2006年第6期。

[253] 刘吉卿：《我校学报论文的引文初步分析》，《福州大学学报》1983年第2期。

[254] 刘郦：《知识与权力：科学知识的政治学》，《哲学研究》2002年第2期。

[255] 刘炼：《核心期刊对学术研究影响不利》，《出版广角》2002年第12期。

[256] 刘琳：《多维分层与政治冲突：试析韦伯的社会分层与政治冲突理论》，《湖北社会科学》2008年第1期。

[257] 刘明：《现行学术评价定量化取向的九大弊端》，《自然辩证法通讯》2003年第1期。

[258] 刘启元、叶鹰：《文献题录信息挖掘技术方法及其软件SATI的实

现：以中外图书情报学为例》，《信息资源管理学报》2012 年第 1 期。

[259] 刘曙光：《关于"核心期刊"及学术评价机制的几点思考》，《云梦学刊》2004 年第 4 期。

[260] 刘斯翰：《"核心期刊"问题之我见》，《出版广角》2002 年第 12 期。

[261] 刘筱敏：《中国科学引文数据库与期刊评价》，《数字图书馆论坛》2007 年第 3 期。

[262] 刘欣：《当前中国社会阶层分化的多元动力基础：一种权力衍生论的解释》，《中国社会科学》2005 年第 4 期。

[263] 刘欣：《当前中国社会阶层分化的制度基础》，《社会学研究》2005 年第 5 期。

[264] 刘新燕、武夷山：《我国期刊评价研究文献的计量分析》，《中国科技期刊研究》2008 年第 4 期。

[265] 刘雪立：《中文核心期刊评价指标体系：演进·问题·建议》，《编辑学报》2014 年第 1 期。

[266] 刘永胜：《1980—1986 年国内期刊价格的变化》，《图书情报工作》1986 年第 3 期。

[267] 陆伯华：《对核心期刊的再认识》，《数字图书馆论坛》2007 年第 3 期。

[268] 陆伯华：《核心期刊纵横谈》，《出版广角》2002 年第 12 期。

[269] 路风：《单位：一种特殊的社会组织形式》，《中国社会科学》1989 年第 1 期。

[270] 罗教讲：《社会分层研究理论与方法的本土化问题》，《学习与实践》2002 年第 4 期。

[271] 马凤、武夷山：《关于论文引用动机的问卷调查研究：以中国期刊研究界和情报学界为例》，《情报杂志》2009 年第 6 期。

[272] 孟连生：《中文科学引文分析》，《情报科学》1983 年第 1 期。

[273] 缪其浩：《加菲尔德和引文索引》，《情报科学》1981 年第 1 期。

[274] 潘云涛：《中国科技期刊评价研究》，《数字图书馆论坛》2007 年第 3 期。

[275] 潘允康：《社会分层漫说》，《百科知识》1994年第7期。

[276] 庞景安等：《中国科技期刊综合评价指标体系研究》，《中国科技期刊研究》2001年第4期。

[277] 齐世武、傅春玲：《浅议科技期刊的分级》，《编辑学报》1995年第1期。

[278] 钱荣贵：《论我国人文社科学术期刊综合评价指标体系的构建》，《出版广角》2007年第7期。

[279] 钱荣贵：《真容欲露，又添阴霾：就"核心期刊"问题与张林祥先生商榷》，《出版广角》2002年第12期。

[280] 钱荣贵：《质疑"核心期刊"的评价功能》，《中国出版》2002年第11期。

[281] 钱荣贵：《走向终结的"核心期刊"现象》，《江苏大学学报》（社会科学版）2003年第3期。

[282] 邱均平等：《期刊评价指标体系及定量方法研究》，《现代图书情报技术》2004年第7期。

[283] 邱均平等著：《中国学术期刊评价的特色、做法与结果分析》，《重庆大学学报》（社会科学版）2008年第4期。

[284] 邱均平、李爱群：《期刊评价的价值实现与社会认同》，《重庆大学学报》（社会科学版）2008年第1期。

[285] 邱均平、李爱群：《我国期刊评价的理论、实践与发展趋势》，《数字图书馆论坛》2007年第3期。

[286] 邱均平：《新环境下期刊的变革与评价》，《图书情报工作》2005年第1期。

[287] 邱均平：《信息计量学（六）：文献信息作者分布规律：洛特卡定律》，《情报理论与实践》2000年第6期。

[288] 邱均平：《信息计量学（五）：文献信息词频分布规律：齐普夫定律》，《情报理论与实践》2000年第5期。

[289] 任东来：《核心期刊：无可奈何的功能无用》，《科学中国人》2002年第11期。

[290] 任红、应爱娜：《马太效应：社会分层的催化剂》，《理论导刊》2007年第6期。

[291] 任全娥：《2016年国外学术评价研究：基于文献计量学视角》，《国外社会科学》2017年第2期。

[292] 任全娥：《人文社会科学研究成果评价指标体系研究》，《大学图书馆学报》2009年第5期。

[293] 任胜利：《特征因子（Eigenfactor）：基于印证网络分析期刊和论文的重要性》，《中国科技期刊研究》2009年第3期。

[294] 佘广和：《核心期刊形成机制、测定方法和研究展望》，《情报理论与实践》1999年第6期。

[295] 佘广和：《期刊学研究述略》，《河南图书馆学刊》1990年第4期。

[296] 沈固朝：《好文章，好刊物，好评价——兼谈期刊评价与CSSCI》，《评价与管理》2013年第2期。

[297] 沈祖荣：《图书馆用不着杂志么》，《图书馆学季刊》1928年第3期。

[298] 师昌绪、李廷杰：《自然科学学术期刊综合评价指标体系研究》，《中国科技期刊研究》2001年第3期。

[299] 宋歌：《经济学期刊互引网络的核心—边缘结构分析》，《情报学报》2011年第1期。

[300] 宋歌、叶继元：《基于SNA的图书情报学期刊互引网络结构分析》，《中国图书馆学报》2009年第3期。

[301] 宋培元：《我国科技期刊是怎样分级的》，《中国科技期刊研究》1991年第1期。

[302] 宋培元：《我国科技期刊现状分析》，《编辑学报》1996年第2期。

[303] 宋玉艳、宋艳华、杨沛超：《核心期刊研究的新进展新成果：简评2004年版〈中国人文社会科学核心期刊要览〉和〈中文核心期刊要目总览〉》，《情报资料工作》2004年第6期。

[304] 苏新宁：《构建人文社会科学学术期刊评价体系》，《东岳论丛》2008年第1期。

[305] 苏新宁：《期刊评价的困境与思考》，《重庆大学学报》（社会科学版）2010年第6期。

[306] 苏新宁：《人文社会科学期刊评价指标体系研究》，《图书馆论坛》2006年第6期。

[307] 宿伯杰：《期刊"核心"身份的出现引发我国科技期刊的不正当竞争》，《中国出版》2005年第6期。

[308] 粟慧：《核心期刊成因探究》，《图书情报知识》1997年第3期。

[309] 孙景峰：《论核心期刊作用的异化》，《出版广角》2002年第12期。

[310] 孙晓玲：《准确把握学术期刊的价值目标与价值标尺："核心期刊效益"引发的思考》，《编辑学报》2007年第3期。

[311] 田卫平：《"核心期刊"评选与学术期刊的影响力》，《福建论坛》（人文社会科学版）2009年第1期。

[312] 涂启建、陈彤斌：《医学外文期刊价格趋势分析》，《医学图书馆通讯》1996年第4期。

[313] 万昊等：《2001—2014年引文分析领域发展演化综述》，《图书情报工作》2015年第6期。

[314] 万锦堃等：《H指数及其用于学术期刊评价》，《评价与管理》2006年第3期。

[315] 汪再非、杨国祥：《学术期刊对科研的评价作用》，《科技管理研究》2006年第1期。

[316] 王崇德：《我国科技期刊文献的引文分析》，《情报科学》1981年第5期。

[317] 王佃启：《"以刊代评"的评价机制必须终结》，《澳门理工学报》2015年第3期。

[318] 王津生：《浅谈布拉德福分散定律及其应用》，《情报科学》1980年第2期。

[319] 王宣喻、储小平：《中国经济学期刊评价指标体系设计》，《科研管理》2005年第2期。

[320] 王岩、刘容光、董尔丹：《国家自然科学基金重点学术期刊专项基金资助效果浅析》，《中国科学基金》2007年第4期。

[321] 王振铎：《质疑"核心期刊"》，《出版广角》2000年第12期。

[322] 韦森等：《社会转型与现代性问题座谈纪要》，《读书》2009年第7期。

[323] 魏国峰：《论"期刊学"》，《图书馆学研究》1989年第6期。

[324] 吴校连、饶敏、吕鲜凤：《再谈科技期刊的级别划分》，《医学信息学杂志》1999年第6期。

[325] 吴忠民：《从阶级分析到当代社会分层研究》，《学术界》2004年第1期。

[326] 谢立中：《多元话语分析：以社会分层研究为例》，《社会学研究》2008年第1期。

[327] 邢云林：《一年来中国杂志之述评》，《图书馆学季刊》1931年第3/4期。

[328] 徐建华：《用数据说话，让空谈走开》，《图书情报工作》2008年第4期。

[329] 许新军：《〈中文核心期刊要目总览〉评价指标的缺失与建议》，《情报杂志》2013年第10期。

[330] 严建新、王续琨：《中国科学技术期刊的学术分层机制》，《科学学研究》2008年第1期。

[331] 严晓：《我国期刊学理论产生发展的五个历史阶段》，《图书馆界》1998年第1期。

[332] 阎光才：《学术认可与学术系统内部的运行规则》，《高等教育研究》2007年第4期。

[333] 阎光才：《学术制度建构的合法性与合理的制度安排》，《探索与争鸣》2005年第9期。

[334] 阎光才：《中国学术制度建构的历史与现实境遇》，《北京师范大学学报》（社会科学版）2008年第6期。

[335] 阎光才：《中国学术制度建构的历史与现实境遇》，《中国教育学前沿》2009年第3期。

[336] 杨晓、李路路：《对中国社会分层的理论研究：关于分层指标的理论背景和制度背景的阐述》，《社会学研究》1989年第5期。

[337] 杨一琼：《期刊等级划分的情况介绍及理性思考：对核心期刊、方阵奇卡、国家级期刊的探讨》，《现代情报》2005年第1期。

[338] 姚申：《对中国核心期刊评价研究的新探索：评〈中文核心期刊评价研究〉》，《河北学刊》2012年第2期。

[339] 叶继元：《CSSN，ISSN，CN号称谓、含义的变化及其影响：兼论

中国"学术集刊"问题》，《中国图书馆学报》2006年第5期。

[340] 叶继元：《ISSN网络的新发展及与期刊条形码的关系》，《图书情报工作》1998年第5期。

[341] 叶继元：《从学术期刊的发展看当代学术的发展》，《云梦学刊》2006年第4期。

[342] 叶继元：《改革开放30年学术发展的主要特点和重要成果探视》，《云梦学刊》2008年第4期。

[343] 叶继元：《高校文科科研定性定量评价与学术发展》，《云梦学刊》2007年第4期。

[344] 叶继元：《人文社会科学评价体系探讨》，《南京大学学报》（哲学·人文科学·社会科学）2010年第1期。

[345] 叶继元：《数据库来源期刊与学术评价关系探寻》，《情报学报》2004年第6期。

[346] 叶继元、宋歌：《关于学术期刊评价中若干基本问题的分析》，《数字图书馆论坛》2007年第3期。

[347] 叶继元：《文科"学术榜"与核心期刊刍议》，《大学图书馆学报》1994年第3期。

[348] 叶继元：《学术期刊的评价与学术研究质量的提高》，《浙江社会科学》2007年第4期。

[349] 叶继元：《学术期刊与学术规范》，《学术界》2005年第4期。

[350] 叶继元：《学术期刊质量评价具有多元性与复杂性》，《清华大学学报》（哲学社会科学版）2015年第2期。

[351] 叶继元：《学术期刊质量评价与核心期刊评价之异同》，《图书情报工作》2009年第18期。

[352] 叶继元：《学术研究导引是一流学术期刊的重要使命》，《中国图书馆馆学报》2007年第5期。

[353] 叶继元：《引文法既是定量又是定性的评价法》，《图书馆》2005年第1期。

[354] 叶继元、袁曦临：《中国学术评价的反思与展望》，《中国社会科学评价》2015年第1期。

[355] 叶继元：《正确看待CSSCI来源期刊》，《重庆大学学报》（社会科

学版）2007年第4期。

[356] 叶继元、朱强：《论文评价与期刊评价：兼及核心期刊的概念》，《学术界》2001年第3期。

[357] 叶鹰：《H指数和类H指数的基里分析与实证研究导引》，《大学图书馆学报》2007年第5期。

[358] 尹玉吉：《关于学术期刊分级问题的全方位考察》，《山东理工大学学报》（社会科学版）2009年第2期。

[359] 尹玉吉、王倩：《关于学术期刊分级问题的研究》，《西北农林科技大学学报》（社会科学版）2009年第3期。

[360] 尹玉吉：《学术期刊级别划分问题探讨》，《中国人民大学学报》1994年第4期。

[361] 于良芝、刘亚：《结构与主体能动性：信息不平等研究的理论分野及整体性研究的必要》，《中国图书馆学报》2010年第1期。

[362] 于鸣镝：《试论期刊等级》，《晋图学刊》1996年第1期。

[363] 于鸣镝：《再论期刊等级》，《晋图学刊》1998年第4期。

[364] 俞立平等：《学术期刊评价指标选取若干问题的思考》，《情报杂志》2009年第3期。

[365] 喻国明、刘滢：《中国期刊业的现实发展与未来趋势》，《中国出版》2005年第2期。

[366] 袁同成：《"期刊承认"与"共同体承认"：我国学术知识生产动力机制的"悖论"》，《清华大学教育研究》2010年第1期。

[367] 袁曦临、刘宇：《人文社会科学评价的复杂性与引文评价指标的修正》，《图书情报工作》2010年第14期。

[368] 袁毅：《核心网站评选的理论与方法》，博士学位论文，南京大学，2005年。

[369] 岳洪江、刘思峰：《管理科学期刊同被引网络结构分析》，《情报学报》2008年第3期。

[370] 曾建勋、宋培元：《我国科技期刊评价工作的现状与走向》，《编辑学报》2007年第4期。

[371] 翟学伟：《人情、面子与权力的再生产：情理社会中的社会交换方式》，《社会学研究》2004年第5期。

[372] 张帆：《性禁忌的谜题与社会科学的路标》，《中国图书评论》2009年第9期。

[373] 张国华：《美国〈科学引文索引〉介绍》，《图书情报工作》1980年第6期。

[374] 张欢华：《管中豹、巴别塔或其他：格伦斯基〈社会分层〉及其中译本述评》，《社会学研究》2008年第3期。

[375] 张静：《社会结构：概念的进展及限制》，《社会学研究》1993年第6期。

[376] 张林祥：《学术期刊的评价与"核心期刊"——与王振铎先生商榷》，《出版广角》2001年第9期。

[377] 张启新：《社会分层》，《国外社会科学文摘》1983年第3期。

[378] 张维城：《期刊等级评定反思》，《编辑学报》2001年第4期。

[379] 张维平：《生物多样性与可持续发展的关系》，《环境科学》1998年第4期。

[380] 张文宏：《社会网络分析的范式特征：兼论网络结构观与地位结构观的联系和区别》，《江海学刊》2007年第5期。

[381] 张小路：《"核心期刊"的作用需要回归》，《出版广角》2002年第12期。

[382] 张玉霞：《论期刊的自然性与社会性》，《科技情报开发与经济》2005年第14期。

[383] 赵基明：《H指数及其在中国学术期刊评价中的应用》，《评价与管理》2007年第4期。

[384] 赵守运、邵希梅：《论哲学"价值"的本质属性：对"价值是客体满足主体需要的关系"的反思》，《社会科学战线》1994年第1期。

[385] 赵文义、杨琦：《学术期刊及其组织实体的属性分析》，《中国科技期刊研究》2007年第6期。

[386] 赵星等：《SJR与影响因子、H指数的比较及SJR的扩展设想》，《大学图书馆学报》2009年第2期。

[387] 赵星：《期刊引文评价新指标Eigenfactor的特性研究》，《情报理论与实践》2009年第8期。

[388] 赵振勇：《德国期刊研究的历史发展与学科尝试》，《河南师范大学学报》（哲学社会科学版）2005年第3期。

[389] 仲伟民：《缘于体制：社科期刊十个被颠倒的关系》，《南京大学学报》（哲学·人文科学·社会科学）2013年第2期。

[390] 周凤琴：《从期刊发展的历史看期刊的社会功能》，《河南社会科学》2001年第2期。

[391] 周金龙、王传清：《中国图书馆学情报学期刊评价体系探索》，《图书情报工作》2004年第11期。

[392] 周汝英、傅荣贤：《期刊研究的文化学思考》，《图书情报工作》1998年第6期。

[393] 周汝英：《论期刊学及其研究方法》，《社会科学战线》2001年第1期。

[394] 周振鹤：《新闻史上未被发现与利用的一份重要资料》，《复旦大学学报》1992年第1期。

[395] 朱剑：《大数据之于学术评价：机遇抑或陷阱？：兼论学术评价的"分裂"》，《中国青年社会科学》2015年第4期。

[396] 朱剑：《颠倒关系的再颠倒：学术期刊编辑规范与"评价权利"关系辨析》，《清华大学学报》（哲学社会科学版）2007年第6期。

[397] 朱剑：《量化指标：学术期刊不能承受之轻：评〈全国报纸期刊出版质量综合评估指标体系（试行）〉》，《清华大学学报》（哲学社会科学版）2013年第1期。

[398] 朱剑：《歧路彷徨：核心期刊、CSSCI的困境与进路："三大核心"研制者观点述评》，《清华大学学报》（哲学社会科学版）2016年第1期。

[399] 朱剑：《学术风气、学术评价与学术期刊》，《苏州大学学报》（哲学社会科学版）2011年第2期。

[400] 朱剑：《学术评价、学术期刊与学术国际化：对人文社会科学国际化热潮的冷思考》，《清华大学学报》（哲学社会科学版）2009年第5期。

[401] 朱剑：《学术新媒体：缘何难以脱颖而出——兼及学术传播领域媒体融合发展》，《北京交通大学学报》（社会科学版）2015年第

4 期。

[402] 朱剑：《研体制与学术评价之关系：从"学术乱象"根源问题说起》，《清华大学学报》（哲学社会科学版）2015 年第 1 期。

[403] 朱剑：《重建学术评价机制的逻辑起点：从"核心期刊"、"来源期刊"排行榜谈起》，《清华大学学报》（哲学社会科学版）2012 年第 1 期。

[404] 朱少强：《人文社会科学研究的特征及其对学术评价的影响》，《重庆大学学报》（社会科学版）2007 年第 5 期。

[405] 宗承玉、姚敏：《核心期刊的形成机理及学术价值界定》，《新世界图书馆》2004 年第 1 期。

[406] 陈立新：《力学期刊群的内外关系与学科结构》，博士学位论文，大连理工大学，2008 年。

[407] 陈新汉：《评价论导论：认识论的一个新领域》，上海社会科学院出版社 1995 年版。

[408] 芬伯格：《技术批判理论》，韩连庆等译，北京大学出版社 2005 年版。

[409] 风笑天：《社会研究方法》，中国人民大学出版社 2005 年版。

[410] 郭庆光：《传播学教程》，中国人民大学出版社 1999 年版。

[411] 侯杰泰、温忠麟、成子娟：《结构方程模型及其应用·序》，教育科学出版社 2004 年版。

[412] 黄仁宇：《中国大历史》，生活·读书·新知三联书店 1997 年版。

[413] 姜晓辉：《中国人文社会科学核心期刊要览（2013）研制报告》《中国人文社会科学核心期刊要览（2008）》，中国社会科学出版社 2014 年版。

[414] 李强：《社会分层十讲》，社会科学文献出版社 2008 年版。

[415] 李强：《应用社会学（第 2 版）》，中国人民大学出版社 2004 年版。

[416] 林聚仁：《社会网络分析：理论、方法与应用》，北京师范大学出版社 2009 年版。

[417] 陆学艺：《当代中国社会阶层研究报告》，社会科学文献出版社 2002 年版。

[418] 倪波、张志强：《文献学导论》，贵州科技出版社 2000 年版。

［419］祁红梅：《知识的吸收和创造》，中国经济出版社 2007 年版。
［420］钱荣贵：《核心期刊与期刊评价》，中国传媒大学出版社 2006 年版。
［421］钱锺书：《围城》，人民文学出版社 1991 年版。
［422］邱均平：《文献计量学》，科学技术出版社 1988 年版。
［423］沈小峰：《自组织的哲学：一种新的自然观和哲学观》，中央党校出版社 1993 年版。
［424］汪丁丁：《经济学思想史讲义》，上海人民出版社 2007 年版。
［425］王海洲：《合法性的争夺：政治记忆的多重刻写》，江苏人民出版社 2008 年版。
［426］魏瑞斌：《学术期刊核心竞争力》，北岳文艺出版社 2008 年版。
［427］吴明隆：《SPSS 统计应用实务：问卷分析与应用统计》，科学出版社 2003 年版。
［428］叶继元：《核心期刊概论》，南京大学出版社 1995 年版。
［429］叶继元：《有益遏制学术评价形式化数量化》，《中国教育报》2012 年 3 月 28 日。
［430］叶继元：《中国哲学社会科学学术期刊布局研究》，社会科学文献出版社 2008 年版。
［431］袁卫等：《统计学》，高等教育出版社 2005 年版。
［432］张立文：《中国学术通史》，人民出版社 2004 年版。
［433］张柠：《时尚鬣犬·呼唤文体独立的时代（总序）》，河海大学出版社 2003 年版。
［434］张文彤：《SPSS11 统计分析教程（高级篇）》，北京希望电子出版社 2002 年版。
［435］赵军：《世界上没有两片完全相同的树叶：浅谈世界的统一性与多样性》，《解放军日报》2004 年 5 月 18 日。
［436］郑杭生：《当代中国城市社会结构：现状与趋势》，中国人民大学出版社 2004 年版。
［437］郑杭生：《社会学概论新修》，中国人民大学出版社 2003 年版。
［438］郑永年：《技术赋权》，邱道隆译，东方出版社 2013 年版。
［439］郑永年：《中国的"行为联邦制"：中央—地方关系的变革与动

力》，邱道隆译，东方出版社 2013 年版。

[440] 中国科学技术信息研究所、万方数据股份有限公司：《中国期刊引证报告（扩刊版）》，中国科学技术文献出版社 2008 年版。

[441] 朱强、戴龙基、蔡蓉华：《中文核心期刊要目总览·研究报告》，北京大学出版社 2008 年版。

[442] ［德］哈贝马斯：《作为"意识形态"的技术与科学》，李黎等译，学林出版社 1999 年版。

[443] ［德］哈肯：《协同学：大自然构成的奥秘》，凌复华译，上海译文出版社 2005 年版。

[444] ［德］黑格尔：《十八世纪末十九世纪初的德国哲学》，商务印书馆 1975 年版。

[445] ［法］布尔迪厄：《科学的社会用途：写给科学场的临床社会》，刘成富等译，南京大学出版社 2005 年版。

[446] ［法］布尔迪厄：《实践感》，蒋梓骅译，译林出版社 2003 年版。

[447] ［法］卡泽纳弗：《社会学十大概念》，杨捷译，上海人民出版社 2003 年版。

[448] ［加］西斯蒙多：《科学技术学导论》，许为民等译，上海科技教育出版社 2007 年版。

[449] ［美］J. 科尔、S. 科尔：《科学界的社会分层》，赵佳苓等译，华夏出版社 1989 年版。

[450] ［美］布朗、杜奎德：《信息的社会层面》，王铁生等译，商务印书馆 2003 年版。

[451] ［美］楚宾：《难有同行的科学》，谭文华等译，北京大学出版社 2011 年版。

[452] ［美］杜威：《评价理论》，冯平等译，上海译文出版社 2007 年版。

[453] ［美］凡勃伦：《有闲阶级论》，蔡受百译，商务印书馆 2007 年版。

[454] ［美］格伦斯基：《社会分层》，王俊等译，华夏出版社 2005 年版。

[455] ［美］加菲尔德：《引文索引法的理论及应用》，侯汉清等译，北京图书馆出版社 2004 年版。

[456] ［美］克兰：《无形学院：知识在科学共同体内的扩散》，刘珺珺等译，华夏出版社 1988 年版。

［457］［美］劳伦斯·纽曼:《社会研究方法:定性和定量的取向（第 5 版）》,郝大海等译,中国人民大学出版社 2007 年版。

［458］［美］林南:《社会资本:关于社会结构与行动的理论》,张磊译,上海人民出版社 2004 年版。

［459］［美］伦斯基:《权力与特权:社会分层的理论》,关信平等译,浙江人民出版社 1988 年版。

［460］［美］罗宾斯:《管理学（第 4 版）》,黄卫伟等译,人民大学出版社 1996 年版。

［461］［美］曼昆:《经济学原理:微观经济学分册（第 4 版）》,梁小民译,北京大学出版社 2006 年版。

［462］［美］默顿:《科学社会学:理论与经验研究》,鲁旭东等译,商务印书馆 2003 年版。

［463］［美］默顿:《十七世纪英格兰的科学、技术与社会》,范岱年等译,商务印书馆 2000 年版。

［464］［美］斯沃茨:《文化与权力:布尔迪厄的社会学》,陶东风译,上海译文出版社 2006 年版。

［465］［美］朱可曼:《科学社会学五十年》,《山东科技大学学报》（社会科学版）2004 年第 3 期。

［466］［英］罗素:《西方哲学史（上卷）》,何兆武等译,商务印书馆 2002 年版。

［467］戴洁:《生活资源与社会分层》,博士学位论文,武汉大学,2004 年。

［468］高凤华:《基于质量导向的人文社会科学研究成果评价体系研究》,博士学位论文,南京大学,2010 年。

［469］郭书菊:《中国人文社会科学学术期刊价格研究》,硕士学位论文,南京大学,2009 年。

［470］孔雪晓:《中美公共图书馆财政经费拨款的比较研究》,硕士学位论文,天津财经大学,2013 年。

［471］李爱群:《中、美学术期刊评价比较研究》,博士学位论文,武汉大学,2009 年。

［472］钱荣贵:《"核心期刊"的七大负面效应》,《社会科学报》2006 年

8月10日。

[473] 孙麾:《学术期刊的竞争力》,《光明日报》2004年6月24日。

[474] 万里鹏:《基于本体论的信息生命周期研究》,博士学位论文,南京大学,2007年。

[475] 魏瑞斌:《学术期刊核心竞争力评价模型及应用》,博士学位论文,南京大学,2007年。

[476] 高玉:《诺奖得主缘何年龄偏大,从出成果到获奖平均要等18年》(http://edu.china.com.cn/2013-10/14/content_30281667.htm)。

[477] 龚放:《南京大学个案创建一流大学的方略与路径》(http://xjtu-hhq.blogchina.com/xjtuhhq/3210529.html)。

[478] 江宜桦:《关于台湾学术评鉴制度的几点建议》(http://www.cul-studies.com/Article/education/200607/4156.html)。

[479] 许纪霖:《学术期刊的单位化、行政化和非专业化》(http://www.aisixiang.com/data/10282.html)。

[480] 张绪山:《西方人文精神传统与近代科学思维》(http://www.gmw.cn/01gmrb/2004-07/06/content_53229.htm)。

后　记

时光荏苒，不觉中在图书馆学这个领域我已经学习、耕耘了近二十年。2000年9月来自皖西的懵懂十八岁青年怀揣一颗迷茫之心误打误撞地进入了安徽大学管理学院，开始了图书馆学的本科学习；2004年9月有幸进入南京大学信息管理系开始自己的研究生生涯，从此和图书馆学的偶遇变成了终生的不解之缘。时至今日，也已从昔日的"小鲜肉"变成了"油腻中年男"。

承蒙导师叶继元先生不弃，纳入门下、悉心教导，得以入学术之门。入门早期，由于自小受历史小说的影响，曾对史学研究持有浓厚兴趣，在叶师鼓励之下以《〈图书馆学季刊〉研究》为题欲窥民国学科之貌。涉入之后，始觉自身之鄙薄、学识之浅陋无以驾驭史学范式研究。幸而得系内诸师之怜爱，得以完成硕士学业。此后虽然有所增进，也屡有史学范式论文发表，但自知功力浅薄，忝然混迹于同侪之列。读博始知尺璧非宝、寸阴是竞，于是涉猎社会、传播、政治、管理等诸学科汲取营养。偶读李刚老师之佳作《从边缘到中心：信息管理研究的学科范型嬗变》，遂聚焦于社会学寻求和本学科的交汇点。

本书起源于本人的博士论文《期刊分层：基于社会分层理论的期刊评价研究》，成型于本人主持完成的国家社科基金青年项目的研究报告（"期刊分层的理论构建与实证研究" No. 12CTQ049）。叶师一直聚焦于期刊评价与学术评价这一领域，本人耳濡目染深受导师之熏陶。随着对该领域的了解不断深入，有一个疑问始终萦绕于心，为什么期刊评价的研究如火如荼却又屡召讥议，尤其是来自人文社会科学领域的学者和期刊编辑的诟病？这一现象有悖于社会问题能够通过持续的公开辩论形成共识并得以解决的常理，也使我逐渐意识到图书情报学界使用计量指标进行期刊评价,虽然客观上描述了期刊之间的差异,但是却忽视了差异背后的社会形成机理。因此,引入社会分层理论去解释期刊在评价指标上的差异成为博士论文试图解决的主要问题。这一初生牛犊式的学术尝试有违于期刊评价的主流范式,幸而叶师以宽广包容的学术视野予以肯定。

2010年7月我进入上海大学图书情报档案系参加工作,出于惯性继续阅读和思考的期刊评价这一议题。新的问题逐渐浮现:一是从图书情报学内部来看,期刊评价指标体系的演变是否存在一定的内在逻辑;二是从人文社会科学的角度来看,同行评议的核心价值诉求能否在计量指标中得到有效的反映;三是从社会分层理论的内在逻辑看,分层与流动是硬币的两面,有待从纵贯维度考察人们对期刊认知的变化。非常幸运的是,这些脱胎于博士论文的研究想法得到2012年社科基金评审专家的认可获得立项。2012年申请社科基金时,尚不需要明确申明项目与博士学位论文或博士后出站报告之间的区别和联系,之后的政策变更为本课题的结项带来一定的波折。项目经历虽然坎坷起伏,历时六年之后终于在2018年12月顺利结项。自己学术工作生涯的第一个阶段也算画上了句号。

回首这近二十年的成长经历,有太多人值得感谢。除了生我养我之父母和授业恩师叶继元教授之外,在不同的阶段我都遇到了自己人生的"贵人":

首先,我要感谢南京大学信息管理学院的李刚教授。至今我还清晰记得,那一次冒昧地扣响李刚老师的办公室、怯生生地向他表达我的钦佩和景仰时,李刚老师热情坦诚地与我畅谈交流。至此,我的人生中多了一位亦师亦友的兄长。

其次,我要感谢华东师范大学信息管理系的范并思教授、上海图书馆的刘炜副馆长、《图书馆杂志》的金晓明主编。他们用"海纳百川、锐意创新"之精神构建了上海图书情报学学科共同体,给年轻人提供了迅速成长的土壤和机会,是全国图情界中最具活力的群体,能够有幸成为"海派"图情界的一员是我终生受用的财富。

我还要感谢两位学术刊物的编辑:《中图图书馆学报》的蒋弘老师和《南京大学学报》的朱剑老师。感谢蒋弘老师对我工作能力的认可以及对博士毕业求职期间的失信行为予以理解和包容;感谢朱剑老师为了打开了一扇门，让我有机会见识一个更为广阔的学术空间。

　　个人的成长离不开兄弟的相伴、学友的砥砺。感谢华东师范大学信息管理系的许鑫教授和赵星教授、上海交通大学媒体与设计学院的李武副教授、南京理工大学经济与管理学院的赵宇翔教授、中山大学资讯管理学院的肖鹏副研究员、西北大学公共管理学院的陶俊讲师、同济大学经济与管理学院的魏峰教授、上海大学哲学系的杨庆峰教授、安徽财经大学管理科学与工程学院的魏瑞斌教授、江南大学图书馆的顾烨青副研究馆员、南京大学信息管理学院的谢欢讲师等人。每当我在学习、工作、生活中困顿不前时，是你们一次次伸出援助之手得以拨云见日。

　　感谢南京大学信息管理学院的各位师长，引领我进入学术之门；感谢上海大学图书情报档案系的同事们，虽然在魔都生活艰辛，有你们的陪伴倍感愉悦；感谢云南大学使我得以安居乐业。感谢中国社会科学出版社的孔继萍老师为本书的出版劳费心神。

　　囿于个人能力与学识，拙作中仍存有诸多阙如之处，有些观点可能偏颇属于"偏激的深刻"，恳请方家批评指正，以待日后补正。谨以此书作为即将结束的"青椒"生涯之纪念。

刘　宇

2019 年 3 月 21 日于昆明